Kohlhammer

Die Autorinnen

Prof. Dr. Frederike Bartels, Juniorprofessorin für Grundschulpädagogik, Universität Vechta.

Prof. Dr. Marie-Christine Vierbuchen, Professorin für Sonderpädagogik des Lernens, Universität Flensburg.

Frederike Bartels,
Marie-Christine Vierbuchen

Einführung in die Grundschulpädagogik

Verlag W. Kohlhammer

Dieses Werk einschließlich aller seiner Teile ist urheberrechtlich geschützt. Jede Verwendung außerhalb der engen Grenzen des Urheberrechts ist ohne Zustimmung des Verlags unzulässig und strafbar. Das gilt insbesondere für Vervielfältigungen, Übersetzungen, Mikroverfilmungen und für die Einspeicherung und Verarbeitung in elektronischen Systemen.

Die Wiedergabe von Warenbezeichnungen, Handelsnamen und sonstigen Kennzeichen in diesem Buch berechtigt nicht zu der Annahme, dass diese von jedermann frei benutzt werden dürfen. Vielmehr kann es sich auch dann um eingetragene Warenzeichen oder sonstige geschützte Kennzeichen handeln, wenn sie nicht eigens als solche gekennzeichnet sind.

Es konnten nicht alle Rechtsinhaber von Abbildungen ermittelt werden. Sollte dem Verlag gegenüber der Nachweis der Rechtsinhaberschaft geführt werden, wird das branchenübliche Honorar nachträglich gezahlt.

Dieses Werk enthält Hinweise/Links zu externen Websites Dritter, auf deren Inhalt der Verlag keinen Einfluss hat und die der Haftung der jeweiligen Seitenanbieter oder -betreiber unterliegen. Zum Zeitpunkt der Verlinkung wurden die externen Websites auf mögliche Rechtsverstöße überprüft und dabei keine Rechtsverletzung festgestellt. Ohne konkrete Hinweise auf eine solche Rechtsverletzung ist eine permanente inhaltliche Kontrolle der verlinkten Seiten nicht zumutbar. Sollten jedoch Rechtsverletzungen bekannt werden, werden die betroffenen externen Links soweit möglich unverzüglich entfernt.

1. Auflage 2022

Alle Rechte vorbehalten
© W. Kohlhammer GmbH, Stuttgart
Gesamtherstellung: W. Kohlhammer GmbH, Heßbrühlstr. 69, 70565 Stuttgart
produktsicherheit@kohlhammer.de

Print:
ISBN 978-3-17-035697-9

E-Book-Formate:
pdf: ISBN 978-3-17-035698-6
epub: ISBN 978-3-17-035699-3

Vorwort der Autorinnen

Die Grundschule ist ein Ort, an dem ein Kind viel Zeit seiner prägenden Lebensjahre verbringt. Sie ist nicht nur ein Ort fachlichen Lernens, sondern auch ein Raum, in dem sich das Kind gemeinsam mit anderen Kindern entwickelt und entfaltet. Die Akteur*innen (Peers, Lehrkräfte, Eltern, Schulleitung usw.) bereichern und prägen in vielfältiger Weise das Leben und Lernen. Die Erfahrungen im Unterricht, auf dem Pausenhof, auf Klassenfahrten, bei Festen oder in der Grundschulzeit entstandene Freundschaften können ebenso nachhaltig autobiographische Wirkungen entfalten wie ein Zeugnis, die vertrauensvolle Zusammenarbeit mit der Lehrkraft oder indirekte und direkte Leistungszuschreibungen.

Das Lehren und Lernen in der Grundschule kann aus verschiedenen Blickwinkeln erzählt und auf unterschiedliche Weise berichtet und interpretiert werden. Die Grundschulpädagogik, als Theorie und Wissenschaft vom Lehren und Lernen in der Grundschule und als Profession, die Handlungswissen für die Praxis zur Verfügung stellt, greift die verschiedenen Perspektiven auf und bearbeitet diese reflexiv.

In diesem Buch wird in einführender Form von Aufgaben und Herausforderungen berichtet, von Spannungsverhältnissen konfligierender Ansprüche und Erwartungen zwischen Akteur*innen der Schule, Theorie, Praxis und Gesellschaft, und es wird versucht, die Komplexität der schulischen Praxis greifbar zu machen. Dabei muss auf manchmal unbefriedigende Weise (für die Autorinnen, aber gewiss auch für manche Leser*innen) die Fülle an Informationen reduziert werden, um das Feld zugänglich zu halten, Prioritäten zu setzen und die Leser*innenschaft nicht mit theoretischen Abhandlungen zu überfrachten, die ihrerseits oft nicht ohne weitere Erklärungen oder weitere Einordnung auskommen. Das Ziel des Lehrbuchs ist es, Vorschläge und Orientierung für den Schulalltag zu geben und das Handeln und Interaktionen im Klassenzimmer und im Erfahrungsraum Schule in einen Gesamtzusammenhang zu stellen. Es werden konkrete Handlungsstrategien vorgeschlagen, theoretische Verortungen vorgenommen sowie rechtliche Grundlagen erläutert.

Das Buch bietet zugleich zahlreiche reflexive Momente, in denen Leser*innen eigene Erfahrungen erinnern und mit objektivierbaren Erkenntnissen in Verbindung bringen können (gekennzeichnet jeweils als *Lernaktivität*). Was das Buch besonders auszeichnet, ist die Vielschichtigkeit und kooperative Expertise von Grundschulpädagogik und Sonderpädagogik, die sich durch einen inklusiven Gedanken hervorhebt, so dass ein innovativer und trotzdem grundlegender Einblick in aktuelle Forschungserkenntnisse, Methoden und Entwicklungen, aber auch Chancen und Herausforderungen gelingt. Leitend ist ein Verständnis von grundlegender inklusiver Bildung, das *allen* Kindern das Recht und den Zugang zu hochwertigen Bildungsangeboten ermöglicht, jedes einzelne Kind wahrnimmt und der Vielfalt der Lernenden gerecht wird, um mit ihnen gemeinsam über gegenwärtige und zukünftige Herausforderungen nachzudenken, sie dabei zu unterstützen, ihre Potenziale zu erkennen und zu entwickeln und sie zugleich auf alltägliche Aufgaben vorzubereiten.

Bezugspunkt bildet immer das Kind mit seinen Entwicklungschancen, besonderen Herausforderungen, Risiken und Ressourcen und die angemessene Begleitung der Kinder sowohl als Individuen als auch innerhalb des komplexen sozialen Kontextes der Gruppe in dieser (bildungs)bedeutsamen dynamischen Phase. Den Bildungsauftrag der Grundschule zu erfüllen, kindgerecht gleichberechtigte Teilhabe und die Entwicklung von Fähigkeiten zur Bewältigung lebenspraktischer Aufgaben zu fördern (Einsiedler, 2011), ist ein hoher Anspruch, der nicht alleine durch Lehrkräfte und die Schulleitung bewältigt werden kann. Es ist ein gesamtgesellschaftlicher Auftrag, der die Bereitstellung entwicklungsfördernder Rahmenbedingungen und Kooperationen mit anderen Professionen und Akteur*innen auf unterschiedlichen Ebenen erfordert. Auf der Mikroebene des Unterrichtsgeschehens, in welcher der gesellschaftliche Auftrag der Grundschule in konkrete Handlungen und Aktionen umgesetzt werden muss, liegt es jedoch in erster Linie in der Verantwortung der Lehrkräfte, die gesellschaftlichen Ansprüche und die Ansprüche des Kindes zu erfüllen.

Das setzt aufgrund der Besonderheit der Zielgruppe der Lerner*innen (Stichworte: Heterogenität; Kindgemäßheit), gesellschaftlicher Entwicklungen und der institutionellen Verortung der Grundschule als erste Stufe im Bildungswesen bei Grundschullehrkräften ein facettenreiches, fundiertes Wissen, besondere Fähigkeiten zur Umsetzung von Konzepten und günstige Einstellungen voraus.

Im Buch finden nicht nur (angehende) Lehrkräfte und Schulleitungen, sondern auch andere Akteur*innen, die Grundschulkinder auf ihrem Weg begleiten, die passenden Grundlagen und wichtige Aspekte zur erfolgreichen Umsetzung. Das Ziel dieses einführenden Lehrbuchs ist es, aus grundschul-, allgemein- und sonderpädagogischer Perspektive den Grundstein für den Erwerb verschiedener Facetten von Handlungskompetenz zu legen.

Zum Aufbau des Buches

Im 1. Kapitel (▶ Kap. 1) werden institutionelle Rahmenbedingungen grundschulpädagogischer Arbeit thematisiert und zentrale Begrifflichkeiten erläutert. Dazu zählt zum einen eine Darstellung von äußeren Erscheinungsformen, Zahlen und Fakten gegenwärtiger Situation der Grundschulen in Deutschland, deren Kenntnis unerlässlich ist. Zudem werden im ersten Kapitel das Grundschulkind als Anlass und Hauptakteur*in des Buches kurz dargestellt, ebenso wie die Lehrkraft, an deren Handeln das Buch ausgerichtet ist.

Kapitel 2 (▶ Kap. 2) stellt grundlegende Konzepte der Grundschule vor: Hier werden Aspekte wie Grundlegende Bildung, Kindgemäßheit, Heterogenität und Homogenität, Inklusive Bildung, Diagnostik und Förderung, Differenzierung sowie Anschlussfähigkeit eingeführt, auf die im weiteren Verlauf des Buches immer wieder Bezug genommen wird und die eine tragende Rolle im Verständnis und der Ausgestaltung der Grundschule besitzen.

Das 3. Kapitel (▶ Kap. 3) informiert überblicksartig über die Entstehung der Grundschule im historischen Verlauf und versucht, verschiedene Strömungen und Entwicklungen seit der Volksschule zu skizzieren. Hier kommen verschiedene Aspekte zum Tragen, u. a. auch die spezifischen Entwicklungen von Ost- und Westdeutschland, bis hin zur heutigen Situation, der inklusiven Grundschule.

Die Grundschulpädagogik als wissenschaftliche Disziplin wird in Kapitel 4 (▶ Kap. 4) betrachtet. Deren Entwicklung setzte zeitversetzt ein, trug aber auf vielfältige Weise durch ihre Akteur*innen, Forschungen und Gründung von Kommunikationsnetzwerken zum gegenwärtigen Selbstverständnis der Disziplin und Institution bei.

Ein weiteres Augenmerk wird auf die Organisation (Kapitel 5) (▶ Kap. 5) gerichtet, z. B. auf die Schulentwicklung und der Schulleitung als Akteur*in, die aufgrund gesellschaftlicher Veränderungen und rechtlicher Praxis im Zuge inklusiver Schulentwicklung an Bedeutung gewonnen hat. Jahrgangsübergreifendes Lernen sowie die Ganztagsschule und mehrstufige Systeme sind weitere organisatorische Konzepte und Begrifflichkeiten, die in der Grundschule eine Perspektive der Entwicklung bieten.

Keine Grundschule ohne eine Einbettung in kooperative Zusammenhänge (Kapitel 6) (▶ Kap. 6). Ausgewählte Aspekte der Kooperation, wie die Zusammenarbeit mit den Eltern, und auch innerschulische Kooperationen innerhalb multiprofessioneller Teams und Co-Teaching sind aus der Schullandschaft nicht mehr wegzudenken und spielen gerade im Kontext inklusiver Schulentwicklung eine immer bedeutendere Rolle.

Das 7. Kapitel (▶ Kap. 7) nimmt vorschulische Bedingungen, Aufgaben und Herausforderungen in den Blick, die direkt mit der Ausgestaltung und der Aufgabe der Grundschule korrelieren. Institutionelle Entwicklungslinien, Sprachstandserhebungen als Schlüsselstrategie im Kontext der Unterstützung und Chancengerechtigkeit sowie die Transition werden begründet und beschrieben.

Als logische Konsequenz folgt Kapitel 8 (▶ Kap. 8), welches den Übergang in die Schule und die Gestaltung des Schulanfangs in den Mittelpunkt stellt und weiterführende Perspektiven aufzeigt. Schulbereitschaft und Vorläuferfertigkeiten als bedeutsame Aspekte des Lernens, die ein Kind in die Schule mitbringt und die ausschlaggebend sind für die Anknüpfung im Grundschulunterricht.

Ein Kernkapitel dieses Buches ist Kapitel 9 (▶ Kap. 9), in dem Kompetenzen entwickeln als Rahmung dient. Es werden Entwicklung, Stolpersteine und Diagnose- und Fördermöglichkeiten verschiedener zu entwickelnder Kompetenzen für alle Kinder aufgezeigt. Schriftspracherwerb, mathematische Basiskompetenzen, sozial-emotionale Kompetenzen, das Lernen lernen sowie Selbstkonzept und Motivation spielen in der Grundschulzeit eine wichtige Rolle. Über diese Entwicklungen und darauf bezogene Handlungsstrategien sollte jede Lehrkraft Basiskenntnisse besitzen, denn sie sind auch fachübergreifend bedeutsam.

Das 10. Kapitel (▶ Kap. 10) gibt einen Überblick über verschiedene sonderpädagogische Unterstützungsbedarfe und über Hochbegabung. Diese Einführung kann jeweils nur sehr schmal gehaltene Einblicke geben, die jedoch für Grundschullehrkräfte in der inklusiven Schule eine wichtige Information bedeuten.

Ein weiteres Kernkapitel ist das 11. Kapitel (▶ Kap. 11), die Gestaltung inklusiven Unterrichts. Die übergreifende Frage: Wie kann inklusiver Unterricht gelingen? Welche Aspekte sind zu beachten? Hier spielt Grundlagenwissen zur Gestaltung verschiedener Lehr-Lernsettings ebenso wie zu Methoden und Medien eine Rolle. Die Basisdimensionen von Unterricht sind die als am wirksamsten identifizierten Gestaltungsmerkmale. Abschließend wird in diesem Kapitel ein Blick auf Schulleistungen und deren Bedeutung in Schule, aber auch für Schulentwicklung in Deutschland geworfen.

Das abschließende Kapitel ist passend dem Abschluss der Grundschule gewidmet. Kapitel 12 (▶ Kap. 12) thematisiert den Übergang in die Sekundarstufe, der jedoch lange vor dem Abschluss der Grundschulzeit in Betracht gezogen werden muss, da mit dem Erfolg der Vorbereitung dieses Übergangs auch der weitere Bildungserfolg der einzelnen Schüler*innen eng verbunden ist.

Das Buch informiert über ein breites Spektrum an Themen und versucht in Kapitel 13 (▶ Kap. 13) eine gemeinsame Konklusion in Form von Thesen, in denen sich die Bedeutsamkeit der einzelnen Akteur*innen und die Relevanz der Themen für die zukünftige gelingende Gestaltung inklusiver Grundschulen widerspiegeln soll. Zur Aktivierung befinden sich verschiedene Lernaktivitäten innerhalb der Kapitel. Zudem werden am Ende jedes Kapitels weiterführende Literaturangaben aufgeführt (die sich nicht mehr zusätzlich im Gesamtliteraturverzeichnis finden).

Inhaltsverzeichnis

	Vorwort der Autorinnen		5
	Zum Aufbau des Buches		6
1	**Die Grundschule – eine erste Orientierung**		**13**
	1.1	Die Grundschule im System	13
		1.1.1 Die Grundschule als Institution	14
		1.1.2 Schul- und Unterrichtsorganisation	15
	1.2	Das Grundschulkind	18
	1.3	Die Grundschullehrkraft	20
		1.3.1 Der Beruf	20
		1.3.2 Lehrkräfteausbildung und Profil	22
	1.4	Zusammenfassung	26
2	**Grundkonzepte der Grundschulpädagogik**		**27**
	2.1	Grundlegende Bildung	27
	2.2	Kindgemäßheit	32
	2.3	Heterogenität und Homogenität	35
	2.4	Inklusive Bildung	37
	2.5	Diagnostik und Förderung	43
	2.6	Differenzierung	45
	2.7	Anschlussfähigkeit	47
	2.8	Zusammenfassung	49
3	**Geschichte der Grundschule**		**51**
	3.1	Von der Volksschule zur Weimarer Grundschule ...	51
	3.2	Grundschule im Nationalsozialismus	59
	3.4	Die Grundschule zwischen 1945 und 1990	60
		3.4.1 Entwicklungen in Westdeutschland	60
		3.4.2 Entwicklungen in Ostdeutschland	63
	3.5	Die Grundschule nach 1990	65
	3.5	Die inklusive Grundschule – Gegenwart und Zukunft	67
	3.6	Zusammenfassung	73
4	**Grundschulpädagogik als wissenschaftliche Disziplin**		**75**
	4.1	Institutionelle Verortung	76
	4.2	Grundschulpädagogische Kommunikationsnetzwerke	78
	4.3	Grundschulforschung	79

		4.3.1	Selbstverständnis der Grundschulpädagogik	79
		4.3.2	Forschungsschwerpunkte	80
		4.3.3	Wissenschaftstheoretische Überlegungen	81
		4.3.4	Forschungszugänge	85
	4.4	Sozialisierung und Ausbildung des Nachwuchses...........		91
	4.5	Zusammenfassung.......................................		93

5	**Organisation**			**94**
	5.1	Schulentwicklung		94
		5.1.1	Ansätze der Schulentwicklung	95
		5.1.2	Schulleitung	97
	5.2	Jahrgangsübergreifendes Lernen		100
		5.2.1	Organisationsformen	101
		5.2.2	Implementation und Wirkung von JüL	103
	5.3	Ganztags(grund)schule		105
		5.3.1	Geschichte	105
		5.3.2	Organisation und Gestaltung	106
	5.4	Mehrstufige Systeme		109
		5.4.1	Response to Intervention	109
		5.4.2	School-Wide-Positive-Behavior Support	111
		5.4.3	Kritische Betrachtung mehrstufiger Systeme	112
	5.5	Zusammenfassung.......................................		114

6	**Kooperation**			**115**
	6.1	Eltern...		115
		6.1.1	Perspektiven von Eltern und Lehrkräften	116
		6.1.2	Grundlagen der Zusammenarbeit...................	117
	6.2	Innerschulische Kooperation		123
		6.2.1	Grundlegendes	123
		6.2.2	Multiprofessionelle Teams.........................	125
		6.2.3	Co-Teaching	126
	6.3	Zusammenfassung.......................................		130

7	**Vorschulische Bedingungen, Aufgaben und Entwicklungen**		**132**
	7.1	Institutionelle Entwicklungslinien – Kindergarten und Grundschule..	132
	7.2	Sprachstandsfeststellung	141
	7.3	Zusammenfassung.......................................	144

8	**Der Übergang in die Schule**			**146**
	8.1	Einschulungssituation und Diagnostik am Schulanfang.....		146
	8.2	Schulbereitschaft und Vorläuferfertigkeiten		152
		8.2.1	Bereichsspezifische Vorläuferfertigkeiten	153
		8.2.2	Bereichsübergreifende Vorläuferfähigkeiten – Exekutive Funktionen	156
	8.3	Schulanfang (gestalten)		158

		8.3.1	Anfangsunterricht	159
		8.3.2	Spielendes Lernen und lernendes Spielen	163
	8.4	Zusammenfassung		164
9	**Kompetenzen entwickeln**			**166**
	9.1	Schriftspracherwerb		166
		9.1.1	Entwicklungen und Voraussetzungen am Schulanfang	166
		9.1.2	Diagnostik und Förderung	171
	9.2	Mathematisches Lernen		173
		9.2.1	Entwicklung der Fertigkeiten	173
		9.2.2	Diagnostik und Förderung	176
	9.3	Lernen lernen		177
		9.3.1	Begriffsbestimmung	178
		9.3.2	Entwicklung und Einflussfaktoren	182
		9.3.3	Diagnostik und Förderung	182
	9.4	Sozial-emotionales Lernen		184
		9.4.1	Begriffsbestimmung	184
		9.4.2	Entwicklung	185
		9.4.3	Diagnostik und Förderverfahren	187
	9.5	Selbstkonzept und Motivation		189
		9.5.1	Begriffsbestimmung	190
		9.5.2	Entwicklung und Einflussfaktoren	193
		9.5.3	Diagnostik und Förderung	195
	9.6	Zusammenfassung		197
10	**(Sonder-)pädagogische Unterstützungsbedarfe**			**200**
	10.1	Lernen		202
	10.2	Emotional-soziale Entwicklung		206
	10.3	Geistige Entwicklung		209
	10.4	Autismus		211
	10.5	Körperlich-motorische Entwicklung		213
	10.6	Sprache		216
	10.7	Hören und Kommunikation		219
	10.8	Sehen		222
	10.9	Hochbegabung		224
	10.10	Zusammenfassung		227
11	**Gestaltung inklusiven Unterrichts**			**228**
	11.1	Gestaltung von Lehr-Lernumgebungen		229
		11.1.1	Lernen und Lehren im Behaviorismus	230
		11.1.2	Lernen und Lehren im Kognitiven Paradigma	231
		11.1.3	Lernen und Lehren im Konstruktivistischen Paradigma	234

	11.2	Lernwirksamer Unterricht – Perspektiven der Allgemeinen Didaktik und Lehr-Lernforschung	237
		11.2.1 Die Allgemeine Didaktik	237
		11.2.2 Lehr-Lernforschung	238
	11.3	Basisdimensionen der Unterrichtsqualität	240
		11.3.1 Klassenführung	241
		11.3.2 Kognitive Aktivierung	245
		11.3.3 Konstruktive Unterstützung	247
	11.4	Methoden	250
		11.4.1 Direkte Instruktion	251
		11.4.2 Kooperatives Lernen	252
		11.4.3 Offener Unterricht	256
	11.5	Medien	259
		11.5.1 Begriffsklärung und Einordnung	259
		11.5.2 Digitale Medien und Medienkompetenz	262
	11.6	Schulleistungen	264
		11.6.1 Makroebene	265
		11.6.2 Mikroebene	271
	11.7	Zusammenfassung	275
12	**Der Übergang von der Grundschule zur Sekundarstufe**		**277**
	12.1	Bedingungen und Aufgaben	277
	12.2	Empirische Befunde	281
	12.3	Zusammenfassung	283
13	**Konklusion**		**285**
14	**Literatur**		**286**

1 Die Grundschule – eine erste Orientierung

> Dieses erste Kapitel ist als eine Art Ausblick zu verstehen. Für einen Einstieg in das komplexe Themenfeld der Grundschule als Institution und in das Zusammenspiel der verschiedenen Akteur*innen innerhalb des Systems trägt dieses Kapitel zentrale Fakten zum Auftrag der Grundschule als erste Schulstufe im Pflichtschulsystem und zur aktuellen Grundschulsituation in Deutschland zusammen. Darüber hinaus werden die zwei zentralen Figuren innerhalb des Systems einführend betrachtet: Das Kind mit seinen individuellen Voraussetzungen, das auch innerhalb des Buches die zentrale Rolle einnimmt, sowie die Lehrkraft, die auf Mikroebene der Unterrichtsgestaltung die höchste Bedeutung für das Lernen des Einzelnen hat (Hattie, 2009).

1.1 Die Grundschule im System

Der Bildungsauftrag der Grundschule ist leitend für das Lehren und Lernen in der Grundschule. Die besonderen Aufgaben, die sich aus der Position der Grundschule im deutschen Bildungswesen und dem Adressat*innenkreis ergeben, können in Anlehnung an Schorch (2007) wie folgt skizziert werden:

Die Grundschule ist die erste Schule.
Aufgrund ihrer Position im deutschen Bildungswesen erfüllt die Grundschule eine besondere Funktion. Basierend auf den Vorerfahrungen der Kinder und mit Blick auf nachfolgende Bildungsinstitutionen sind Bildungsprozesse anschlussfähig zu gestalten.
Die Grundschule ist eine Schule für alle.
Aufgrund der unausgelesenen Schüler*innenschaft bewegt sie sich ständig im Spannungsfeld von Förderung und Selektion, von Individualisierung und Egalisierung.
Die Grundschule hat Grundlegende Bildung zu vermitteln.
Dazu zählt neben der Vermittlung elementarer Basiskompetenzen (Lesen, Schreiben, Rechnen) insbesondere eine Unterstützung der Persönlichkeitsentwicklung (soziale, emotionale, motivationale Aspekte). In ersterem manifestiert sich insbe-

sondere der gesellschaftliche Auftrag der Grundschule. Die Heranwachsenden sind in Kulturtechniken einzuführen (Enkulturation), um an der Reproduktion der Gesellschaft mitzuwirken und ihnen zugleich die Partizipation und Teilhabe am gesellschaftlichen Leben zu ermöglichen. Sie ist neben dem Förderschulwesen die einzige Schulstufe, welche Grundlegende Bildung als Kernprinzip verfolgt, wenngleich sich die beiden Schulformen in ihrer Interpretation grundlegender Bildung unterscheiden (Vogt, 2019a).
Die Grundschule ist eine kindgemäße Schule.
Adressat von Bildungs- und Erziehungsangeboten in der Grundschule ist das Kind. Mit Kindgemäßheit ist der Anspruch verbunden, die Interessen des Kindes zu wahren und auf die Verantwortung der Gesellschaft gegenüber kindlichen Bedürfnissen unter Berücksichtigung von Entwicklungsmöglichkeiten und -bedingungen aufmerksam zu machen. Das Konzept der Kindgemäßheit stellt implizit ein Gegengewicht zur Vermittlung Grundlegender Bildung dar, welches eher die ökonomischen Interessen der Gesellschaft vertritt und über die Vermittlung grundlegender Kulturtechniken legitimiert.

1.1.1 Die Grundschule als Institution

Laut Statistischem Bundesamt (2018, S. 36) ist im Schuljahr 2016/17 fast jede zweite Schule in Deutschland eine Grundschule. Die finanziellen Ausgaben je Kopf sind im Vergleich zu den anderen Schularten jedoch am geringsten (pro Kopf 6.000 EUR) (ebd., 2018, S. 46). Die lokale Grundschulsituation ist höchst divers und wird von verschiedenen Faktoren beeinflusst: demographischer Wandel, bildungspolitische Entscheidungen, sozialräumliche Lage, gewachsene Strukturen und elterliches Wahlverhalten (Miller, 2019). Es lässt sich feststellen, dass zwischen 2008 und 2018 trotz wachsender Schüler*innenzahlen Grundschulen in öffentlicher Trägerschaft vermehrt geschlossen oder zusammengelegt werden, während der Anteil an Privatschulen im gleichen Zeitraum wächst (ebd., S. 49). Die steigende Anzahl an Privatschulen lässt sich u. a. auf elterliche Schulwahlentscheidungen zurückführen, die zum Teil stark von Überzeugungen über heterogene Schüler*innengruppen und angenommenen pädagogisch-didaktischen Qualitätseinbußen an öffentlichen Grundschulen beeinflusst scheinen. Von Schulschließungen ist eher der ländliche Raum betroffen. Da die Versorgung mit schulischen Angeboten Aufgabe des Staates ist, in Deutschland also der Kultusministerien als oberste Schulaufsichtsbehörden, werden zum Teil auch Schulen in öffentlicher Trägerschaft mit geringer Schüler*innenzahl in ländlichen Regionen aufrechterhalten, was wiederum die Organisation von Unterricht und die Arbeit der Lehrkräfte bzw. Schulleitungen beeinflusst.

Ein Unterschied in der Grundschulsituation besteht zwischen den Stadtstaaten (Hamburg, Berlin, Bremen) und den ostdeutschen Flächenländern. In letzteren gibt es insgesamt weniger Grundschulen und sie sind in der Regel bezogen auf die Gesamtschüler*innenschaft eher klein (< 200 Kinder), wohingegen in städtischen Ballungsgebieten eine wohnortnahe Versorgung eher möglich ist und die Grundschulen größer sind (> 200 Kinder). Eine Grundschule mit zahlenmäßig geringer Schüler*innenschaft bedeutet, dass sich ähnliche Aufgaben und Tätigkeiten auf wenigen Schultern verteilen und die Arbeitsbelastung des Einzelnen demnach höher ist (Raggl, 2020). Ein kleineres Kollegium sowie die Notwendigkeit, in jahrgangsübergreifenden Klassen zu unterrichten, stellen sowohl die Lehrkräfte als auch die Leitungen der Grundschulen vor besondere Herausforderungen. Im deutschsprachigen Raum haben die Schulleitungen neben einer weiterhin hohen Unterrichtsverpflichtung pädagogische Leitungsaufgaben und administrative Verpflichtungen, die aus Bildungspolitik, -administration und -verwaltung an sie herangetragen werden. Den Schulentwicklungsaufgaben ausreichend nachkommen zu können und die Schwierigkeit, professionelle Distanz zu lokal situativen Situationen zu wahren (ebd.) beeinflussen die Arbeit der Schulleiter*innen. Zugleich kann aus einer Notwendigkeit auch ein Motor für pädagogische Innovation werden (Budde, 2007). Kleine Grundschulen können durch An- und Einbindung regionaler, lokaler Akteur*innen, wie Vereinen, zu wichtigen Bildungs- und Begegnungsstätten werden (Raggl, 2020).

> **Lernaktivität**
>
> Machen Sie sich auf der Internetseite der Ständigen Konferenz der Kultusminister (KMK) mit den Suchmasken zu den Rechtsvorschriften/Lehrplänen in Ihrem Bundesland vertraut. Welche weiteren Informationen zu den formalen Vorgaben zum Unterricht in der Grundschule lassen sich über das Portal finden?

1.1.2 Schul- und Unterrichtsorganisation

Schulorganisatorisch umfasst die Grundschule in 14 von 16 Bundesländern gegenwärtig die Jahrgänge 1 bis 4. Eine Ausnahme bilden die Bundesländer Brandenburg und Berlin. Hier lernen die Grundschulkinder für die Dauer von sechs Jahren gemeinsam (vgl. Abb. 1).

Überwiegend besuchen die Kinder in altersabhängigen Jahrgangsstufen den Unterricht. In einzelnen Bundesländern existieren allerdings Modelle jahrgangsübergreifenden Lernens, so dass die Jahrgangsstufen 1 bis 2 oder 1 bis 4 gemeinsam unterrichtet werden (▶ Kap. 5.2 Jahrgangsübergreifendes Lernen). Besucht wird in der Regel die wohnortnächste Grundschule. In den meisten Bundesländern und Regionen gibt es festgelegte Grundschulbezirke. In einigen Bundesländern (u. a. in Regionen Nordrhein-Westfalens, Niedersachsens und Schleswig-Holsteins) können Eltern ihre Kinder auf Wunsch auch an einer konfessionsgebundenen (katholischen, evangelischen) Grundschule (sog. Bekenntnisgrundschulen) anmelden bzw. haben das Recht auf Antrag zur Gründung einer konfessionsgebundenen Grundschule. Dieses Anrecht ist ein Überbleibsel aus Zeiten vor der offiziellen Gründung der Grundschule, das bis heute Zündstoff für Diskussionen über den chancengleichen und -gerechten Zugang zu Bildung und über Selektionsmechanismen liefert. Seit der Ratifizierung der UN-Behin-

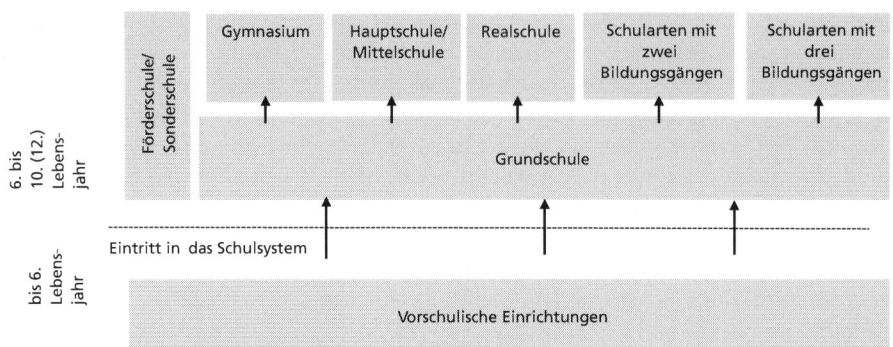

Abb. 1: Die Grundschule im deutschen Bildungswesen

dertenrechtskonvention im Jahr 2009 besuchen auch Kinder mit sonderpädagogischem Unterstützungsbedarf zunehmend allgemeine Schulen. Von den insgesamt knapp drei Millionen Kindern im Grundschulalter haben im Schuljahr 2019/20 95.190 Kinder einen sonderpädagogischen Unterstützungsbedarf. Der größte Anteil von Schüler*innen im Grundschulalter mit diagnostiziertem Unterstützungsbedarf benötigt Unterstützung im Bereich Lernen, gefolgt von der Gruppe von Schüler*innen, die Unterstützung im Bereich soziale und emotionale Entwicklung erhalten. Es existieren in Deutschland aber weiterhin parallel zur Grundschule sonderpädagogische Schulen, in denen Kinder mit sonderpädagogischem Unterstützungsbedarf unterrichtet werden. Je nach Bundesland und Landesrecht werden diese Einrichtungen unterschiedlich bezeichnet (z. B. Förderschulen, Schulen mit sonderpädagogischem Förderschwerpunkt, Sonderschulen). Die sonderpädagogischen Schulen gibt es mit unterschiedlichen Schwerpunkten: Lernen, Emotional-Soziale Entwicklung, Sehen, Hören und Kommunikation, Sprache, Körperlich-Motorische Entwicklung und Geistige Entwicklung (▶ Kap. 10 (Sonder-)pädagogische Unterstützungsbedarfe). Ein Anteil von 12 % der Gesamtschüler*innenschaft der Grundschule ist ausländischer Herkunft (Statistisches Bundesamt, 2019). Der Anteil der unter Sechsjährigen mit Zuwanderungshintergrund ist in den vergangenen Jahren stetig gestiegen, wobei die Verteilung auf städtische Regionen (60 %) und Regionen mit Verstädterungsansatz (27 %) und ländliche Regionen (13 %) sehr unterschiedlich ist (Autorengruppe Bildungsberichterstattung, 2020, S. 27). Diese Entwicklungen wirken in verschiedener Hinsicht auf die lokalen Bedarfe und Aufgaben der Grundschule, sind doch im Zuge inklusiver Schulentwicklung vermehrt die unterschiedlichen Bedürfnisse der Schüler*innen zu berücksichtigen und Lehrkräfte entsprechend zu qualifizieren.

Die Schulpflicht beginnt in Deutschland im Alter von sechs Jahren. Ob ein Kind fristgemäß, vorzeitig oder verspätet eingeschult wird und welche Schule es besuchen wird, hängt von einer Reihe von Entscheidungen ab, die zum Teil in elterlicher, schulischer, aber auch amtsärztlicher Hand liegen (▶ Kap. 8.3 Schulreife – Schulfähigkeit – Schulbereitschaft).

Im ersten und zweiten Schuljahr der Grundschule haben die Kinder zwischen 20 und 22 Unterrichtsstunden pro Woche und werden systematisch an organisierte Formen des Lernens herangeführt. Sie lernen Arbeitsformen und -techniken kennen, entwickeln motorische und soziale Fähigkeiten weiter, entfalten ein verstärktes Bewusstsein für ihre Ich-Kompetenz (Selbstkonzeptentwicklung) und erwerben basale Kenntnisse im Schreiben, Rechnen und Lesen. In der Regel ist der Unterricht in den ersten beiden Schuljahren als Erst- bzw. Anfangsunterricht konzipiert (▶ Kap. 8.4). Auch in der Außendarstellung wird dieser bewusst von vielen Grundschulen nicht über die Ausweisung einzelner Fachstunden in den Zeittafeln spezifiziert, sondern als Erstunterricht bezeichnet. Dieser impliziert u. a. die Kernfächer Deutsch, Mathematik und Sachunterricht.

> **Lernaktivität**
>
> Recherchieren Sie unter Eurydice (dem Informationsnetz zum Bildungswesen in Europa) zur Organisation von Grundschule in anderen Ländern. Vergleichen Sie den Umfang unterrichteter Wochenstunden und die Stundentafeln in den Klassenstufen 1 bis 4 (bzw. 6). Wo finden Sie Gemeinsamkeiten, wo Unterschiede?

Ab der dritten Jahrgangsstufe steigt die Zahl der Unterrichtsstunden auf bis zu 27 Stunden (Eurydice, 2019). Unterricht erhalten Grundschulkinder in den folgenden Fächern:

- Deutsch
- Mathematik
- Sachunterricht
- Fremdsprache
- Kunst
- Werken/Textiles Gestalten
- Musik
- Sport
- Religion bzw. Ethik

In der Regel gilt in der Grundschule ein Klassenlehrkraft-Prinzip. Historisch begründet sich dieses einerseits in der engen Verflechtung von Unterricht und Erziehung. Den Kindern durch stabile Beziehungen Verlässlichkeit zu bieten, durch Kenntnisse der individuellen Bedürfnisse besser auf die Kinder eingehen zu können und ihnen durch feste Strukturen und Organisationsformen das Einleben in den Schulalltag zu erleichtern, sind leitende Vorstellungen zum Klassenlehrkraft-Prinzip. Kinder mit Schwierigkeiten im Bereich Verhalten (sozial-emotionale Entwicklung) können z. B. über die Gestaltung einer verbindlichen und zuverlässigen positiven Beziehung zur Lehrkraft deutlich bessere Entwicklungen durchlaufen (Bolz, 2021). Klassenlehrkräfte unterrichten daher in der Regel auch Fächer, die sie nicht studiert haben, und übernehmen vielfältige organisatorisch-administrative Aufgaben. Sie haben demnach auch eine ordnende Funktion (Schratz, 2005), die für einen reibungslosen Ablauf des Schullebens essentiell ist. Es gibt durchaus

Stimmen, welche die dadurch möglicherweise strukturell erzeugte Fachfremdheit kritisieren (vgl. hierzu Lagies, 2020). Zugleich ermöglicht das Prinzip aber auch eine fächerübergreifende Unterrichtsplanung, unterstützt die Projektarbeit und bedient die Ausrichtung auf ein gesamtheitliches Lernkonzept, das im Anfangsunterricht von einer kindgerechten Gestaltung des Unterrichts ausgeht und auf damit verbundene Lernziele abzielt.

1.2 Das Grundschulkind

»Es ist gewiss, dass wir in unserer modernen Welt besser für unsere Kinder sorgen können, als wir es jetzt tun. Es gibt keine Entschuldigung dafür, den Kindern eine gute Kindheit vorzuenthalten, in der sie ihre Fähigkeiten voll entfalten können« (Nelson Mandela).

Nach der Kinderrechtskonvention der Vereinten Nationen ist ein Kind, wer das 18. Lebensjahr noch nicht erreicht hat. In Deutschland wird als Kind bezeichnet, wer noch nicht das 14. Lebensjahr vollendet hat (Sozialgesetzbuch (SGB) 8, § 7, Abs. 1). Die Grundschule ist demnach eine reine Kinderschule. Menschenrechtlich begründet hat jedes Kind das Recht auf Bildung, unabhängig davon, wo es herkommt, aus welchen ökonomischen Verhältnissen es stammt, welche Religion es hat, wo es aufwächst und welche individuellen Voraussetzungen (biologisch, kognitiv, sozial-emotional) es mitbringt. Dieser rechtliche Tatbestand ist in den 41 Artikeln der Kinderrechtskonvention der Vereinten Nationen (20. November 1989) grundgelegt und gilt weltweit und uneingeschränkt für alle Kinder auf dieser Erde. Deutschland hat den Vertrag im Jahr 1992 ratifiziert, also mit der Unterzeichnung rechtlich verbindlich erklärt, die Rechte der Kinder, einschließlich damit verbundener Maßnahmen des völkerrechtlichen Vertrags, zu unterstützen und zu fördern. Bisher haben die Kinderrechte lediglich den Rang eines einfachen Bundesgesetzes. Dennoch sind ihre Gültigkeit und Einhaltung von besonderem Interesse. Das Wohl des Kindes ist in jeder Institution, in allen Zusammenhängen vorrangig zu behandeln und zu beachten (Art. 3).

Ist man in der Grundschule tätig, setzt man sich daher zwangsläufig mit Fragen auseinander, die das Wohl, die Interessen und die Entwicklungsmöglichkeiten des Kindes, das Kindsein und die Kindheit betreffen. In der wissenschaftlichen Literatur lassen sich verschiedene Annäherungsversuche an diese Themenbereiche ausmachen. Diese bieten für das Lehren und Lernen in der Grundschule unterschiedliche Perspektiven an.

Aus *entwicklungspsychologischer Perspektive* wird die Kindheit als eine besonders bildsame Phase betrachtet, in der sich viele Entwicklungsschritte beschleunigt vollziehen. Jedes Kind wird als Wesen betrachtet, das in dieser Phase auf Unterstützung angewiesen ist. Entwicklungspsychologische und lernpsychologische Perspektiven helfen sorgfältig zu prüfen und einzuordnen, inwiefern Angebote den Möglichkeiten des Kindes entsprechen und adressatengerecht sind. Das umfasst die Prüfung von Lernvoraussetzungen und Entwicklungsmöglichkeiten von Kindern im Grundschulalter.

Aus *anthropologischer Sicht* steht das Kind als menschliches Wesen im Mittelpunkt und das, was das Kind als ›Kind‹ ausmacht. Begründungslinien für eine Sicht auf das Kind werden vielfach aus Ansätzen reformpädagogischer Strömungen gezogen. Diese Sichtweise ermöglicht, die Aufgaben und Funktionen der Akteur*innen im Kontext von Erziehung und Bildung zu reflektieren. Mit Blick auf das Kind geht es speziell um Erwartungen um Sollens-Vorstellungen (normative Setzungen), welche bestimmte Bildungs- und Erziehungsziele und -praktiken in Schule und Unterricht begründen und legitimieren. Eine sorgfältige Reflexion von gesellschaftlich weithin akzeptierten Anforderungen und Erwartungen an die Akteur*innen ist für eine Bewusstwerdung von Voreingenommenheiten und sozio-kulturell geprägten Erwartungshaltungen speziell gegenüber den Kindern notwendig.

Die *sozial- und gesellschaftswissenschaftliche Perspektive* verhilft dazu, die gesellschaftlichen Rahmenbedingungen zu antizipieren, die auf das Kind, die schulischen Handlungen und Aktionen einwirken, das heißt akteursspezifische Erwartungen und Möglichkeiten nicht als naturgegeben hinzunehmen (z. B. Schulbereitschaft als ausschließlich kindbezogene Bringschuld), sondern unter dem Aspekt der Einflussmöglichkeit exogener (äußerer) Faktoren zu betrachten.

Eine *didaktische Perspektive* (allgemein- und fachdidaktische) versucht unter dem Vermittlungsaspekt, die verschiedenen Momente (Themen/Inhalte, Ziele, Methoden, Medien; sozio-kulturelle, anthropogene Voraussetzungen), die im Unterricht zusammenkommen, zu bündeln und aufeinander zu beziehen. Sie stellt Fragen an die Möglichkeiten adressat*innengerechter Planung und Gestaltung des Grundschulunterrichts, der begründeten Auswahl von Inhalten und Zielen (multikriterial; kurz-, mittel-, langfristig) und die verschiedenen Gestaltungspraktiken (u. a. Differenzierung, Problemorientiertes Lernen, Kooperatives Lernen) und mögliche Erfahrungs- und Repräsentationsformen (u. a. Medien), die dafür zur Verfügung stehen (Peterßen, 2000).

Jede Perspektive ist gleichermaßen von Bedeutung, um reflektiertes Handeln in der Schule zu ermöglichen. Sie sind eng verzahnt und abhängig voneinander. Da Grundschulunterricht einen gesellschaftlichen Auftrag verfolgt, der sowohl Erwartungen an das Kind formuliert als auch Erwartungen des Kindes an die Gesellschaft enthält, ist es als Lehrkraft notwendig, sich damit auseinanderzusetzen, was Kinder leisten können, was Kinder leisten sollen und unter welchen Bedingungen sie etwas zu leisten haben. Ziel ist, das einzelne Kind mit seinen Besonderheiten zu erkennen, wertzuschätzen und zu reflektieren, wie es in der Gruppe gut darin unterstützt werden kann, sich als Persönlichkeit zu entfalten, wie es gelingen kann unter den gesellschaftlichen und schulischen Bedingungen, sich fachlich, sozial, emotional und auf personaler Ebene möglichst positiv zu entwickeln, um für sich selbst sorgen zu können und sich zugleich der Gesellschaft verpflichtet zu fühlen.

1.3 Die Grundschullehrkraft

Die Lehrkraft hat im unmittelbaren Unterrichtskontext und für das Lernen der Schüler*innen die wichtigste Position. Die Tätigkeitsfelder und Anforderungen an die Grundschullehrkräfte und die Bedingungen unter denen sie arbeiten, sind in den vergangenen Jahrzehnten immer komplexer und anspruchsvoller geworden: Globalisierung, Digitalisierung, Internationalisierung und gesteigerte Migrationsbewegungen und damit verbundene *birth-place diversity* (Geburtsortvielfalt) wirken in verschiedener Hinsicht auf die Berufstätigkeit ein. Die Entwicklungen setzen vielfältige, komplexe Wissensbestände und die Fähigkeiten des Umgangs mit neuen Erkenntnissen, Technologien und gesellschaftlichen Faktoren voraus. Neben dem Kerngeschäft, dem Unterrichten, müssen Lehrkräfte in der Lage sein, im Team zu arbeiten, zu kooperieren (u. a. mit Familien, Sonderpädagog*innen und anderen pädagogischen Fachkräften), zu beraten sowie ihre Professionalisierung voranzubringen. In zeitlich-historischer Perspektive lassen sich in der Gegenwart neue berufliche Anforderungen und Differenzlinien in den Ausbildungsstrukturen identifizieren. Es bestehen jedoch auch Kontinuitäten, etwa hinsichtlich der Aufgabenfelder von Grundschullehrkräften, die sich aus dem Bildungsauftrag der Grundschule und der Stellung der Institution im deutschen Bildungswesen ergeben.

1.3.1 Der Beruf

Europaweit arbeiten ca. 2 Millionen Lehrkräfte an einer Grundschule (Eurostat, 2021). In Deutschland sind es etwa 240.000 Grundschullehrer*innen. 86,8 % davon sind weiblich. Etwas mehr als die Hälfte des pädagogischen und wissenschaftlichen Personals in der Grundschule in Deutschland arbeitet in Teilzeit (52 %). Damit liegt der Anteil im innereuropäischen Vergleich deutlich höher als in anderen Ländern (Autorengruppe Bildungsberichterstattung, 2020). Die Unterrichtszeit für Lehrer*innen an der Grundschule variiert zwischen einer minimalen Verpflichtung von 27 (Brandenburg, Sachsen, Sachsen-Anhalt, Thüringen) und maximalen Verpflichtung von 28,5 Pflichtstunden pro Woche (Hessen, Saarland) (KMK, 2021). Zusammen mit Tätigkeiten über das eigentliche Unterrichten hinaus beträgt die Arbeitszeit der Lehrkräfte im Durchschnitt 40 Zeitstunden pro Woche, kann aber in Abhängigkeit des Dienstverhältnisses (Angestelltenverhältnis vs. Beamtenverhältnis), des Alters und des Bundeslands etwas darüber oder darunter liegen (ebd).

Die öffentliche Meinung über den Beruf der Grundschullehrkraft ist kontrovers. Bildungspolitisch scheint die hohe Bedeutung und Verantwortung der Grundschullehrkräfte erkannt. Dennoch gibt es immer wieder Hinweise aus der Forschung, die eine Unterschätzung und Geringschätzung grundschulpädagogischer Arbeit vermuten lassen. Faulstich-Wieland et al. (2010) konnten mittels einer Befragung von Oberstufenschüler*innen beispielsweise feststellen, dass die Grundschullehrkraft im Vergleich mit anderen Lehrkräften als die »niedrigste

Stufe dieses Lehrerberufs« (ebd., S. 30) betrachtet wird. Der Beruf hat »mit kleinen Kindern zu tun, hat wenig Stoff, dieses Einmaleins, und da kommt es schon besser, wenn man Gymnasiumslehrer ist« (ebd.). Auch im universitären Fächerkanon lassen sich laut Einsiedler (2015) immer noch Vorbehalte und ideologische Gräben zwischen Lehrkräften ›niederer‹ (Grundschule) und ›höherer‹ (Gymnasium) Bildung, wie sie schon beim Ringen um die Einführung einer gemeinsamen Grundschule offenbar wurden, beobachten.

> **Lernaktivität**
>
> Welche Erfahrungen haben Sie im Umgang mit dem Beruf *Grundschullehrer*in* gemacht? Wie bewerten Sie die öffentliche Wahrnehmung?

Woran könnte diese Verzerrung in der öffentlichen Wahrnehmung liegen? Ein Grund liegt mit Sicherheit darin, dass viele Tätigkeiten und Anforderungen von Grundschullehrkräften nicht sichtbar werden, weil sie mit der verbindlichen Präsenzzeit in der Schule nicht abgebildet werden. Die Arbeitszeitbelastung, aber auch die Anforderungen an den Beruf der Grundschullehrkraft werden daher vielfach unterschätzt. Eine Meta-Zeiterfassungsstudie von Hardwig und Mußmann (2018) zeigt, dass viele Lehrkräfte signifikant mehr Stunden arbeiten als andere Berufsgruppen im öffentlichen Dienst (> 48 Stunden) und eine Sieben-Tage-Woche eher die Regel als die Ausnahme ist. Der hohe Anteil an Möglichkeiten, den Inhalt und Umfang seiner Arbeitszeit selbst bestimmen zu können, wird oft als Berufsvorteil betrachtet. Dabei wird übersehen, dass viele der zentralen Tätigkeiten (u. a. Planung und Nachbereitung von Unterricht, Elterngespräche, Konferenzen, Förderpläne erstellen) in den Nachmittagsbereich fallen und eine hohe Selbstorganisation verlangen. Für Grundschullehrkräfte wird besonders deutlich: Weniger als die Hälfte der Arbeitszeit macht das Hauptgeschäft das Unterrichten aus, eingerechnet sind dabei Aufsichten, Unterrichtszeit und Vertretungsstunden (ca. 40 %). Etwa 26 % der Tätigkeiten entfallen auf *unterrichtsnahe Lehrarbeit* (Feststellungsverfahren, Korrekturzeiten, Unterrichtsvor- und -nachbereitung). Die restliche Arbeitszeit wird mit *unterrichtsfernen* Tätigkeiten verbracht. Dazu zählen Aufgaben, die sich u. a. der *Kommunikation* (u. a. Konferenzen/Sitzungen, Arbeitsgruppe/Ausschuss), *Funktionen* (u. a. Schulleitungsfunktionen), *Fahrten/Veranstaltungen, Arbeitsorganisation, Weiterbildung* und *sonstigen Tätigkeiten* (u. a. Fördergutachten) zurechnen lassen (Mußmann et al., 2016). Dies verdeutlicht das breite Spektrum an Tätigkeiten und es wird klar, dass der Beruf die Fähigkeit einer hohen Selbststeuerung benötigt. Außerdem setzt die Ausübung dieses Berufs einen Professionalisierungsprozess voraus, der eine entsprechende Qualifikation in der Breite ermöglicht, so dass Lehrkräfte in der Lage sind, diese Anforderungen sach- und fachgemäß erfüllen zu können (u. a. Fördergutachten schreiben, Beratungen durchführen, Arbeiten im Team).

1.3.2 Lehrkräfteausbildung und Profil

Global bemühen sich lehrerbildende Institutionen um eine qualitativ hochwertige Ausbildung, damit Lehrkräfte nicht nur zu Expert*innen des Lehrens und Lernens werden, sondern aktiv an der Weiterentwicklung inklusiver, nachhaltiger Gesellschaften mitwirken. Der Sinn und Zweck von Systemen der Lehrerausbildung und beruflichen Entwicklung besteht darin, den Erwerb entsprechender Fähigkeiten und umfangreichen Wissens zu ermöglichen. Die *Professionalisierung* (Entwicklung des Könnens) von Lehrkräften beginnt in Deutschland mit der ersten Phase, der universitären Lehrer*innenbildung. An diese Phase, die überwiegend aus theoretischer Perspektive die schulische Praxis erkundet und reflektiert, schließt sich mit dem Vorbereitungsdienst (Referendariat, zweite Phase der Lehrkräftebildung) eine Phase an, in der die Lernenden zu Lehrenden mit hoher gesellschaftlicher Verantwortung werden und zugleich Lernende bleiben, die der Bewertung durch andere unterliegen. Die dritte Phase beginnt mit dem Einstieg in das Berufsleben. Diese steht ganz im Zeichen des lebenslangen Lernens und nimmt das Lernen *im* Beruf in den Blick (KMK, 2004; 2019). Es wird von einem kumulativen Kompetenzaufbau ausgegangen, wonach das Wissen, Können und auch die Einstellungen, die für die erfolgreiche Ausübung des Berufs wichtig sind, über die drei Phasen hinweg systematisch aufgebaut und weiterentwickelt werden.

Der universitären Phase wird unter dem Gesichtspunkt des Erwerbs zentraler berufsrelevanter Kompetenzen von Bildungsforscher*innen eine hohe Bedeutsamkeit für die erfolgreiche Ausübung des Berufs zugeschrieben (Klusmann et al., 2012), wenngleich sich die Lehramtsstudent*innen deutlich skeptischer zeigen, was die Bedeutung des Studiums für ihre spätere Berufstätigkeit angeht (z. B. Cramer, 2012). Formal liegt mit den »bildungswissenschaftlichen Standards für die Lehrerbildung« (KMK, 2004; 2019) für alle Lehrämter ein Orientierungsrahmen vor, der das berufspraktische Wissen, Können und die Einstellungen spezifiziert, das als berufsrelevant erachtet wird. Diese wurden theoriegestützt unter Mitwirkung von Wissenschaftler*innen und Berufsverbänden entwickelt (KMK, 2000). Basierend auf den Erziehungs- und Bildungszielen von Schule werden vier Kompetenzbereiche formuliert (vgl. Abb. 2).

Die Anforderungen werden gemäß der Kultusministerkonferenz (2004; 2019) wie folgt begründet: Lehrkräfte sind Fachleute für das Lehren und Lernen. Ihre Hauptaufgabe besteht in der theoriegestützten Planung, Gestaltung, Organisation und Reflexion von Bildungsprozessen. *Unterrichten* ist daher die Kerntätigkeit von Lehrkräften. Lehrkräfte üben darüber hinaus ihre Erziehungsaufgabe aus. Sie haben die verantwortungsvolle Aufgabe, an der Erziehung der ihnen anvertrauten Heranwachsenden aktiv mitzuwirken (*Erziehen*). Das Gelingen setzt eine enge, vertrauensvolle Zusammenarbeit mit Eltern voraus. Lehrkräfte müssen kompetent ihrer Beurteilungs- und Beratungsaufgabe nachkommen. Dazu müssen sie über hohe pädagogisch-psychologische und diagnostische Kompetenzen verfügen (*Beurteilen und Beraten*). Lehrkräfte verstehen sich als lebenslang Lernende. Sie bilden sich weiter und nutzen entsprechende Fort- und Weiterbildungsangebote. Sie kooperieren mit außerschulischen Institutionen und Organi-

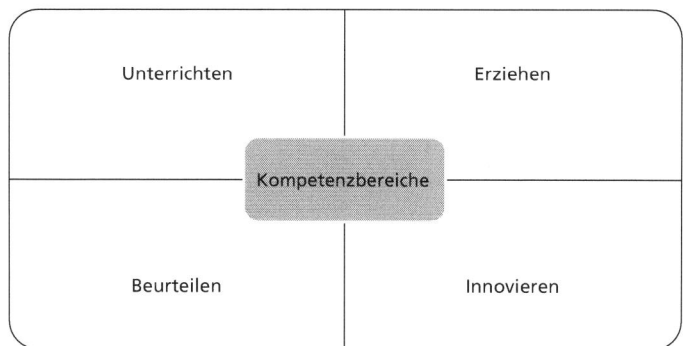

Abb. 2: Kompetenzen von Lehrkräften (in Anlehnung an die bildungswissenschaftlichen Standards der Lehrer*innenbildung der KMK, 2004; 2019; eigene Darstellung)

sationen. Sie erleben und erfahren sich als systemrelevant und nehmen ihre hohe gesellschaftliche Verantwortung für die ihnen anvertrauten Lernenden ernst und entwickeln Schule und Unterricht weiter (*Innovieren*). Ergänzt wurde dieser Auftrag um eine Reihe von spezifischen Anforderungen, die sich durch die wachsende Vielfalt in Schule und Gesellschaft einerseits und die schulstufenspezifischen Anforderungen an die berufliche Tätigkeit andererseits finden lassen. Inklusive Schulen erfordern zum einen ein Profil, das auf das Arbeiten in inklusiven Klassen vorbereitet. Anhand des europäischen *Inclusive Teacher Profile* (European Agency for Special Needs and Inclusive Education, 2012) lassen sich vier relevante Dimensionen identifizieren:

1. *Wertschätzung der Vielfalt der Lernenden* – Die Unterschiede der Lernenden werden als Ressource und Vermögenswert für die Bildung betrachtet;
2. *Unterstützung aller Lernenden* – Lehrkräfte haben hohe Erwartungen an die Erfolge aller Lernenden;
3. *Zusammenarbeit mit anderen* – Kollaboration und Kooperation sind wesentliche Ansätze für alle Lehrkräfte;
4. *Persönliche berufliche Weiterentwicklung* – Lehren ist eine Lernaktivität und Lehrkräfte übernehmen Verantwortung für ihr lebenslanges Lernen.

Schulstufenspezifisch lassen sich die Erwartungen an die Tätigkeit als Grundschullehrkraft weiter konkretisieren:

Ein konstruktiver, wertschätzender Umgang mit Heterogenität und Vielfalt

Die Grundschularbeit verlangt aufgrund der heterogenen, unausgelesenen Schüler*innenschaft und inklusionsorientierten Praxis einen konsequent produktiven Umgang mit Heterogenität und Vielfalt. Auf der Mikroebene des Unterrichtsgeschehens erfordert dies die Bereitstellung eines adressat*innengerechten Angebots, das sich an den Bedürfnissen *aller* Schüler*innen orientiert. Unterschiedliche Lerner*innenvoraussetzungen betreffen alle Heterogenitätsdimensionen. Die Anforderungen an die Grundschullehrkraft konkretisieren sich in dieser Hinsicht an Wissen um die Bereitstellung adaptiver Lernumgebungen und der Auswahl von individualisierenden und differenzierenden Materialien. Fördern und Fordern *aller* Schüler*innen unter Berücksichtigung unterschiedlicher Voraussetzungen und Zugangsmöglichkeiten bedingen daher Kenntnisse im Bereich der Diagnostik und setzen darüber hinaus die Mitwirkung vieler Professionen, auch und gerade im Unterricht, voraus. *Multiprofessionelle* Zusammenarbeit gilt mittlerweile als zentrale Gelingensbedingung, um der Heterogenität der Lerner*innen umfänglich gerecht zu werden. Zusammenarbeit erstreckt sich im innerschulischen Bereich sowohl auf die Arbeit im Unterricht (▶ Kap. 6.2 Innerschulische Kooperation), in Fördergruppen oder fachübergreifenden Projekten als auch auf Schulebene auf die Kooperation mit anderen Kolleg*innen, der Schulleitung, Schulpsycholog*innen, Diplom-/Sozialpädagog*innen, Schulsozialarbeiter*innen, Sonderpädagog*innen, Ärzt*innen, Jugendhilfe, Ergotherapeuten und Eltern (vgl. Vierbuchen & Bartels, 2021). Kenntnisse über die Erwartungen, Ziele und Funktionen der verschiedenen Professionen und Akteur*innengruppen sowie die Fähigkeit und Bereitschaft zur Kooperation gehören mittlerweile zu fixen Aspekten professioneller Kompetenz einer Grundschullehrkraft.

Die Ermöglichung anschlussfähiger und grundlegender Bildung

Anschlussfähige Bildung zu ermöglichen setzt aus organisationstheoretischer Perspektive zum einen Kenntnisse über Formen, Umgang und Möglichkeiten (Programme, Verfahren) institutionalisierter Kooperation mit Kindertageseinrichtungen und weiterführenden Schulen sowie den spezifischen Akteur*innen voraus. Die zunehmende Verlagerung schuleingangsdiagnostischer Verfahren in den vorschulischen Bereich erfordert eine enge Abstimmung und Zusammenarbeit zwischen dem Fachpersonal der Kindertagesstätten, Eltern, den Gesundheitsämtern und schulischen Akteur*innen. Um Bildungsprozesse anschlussfähig zu gestalten sind relevante Kenntnisse über alters-, individuums- und entwicklungsbezogene Eingangsvoraussetzungen grundlegend, an denen schulische Bildungsprozesse anknüpfen können. Daher spielt die diagnostische Kompetenz eine zentrale Rolle bei der Erfassung von mathematischen, sprachlichen und selbstregulativen Vorläuferfähigkeiten als bekannte zentrale Prädiktoren schulischer Leistungsentwicklung. *Grundlegende* Bildung zu vermitteln umfasst neben der Verfügbarkeit wissenschaftsorientierter, fundierter Fachkenntnisse und bildungstheoretischer Begründbarkeit ausgewählter Lerninhalte auch Wissen über die Entwicklung und Förderung leistungsnaher Persönlichkeitsmerkmale (u. a. Selbstregulation, Selbstkonzept). Wie sich Kompetenzen im Anfangsunterricht darstellen und durch unterstützende (z. B. kooperative) Lernarrangements entwickelt werden können, erfordert entsprechend pädagogisch-psychologisches Wissen, unterrichtsorganisatorische und didaktisch-methodische Kompetenzen seitens der Lehrkräfte.

Beratungskompetenzen

Stärker als in anderen Schulformen und zu anderen Zeitpunkten der Bildungskarriere im Pflichtschulsystem sind zum Anfang und Ende der Grundschulzeit verstärkt Beratungskompetenzen von Lehrkräften gefragt. Eine hohe Unsicherheit der Erziehungsberechtigten zu Beginn der Schulzeit und am Ende der Grundschulzeit verlangt die entsprechende Bereitstellung von Informationen und unterstützenden Gesprächen sowohl zu schulorganisatorischen Aspekten (z. B. Schulzeiten, Elternrechte und -pflichten, Mitwirkungsmöglichkeiten) als auch unterrichtsorganisatorischen, speziell didaktischen (Vermittlungs-)Ansätzen und der kindlichen Entwicklung. Die Vielfalt der Elternschaft ist dabei sensibel zu beachten. Insbesondere Eltern aus bildungsfernen Milieus wünschen sich eine stärkere Begleitung und Beratung, während genau diese Elterngruppe häufig selbst aufgrund der eigenen Bildungsbiografie ein eher vermeidendes Verhältnis zu Schule und Lehrkräften entwickelt hat. Hier sind Grundschullehrkräfte besonders gefordert, auf multiplen Kanälen Hilfsangebote zu erarbeiten und bedarfsgerecht zu unterbreiten. Hausaufgaben oder wie in Zeiten coronabedingter Schulschließungen der in häuslicher Lernumgebung stattfindende Distanzunterricht bilden ein besonders Lernbindeglied zwischen Elternhaus und Schule. Professionsspezifisches Wissen um die Notwendigkeit und die Möglichkeiten adaptiver Gestaltung von außerschulischen Lerngelegenheiten und Kooperationsmöglichkeiten mit Eltern gilt daher als eine Gelingensbedingung, um wirksam einer negativen Entwicklung entgegenzuwirken (▶ Kap. 6.1 Eltern).

Kindgemäßheit, die eine alters- und entwicklungsgemäße Arbeit erfordert

Der Begriff *Kindgemäßheit* (▶ Kap. 2.2) ist an gesellschaftliche Vorstellungen darüber gebunden, was Kindsein und Kindheit bedeutet. Die Anforderungen des Grundschullehrkräfteberufs erfordern anthropologische Kenntnisse und Wissen über die Entfaltungswege und -potenziale des Kindes, die Position des Kindes in der Gesellschaft und die gesellschaftlichen Verhältnisse, unter denen Kinder aufwachsen. Die Phase der frühen und mittleren Kindheit gilt als bildsamste Entwicklungsphase. Mehr noch als in weiterführenden Schulformen gilt eine fundierte entwicklungs- und lernpsychologische Basis als Voraussetzung zur begründeten Bereitstellung alters- und addressat*innengerechter Lehr-Lernumgebungen. Für die angemessene Bearbeitung gesellschaftskritischer Themen und ›veränderter Kindheit‹ stehen weitere theoretische Zugänge zur Verfügung (u. a. sozialwissenschaftliche). Die angemessene Berücksichtigung in der Praxis ist eine anspruchsvolle Aufgabe, welche die Bereitschaft, Flexibilität zur kontinuierlichen Entwicklung und eine kritisch-reflexive Auseinandersetzung mit den gesellschaftlichen Entwicklungen voraussetzt.

Wie entwickelt sich das Können?

In der kompetenztheoretischen Professionsforschung hat sich die Ansicht durchgesetzt, dass die skizzierten Wissensdimensionen und Einstellungen erworben werden können und durch die Ausbildung beeinflussbar sind. Professionelle Lehrkraftkompetenz fügt sich danach aus dem Zusammenspiel *professionellen Wissens* (u. a. *fachspezifisches Wissen, fachdidaktisches Wissen, pädagogisch-psychologisches Wissen, Beratungswissen, Organisationswissen, technisches und Wissen zu Multikulturalismus*) zusammen (u. a. Baumert & Kunter, 2006; Lorenz & Endberg, 2019; Shulman, 1987) sowie *selbstregulativen, motivationalen Orientierungen, Werthaltungen und Überzeugungen* (u. a. Enthusiasmus der Lehrkräfte, Einschätzung der Selbstwirksamkeit im Umgang mit Schüler*innen, Fähigkeiten, sich selbstständig zu organisieren und eigene Handlungen zu überwachen). Die Werthaltungen und Überzeugungen, z. B. darüber, »wie gutes Unterrichten geht«, nehmen immensen Einfluss auf das konkrete unterrichtliche Handeln, wenngleich sich Lehrkräfte dessen oft nicht bewusst sind. Neben dem kompetenztheoretischen Ansatz existieren im deutschsprachigen Raum weitere theoretische Zugänge zur Bestimmung von Lehrkräfteprofessionalität, die eine grundlegende Orientierung für die Tätigkeit als Lehrkraft anbieten: u. a. der strukturtheoretische Ansatz (Oevermann, 1996; Helsper, 1996), der sich mit den Spannungen und Antinomien (u. a. Nähe vs. Distanz), denen Lehrkräfte im Berufsalltag ausgesetzt sind, auseinandersetzt, und der entwicklungsbiographische Ansatz (Keller-Schneider & Hericks, 2011), der Professionalität als Entwicklungsprozess auffasst, der dynamisch und nie abgeschlossen ist (Terhart et al., 1994). Alle Zugänge bieten auf unterschiedliche Weise die Chance, sich der Vielfalt und Komplexität des Lehrkräfteprofils anzunähern und diese zu verstehen.

1.4 Zusammenfassung

Im ersten Kapitel wurden Themen (Grundschulsituation in Deutschland, Kernmerkmale der Grundschule, Perspektiven auf das Kind, Kindsein, gesellschaftliche Einflussfaktoren und der Lehrkräfteberuf) angeschnitten, die im Folgenden ausdifferenziert werden. Hier war das Ziel ein erster Aufschlag und eine Einordnung in den Kontext, um im weiteren Verlauf auf eine gemeinsame Grundlage zurückgreifen zu können. Da das Kind im Zentrum dieses Buches steht, wurden hier nur grundlegende Informationen zu möglichen Blickwinkeln gegeben. Weitere Aspekte der kindlichen Entwicklung, Einflussfaktoren sowie mögliche Stolpersteine im Lehr-Lernprozess werden im Buch vertieft.

> **Vertiefende Literatur**
>
> - Jenni, O. (2021). *Die kindliche Entwicklung verstehen*. Berlin: Springer.
> - Kinderrechtskonvention: www.unicef.de
> - Inclusive Teacher Profile: www.european-agency.org
> - Roebe, E., Aicher-Jakob, M. & Seifert, A. (2019). *Lehrer werden – Lehrer sein – Lehrer bleiben. Ein Praxisbuch zur Professionalisierung*. Stuttgart: utb.

2 Grundkonzepte der Grundschulpädagogik

Zahlreiche Termini und damit verbundene Aufgaben wie Grundlegende Bildung, Anschlussfähigkeit und Kindgemäßheit, Heterogenität und inklusive Bildung sind konstitutiv für die Arbeit in der Grundschule. In den folgenden Abschnitten werden diese Kernmerkmale grundschulpädagogischer Arbeit einführend dargestellt.

2.1 Grundlegende Bildung

Jede Gesellschaft stellt an ihre staatlichen Bildungsinstitutionen eine gewisse Erwartungshaltung, denn Unterricht im Pflichtschulsystem zielt darauf ab, durch die Qualifikation nachwachsender Generationen innerhalb staatlicher Bildungsinstitutionen den Fortbestand einer Gesellschaft zu sichern und dazu beizutragen, dass sich diese kontinuierlich erneuern und nachhaltig verbessern kann. Daher ist es notwendig, sich darüber zu verständigen, was die Pflichtschulen innerhalb eines spezifischen politisch-kulturellen, gesellschaftlichen Systems und den Rahmenbedingungen leisten sollen, welche Aufgaben ihnen zukommen und welche Ziele erreicht werden sollen. Dies gilt auch für die Grundschule als erste Pflichtschule im Bildungssystem. Wenngleich es verschiedene Deutungen des Terminus Grundlegende Bildung gibt, lassen sich aus den bestehenden Varianten einige Aussagen über die Erwartungen an die Bildungsinstitution Grundschule (in Deutschland) und die Vermittlung Grundlegender Bildung ableiten.

> **Lernaktivität**
>
> Was verbinden Sie mit dem Terminus *Grundlegende Bildung*?
> Welche Bildungsziele sollte die Grundschule Ihrer Ansicht nach als erste Pflichtschule im Bildungswesen verfolgen?

Miller (2019, S. 119) bestimmt in Anlehnung an Einsiedler (2011) vier Aufgaben als konstitutiv für den Terminus: Beginn der Allgemeinbildung, gemeinsamer Grundstock, gemeinsame Grundbildung für alle und Stärkung der Persönlichkeit.

Eine erste Annäherung an die Aufgabe der Ermöglichung Grundlegender Bildung als *Anfang der Allgemeinbildung* erfolgt über eine Auseinandersetzung mit dem Bildungsbegriff. Für eine Klärung des Terminus *Bildung* und der Ermöglichung von Allgemein*bildung*, bezogen auf die Zielgruppe Grundschulkind, die Institution Grundschule und auf inklusive Gesichtspunkte, sind zwei Ausarbeitungen von besonderer Relevanz: Zum einen die neuhumanistische Bildungskonzeption von Wilhelm von Humboldt (1767–1835) und sein Verständnis von Allgemeinbildung. Zum anderen die (kategoriale und) kritisch-konstruktive Bildungstheorie von Wolfgang Klafki (1927–2016), dessen Überlegungen zum Bildungsbegriff und zur Bestimmung des Terminus Grundlegende Bildung sowohl allgemein grundschulpädagogisch als auch fachdidaktisch von zentraler Bedeutung sind.

> **Exkurs: Bildung vs. Erziehung**
>
> Bereits die griechisch-hellenistischen Denker wie Platon oder Sokrates deuteten *paideia* (Erziehung, abgeleitet von *pais* = Kind) als Prozess und Produkt und näherten sich dem Begriff Bildung als »Zustand des entwickelten Geistes, der seine Möglichkeiten entfaltet hat« (Hörner et al., 2010, S. 20). Die griechischen Philosophen prägen die Vorstellung von Bildung als »Hinwendung zum Denken des Maßgeblichen und Wesentlichen menschlicher Existenz sowie die Ausbildung der elementaren Tugenden, wie sie im Begriff der ›Areté‹ verdichtet sind« (Lederer, 2011, S. 11). In Abgrenzung davon steht der Erziehungsbegriff für das Prozesshafte. Erziehung gilt als stark sozio-kultureller und kontextabhängiger Vorgang, bei dem ein hierarchisches Verhältnis zwischen jemanden, der erzieht (educand), und jemandem, der erzogen wird (educandus), vorausgesetzt wird, um bestimmte Sollens-Vorstellungen (normativ), Werte, Wissen und Fähigkeiten weiterzugeben, die als relevant für den Fortbestand einer Gesellschaft erachtet werden. Im Zeitalter des Humanismus wurde das Verständnis von Bildung ein säkulares, in dem der Wert des Einzelnen und seine Selbstentfaltung in den Vordergrund rückt. Trotz der Entgrenzung von Kirche und Staat und der Aufhebung einer Begrenzung von Bildungs*inhalten* sind die christlichen Werte mit Blick auf die definierten Bildungs- und Erziehungsziele heute noch wichtig, wie aus den Präambeln von Schulgesetzen ersichtlich wird.

Humboldt lieferte in vielerlei Hinsicht wichtige Impulse für die Gestaltung des Bildungswesens. Er entwickelte zum einen eine Vorstellung von Bildung als Selbstzweck, der in erster Linie dem Individuum selbst dient, der Entfaltung seiner Kräfte und seiner Entwicklung zu einem mündigen Bürger. Die antiken Bildungsideale bildeten die Folie für seine Überlegungen. Der gesellschaftliche Nutzen von Bildung wurde von ihm als nachrangig beurteilt, wenngleich auch von ihm die schulische Bildung durchaus mit einer Zweckbestimmung im Sinne einer Funktion für den Staat verknüpft wurde (▶ Kap. 3 Geschichte der Grundschule). Einen Anspruch auf Allgemeine Bildung haben seiner Ansicht nach alle, nicht nur Eliten und in diesem Sinne bereits die Schüler*innenschaft der Elementarschule. Zum anderen waren seine Ansichten geradezu revolutionär, denn er dachte in seinen Konzeptionen auch Kinder mit Sinnesbehinderungen (Gehörlosigkeit, Blindheit) mit (Ellger-Rüttgardt, 2016). Während die Bildbarkeit von Kindern mit Sinnesbeeinträchtigungen auf breite Akzeptanz stieß und zur Aufgabe des Staates gemacht wurde, waren Kinder mit Geistigen Behinderungen von diesen Überlegungen aber noch ausgeschlossen (ebd.).

Bildung sollte bestimmt sein durch:

- Individualität (Bildung sollte die Entfaltung individueller Fähigkeiten ermöglichen),
- Totalität (die Bildung aller Kräfte sollte erwirkt werden) und
- Universalität (für alle Menschen sollte allgemein gültige gleiche Bildung gelten).

Mit Blick auf die Grundschule sollte Allgemeine Bildung im genannten Sinne also allen ermöglicht werden. Allerdings haftet dem Begriff bis heute ein elitärer Hauch an, der suggeriert, dass Allgemeinbildung hierarchisch höher in Abgrenzung von niederer Bildung aufzufassen sei und damit den »höheren« Schulen vorbehalten ist. Grundschulpädagogisch wird die Ansicht vertreten, dass Bildung in der Grundschule den Anfang von Allgemeinbildung darstellt.

Knapp 100 Jahre später sollte der Bildungsbegriff weitere Impulse der Ausdifferenzierung erhalten, von Wolfgang Klafki (1959, 1963, 1964) dessen Vorstellung von Bildung sich stark an Vorstellungen von Erich Weniger (1894–1961) und Theodor Litt (1880–1962), zwei prägenden geisteswissenschaftlichen Pädagogen des 20. Jahrhunderts, orientierten. Klafki systematisierte zunächst verschiedene bildungstheoretische Ansätze und ordnete sie *materialen* und *formalen* Bildungstheorien zu. Erstere zeichnen sich durch die Annahme aus, dass sich Bildung durch die Auseinandersetzung mit einem bestimmten Kanon von Inhalten bzw. am höchsten wissenschaftlichen Erkenntnisstand einer Gesellschaft orientiert vollzieht (Objektseite von Bildung). Gebildet sein wäre mit einem hohen Allgemeinwissen gleichzusetzen. In formalen Bildungstheorien hingegen wird die Subjektseite im bildenden Vorgang betrachtet. Gebildet sein heißt, man verfügt über Erkenntniswerkzeuge (z. B. sprachliche Mittel), um sich Wissen und die Welt selbst zu erschließen. Inhalte wären nur Mittel zum Zweck, um sich entsprechende Fähigkeiten des ›Lernen lernens‹ anzueignen.

> **Lernaktivität**
>
> Wann ist Ihrer Meinung nach ein Mensch gebildet? Welche Form der Auseinandersetzung, welche Inhalte, welche Methoden braucht es Ihrer Meinung nach, um sich in der Schule und im Unterricht bilden zu können und gebildet zu sein?

Klafki löste das Dilemma zwischen *materialen* und *formalen* Bildungstheorien dialektisch in seinem Ansatz einer *kategorialen Bildungstheorie* auf. Seinem Verständnis nach ist Bildung gleichermaßen ein Prozess und ein Zustand, der sich in der Verbindung von objektiven zu lernenden Inhalten und subjektiven Auseinandersetzungen und Zuständen zeigt.

In den 1980er Jahren – in Anlehnung an die Frankfurter Schule (Adorno) – ergänzt Klafki seinen Entwurf um gesellschaftskritische Aspekte mit Blick auf die Bestimmung allgemeiner Ziele von Schule. In seiner kritisch-konstruktiven Bildungstheorie bietet er für eine Demokratisierung von Schule und Unterricht und angesichts des gesellschaftlichen Missstands sozialer Ungleichheit konstruktive Vorschläge (Klafki, 2007). Seinem Verständnis nach beschreibt Allgemeine Bildung ein für alle zugängliches Bildungsangebot (als Anspruch auf Bildung), das sich auf alle Stufen des Bildungswesens und eben auch bereits auf die Grundschule bezieht, sowie alle menschlichen Fähigkeiten, Interessen und Potenziale anspricht (sowohl basale Fertigkeiten des Lesens und Schreibens als auch überfachliche Fähigkeiten), die sich in der Auseinandersetzung mit sogenannten *epochaltypischen Schlüsselproblemen* (u. a. Krieg und Frieden, Sinn und Problematik des Nationalitätsprinzip, ökologische Fragen, Bevölkerungswachstum, gesellschaftlich produzierte Ungleichheit) entwickeln und herausbilden. Das Ziel von Schule ist die Entwicklung und Erfahrung eigener Betroffenheit, Selbst- und Mitbestimmung und Solidaritätsfähigkeit sowie die Mitgestaltung von Lösungsansätzen, die Erarbeitung von Kritikbereitschaft und -fähigkeit, Argumentationsbereitschaft und -fähigkeit, Empathie und vernetztem Denken. Für die Grundschule geht sein Verständnis von Allgemeinbildung im Terminus Grundlegender Bildung auf.

Seit den 1990er Jahren prägt neben dem Bildungsbegriff besonders der Kompetenzbegriff die Debatte um schulische Bildung. Der wissenschaftliche Kompetenzbegriff stammt aus der empirischen Forschung, die unter anderem der Frage nach messbaren, operationalisierbaren schulischen Fähigkeiten nachgeht.

Nach Weinert (2002, S. 27) handelt es sich bei Kompetenz um »die bei Individuen verfügbaren oder durch sie erlernbaren kognitiven Fähigkeiten und Fertigkeiten, um bestimmte Probleme zu lösen, sowie die damit verbundenen motivationalen, volitionalen und sozialen Fähigkeiten, um die Problemlösungen in variablen Situationen erfolgreich und verantwortungsvoll nutzen zu können«. Es geht also um eine Verfügbarkeit und die Anwendbarkeit von Wissen und Fähigkeiten sowie bestimmten Einstellungen. Wird aus der Verfügbarkeit beobachtbare Handlung, dann spricht man auch von *Performanz*. Es verwundert daher wenig, dass auch in den aktuellen ministeriellen Empfehlungen zur Arbeit in der Grundschule (KMK, 1970; 2015) der Begriff der Kompetenz bemüht wird. Grundlegende Bildung wird hier als Verfügbarkeit von Schlüssel*kompetenzen* definiert. Laut Empfehlung gehören dazu »vor allem die Schlüsselkompetenzen des Lesens und Schreibens sowie der Mathematik, die eine Basis nicht nur für alle anderen Bildungsbereiche der Grundschule, sondern auch für weiterführende Bildung sowie für lebenslanges Lernen und selbständige Kulturaneignung darstellen. In diesem Sinne werden die Zielhorizonte der Grundschulbildung beschrieben, die den Erwerb und die Erweiterung grundlegender und anschlussfähiger Kompetenzen umfassen« (ebd., S. 9).

Als ein *gemeinsamer Grundstock,* den alle Grundschüler*innen im Laufe der Grundschulzeit erwerben sollen, gilt der Erwerb von Basiskompetenzen, die sowohl Vorstufe zu weiterführender Bildung als auch ein sicheres Fundament im Sinne eines für alle zu erreichenden Lernlevels sind, das Voraussetzung für lebenslanges Lernen und selbständige Kulturaneignung darstellt (Einsiedler, 2011). Das Kriterium eines gemeinsamen Niveaus ist für fachspezifische Fähigkeiten mit den Bildungsstandards für die Fächer Deutsch und Mathematik geschaffen (KMK, 2004). Bildungsstandards bieten Orientierung für die Erfüllung des Bildungsauftrags der Grundschule ebenso wie die Stoffverteilungspläne und Kerncurricula (KC) des jeweiligen Bundeslandes und Faches. Dadurch soll prinzipiell auch eine Angebotsgleichheit gewährleistet werden, welche die Chancengleichheit sicherstellen soll (Peterßen, 2000). *Gemeinsame Grundbildung für alle* bezieht in der Gegenwart als Adressat*innenkreis *alle* Kinder ein, welche die Grundschule besuchen und beschreibt damit die Aufgabe, den Erwerb grundlegender Bildung allen zu ermöglichen. Das war nicht immer so. Als der Terminus Grundlegende Bildung offiziell im Gründungskontext der Grundschule an die Institution rückgebunden wurde (Vogt, 2019a), waren nicht alle Kinder in das Versprechen einbezogen (z. B. Kinder mit Behinderungen). Das Erreichen des gemeinsamen Sockelniveaus für alle Kinder ist im Zuge inklusiver Schulentwicklung durch die Möglichkeit zieldifferenten Unterrichts (die Ziele des Unterrichts können z. B. bei einer geistigen Behinderung individuell an die Kinder und ihre Fähigkeiten angepasst werden) aufgeweicht worden.

Der Kompetenzbegriff sieht sich regelmäßig dem Vorwurf ausgesetzt, Bildung auf messbare Fähigkeiten zu beschränken. Cortina (2016, S. 35) setzt dieser Diskussion entgegen, »Kompetenzen konsequent als Orientierungswissen zu konzipieren«, um aufzuzeigen, dass »(schulische) Bildung eben doch mehr als die Vermittlung von Basiskompetenzen auf möglichst hohem Niveau« ist.

Grundlegende Bildung meint den Erwerb zentraler Kulturtechniken, insbesondere des Lesens, Schreibens, Rechnens und naturwissenschaftlicher Kompetenzen sowie eine Stärkung der Persönlichkeit, im Sinne eines Anfangs der Allgemeinbildung mit einer vorbereitenden Funktion für die sich an die Grundschulzeit anschließenden Bildungsgänge und lebenslangen Lernens.

Dazu zählt auch die Stärkung der *personalen Kompetenzen*, die das Konzept Grundlegender Bildung komplettiert. Dem grundschulpädagogischen Bildungsverständnis nach sind Kinder in der Entwicklung von Persönlichkeitsmerkmalen zu unterstützen, die als Ressourcen für die Bewältigung gegenwärtiger und zukünftiger Aufgaben als besonders wichtig gelten. Dem Lernen zu sein (Selbstkompetenz) wird eine besondere Bedeutung in der Grundschule attestiert. Dazu zählt die Vermittlung eines produktiven Umgangs mit Erfolgen und Misserfolgen, ein positiver Umgang mit den eigenen Emotionen und die Stärkung eines positiven Selbstwertgefühls (▶ Kap. 9.5).

Für die Grundschule wird somit deutlich, dass sowohl der Bildungsbegriff im Sinne eines ganzheitlichen, umfassenden und nicht unmittelbar überprüfbaren

Verständnisses von Allgemeinbildung als auch der Kompetenzbegriff im Sinne konkretisierbarer, empirisch messbarer Basiskompetenzen ihre Relevanz haben. Gesellschaftlich wird es immer ein Aushandlungsprozess sein, was in der Grundschule *allen* Kindern zu vermitteln und welche Fertigkeiten und Einstellungen grundzulegen sind.

> **Lernaktivität**
>
> Überlegen Sie sich, was aus den bisherigen Darstellungen, Entwicklungen und Analysen folgt. Was sind für Sie die wichtigsten Erkenntnisse? Was bedeutet das für Ihren Unterricht? Und was für den Umgang mit der Schüler*innenschaft?

2.2 Kindgemäßheit

Grundsätzlich sind sich Vertreter*innen verschiedener Disziplinen einig, dass es in der Grundschule um die Schaffung bestmöglicher Rahmenbedingungen geht, damit Grundlegende Bildung entfaltet werden kann. Der Terminus Kindgemäßheit stellt in gewisser Weise ein Gegengewicht zum Terminus Grundlegende Bildung dar, insbesondere hinsichtlich der gesellschaftlichen Funktion eines Pflichtschulsystems. Während in dem Terminus Grundlegende Bildung (insbesondere in der bildungspolitischen Deutung) gesellschaftliche Erwartungen an ein Pflichtschulsystem konturiert sind, stellt Kindgemäßheit die Wahrung der Interessen dar, die das Grundschulkind an die Gesellschaft hat (Grundschulverband, 2003).

> **Lernaktivität**
>
> Überlegen Sie: Was zeichnet Kindsein für Sie aus? Was sind für Sie Unterscheidungsmerkmale zwischen dem Erwachsenen und dem Kind? Was ist für Sie eine gute oder schlechte Kindheit? Woher glauben wir zu wissen, was das Beste für ein Kind sei oder was kindgerecht ist?

Der Terminus Kindgemäßheit ist zunächst stark normativ, weil er an bestimmte Sollens-Vorstellungen über das Kind, Kindsein und Kindheit geknüpft ist (Heinzel, 2019a; 2019b). Das Bild, das man vom Kind, dem Kindsein oder der Kindheit als Erwachsener vertritt, dass, was als gut oder schlecht für ein Kind beurteilt wird, ist stets eingebettet in autobiographische Muster sowie Ausdruck sozialer, kultureller Praktiken und Normen. Jede Generation wächst in eine andere Kindheit hinein. Familien haben unterschiedliche Erziehungsmuster und -praktiken und spezifische Vorstellungen von dem, was gut oder schlecht für das Kind ist. Weil die Erwachsensicht immer die eigene Vergangenheit berücksichtigt (Rosenberger, 2005), kann es aus Sicht des Erziehenden/des Unterrichtenden eigentlich immer nur eine Annäherung an die Lebenswelt, die Erfahrungswelt und die Sicht eines Kindes geben – die eigenen Vorstellungen und Erwartungen werden hier auf alle Kinder übertragen und müssen nicht der Lebenswelt des Kindes entsprechen, was zu Kollisionen führen kann.

Lange dominierte laut Kindheitsforschung der Blick, Kinder auf ihr Großwerden vorzubereiten (›adults-in-the-making‹, Honig, 2009). Kindheit wurde als Übergangsstadium zum Erwachsensein gesehen und das Kind auf seine Zukunft und Position in der Gesellschaft vorbereitet. Als Gegenentwurf dazu wurde in den 1980er Jahren das *Agency Konzept* (Kinder als Akteur*innen) entwickelt, welches die Gegenwart des Kindseins stärker betont (Prout & James, 1990), Kindern eine eigene Stimme verleiht und das Kind als kompetent zeichnet, nicht passiv einer sozialen Ordnung ausgesetzt zu sein, sondern selbstständig in Auseinandersetzung mit der Umwelt Wissen zu konstruieren und die Umwelt mitzugestalten (Betz & Eßer, 2016). Die Vorstellung des Kindes in Differenz zum Erwachsenen, als gesellschaftlich konstruierte Kategorie, die eine soziale Ordnung schafft, manifestiert sich im Konzept der *generationalen Ordnung* (Alanen, 2005). Das Konzept thematisiert Adultismus als kritisches Machtverhältnis zwischen Kindern und Erwachsenen – wenn Kinder alleine aufgrund ihres Alters von Erwachsenen nicht ernst genommen und diskriminiert werden. Seit den 1990er Jahren ist der Begriff der Kindgemäßheit im schulischen Kontext vor allem durch den lehr-lerntheoretischen Paradigmenwechsel von (sozial-)konstruktivistischen Vorstellungen geprägt. Das Kind wird als sozialer, ko-konstruktiver Akteur mit individueller Förderung, adaptivem Unterricht und kognitiver Aktivierung in »entwicklungsstimulierenden und kompetenzorientierten Lernsettings« (Heinzel, 2019a, S. 279) in Verbindung gebracht.

In pädagogischen Settings für Lehrende müssen stets Deutungen vom Kind und Kindsein vorgenommen werden, da mit den Aufgaben der Lehrkraft ein spezifischer gesellschaftlicher Auftrag einhergeht. Kinder werden in der Schule primär als Lernende betrachtet. Dabei ist zu reflektieren, dass Grundschüler*innen nicht nur Lernende im Dienst der Gesellschaft sind, sondern zunächst einmal Kinder und als diese wahrzunehmen.

In der Grundschule werden Ansichten zum Kind, zur Kindheit in der Lehrkraft-Kind-Gruppe-Interaktion sichtbar, wenn sich Lehrkräfte mit Erziehungs- und Bildungsfragen auseinandersetzen: z. B. Wie soll der Lernstoff in dieser Schüler*innengruppe für dieses Kind vermittelt werden? Wie kann eine Beschäftigung mit dem Lerngegenstand stattfinden? Ebenso in erzieherischen Handlungen und pädagogischen Interaktionen: z. B. Was stärkt das Kind und gibt ihm Zuversicht und Selbstvertrauen? Die Einschätzung der Lehrkraft von dem, was sie glaubt, was ›gut‹ für das Kind ist, was kindgerecht ist, färbt ihre Wahrnehmung, gestaltet die pädagogischen Interaktionen, die Beziehung zu den Kindern und nimmt Einfluss darauf, was dem Kind zugetraut wird und welche Rechte man Kindern gibt.

Erwachsene begründen ihr erzieherisches Handeln vielfach damit, dass sie im Interesse und Wohl des Kindes handeln (wollen). Das führt nicht selten zu paradoxen Effekten, weil die Annahme dessen, was kindgerecht sei, nicht immer kindgerecht sein mag. Kinder werden in ihren Fähigkeiten oft unter- oder überschätzt, was zu Konflikten oder Missverständnissen führt. Eine Überforderung kann stattfinden, wenn die Anzahl an Instruktionen die Kapazitätsgrenze des noch in der Entwicklung befindlichen Arbeitsgedächtnisses überschreitet (z. B. mehrere Anweisungen gleichzeitig). Fehlerhafte Umsetzung wird dann mitunter fälschlicherweise auf Motivationsdefizite zurückgeführt. Eine Unterforderung findet hingegen statt, wenn Kindern nicht genug zugetraut wird und sie dadurch in ihrer Entwicklung begrenzt werden. Aber nicht nur leistungsbezogen, auch in erzieherischer Hinsicht sind konfligierende Erwartungen und Wirkungen beobachtbar. Gut gemeinte, tröstende Worte von Erwachsenen nach einem schulischen Misserfolg (schlechte Note) von Grundschulkindern können etwa als demotivierend empfunden werden, sofern es sich dabei um eine gezielte Ablenkung von vermeintlichen Schwächen handelt (Bartels et al., 2019). Kinder müssen in der Überzeugung gestärkt werden, dass wichtige Bezugspersonen hohe Erwartungen von ihnen haben, ihnen etwas zutrauen, auch wenn sie scheitern. Auch die Deutung kindlicher Interessen kann fehleranfällig sein. Es können von Erwachsenen evtl. Interessen antizipiert werden, die gar nicht vorhanden sind (Liebel, 2018). Es wird dafür geworben, dem Kind echte, unverstellte Teilhabe am Schulleben zu ermöglichen; es liegt in der Verantwortung der Lehrkräfte, die verschiedenen Interessen und Bedürfnisse anzuerkennen (Prengel, 2019). Das sind Aufgaben von Schule, die sich durch die Teilhabechancen in einer demokratischen Schulkultur manifestieren.

Ein kindgerechter und entwicklungsförderlicher Unterricht orientiert sich an den Möglichkeiten, Interessen und Bedürfnissen des Kindes und der Lerngruppe. Das erfordert eine angemessene Bereitstellung und Nutzung von Materialien, Zugangsweisen und Formen des Lehrens und Lernens, welche die Möglichkeit eröffnen, selbstständig und selbsttätig zu arbeiten, das Kind nicht zu unter-, aber auch nicht zu überfordern. Während einige Kinder anhand von der Lehrkraft strukturierter und ausgewählter vielfältiger Zugangsmöglichkeiten (Texte, Materialien) selbsttätig handelnd die Welt, Strategien und Vorgehensweisen erschließen, benötigen andere nicht eine große Auswahl, sondern zielgerichtete Unterweisung, bevor sie eine Auswahl aus verschiedenen Materialien und Zugängen bewältigen können. Es ist also stets zu berücksichtigten, dass *Kinder* sehr unterschiedlich sind und mit unterschiedlichen Voraussetzungen, Motivationen, Interessen etc. am Unterricht teilnehmen. Eine Orientierung von Unterricht an einer Gruppe von Kindern, die alle die gleichen Bedürfnisse und Erwartungen haben, kann es nicht geben.

Für die unterrichtspraktische und schulische Arbeit ergibt sich somit ein komplexes Bild für eine kindgerechte und kindgemäße Arbeit, in dem der Verschiedenheit der Kinder als Individuen und ihrem Entwicklungspotenzial Rechnung getragen wird und sie als Kind anerkannt sind.

2.3 Heterogenität und Homogenität

Schüler*innenheterogenität ist mit der Grundschule eng verwoben, denn sie ist traditionell eine Schulform mit einer unausgelesenen Schüler*innenschaft, da grundsätzlich alle Kinder eines Jahrgangs unabhängig von Fähigkeiten, sozialem Status, religiöser Zugehörigkeit usw. gemeinsam eingeschult werden. Im Alltagsverständnis wird Heterogenität in Schule und Unterricht vielfach auf die interindividuellen Unterschiede in den (z. B. sozialen oder kognitiven) Fähigkeiten von Kindern reduziert. Innerhalb dieser Vorstellung ist *Homogenität* der Gegenentwurf, der durch die Verringerung des Abstands zwischen den Fähigkeitsausprägungen von Kindern das Unterrichten einer Lerngruppe erleichtern soll. Doch lässt sich der Begriff auf Fähigkeitsunterschiede reduzieren? Und welche Konsequenzen hat die Art des Verständnisses und der Reaktion auf Heterogenität?

> **Lernaktivität**
>
> An was denken Sie als erstes, wenn Sie an Heterogenität in Schule und Unterricht denken? Notieren Sie sich Ihre Gedanken und vergleichen Sie Ihre Notizen später mit der Verwendung des Begriffs im wissenschaftlichen Kontext.

In der Pädagogik und dem wissenschaftlichen Sprachgebrauch hat sich der Begriff Heterogenität etabliert, um *Unterschiede* aller Art zu beschreiben, die zwischen Personen, aber auch Gruppen mit Blick auf ihr Lerner*innenpotenzial (u. a. kognitive Voraussetzungen, Motivation, Interesse), das Alter, ihre sexuelle Orientierung, das Geschlecht, die ethnisch-kulturelle Zugehörigkeit oder den sozio-ökonomischen Hintergrund existieren oder hervorgebracht werden (Ainscow, 2020; Lindmeier & Lütje-Klose, 2019). Der Begriff *Diversität* wird oft synonym zum Begriff Heterogenität verwendet. Er steht für den positiv konnotierten Begriff der *Vielfalt* (Prengel, 2013). Heterogenität ist eng verbunden mit weiteren Konzepten, wie *Homogenität (Gleichheit)*, Segregation (*Trennung*), Integration (*Eingebundenheit*), Inklusion (*Einschluss*) und Exklusion (*Ausschluss*). Im schulischen Setting findet an den Begriff vielfach eine Annäherung aus Sicht der Lehrenden statt. Aus dieser Perspektive haftet dem Begriff der Heterogenität immer ein Hauch von etwas Defizitärem, Problematischem an. Von Lehrkräften wird er oft mit unterrichtsbezogenen großen Belastungen gleichgesetzt (Reh, 2005). Demgegenüber suggeriert der Begriff Homogenität einen Gegenentwurf, der eine geringere Belastung für Lehrkräfte vermuten lässt.

Im deutschen Bildungswesen ist vieles auf Homogenisierung ausgerichtet: Das Jahrgangsklassenprinzip, die Unterrichtung von neuzugewanderten Kindern in speziell eingerichteten Klassen, Klassenwiederholung, das Lernen im Gleichschritt und die Herstellung von leistungshomogenen Gruppen, wie es letztendlich auch die Unterscheidung von allgemeinen Schulen und Förderschulen leisten soll. Die Motive für Homogenisierungsversuche sind vielfältig und reichen von Entlastungsstrategien über die Bestrebung, in bestimmten Lernsettings besser fördern zu können bis zu einer Anerkennung der ›Bildbarkeit‹ der Kinder mit Behinderungen (Dietze, 2019).

Neben einer Homogenisierungskultur nach Leistung, dem Vorhandensein einer Behinderung und Alter lässt sich auf Grundschulebene auch der Trend zur Homogenisierung nach Sozialstruktur, ethnisch-kultureller Herkunft oder konfessioneller Zugehörigkeit beobachten. Diese Form der horizontalen Ungleichheit als Ausdruck des Phänomens wachsender Angleichung der Lerngruppen innerhalb der Grundschulgemeinschaften nach z. B. Konfession oder ökonomischen Einkommensverhältnissen, wird durch die *Vermögensungleichheiten*, *wohnräumliche* Rahmenbedingungen, die *Nutzung von Bekenntnisschulen* und eine wachsende Anzahl von *privaten Grundschulen* befördert (z. B. Nikolai & Helbig, 2019). In vielen Gebieten wird die Zusammensetzung der Lerngruppen z. B. durch das Einzugsgebiet der Grundschule bestimmt. Aufgrund elterlicher Wohnortentscheidungen – die nicht immer auf Freiwilligkeit basieren – stehen Kindern somit nur bestimmte Schulen zur Auswahl. Starken Einfluss auf die Zusammensetzung der Schüler*innenschaft kann aber ebenso die elterliche Schulwahlentscheidung haben, wenn Eltern sich eher für die soziale Zusammensetzung der Schule entscheiden, in der Hoffnung, dass es Vorteile für ihr Kind bringt (Oelkers, 2020).

Welche Konsequenzen haben Homogenisierungsmaßnahmen?

Entgegen der landläufigen Meinung profitiert das einzelne Kind nicht von Homogenisierungsbemühungen. Die Separation, etwa nach sozial-ethnischen, konfessionsbezogenen Merkmalen führt zur sozialen Spaltung bereits auf Grundschulebene oder zum Ausschluss von bestimmten Grundschüler*innengruppen und Personen aufgrund bestimmter Merkmale (u. a. soziale-emotionale, kognitive Fähigkeiten). Götz (2019, S. 11) sieht insbesondere in diesem Trend eine gefährliche Dynamik, die eine »modernisierte Wiederkehr vergangener Verhältnisse« andeutet und »eine Bedrohung in dem historisch errungenen Stellenwert der Grundschule als erster und einziger gemeinsamen Schule für alle Kinder«. Dabei hat das Lernen in sehr heterogenen Lerngruppen in verschiedener Hinsicht das Potenzial, dass sich die Lernenden durch die Unterschiede, etwa in ihren Fähigkeitsniveaus, gegenseitig herausfordern. Es können durch den Austausch mit den Klassenkamerad*innen kognitive Konflikte produziert werden, die zur Weiterentwicklung von subjektiven Vorstellungen über Lerngegenstände führen und das Lernen kann sowohl für leistungsstarke und leistungsschwächere Schüler*innen dadurch effektiver gelingen. Es gibt belastbare Daten, die für die Grundschule zeigen, dass gerade in sehr heterogenen Klassen mehr kognitiv aktivierender Unterricht stattfindet und ein unterstützendes Lernklima etabliert wird (Decristan et al., 2017). Auf sozialer Ebene stärkt Heterogenität den sozialen Zusammenhalt und kann so einer weiteren sozialen Spaltung entgegenwirken. Auch für Lehrkräfte kann Unterricht in heterogenen Lerngruppen eine Entlastung sein, sofern sie die Kernmerkmale von hoher Unterrichtsqualität berücksichtigen.

Innerhalb dieses Denkrahmens ist es notwendig auch Kindern die Erkenntnis zu vermitteln, dass Unterschiede normal sind. Dazu zählt anzuerkennen, dass jeder unterschiedlich (entwickelte) Stärken und Schwächen hat und in einem schulischen Umfeld, in dem soziale Vergleichsprozesse zunehmend wichtiger werden, frühzeitig zu »lernen, mit Niederschlägen und Misserfolgen (…) adäquat umzugehen« (Vierbuchen & Bartels, 2021, S. 53). Nur so können tradierte Vorstellungen von der positiven Wirkung homogenisierender Maßnahmen langfristig ersetzt werden. Die Stärkung der Erkenntnis, dass sich jeder entwickeln und verändern kann, kann ein wichtiger Schritt sein. Jedes Kind soll die Möglichkeit erhalten, von sich selbst ein positives Selbstkonzept und eine hohe Selbstwirksamkeit zu entwickeln. Dabei braucht es die positive Begleitung durch Erwachsene, welche Unterschieden sichtbar wertschätzend begegnen und nicht die kognitive Leistungsfähigkeit überbetonen.

Da mittelfristig nicht mit einer erheblichen strukturellen Veränderung des Bildungswesens zu rechnen ist, kann zumindest auf schulorganisatorischer Ebene z. B. die Einrichtung jahrgangsübergreifender Klassen, in denen Kinder nach ihren Möglichkeiten und in ihrem Tempo gemeinsam lernen und arbeiten, eine Maßnahme sein, die der Vielfalt der Lernenden Rechnung trägt (▶ Kap. 5.2 Jahrgangsübergreifendes Lernen). Auch die Sicherstellung eines gleichberechtigten Zugangs zu einer qualitativ hochwertigen Schule (was sich sowohl an pädagogischen Konzepten als auch an der Qualität des pädagogischen Personals messen lässt) stellt eine Maßnahme dar, mit der Homogenisierungstendenzen, die eine Trennung nach sozialen oder ethnisch-kulturellen, religiösen Merkmalen bewirken, entgegengetreten wird. Dazu gehören auch individuelle, differenzierende Lernsettings, damit jedes Kind an den Lerninhalten am Unterricht partizipieren kann und sich seinen Möglichkeiten entsprechend weiterentwickeln kann. So kann das Recht der Teilhabe an Bildung erst durch eine *Ungleichbehandlung* im Sinne individueller, bedarfsgerechter Unterstützung (z. B. durch Differenzierung ▶ Kap. 2.6) eingelöst werden.

Dazu braucht es unter anderem die Arbeit im Team mit unterschiedlichen Fachkräften und schulischen Akteur*innen (u. a. allgemeine Lehrkräfte, Sonderpädagog*innen, Schulleitung, pädagogische Mitarbeiter*innen) und die Arbeit in einem sozialen Kontext, einer Schulklasse, die eine Gemeinschaft und Zugehörigkeit ermöglicht, aber auch den gesellschaftlichen Rückhalt, der sich dem Trend der sozialen Spaltung der Gesellschaft aktiv entgegenstellt. Eine adäquate Antwort auf die Verschiedenheit ist das Konzept der Inklusion, das im Bildungskontext fest etabliert ist, dessen Ausgestaltung jedoch stark diskutiert und unterschiedlich interpretiert wird (▶ Kap. 2.4).

2.4 Inklusive Bildung

Das Konzept der inklusiven Bildung basiert auf der Normalität der Verschiedenheit (Heterogenität) der Lernenden, ist menschenrechtlich und normativ begründet und fundiert auf den »Prinzipien der Freiheit, Gleichheit und Solidarität«

(Prengel, 2013, S. 5). Inklusive Pädagogik schätzt die Vielfalt der Lernenden und greift gezielt die Interessen und Belange von Einzelnen und Gruppen auf, die von Diskriminierung und Benachteiligung betroffen sein können, und kümmert sich darum, diese sichtbar zu machen (Prengel, 2019). Das sind im Kontext von Inklusion nicht ausschließlich, aber auch Kinder mit Behinderungen. In den folgenden Erläuterungen liegt der Fokus auf der Partizipation der heterogenen Gruppe von Kindern mit Behinderungen oder mit hohem Entwicklungsrisiko. Damit wird ein Schwerpunkt ausgewählt, der jedoch in einem weiteren Kontext verschiedener Heterogenitätsdimensionen einzuordnen ist.

Als *bildungsbezogener* Begriff wurde Inklusion erstmals in den 1980er Jahren in Nordamerika im Zusammenhang mit der gemeinsamen Beschulung von Kindern mit und ohne Behinderungen verwendet (Biewer & Schütz, 2016, S. 123). Im schulischen Kontext fokussierte er in seinen Anfängen ausschließlich Lernende mit »special educational needs« (sonderpädagogische Unterstützungsbedarfe/Förderbedarfe) und ging einher mit Forderungen nach einer Veränderung schulischer Strukturen. Er zielte auf den Abbau von Barrieren und den Zugang zum allgemeinen Schulsystem für Kinder mit Behinderungen. Eine wesentliche Rolle für die Verbreitung des Konzepts im Bildungskontext spielte die *Education for All*-Bewegung Anfang der 1990er Jahre. Verschiedene Organisationen wie die UNESCO, UNICEF und die Weltbank waren Teil dieser weltumspannenden Initiative für gesamtgesellschaftliche Veränderung, einen gleichberechtigten, nicht-diskriminierenden Zugang zu Bildung und partizipative Teilhabe.

Weitere wichtige Schritte auf dem Weg für eine rechtsverändernde Praxis waren das Übereinkommen über die Rechte der Kinder (United Nations, 1989), die Salamanca-Erklärung der UNESCO (1994), die International Classification of Functioning, Disability and Health der Weltgesundheitsorganisation (WHO, 2001) und die UN-Konvention über die Rechte von Menschen mit Behinderungen (United Nations, 2006).

Die Salamanca-Erklärung forderte eine »Bildung für alle« (UNESCO, 1994, S. 1) und hob hervor, dass eine »Pädagogik für besondere Bedürfnisse« (ebd.) nur als Teil einer »allgemeinen pädagogischen Strategie« (ebd.) für ein inklusives Bildungssystem gelingen kann. Inklusive Bildung kann nur mit unterschiedlichen Expertisen erfolgreich entwickelt werden; grundlegende sonderpädagogische Aspekte müssen Eingang in die allgemeine Pädagogik finden. Was jedoch ist Sonderpädagogik? Sie ist eine Spezifizierung von Pädagogik, die insbesondere Personen und deren Entwicklung unterstützt, die von Benachteiligung oder Behinderung betroffen sind oder ein hohes Risiko dafür aufweisen. »Als behindert gelten Personen, die infolge einer Schädigung ihrer körperlichen, seelischen oder geistigen Funktionen soweit beeinträchtigt sind, dass ihre unmittelbaren Lebensverrichtungen oder ihre Teilnahme am Leben in der Gemeinschaft erschwert wird« (Bleidick et al., 1977, S. 12). Sonderpädagogik hat das Ziel, Kinder, Jugendliche und Erwachsene, deren ganzheitliche Entwicklung von verschiedenen Risiken oder Behinderungen (Körperlich-Motorisch, Geistig, Sozial-Emotional, Lernen, Hören, Sehen, Sprache und Kommunikation) gefährdet ist, so zu unterstützen, dass sie bestmöglich am gesellschaftlichen Leben teilhaben und dieses möglichst selbstbestimmt mitgestalten können.

In den allgemeinen Menschenrechten von 1948 ist bereits das Recht auf Bildung für alle festgesetzt, in der Salamanca-Erklärung jedoch wurde es noch einmal spezifischer bekräftigt. Sie spricht von der Notwendigkeit für eine »qualitätsvolle Bildung« (ebd., S. 4) für alle, »unabhängig von ihren physischen, intellektuellen, sozialen, emotionalen, sprachlichen oder anderen Fähigkeiten« (ebd.). Die Heterogenität der Lernenden muss anerkannt und ihr in Schule und Unterricht entsprochen werden.

Die International Classification of Functioning, Disability and Health (ICF, auf Deutsch: Internationale Klassifikation der Funktionsfähigkeit, Behinderung und Gesundheit) (WHO, 2001) führte zu einer Veränderung der Perspektive auf Behinderungen, die bis dato meist als medizinisch-physiologisch in einer Person verankert gesehen wurden. Es fand ein Paradigmenwechsel der Betrachtung von Krankheit und Behinderung statt, der sich lange ankündigte und hier einen fundierten Ausdruck zur Verständigung über verschiedene Disziplinen hinweg erhielt. Die ›neue‹ Definition von Behinderung zeigt die Veränderung: »Menschen sind behindert, wenn ihre körperliche Funktion, geistige Fähigkeit oder seelische Gesundheit mit hoher Wahrscheinlichkeit länger als sechs Monate von dem für das Lebensalter typischen Zustand abweichen und daher ihre Teilhabe am Leben in der Gesellschaft beeinträchtigt ist« (§ 2 Abs. 1 SGB IX a. F.). Es geht also auch rechtlich nicht mehr nur um die Betrachtung des Defizits, sondern um das Ziel der Partizipation, der Teilhabe. Statt die Behinderung als reines Funktionsdefizit eines Individuums zu betrachten, wird das Umfeld, insbesondere jedoch die Wechselwirkungen zwischen verschiedenen Komponenten genauer analysiert. Die Körperfunktionen und -strukturen, die Aktivitäten und die Teilhabe stehen im Fokus und werden von umweltbezogenen (z. B. soziale Einbindung, vorhandene Unterstützung) sowie personenbezogenen Faktoren (z. B. Persönlichkeit, Wünsche) beeinflusst. Diese Faktoren und ihre Interaktion bilden das Gesundheitsproblem oder die Behinderung und sind somit nicht statisch, sondern dynamisch, je nach Entwicklung des Kontextes und der Person. Es kristallisiert sich ein interaktives Verständnis von Behinderung und Entwicklung heraus, dass auch den schulischen Blick auf die Heterogenität der Schüler*innenschaft beeinflusst und neue Perspektiven für die Bildung aller Schüler*innen bietet.

Im Übereinkommen der Vereinten Nationen über die Rechte von Menschen mit Behinderung (United Nations, 2006) werden die universellen Menschenrechte in Form eines völkerrechtlich bindenden Vertrags gestärkt. Auf dem Weg zu dieser Konvention, ebenso wie zur Salamanca-Erklärung, wirkten auch Menschen mit Behinderungen mit, was diese Konventionen bestärkt und die Perspektiven maßgeblich erweitert. Und so definiert die Konvention Behinderung noch ein Stück weniger individuumszentriert und stärker auf die Interaktion von Mensch und Umwelt bezogen, wenn sie den Personenkreis beschreibt: Eine Behinderung haben Menschen, »die langfristige körperliche, seelische, geistige oder Sinnesbeeinträchtigungen haben, welche sie in Wechselwirkung mit verschiedenen Barrieren an der vollen, wirksamen und gleichberechtigten Teilhabe an der Gesellschaft hindern können« (ebd., Art. 1, Abs. 2). Die Konvention führte global zu einer Stärkung von Menschenrechten in ihren 50 Artikeln für alle Bereiche und Ebenen der Gesellschaft. Im Bereich Bildung führte sie zur verbindlichen

Einführung des Konzepts der inklusiven Bildung. Deutschland unterzeichnete die UN-Konvention als einer der ersten Vertragsstaaten im Jahr 2007 (30. März). Im Jahr 2009 trat sie in Kraft; seit 2011 ist auch die Europäische Union daran gebunden. Damit ist Inklusion geltendes Recht, auch in Deutschland. Die Entwicklung einer inklusiven Schule wurde in Deutschland erst durch die Ratifizierung der UN-Konvention maßgeblich initiiert und erforderte eine Weiterentwicklung der landesspezifischen Schulgesetze heraus. Das Konzept inklusiver Schulen adressiert die separierenden, segregierenden Strukturen und Praktiken und fordert zu einer Überwindung dieser auf. Die UN-Konvention über die Rechte von Menschen mit Behinderungen fordert das Recht aller Menschen auf »effective education« (ebd.), also eine wirksame Bildung für alle. Dabei ist Inklusion trotz der rechtlich verbindlichen Lage nicht bereits vollzogene Tatsache.

> *Inklusion* ist als ein Prozess zu verstehen, »bei dem auf die verschiedenen Bedürfnisse von allen Kindern, Jugendlichen und Erwachsenen eingegangen wird. Erreicht wird dies durch verstärkte Partizipation an Lernprozessen, Kultur und Gemeinwesen, sowie durch Reduzierung und Abschaffung von Exklusion in der Bildung. Dazu gehören Veränderungen in den Inhalten, Ansätzen, Strukturen und Strategien. Diese Veränderungen müssen von einer gemeinsamen Vision getragen werden, die alle Kinder innerhalb einer angemessenen Altersspanne einbezieht, und von der Überzeugung, dass es in der Verantwortung des regulären Systems liegt, alle Kinder zu unterrichten« (Deutsche UNESCO Kommission, 2009, S. 9).

Es wird deutlich, dass der Schwerpunkt Bildung nur einer unter vielen innerhalb dieser Konvention ist, der im Kontext Schule (auch in diesem Buch) jedoch fokussiert wird. Wichtig ist ebenfalls, dass die Verantwortlichkeit im regulären System verankert ist. Auf Schule übertragen bedeutet dies, dass Kooperation und multiprofessionelle Teamarbeit z. B. zwischen Grundschulpädagogik und Sonderpädagogik absolut wichtig sind, die Verantwortung bei allen liegt und nicht in spezifischen Systemen (z. B. Förderschulen). Auch hier ist das interaktive Verständnis von Behinderung grundlegend. Aufgabe ist also, das System Schule so zu gestalten, dass es für alle Schüler*innen partizipativ zugänglich ist. Daraus resultiert, dass es nicht darum geht, Kinder im Schulsystem an verschiedenen passenden Stellen zu platzieren, sondern im Gegensatz, das Schulsystem so weiterzuentwickeln, dass es für alle Kinder passend ist und eine gelingende Entwicklung unterstützen kann (z. B. Werning & Baumert, 2013). Es geht um eine inklusive Schulentwicklung, eine Systemveränderung, eine Entsprechung der Bedürfnisse aller Kinder.

Ob in einem solchen inklusiven Schulsystem weiterhin neben allgemeinen Schulen auch Förderschulen existieren sollen oder müssen, wird intensiv in Wissenschaft und Praxis diskutiert (z. B. Kochanek, 2014; Stein & Müller, 2014; Wrase, 2016). Aktuell geht die Entwicklung in den verschiedenen Bundesländern durchaus unterschiedliche Wege. Oft werden Förderschulen im Bereich Lernen, Sprache und Emotional-Soziale Entwicklung sukzessive eingestellt, und deren

Schüler*innenschaft besucht allgemeine, inklusive Schulen. Hier ist umso bedeutsamer, die Kinder mit ihren Ressourcen und Barrieren genau im Blick zu haben (▶ Kap. 2.5 Diagnostik und Förderung und ▶ Kap. 2.6 Differenzierung), damit gute Unterstützung und ein angemessener Unterricht (▶ Kap. 11 Gestaltung inklusiven Unterrichts) angeboten werden kann.

Das diesem Buch zugrundeliegende Verständnis von Inklusion umfasst immer sowohl die fachlich-akademischen als auch die sozial-emotionalen Aspekte der Entwicklung von Kindern. Soziale Teilhabe, unbedingte Anerkennung und individuelle Entwicklung stehen im Vordergrund (dritte Dimension nach Piezunka et al., 2017, S. 217). Es geht nicht nur um die bestmögliche fachliche Bildung, sondern auch um die Persönlichkeitsentwicklung und darum, alle Kinder in ihrer Selbstständigkeit zu unterstützen, ebenso wie in der Erreichung des Ziels, mündige Personen zu werden, die selbstbestimmt Partizipation an der Gesellschaft leben und die demokratische Gesellschaft mitgestalten. Um diese Perspektive zu realisieren steht außer Frage, dass manche Kinder mehr Unterstützung benötigen als andere und dass Lehrkräfte ein fundiertes Wissen darüber haben müssen, welche Bedarfe verschiedene Schüler*innen haben können und welche evidenzbasierten Handlungsstrategien existieren. Zudem müssen sie dieses Wissen anwenden können, sie müssen handeln können in einer konkreten Situation für spezifische Schüler*innen oder gesamte Gruppen und sie müssen eine positive Einstellung zu Inklusion und ihrer Rolle als Lehrkraft besitzen (European Agency for Development in Special Needs Education, 2011). Es ist essentiell wichtig, dass Lehrkräfte reflektieren, welche Perspektive sie auf ihre Klasse und die einzelnen Schüler*innen haben. Piezunka et al. (2017) untersuchen, welche Verständnisse von Inklusion vorherrschen und kommen dabei zu der in Tab. 1 dargestellten Systematisierung von vier Perspektiven, denen der gemeinsame Kern der Überwindung von Diskriminierung zugrunde liegt. Es gibt jedoch deutliche Unterschiede in der Umsetzbarkeit und den fokussierten Gruppen.

Tab. 1: Hierarchische Ordnung von vier Perspektiven schulischer Inklusion (nach Piezunka et al., 2017, S. 217)

	Definition	Ziel	Zielgruppe
4	Inklusion als Utopie	Denken ohne Kategorien	Alle Menschen
3	Teilhabe/Anerkennung/ Wohlfühlen	Soziale Teilhabe, Freundschaft, unbedingte Anerkennung sowie individuelle Kompetenzentwicklung	Alle, Fokus auf spezifische Differenzlinien (z. B. Behinderung, Migration)
2	Pragmatisch/Leistungsentwicklung	Bestmögliche Leistungsentwicklung von diversen Gruppen	Differenzlinien mit Relevanz für den Kompetenzerwerb (z. B. kognitive Fähigkeiten)
1	UN-Konvention über die Rechte von Menschen mit Behinderungen	Nicht-Diskriminierung bestimmter Gruppen	Menschen mit diagnostizierten Behinderungen

Um die Grundschule für alle Schüler*innen zu gestalten, muss sie möglichst barrierefrei sein. Barrierefrei meint nicht nur den Abbau baulicher Hindernisse für den räumlichen Zugang zur Klasse oder zum Gebäude, sondern unter anderem beispielsweise die Überwindung sprachlicher Hindernisse in der Kommunikation und Interaktion oder die Vermeidung technischer Barrieren für die Nutzung digitaler Lernmaterialien. Inklusive Bildung fordert einen gleichberechtigten Zugang für alle.

Um den rechtlichen Anspruch inklusiver Bildung erfüllen zu können, muss eine Grundschule bestimmte Rahmenbedingungen umsetzen. Das ›4-A Schema‹ von Tomasevski (2001; Lindmeier, 2005) trägt vier übergeordnete Merkmale zusammen, die das Recht auf Bildung, die Rechte in der Bildung und die Rechte durch Bildung ausdrücken (Tomasevski, 2001):

- Availability (Erreichbarkeit/Verfügbarkeit funktionsfähiger Systeme): Wo ist die nächste Grundschule, die z. B. ein Schüler mit einer Geistigen Behinderung besuchen kann? Gibt es in der nächstgelegenen Grundschule adäquat ausgebildete Lehrkräfte, die den Unterricht so gestalten, dass er die vorliegenden Bedarfe erfüllen kann?
- Adaptability (Anpassung der Grundschule an Lebenslagen und Persönlichkeiten ohne Diskriminierung): Die Passung zwischen Unterrichtsangebot und Bedarfen verschiedener Kinder (z. B. unterschiedliche kulturelle Herkunft, Kinder mit Behinderungen) muss möglichst hoch sein. Das System soll sich flexibel an die Personen und ihre Bedarfe anpassen.
- Accessibility (Zugänglichkeit): Die Grundschule muss barrierefrei sein, jede Person (Schüler*innen, Lehrkräfte, weitere Beteiligte) soll Zugang erhalten; hierzu können zusätzliche (z. B. finanzielle) Ressourcen notwendig sein, die nicht der Person zur Last gelegt werden dürfen. Es darf kein systematischer Ausschluss bestimmter Personen oder Gruppen stattfinden.
- Acceptability (Form und Inhalt von Bildung): Der Unterricht und alle Rahmenbedingungen sollen auf die Lernenden abgestimmt sein. Es geht um die Lebenswelt, um die Bedeutsamkeit der zu lernenden Inhalte und um die hohe Qualität des jeweiligen Curriculums. In der Grundschule geht es hierbei auch um Partizipation: Wo können die Lernenden mitbestimmen?

Neben diesen komplexen Aspekten ist Inklusion auch in den Zielen für nachhaltige Entwicklung (Sustainable Development Goals, SDG) der UNESCO (2017a) als Teil der Globalen Nachhaltigkeitsagenda integriert, z. B. im vierten Ziel ›Hochwertige Bildung – Inklusive, gerechte und hochwertige Bildung gewährleisten und Möglichkeiten des lebenslangen Lernens für alle fördern‹. Auch hier stehen Gerechtigkeit sowie hochwertige und qualitativ anspruchsvolle Bildung im Fokus. Inklusive Bildung ist also ein bedeutsamer Prozess, der unser komplexes Bildungssystem verändert. Alle Beteiligten sind in der Weiterentwicklung und Neuausrichtung Verantwortliche und haben das Recht und die Pflicht, Bildung für alle umzusetzen.

> **Lernaktivität**
>
> Wie denken Sie über schulische Inklusion? Welche dieser Perspektiven trifft Ihre Haltung? Hat der Einstieg in das Buch bereits eine Reflektion, vielleicht sogar eine Differenzierung Ihrer Einschätzung zur Folge?
> Wo begegnen Ihnen im Alltag Barrieren? Und wo sehen Sie im schulischen Alltag aktuell Barrieren, die abgebaut werden müssen? Wie kann das geschehen?

2.5 Diagnostik und Förderung

Klassen in der Grundschule sind sehr heterogen bezüglich ihrer Merkmale, Voraussetzungen und Leistungen. Lehrkräfte erfassen viele Ebenen, auf denen Unterschiede bestehen – vieles lässt sich jedoch nicht intuitiv erfassen und benötigt zwangsläufig diagnostische Methoden und Verfahren (▶ Kap. 9 Kompetenzen entwickeln) und eine Systematik, in der lernrelevante Voraussetzungen und Entwicklungen individuell erfasst und deren Ergebnisse in die Unterrichtsplanung und -umsetzung rückgekoppelt werden. Für einige Schüler*innen sind Förderpläne unerlässlich, da hier im besten Fall mehrere Professionen zusammenarbeiten und so die Entwicklung eines Kindes mit spezifischen Bedarfen besser identifiziert und unterstützt werden kann. Laut Schrader (2006) stellen diagnostische Erkenntnisse »in der Regel explizite Aussagen über Zustände und Merkmale von Personen dar, die Ergebnis eines reflektiert und methodisch kontrolliert und durchlaufenen diagnostischen Prozesses sind« (ebd., S. 95). Grundsätzlich kann man in der Diagnostik verschiedene Methoden einsetzen (*Test, Beobachtung* und *Gespräch*, z. B. Hesse & Latzko, 2017), je nach Art und Inhalt der Fragestellung, mit der man einen diagnostischen Prozess einleitet (z. B. Hat das Kind die alphabetische Phase im Schriftspracherwerb bereits erreicht? Welche Schwierigkeiten liegen im Bereich der mathematischen Basiskompetenzen vor? Wie ist das Sozialverhalten? Wie nehmen die Eltern das Sozialverhalten des Kindes außerhalb der Schule wahr?). Die ersten beiden Fragen wären beispielsweise mit einem Test zu erheben, das Sozialverhalten des Kindes könnte man durch eine systematische Beobachtung und die Wahrnehmung der Eltern anhand eines Gesprächs eruieren. In allen Fällen sind wertvolle Informationen zur spezifischen Förderung eines Kindes das Ergebnis. Diese Fragestellungen und Methoden lassen sich natürlich ebenso auf Gruppenebene angehen.

Weiterhin wird zwischen *formellen* und *informellen* Verfahren unterschieden. Zu den informellen Verfahren, die Auskunft über den Lernstand von Schüler*innen geben, zählen Klassenarbeiten oder Lernzielkontrollen. Für formelle Verfahren, z. B. Schuleingangsdiagnostik, viele Sprachstandsverfahren oder medizinische Diagnostikverfahren, werden strengere Kriterien angelegt und hohe Anforderungen an die Testgütekriterien gestellt, der *Objektivität* (Ergebnis ist unabhängig von der testenden oder auswertenden Person), der *Reliabilität* (Zuverlässigkeit; die Testergebnisse sind verlässlich und formal genau) und der *Validität* (Gültigkeit; der Test misst, was er vorgibt zu messen).

Eine weitere Differenzierung liegt in der *summativen* oder *formativen* Diagnostik (▶ Kap. 11.6.2 Mikroebene).

Im alltäglichen Kreislauf der Erfassung der lernrelevanten Merkmale, deren Einbindung in den Unterricht und der Förderung, hat Diagnostik eine wesentliche Funktion und ist immer mit dem Ziel der wirksamen Unterstützung und Entwicklungsbegleitung in den Unterrichtsprozess eingebunden (Abb. 3, Popp et al., 2017).

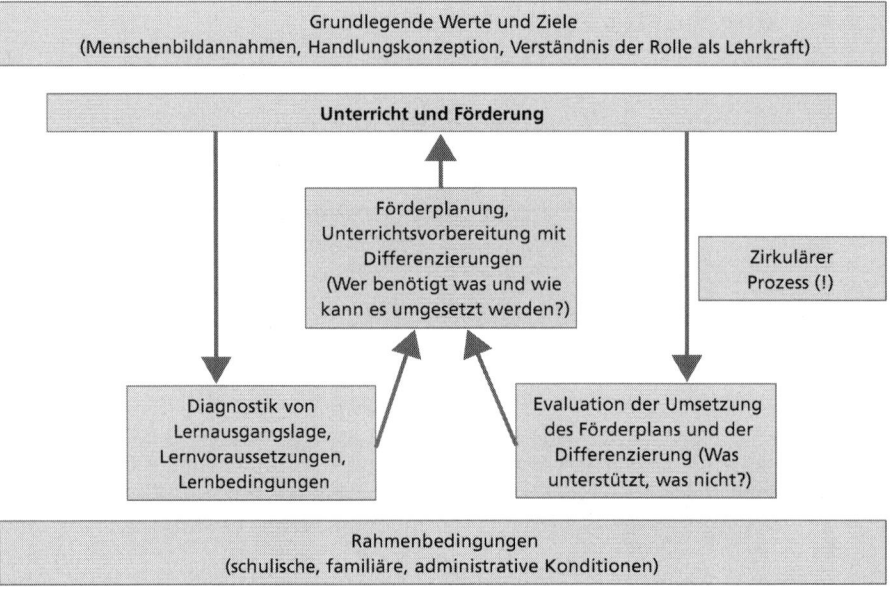

Abb. 3: Kontext von Diagnostik und Förderung (modifiziert nach Popp et al., 2017)

Diagnostische Verfahren, welche die Lernausgangslage, die Lernvoraussetzungen und die Lernbedingungen der Kinder erheben, werden in diesem Prozess in konkrete Ziele und Maßnahmen umgesetzt und haben direkte Konsequenzen für den Unterricht und die Förderung. Nach einer dem Ziel und der angestrebten Entwicklung angemessenen Zeit (oder formativ mehrmals in kürzeren Abständen) wird die Diagnostik erneut oder erweitert durchgeführt zum Zweck der Evaluation (Haben die Anpassungen des Unterrichts und die Förderung das Kind/die Gruppe so unterstützt wie gewünscht?). Diese Ergebnisse finden wieder Eingang in die Förder-/Unterrichtsplanung, gefüllt mit neuen oder ggf. adaptierten Zielen. Dies ist ein zirkulärer Prozess, es findet immer wieder eine Überprüfung der bedeutsamen Lernbereiche und deren Entwicklung statt. Und immer werden die Ergebnisse dieser Überprüfung in den Unterricht und die Förderung einbezogen, denn nur so hat diese Diagnostik ihre Berechtigung und kann ihre Funktion der Modifizierung des Unterrichts zur wirksamen Förderung der Kinder erfüllen. Eingebettet ist dieser Prozess in die vorherrschenden Rahmenbedingungen der Schule (z. B. Welche Ressourcen und Kenntnisse haben Lehrkräfte in Bezug auf Diagnostik und Förderung?), der Familien (z. B. Wird hier Partizipation und Kooperation mit den Eltern im Schul- und Unterrichtsalltag gelebt?) und der Administration (z. B. Welche Verpflichtungen und Regeln existieren bezüglich dieser Vorgehensweise und deren Dokumentation?). Über allem schweben die Menschenbildannahmen, Haltungen, Werte und Ziele der Schule und somit der einzelnen Lehrkräfte, der Schulleitung und allen weiteren Beteiligten (z. B. Existiert eine humanistische Fundierung? Wird Inklusion als Menschenrecht und als normativ-ethisch bedingungslos geltend anerkannt? Welche Rolle und welche Verantwortung sieht die Lehrkraft für sich im Unterricht?).

2.6 Differenzierung

Hinter dem Begriff der Differenzierung verbergen sich unterschiedliche Aspekte, die allesamt das Ziel haben, der Heterogenität gerecht zu werden (Klippert, 2010). Dabei sehen Sandfuchs und Wendt (2013) einen Bedarf an Differenzierung bezüglich verschiedener Aspekte wie geschlechtsbezogener, sozialer und zugangsbezogener (migrationsbedingte Lernbeeinträchtigungen) Disparitäten/Ungleichheiten, bezüglich der Gruppe der Risikoschüler*innen z. B. im Bereich Lesen, Schreiben oder Rechnen und der Gruppe der ›hochbegabten Kinder‹ sowie Prozesse inklusiver Pädagogik (Lernförderung und Integration von Kindern mit besonderen Lernbedingungen).

> »Unter *Differenzierung* wird einmal das variierende Vorgehen in der Darbietung und Bearbeitung von Lerninhalten verstanden, zum anderen die Einteilung bzw. Zugehörigkeit von Lernenden zu Lerngruppen nach bestimmten Kriterien. Es geht um die Einlösung des Anspruchs, jedem Lernenden auf optimale Weise Lernchancen zu bieten, dabei die Ansprüche und Standards in fachlicher, institutioneller und gesellschaftlicher Hinsicht zu sichern und gleichzeitig lernorientiert aufzubereiten« (Bönsch, 2009, S. 13).

Es findet eine Unterscheidung von äußerer und innerer Differenzierung statt. Die *äußere* Differenzierung betrifft Maßnahmen der intraschulischen Differenzierung, die auf schulstruktureller Ebene beispielsweise zwischen allgemeinen Klassen und Förderklassen Lernende einteilen. Es werden die äußeren Strukturen und die Zielgruppe nach bestimmten Aspekten festgelegt, wie eben Kinder mit

Behinderungen und Kinder ohne Behinderungen. Aufgrund dieser Merkmale werden die Schüler*innen einer festen Lerngruppe zugewiesen. Äußere Differenzierung hat das Ziel der Homogenisierung der Gruppen und wird häufig stark kritisiert. Ihr wird vorgeworfen, eben nicht individuell und gelingend mit der Heterogenität von Kindern und Gesellschaft umzugehen. Demgegenüber versucht *innere* Differenzierung der Leistungsheterogenität gerecht zu werden und individuelle und passgenaue Förderung innerhalb eines Klassenverbands umzusetzen. Somit ist innere Differenzierung im Unterricht notwendig zur Umsetzung inklusiver Bildung (▶ Kap. 2.4). Innere Differenzierung (Binnendifferenzierung) kann nach Inhalt (inhaltsgleich vs. inhaltsdifferent) oder nach Ziel (zielgleich vs. zieldifferent) umgesetzt werden. Diverse Autor*innen haben Kategorien innerer Differenzierung erstellt. Aufbauend auf Klafki und Stöcker (1996) erarbeitete Bönsch (2009) folgende Aspekte der Möglichkeiten der inneren Differenzierung:

- Er-, Be-, Verarbeitungsweisen (Arbeitsweisen)
- Quantität der Unterrichtsinhalte
- Anspruchsniveau/Leistungshöhe
- Selbstständigkeit/Selbstorganisation und Selbststeuerung
- Lerntempo/-geschwindigkeit
- Arbeitsmenge
- Lernkapazität
- Auffassungsgabe
- Sprachniveau
- Kooperationsniveau
- Motiviertheit
- Zieldifferenzierung
- Interessen
- Fundamentum (für alle verbindliche Grundlagen)/Additum (das, was darauf aufbauend an zusätzlichen Zielen und Inhalten ergänzt werden kann)

Diese Auflistung zeigt, dass Lehrkräfte mit dem Ziel passgenau auf individuelle Kompetenzen einzugehen, viele Stellschrauben haben mit denen sie Angebote für verschiedene Lernende und ihre Bedarfe machen können. Zudem wird zwischen positiver und negativer Differenzierung unterschieden. Einer negativen didaktischen Reduzierung haftet der Makel einer Minderungsstrategie an; es gehe um eine Verminderung der Ansprüche, eine pure Vereinfachung der Inhalte sowie eine zeitliche Verlangsamung der Auseinandersetzung mit den Inhalten. Im Sinne einer zieldifferenten Unterrichtung im Kontext inklusiver Bildung ist es jedoch eine Strategie, wie Schüler*innen weitestgehend die Ziele der allgemeinen Curricula zugänglich gemacht werden, in angemessener Weise eine (legitime und begründete) Reduzierung vorgenommen werden kann. Eine Orientierung am Kerncurriculum sollte – wann immer möglich – umgesetzt werden. Eine positive Differenzierung umfasst laut Bönsch (2009) keine Reduzierung des Leistungsniveaus und fokussiert variable Er- und Bearbeitungswege, zeitweilige Selbstlernphasen oder individuelle Förderprogramme. Lernangebote und eine entwicklungsförderliche Lernumgebung können Differenzierung in den verschiedenen

Dimensionen von hochwertigem Unterricht (u. a. effiziente Klassenführung, kognitive Aktivierung, konstruktive Unterstützung) ermöglichen und sich sowohl auf die Gruppe als auch auf den Einzelnen beziehen, in dem Lernende in verschiedener Hinsicht Informationen erhalten, um sich fachlich, emotional und sozial zu entwickeln (Vierbuchen & Bartels, 2019).

Ein Darbietungsprinzip, welches im Zuge inklusiver Bildung noch größere Verbreitung erfahren sollte, ist das EIS-Prinzip. Hier werden unterschiedliche Zugänge genutzt. EIS steht für *e*naktiv, *i*konisch und *s*ymbolisch. Enaktiv bedeutet, einen konkreten Gegenstand zu haben, an dem z. B. ein Prinzip (mehrere Würfel in verschiedenen Anordnungen) nachvollzogen werden kann. Ikonisch meint dem Beispiel folgend eine Abbildung von Würfeln auf einem Arbeitsblatt; hier ist der Gegenstand oder das Prinzip abgebildet und somit sichtbar, aber nicht mehr im eigentlichen Sinne ›(be)greifbar‹. Symbolisch stellt dann das höchste Anforderungsniveau dar, hier wird dann von Würfeln gesprochen oder geschrieben und der Art und Weise, wie sie angeordnet sind. Es ist die abstrakteste Form der Darstellung und damit die mit dem höchsten Anforderungsniveau. Die Lehrkraft kann je nach erforderlichem Niveau also das gleiche Prinzip auf verschiedenen Niveaustufen bearbeitbar machen.

Differenzierung ist jedoch sehr voraussetzungsreich und an hohe Kompetenzen der Lehrkraft gebunden. Laut bisheriger Untersuchungen »erfüllen sich die Erwartungen die man mit diesen Formen [gemeint ist hier Individualisierung und Binnendifferenzierung] des Unterrichts verbindet, nicht in dem erhofften Maße« (Lipowsky & Lotz, 2015, S. 162), und auch John Hattie konstatiert binnendifferenziertem Unterricht einen schwachen Effekt, wobei die Effektstärken je nach Fach deutlich variieren (Hattie, 2013). Auch Helmke (2014) bemängelt, wenn das Niveau einfach heruntergesetzt werde, sei die Lernwirksamkeit natürlich nicht wie gewünscht vorhanden. Lipowsky und Lotz (2015) erklären sich die geringe Effektivität dadurch, dass die gewünschte (und notwendige) Qualität der Umsetzung häufig nicht vorhanden ist und so wenig vertiefte Lernprozesse der Schüler*innen angestoßen werden können. Differenzierung ist also als wichtiges, jedoch sehr komplexes Konzept zu betrachten. Wirft man einen Blick auf inklusive Bildung, so wird schnell deutlich, dass hier differenzierender Unterricht eine hohe Relevanz besitzt. Dass einer (in allen Dimensionen) heterogenen Schüler*innenschaft in der Grundschule nur mit einer *inneren Differenzierung* zu begegnen ist, wird seit Generationen von Grundschulpädagogen konsensartig vertreten (u. a. Einsiedler, 2011; Eckermann & Kabel, 2019; Glöckel, 1988; Klafki & Stöcker, 1976; Lichtenstein-Rother & Röbe, 2005).

2.7 Anschlussfähigkeit

Die Position als erste Pflichtschule im deutschen Bildungssystem bringt die besondere Aufgabe der Grundschule mit sich auf verschiedenen Ebenen vermittelnd zu agieren. Bildungsprozesse sollen nach ›unten‹ (vorschulische Bildungsprozesse) und nach ›oben‹ (weiterführendes Lernen) *anschlussfähig* gestaltet werden (KMK, 1970/2015), damit Grundschulkindern das Lernen ohne Brüche gelingt. Anschlussfähigkeit gilt als eine der zentralen Funktionen der Grundschule, die mit ihrer anderen Funktion (Grundlegender Bildung) eng verwoben ist und bereits mit Gründung der Grundschule als eigenständige Schulstufe etabliert wurde. Mit Blick auf die zu bewältigenden Entwicklungsschritte beim Wechsel von einer Bildungsinstitution in die andere (Kindergarten → Grundschule → weiterführende Schule) wird empfohlen, statt dem Begriff Anschlussfähigkeit den Begriff Übergang zu wählen (vgl. Hacker, 2011).

Anschlussfähigkeit nach ›unten‹ bedeutet, dafür Sorge zu tragen, dass vorschulische Erfahrungen der Kinder aufgegriffen werden. Nach ›oben‹ sind die Grundschulkinder durch systematische Hinführung zum Lernen und organisierte Formen des Lernens zuverlässig auf die weiterführenden, im Anschluss an die Grundschule zu wählenden Bildungswege vorzubereiten und die Wege dorthin zu erleichtern.

Institutionelle Anschlussfähigkeit zwischen Kindertageseinrichtungen und Grundschule ist von historisch gewachsenen Barrieren charakterisiert und erfährt aktuell auf drei Ebenen Unterstützung (vertiefend hierzu ▶ Kap. 7).

Inhaltlich: Durch Bildungspläne im Kindergarten und damit verbundener gemeinsamer Ziele von Bildungsprozessen wird auf institutioneller Ebene das Fundament für anschlussfähige Bildungsprozesse geschaffen. Es sollen bereits in den Kindertagesstätten schulrelevante und personale Kompetenzen gezielter in den Blick genommen werden (u. a. sozial-emotionale Kompetenzen, phonologische Bewusstheit, mathematische Basiskompetenzen, z. B. Gasteiger, 2017), so dass die Grundschule daran anknüpfen kann.

Schulstrukturell: Durch unterrichts- und schulorganisatorische Modelle, wie die Zusammenführung der ersten beiden Schuljahre zu einer pädagogischen und organisatorischen Einheit (›neue Schuleingangsstufe‹), wird der Versuch unternommen, dem Kind den Einstieg in die Schule durch bekannte Strukturen zu erleichtern.

Professionsbezogen: Durch regelmäßige Kommunikation, gemeinsame Fortbildungen und gegenseitige Besuche können Grundlagen für ein gemeinsames Verständnis über Bildung, Bildungsziele und Aufgaben von Kindertageseinrichtung und Grundschule geschaffen werden (z. B. Schuler et al., 2016). Die Maßnahmen zielen auf eine Förderung des Vertrauens, bessere Abstimmung zwischen den Beteiligten und sind Bedingung für einen reibungsarmen, erfolgreichen Wechsel von der Kindertageseinrichtung zur Grundschule.

Mit Blick auf den Übertritt in die Sekundarschule (▶ Kap. 12 Der Übergang von der Grundschule zur Sekundarschule) ist aufgrund der Vielzahl sich anschließender Bildungswege und möglichen Brüchen die Herstellung von Anschlussfähigkeit ebenso dringend geboten. Anschlussfähige Bildungsprozesse zu ermöglichen kann mit verschiedenen Maßnahmen die Entwicklungsschritte des Kindes und der Familie positiv begleiten. Schulische und institutionelle Hürden und Barrieren sollen gezielt abgebaut werden, um den Übergang zu erleichtern.

2.8 Zusammenfassung

Die Vermittlung Grundlegender Bildung in der Grundschule bewegt sich stets im Spannungsfeld von individueller Förderung im Unterricht und einer Bewertungspraxis in der Grundschule, die auf eine frühe Selektion und Zuweisung zu beruflichen Möglichkeiten hinweist (Fend, 2009). In der Praxis bedeutet das, allen Kindern das gleiche, hochwertige Lernangebot zu machen; Unterrichtspraktisch lässt sich sowohl in fachlicher und überfachlicher Hinsicht differenzieren, fördern und fordern. Aber auch die Deutung von Möglichkeiten, Entwicklungsschwierigkeiten, Interessen und Wünschen der Kinder ist fester Bestandteil und Aufgabe grundschulpädagogischer Arbeit. Um zu soliden Einschätzungen über schulspezifische Fertigkeiten, das Können und das Wissen der Kinder zu gelangen, existieren in Forschung und Wissenschaft mittlerweile ein umfangreiches Know-how und eine Fülle an diagnostischem Material, auf das zur Ermittlung zurückgegriffen werden kann. Dennoch lässt sich die strukturell bedingte Selektionspraxis in der Grundschule damit weder überwinden noch mindert es den psychosozialen Druck auf die Familien und Kinder, der wie ein Damoklesschwert über ihnen hängt und erst mit der Übertrittsentscheidung auf die weiterführenden Schulen zur Auflösung gebracht wird. Das *Wie*, das heißt mit welchen Mitteln, Methoden und Gegenständen sich Grundlegende Bildung vollzieht, lässt sich vor dem Hintergrund der Adressat*innengruppe und der Heterogenität der Schüler*innenschaft mit den Anforderungen an einen kindgemäßen, inklusiven Grundschulunterricht beantworten, der dem Prinzip einer inneren Differenzierung folgt.

> **Vertiefende Literatur**
>
> - Einsiedler, W. (2011). Grundlegende Bildung. In W. Einsiedler et al. (Hrsg.), *Handbuch Grundschulpädagogik und Grundschuldidaktik* (S. 211–219). Bad Heilbrunn: Klinkhardt.
> - Hesse, I. & Latzko, B. (2017). *Diagnostik für Lehrkräfte* (3. Aufl.). Opladen: Barbara Budrich.
> - Kleeberg-Niepage, A. & Rademacher, S. (2018). *Kindheits- und Jugendforschung in der Kritik. (Inter-)Disziplinäre Perspektiven auf zentrale Begriffe und Konzepte.* Wiesbaden: Springer VS.
> - Rosenberger, K. (2005). *Kindgemäßheit im Kontext. Zur Normierung der (schul-)pädagogischen Praxis.* Wiesbaden: Springer VS.

- Vogt, M. (2019a). Grundlegende Bildung als Zielvorgabe einer Schule für alle – Deutungsvarianten in der Geschichte der Grundschule in Deutschland. *Zeitschrift für Grundschulforschung, 12*(2), 241–258.
- Videos, Texte und Podcasts zu verschiedenen Themen um Inklusion, frei verfügbar: Projektteam OER für die Lehrkräftebildung – Handlungsstrategien für heterogene Klassen https://uol.de/oer-lkb; downloadbar auch bei Twillo.de

3 Geschichte der Grundschule

Als offizielles Gründungsdatum der Grundschule ist in die Geschichtsbücher der 28. April 1920 eingetragen worden (RGBl, 1920, S. 851). An diesem Tag wurde das Reichsgrundschulgesetz als Folge eines langen Aushandlungsprozesses um mehr soziale Gerechtigkeit im Schulwesen und zugleich Bestandteil und Folge großer politischer und gesellschaftlicher Umbrüche in Deutschland erlassen. Rückblickend kann man sagen, dass es eines besonderen politischen, eines der Demokratie zugewandten Umstandes zu verdanken ist, dass es heute in Deutschland eine Schulform gibt, in der alle schulpflichtigen Kinder, unabhängig ihrer finanziellen Möglichkeiten, ihres sozialen Status oder ihrer kulturell-ethnischen Herkunft gemeinsam (mindestens) für die Dauer von vier Jahren unterrichtet werden. In schulgeschichtlichen Darstellungen wird deshalb oft betont, dass die Gründung der deutschen Grundschule ein schulpolitischer Glücksfall ist (z. B. Götz, 2019; Götz & Sandfuchs, 2014; Zymek, 2012). Das folgende Kapitel versucht, wichtige Meilensteine von der Schule des Volkes zur heutigen Grundschule nachzuzeichnen. Da die gesellschaftlichen, politischen und pädagogischen Verflechtungen äußerst komplex sind, muss es diesem einführenden Werk genügen, wichtige schulgeschichtliche Ereignisse und pädagogisch einflussreiche Ideen überblicksartig darzustellen.

3.1 Von der Volksschule zur Weimarer Grundschule

Die Idee einer Volksschule, der Wunsch nach einem institutionalisierten, verpflichtenden Schulbesuch für größere Bevölkerungsgruppen, lässt sich zeitgeschichtlich ungefähr auf den Übergang vom Mittelalter zur Neuzeit datieren (Stumpf et al., 2012). Den Nährboden für die Ermöglichung von Bildung für einen breiten Teil der Bevölkerung lieferten Umbrüche in der Kirche, speziell die Reformation und der damit verbundene Bruch der Einheit von Kirche und Schule. So konnten die Ideen einflussreicher pädagogischer Wegbereiter zur Ausgestaltung des Schulwesens und die Idee einer gemeinsamen Schule für alle Kinder des Volkes auf unterschiedliche Weise gedeihen.

Hauptsächlich religiös motiviert, aber von der Bildbarkeit des Menschen überzeugt, fanden zunächst *Martin Luthers* (1483–1546) Vorstellungen einer *Unterrichtspflicht* Gehör und Eingang in vielen landesspezifischen speziell evangelischen

Kirchenordnungen (u. a. Württembergische Schulordnung, 1559; Kursächsische Schulordnung, 1580; Weimer & Jacobi, 1992). Es war das Bestreben »genügend Bürger heranzubilden, die als ordentlich Ausgebildete den Staat auf vernunftbegabte Weise stützen können« (Stumpf et al., 2012, S. 17). In den Schulen sollte die Grundbildung für Kinder in der ersten Stufe (Luther nannte es »erster Haufen«) im Lesen, Schreiben, in (wenig) Latein und Musik erfolgen (Seel & Hanke, 2015). Seiner Ansicht nach sollte die »höhere«, umfassendere Bildung ausschließlich zukünftigen Repräsentanten der Kirche und des Staates vorbehalten sein. Dadurch kam es zu einem ersten schrittweisen Ausbau des Schulwesens. Ausgenommen von dem Gedanken der Bildbarkeit waren damals Kinder mit Behinderungen. Es sollte noch dauern, bis sich die Vorstellung durchsetzt, dass diese ›bildbar‹ sind. Ebenfalls religiös motivierte, aber für die Entwicklung einer *Schule für alle* bis heute prägende pädagogische, didaktische, organisatorische und methodische Ideen brachte der tschechische Gelehrte und Theologe *Johann Amos Comenius* (1592–1670) hervor. Seine pädagogisch anspruchsvolle Idee, *allen Menschen alles lehren*, gilt als wichtiger Grundgedanke der Einheitsschule. Seiner Ansicht nach war allen – und das schloss wirklich jeden ein, von den Ärmsten über die Hilfsbedürftigen – und eben auch den Jüngsten von Anfang an gemäß ihren Möglichkeiten alles (*Sitte, Frömmigkeit, Wissen*) zu unterrichten (Comenius, 1657/2007).

Seine Vorstellungen zur Organisation des Lernens (u. a. Klassenunterricht, Frontalunterricht, Zeitstruktur) und seine didaktischen Prinzipien (u. a. vom Leichten zum Schweren, Anschaulichkeit, Lernen mit allen Sinnen) veränderten nachhaltig das Lernen in Schule und Unterricht. Durch seine Vorstellungen, wonach Lernen nicht zwingend eine sukzessive, aufeinander aufbauender Logik folgende Beschäftigung mit Themen ist, sondern alle bildungsrelevanten Inhalte jedem in jeder Altersstufe zuzutrauen und daher auch zu vermitteln seien, nur eben in unterschiedlichem Schwierigkeitsgrad (Blankertz, 1982), schien es möglich, eine große Masse an Schüler*innen gleichzeitig zu unterrichten. Das Prinzip des Frontalunterrichts war geboren.

Trotz der wichtigen Impulse galt es noch zahlreiche Hürden zu nehmen, bis tatsächlich die allgemeine Bevölkerung von Bildungsangeboten erreicht wurde. Zum einen mangelte es an qualifiziertem Lehrpersonal und Schulen, zum anderen wurde Bildung erst Ende des 18. Jahrhunderts zur Sache des Staates. Ein schulgeschichtlicher Meilenstein auf dem Weg zur Grundschule war die Einführung der *Schulpflicht*, erlassen vom Soldatenkönig Friedrich Wilhelm I im Jahr 1717, wobei es sich hier streng genommen um eine Unterrichtspflicht handelte (van Ackeren et al., 2015). Das Edikt forderte Eltern dazu auf, ihre 5- bis 12-jährigen Kinder (unter Strafandrohung falls sie der Aufforderung nicht nachkommen) für mindestens einen bis zwei Tage pro Woche zur Schule zu schicken. Obwohl das Vorhaben an mangelnden Voraussetzungen (u. a. Material, Gebäuden, qualifiziertem Personal) scheitern sollte, trieb das Edikt dennoch den Ausbau der Schulen voran. Mit den gesetzlichen Ausführungen im *Allgemeinen Landrecht für die preußischen Staaten im Jahr 1794* (2. Teil, 12. Titel) wurden Schulen dann offiziell zur Veranstaltung des Staates erklärt (§ 1), die Einhaltung der Unterrichtspflicht wurde gesetzlich geregelt und Eltern wurden aufgefordert – sofern sie nicht zu Hause imstande waren, die Kinder unterrichten zu lassen –,

Kinder ab dem fünften Lebensjahr in die Schule zu schicken (§ 43). Es wurden klare Regelungen etwa zur Anstellung von lehrendem Personal und seiner Qualifikation getroffen (§ 24) sowie die Regelung der Schulaufsicht durch Geistliche Vertreter schriftlich fixiert (§ 13).

Bis zum Jahrhundertwechsel zum 20. Jahrhundert blieb die Schullandschaft jedoch geprägt von der institutionellen Trennung in ein ›höheres‹ Schulwesen, das hochwertige Bildung für – bis in die Anfänge des 20. Jahrhunderts hinein – ausschließlich junge Männer aus dem Adel, Besitz- und Großbürgertum vorsah und eine geringere, stark religiös geprägte Bildung für die allgemeine Bevölkerung. Ein sozialer Aufstieg durch Fleiß und Anstrengung war dem einfachen Arbeiter und auch Mädchen durch Schulbildung nicht möglich.

Für die allgemeine Bevölkerung galt die in zeitlicher und inhaltlicher, abschlussbezogener Hinsicht begrenzte Bildung als ausreichend. Die Schüler*innen wurden nur im Notwendigsten unterrichtet, von Volksschullehrkräften, die in der Regel selbst nur eine Volksschule besucht hatten (Bölling, 1978). Diese wurden in speziellen konfessionellen Lehrerseminaren im Rahmen einer sechsjährigen Ausbildung auf ihre Tätigkeit in der Volksschule vorbereitet. Die Kosten für die Ausbildung wurden vom Staat übernommen, wodurch die Lehrkräfte, auch durch die Aussicht auf eine Festanstellung, eng an den Staat gebunden wurden. Die Schüler*innen erwarben elementare Kenntnisse im Rechnen, Schreiben, Lesen und in Religion. Das verwendete Bildungsmaterial im Unterricht waren der Katechismus, die Bibel, das Gesangbuch. Auch didaktisch-methodische Konzepte (Vormachen – Nachmachen) zeugten von einem geringen Bildungsanspruch. Erst die in der Mitte des 19. Jahrhunderts verstärkt einsetzende Industrialisierung, zunehmende Verstädterung und Internationalisierung erforderten eine Angleichung des Lehrplans, als die Arbeiter*innen umfassendere Kompetenzen benötigten als das Bildungswesen zu vermitteln in der Lage war (Fend, 2006). Im innereuropäischen Vergleich galten das preußische Schulwesen und die Volksschule, ihre Volksschullehrkräfte durch ihre solide Grundbildung dennoch als vorbildlich, da sie zu einer deutlichen Minderung der Analphabetisierungsrate führten.

In den ›höheren‹ Schulen war der Leistungsgedanke fest verankert. Die jungen Männer wurden in der Regel in sprachlichen, mathematischen, naturwissenschaftlichen und künstlerischen Fächern unterrichtet. Charakteristisch für das ›höhere Schulwesen‹ war zudem das Berechtigungswesen (Zeugnisse, Abitur etc.) und das bestimmende neuhumanistische Bildungskonzept nach Wilhelm von Humboldt (van Ackeren et al., 2015, S. 18). Das Ziel bestand in der Ausbildung hoch qualifizierter Gelehrter und Beamter, die den ökonomischen und gesellschaftlichen Interessen des Staates dienten. Die privilegierte Schulbildung an einer »höheren« Schule konnten sich allerdings nur wenige Familien leisten (drei bis vier Prozent), denn diese war an den Besuch einer privaten *Vorschule*, bzw. an *Vorklassen* gekoppelt. Dabei handelte es sich um kirchliche und klösterliche Einrichtungen, die dem Zweck einer mittelbaren Vorbereitung auf Gymnasien oder auch Mittelschulen dienten.

In schulgeschichtlichen Darstellungen eher unter dem Radar verlief die Entwicklung des Hilfsschulwesens. Ab den 1860er Jahren bildeten sich zur Entlastung der allgemeinen Schule sogenannte *Nachhilfeklassen* in einigen Städten aus.

Oberstes Ziel dieser Klassen war lange Zeit die Rückschulung der Kinder in die Bürgerschulen. Ab 1881 etablierten sich aus den einzelnen *Nachhilfeklassen* die ersten Hilfsschulen. Für Kinder mit Behinderungen wurde das ›Schwachsinnskonzept‹ entwickelt (im damaligen Sprachjargon begrifflich neutral so benannt), was als Errungenschaft einzuschätzen war, zeugte es doch von der Erkenntnis ihrer ›Bildbarkeit‹, wo vorher Bildungsunfähigkeit und die Ablehnung der staatlichen Fürsorgepflicht und dadurch oft Aufnahmen in Anstalten stand (Dietze, 2019). Heinrich-Ernst Stötzner (1864) und Heinrich Kielhorn (1887) brachten die Entwicklung durch ihre Überlegungen stark voran. Argumente für die Hilfsschulgründung waren vielseitig: Einerseits sollte eine Entlastung der Volksschulen das bessere Voranschreiten der restlichen Kinder ermöglichen. Andererseits wurde durch die Anerkennung der ›Bildbarkeit‹ von Kindern mit diversen Behinderungen die Möglichkeit der Förderung erkannt, zudem konnten z. B. Kinder mit Lernschwierigkeiten in den Volksschulen nicht erfolgreich am Unterricht teilnehmen (bekannt als ›Sitzenbleiberelend‹, vgl. Werning & Lütje-Klose, 2016, S. 27). Die Kinder sollten in kleineren Klassen unterrichtet werden, und die Lehrkräfte sollten einen geringeren Stundenumfang sowie höheres Gehalt erhalten (Hänsel, 2013). Diese Entwicklung hatte durchaus positive Intentionen im Sinne einer Erweiterung und Spezifizierung der Bildungszugänge für Kinder mit Lernschwierigkeiten und anderen Behinderungen. Ab 1906 wurden die *Nebenklassen* (eine weitere zuerst schulinterne Abgrenzung) in Hilfsschulen umgewandelt und das Ziel der Rückschulung wurde bald fallen gelassen (ebd.). So entstanden erste Differenzierungen des Schulsystems für Kinder mit Behinderungen. Die historische Entwicklung der Hilfsschulen war sehr komplex und vielschichtig. Sie wurde von diversen gesellschaftlichen Argumenten, standesrechtlichen Interessen der beteiligten Volksschul- und Hilfsschullehrkräfte, dem Beginn und der Ausdifferenzierung wissenschaftlicher Auseinandersetzungen mit sonderpädagogischen Theorien und Erkenntnissen sowie dem Engagement von Eltern geprägt. Es fanden sich für und wider die Hilfsschule vergleichbare Argumente, wie sie heute im Zuge der Inklusion diskutiert werden (Auswirkung auf die Volksschule, spezifische Förderung vs. Stigmatisierung, Differenzierung und Individualisierung, Ausbildung der Lehrkräfte, Ziel der Rückschulung etc.). Verschiedene Hilfsschulformen kristallisierten sich damals bereits heraus und basierten auf unterschiedlichen, zeitlich parallel verlaufenden Entwicklungen (differenzierter bei Dietze, 2019). Didaktisch wurde der Unterricht in den Hilfsschulen entsprechend gestaltet: 1864 hielt Stötzner fest, dass die Orientierung an den Eigenarten der Kinder einen anschaulichen, kleinschrittigen und abwechslungsreichen Unterricht notwendig mache (Werning & Lütje-Klose, 2016).

Politische Weichen für eine weitreichende schulstrukturelle Veränderung, mit der die Bildungsbegrenzung für die allgemeine Bevölkerung überwunden und alle gleichermaßen von »guter« Bildung profitieren sollten, wurden durch die Gründung der parlamentarisch-demokratischen Republik, der Weimarer Republik (1918–1933) gestellt. Auf politischer Ebene waren es linksliberale Parteien wie die SPD, die an den reformerischen Bemühungen um den Abbau von Ungleichheit beteiligt waren (Nikolai & Helbig, 2019). Sie unterstützten die Pläne der Reformer, die sich für eine Einheitsschule einsetzten. Wesentliche Bemühungen richteten sich auf eine Trennung von Staat und Kirche, ein unentgeltlicher Schulbesuch für alle Kinder, Koedukation und die organisatorische Neugestaltung der Schule. Dies forderte seit dem ausgehenden 19. Jahrhundert insbesondere der Deutsche Lehrerverein als größte Vereinigung deutscher Volksschullehrer (Giesecke, 2013).

> **Lernaktivität**
>
> Informieren Sie sich zu den politisch-gesellschaftlichen Verhältnissen zwischen 1900 und 1920. Welche politischen Kräfte erstarkten in dieser Zeit? Wie sah das politische Machtverhältnis aus? Was waren zentrale Themen, welche die Bevölkerung beschäftigten? Und wie spiegelte sich das in der Schule wider?

Im Sinne eines demokratischen Gleichheitsprinzips sollten soziale und konfessionelle Zugehörigkeit unbedeutend für Bildungsgangentscheidungen werden. Lern- und leistungsschwache Kinder wurden aber auch in den Konzepten der Reformer nicht mitgedacht.

Es gab jedoch unterschiedliche Ansichten, wie die strukturelle Neugestaltung konkret aussehen könnte. So traten einige für eine längere gemeinsame Verweildauer aller Kinder bis zum 14. Lebensjahr ein. Andere, wie etwa der Münchener Stadtschulrat Georg Kerschensteiner (Rodehüser, 1987), warben für eine Grundschule als gemeinsame Basis, auf der sich ein weiter ausdifferenzierendes Schulsystem bilden sollte. Unterstützung erhielten die Befürworter*innen durch pädagogische Modernisierungsbemühungen verschiedener reformpädagogischer Strömungen, die mit innovativen Lehr-Lernpraktiken und Individualisierungsbestrebungen nicht nur mittelbar die schulische Praxis beeinflussten, sondern ideologisch den schulstrukturellen Veränderungsprozess begleiteten. Prominente Vertreter*innen der Reformbewegung waren in Deutschland Georg Kerschensteiner (1854–1932), Peter Petersen (1884–1952) oder Rudolf Steiner (1861–1925) und außerhalb Deutschlands Maria Montessori (1870–1952) oder John Dewey (1859–1952). Sie bewirkten einen inneren schulischen Wandel, etwa durch Revolutionierung von Lernformen oder der innovativen Gestaltung von Lernumgebungen. Vielerorts entstanden Versuchsschulen, wie die ›Sammelschulen‹ in Berlin oder die ›Lebensgemeinschaftsschulen‹. Sie wurden zu »Keimzellen« (Winands, 2018, S. 152) eines freiheitlich-weltlichen, modernen und demokratischen Schulwesens, in dem das selbstständige Handeln erprobt werden konnte. Realisiert wurden unter anderem innere und äußere Differenzierung, alternative Beurteilungsformen oder auch Projektunterricht.

> **Lernaktivität**
>
> Informieren Sie sich über den Verbund reformpädagogisch orientierter Schule: Was sind Kennzeichen dieser Schulen? Warum kann man nicht von ›der Reformpädagogik‹ sprechen?

Die Befürworter*innen einer Einheitsschule sahen sich vielen widerstreitenden Kräften ausgesetzt. Im Wesentlichen entbrannte der Kampf um die Frage der Dauer der gemeinsamen Lernzeit und die Konfessionsfrage. Auf schulischer Ebene lieferte sich die Lehrer*innenschaft einen Machtkampf. Es ging dabei in erster Linie um die Wahrung berufsspezifischer Interessen und Einflüsse. Der deutsche Philologenverband (DphV), der die Interessen der Gymnasiallehrkräfte vertrat, forderte aus begabungstheoretischer Sicht eine frühzeitige begabungsentsprechende Zuweisung von Lernenden auf verschiedene Schulzweige (u. a. Geißler, 2013; Nikolai & Helbig, 2019).

Auf politischer Bühne standen der SPD konservative Parteien wie die katholische Zentrumspartei und Kirchenvertreter gegenüber, die sich in der Konfessionsfrage den Forderungen der Linksliberalen nicht anschlossen. Sie hatten Sorge um den verringerten Einfluss der Kirche auf das öffentliche Schulwesen. Es war also keineswegs eine politisch einfache Situation.

> **Lernaktivität**
>
> Informieren Sie sich auf folgenden Internetseiten über die in Deutschland existierenden Lehrkräfteverbände: https://www.lehrerverband.de/; www.vbe.de; www.gew.de; www.grundschulverband.de; Wie sind diese organisiert? Welche Landesverbände umfasst die Dachorganisation ›Deutscher Lehrerverband‹? Was sind bildungspolitische und berufspolitische Ziele? Welche Zeitschriften und Buchreihen sind den jeweiligen Verbänden zuzuordnen?

Der Weimarer Kompromiss (1919)

Der Streit um die Frage nach Verhältnis von Staat und Kirche und der Länge einer gemeinsamen Schulzeit mündete schließlich in dem so genannten *Weimarer Kompromiss*. Mit der Einigung der verfassungsgebenden Nationalversammlung vom 11. August 1919, ausgeführt im Artikel 145 im Reichsgesetzblatt 1919 (Huber, 1992), wird zunächst festgehalten, dass die Grundschule für die Dauer von mindestens vier Jahren zur gemeinsamen Pflichtschule für alle Kinder im schulpflichtigen Alter werden soll. Kinder mit körperlichen und Sinnesbeeinträchtigungen bleiben von dem Versprechen einer gemeinsamen längeren Lernzeit ausgenommen (ebd., Abs. 2). Artikel 147 regelt dafür die institutionelle Beibehaltung von Hilfsschulen. Damit wird eine parallel existierende, eigenständige Schulform für »besondere Kinder« gesichert (Miller & Schroeder, 2019, S. 328). Jedoch wird die Zeit von 1920 bis 1932 eine ›Hochblüte der Heilpädagogik‹ sein (Werning & Lütje-Klose, 2016). Für alle anderen Kinder soll dem Leistungsgedanken folgend nach der Grundschule ein Wechsel auf eine weiterführende Schule (Mittelschule, Jungengymnasium, Mädchenlyzeen) möglich sein. Mit der Aufhebung der so genannten Vorschulen bzw. Privatschulen solle eine frühzeitige, soziale Segregation unterbunden werden. Eine Abschaffung konnte bis zum Jahr 1933 jedoch nicht vollständig realisiert werden, da »die Entschädigung der privaten Schulträger und die Unterbringung ihrer Lehrkräfte zwischen dem Reich und den Ländern ungeklärt blieb« (Zymek, 2012, S. 60). Erst den Nationalsozialist*innen gelang es, weitgehend flächendeckend durch »ideologischen und rassepolitischen« Druck (Hierdeis, 2009, S. 155) die konfessionellen privaten Vorschulen und konfessionellen Volksschulen vollständig abzuschaffen.

Realpolitisch kam es erst im Frühjahr 1920 zur Umsetzung einer gemeinsamen Schule für (fast) alle Kinder. Aufgrund der dramatischen politischen Entwicklungen ließ sich das Reichsvolksschulgesetz in Ausführung nicht mehr im Winter 1919/20 umsetzen. Verhandelt wurde der Gesetzentwurf zur schulorganisatorischen Umgestaltung der Grundschulen und Aufhebung der Vorschulen (R 43 I/777, Bl. 18–22) in der Kabinettssitzung vom 02. März 1920; der 28. April 1920 (s. RGBl, 1920, S. 851) wird zum offiziellen Gründungsdatum der Grundschule. Das Gesetz sollte die einzige wesentliche schulorganisatorische Neuerung bleiben, die in der Weimarer Republik umgesetzt werden konnte.

Neben diesem grundsätzlichen Erfolg der Einführung einer gemeinsamen Pflichtschule gab es aber auch einige Zugeständnisse.

Schulstrukturelles Zugeständnis

Dem Wunsch nach einer sechsjährigen gemeinsamen Lernzeit, wie sie einige Reformer forderten, wurde nicht stattgegeben. In dem Gesetzestext wurde die Dauer nicht weiter konkretisiert, nur eine Mindestdauer von vier Jahren festgelegt (Götz & Sandfuchs, 2011). Damit wurde einer frühen stärkeren Ausdifferenzierung nach Begabung und Neigungen auf weiterführende Bildungsgänge, wie sie der Philologenverband forderte, Rechnung getragen. Mit dieser frühen Verteilung der Schüler*innenschaft auf unterschiedliche Schulzweige wurde eine Besonderheit des deutschen Schulwesens grundgelegt. Institutionell blieb die Grundschule zunächst der Volksschule zugeordnet (vgl. Abb. 4).

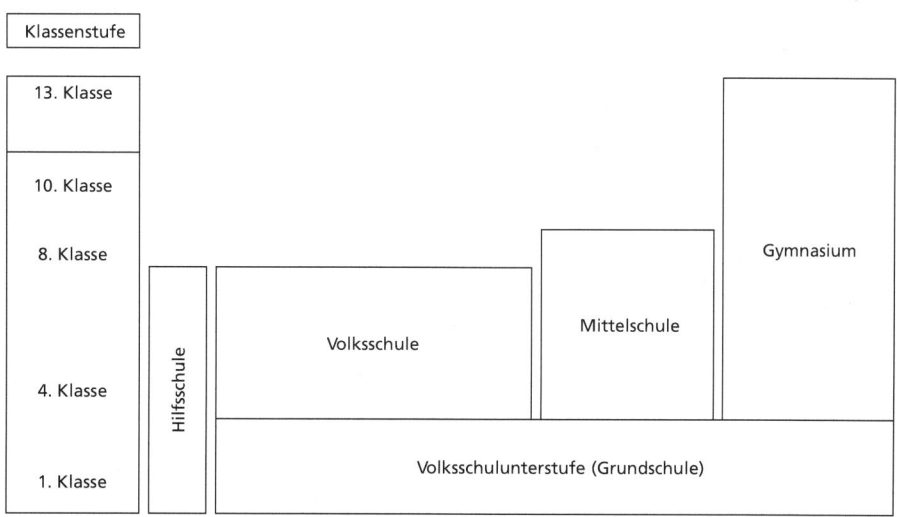

Abb. 4: Das Schulwesen nach 1919 (van Ackeren et al., 2015, S. 35)

Zur Konfessionsfrage

Die Simultanschule, das heißt eine Schulform, die von Kindern aller Konfessionen besucht werden sollte, war als Regelfall geplant. Eine flächendeckende Durchsetzung weltlicher Volksschulen gelang aber nicht. Absatz 2 des Artikels 146 sicherte den Bestand der Bekenntnisschulen. Erziehungsberechtigten wurde das Recht eingeräumt, auf Antrag eine konfessionsbezogene Grundschule einrichten zu lassen. Bis heute führt dieser Passus, der im Landesrecht ausführlich geregelt ist, vor dem Hintergrund zunehmender Migration und Säkularisierungstendenzen zu einer zunehmenden Ungleichheit auf horizontaler Ebene, da bestimmten Gruppen nicht der Zugang zu jeder Grundschule ermöglicht wird.

Mit dem offiziellen Gründungsdokument wurde auch die implizite Doppelfunktion der Grundschule festgeschrieben: Grundlegende und zugleich anschlussfähige Bildung zu vermitteln. In den »Richtlinien zur Aufstellung von Lehrplänen für die Grundschule«, die vom zuständigen Minister Haenisch am 16. März 1921 offiziell an alle Volksschullehrer*innen ergingen, wurde die Grundschule »als grundlegend bildende Schule für alle« und als »kindgemäße Schule« konzipiert« (Heinzel, 2019a, S. 277). Schon vor dem offiziellen Gründungsdokument war Grundlegende Bildung ein zentrales Bestimmungsmoment der Volksschule. Allerdings erhielt dieser Auftrag nun vor dem Hintergrund der gesetzlichen Neuregelungen eine andere Deutungsgrundlage. Die Grundschule sollte nun als vierjährige Pflichtschule, also in einem bestimmten Zeitraum und für alle Kinder, Grundlegende Bildung (▶ Kap. 2.1) vermitteln. Unterricht sollte ein solides Fundament schaffen, auf dem alles weitere Lernen systematisch aufbauen kann (Einsiedler, 2011). Sie erhielt damit eine Zulieferfunktion, da das während der Grundschulzeit erworbene Wissen, die Fähigkeiten und Einstellungen als unmittelbare Vorbereitung auf die weiterführende Schule betrachtet wurden. Sie gewann einen eigenständigen Bildungsauftrag. Die curricularen Richtlinien enthielten allerdings lediglich Hinweise darauf, welche Wissensbestände konkret im Sinne dieser Grundlegenden Bildung zu vermitteln seien. Es blieb die Spannung, die durch die vagen Bestimmungen von »grundlegend« und »weiterführend« ausgelöst wurde, da nun »zwei unterschiedliche Referenzpunkte für das Konzept »grundlegender Bildung« herangezogen werden« (Eckermann & Kabel, 2019, S. 262). Ein zentraler Lehrplan, der die zu vermittelnden Inhalte einheitlich skizzierte, blieb in den Folgejahren aus. Die Ausdifferenzierung und inhaltliche Ausgestaltung blieb Ländersache. Der Fokus richtete sich auf Wissensvermittlung, die das Beherrschen von zentralen Kulturtechniken zum Kern der Aufgabe der Grundschule machte. Es wurde eine Pädagogik vom Kinde aus formuliert, die sich stark an den Ideen der Reformbewegungen orientierte und die den Anspruch einer subjektiven Erlebbarkeit des Gegenstands erhebt. Das Fach Heimatkunde wurde zudem in der Folge ein Bestandteil des Stundenplans (Götz, 2016, S. 247). Die Bezeichnung *Grundschule* etablierte sich in amtlichen Vorgaben nicht; sie wurde in den nächsten Jahrzehnten weiterhin strukturell als *Unterstufe* der Volksschule geführt. In den Volksschullehrplänen hingegen wurde der Begriff Grundschule genutzt (Geißler, 2019).

3.2 Grundschule im Nationalsozialismus

Im Nationalsozialismus erfuhr das Prinzip der gewollten Bildungsbegrenzung wieder Aufschwung. Es richtete sich gegen spezifische Bevölkerungsgruppen (van Ackeren et al., 2015). Neben der jüdischen Bevölkerung betraf es auch die Mädchen, denen der Zugang zu weiterführender Bildung erschwert wurde. Inhaltlich dominierte die Legitimationsfunktion von Schule (Vermittlung von Werten und Normen/gesellschaftlicher Zusammenhalt). Den Nationalsozialisten ging es um eine grundlegende Umerziehung des deutschen Volkes. Lehrpläne und Curricula wurden entsprechend der nationalsozialistischen Vorstellungen überarbeitet bzw. vollständig ersetzt (Fend, 2006). Mit den »Richtlinien für den Unterricht in den vier unteren Jahrgängen der Volksschule« (Richtlinien, 1937, S. 200) wurden dabei klare Maßstäbe mit politischen und gesellschaftlichen Bildungs- und Erziehungszielen wie »Diensthingabe an Führer, Volk und Nation oder die gesellschaftlich nutzbringende Vermittlung von Wissen und Können« (Götz, 2016, S. 235) gesetzt. Erstmalig wurde auch ein national einheitlicher Lehrplan erschaffen. Dieser führte zu einer Abkehr von wesentlichen Errungenschaften der Weimarer Republik wie der Akzentuierung der Pädagogik vom Kinde aus. In dieser Zeit kam es auch zu einem Ausbau des Hilfsschulsystems aufgrund des rechtlich vorgeschriebenen Beschulungszwangs (Hänsel, 2018, S. 40). Die Beschulung von Kindern mit Behinderungen über den Ausbau von Hilfsschulen traf hier mit der Selektionsfunktion, die vom Nationalsozialismus gewollt und systematisch genutzt wurde, zusammen. In der NS-Zeit wurde sich des Systems bedient, um die Kinder zwischen ›brauchbar‹ und ›nicht brauchbar‹ vor allem in Bezug auf die Rüstungswirtschaft zu selektieren. Das vorher entwickelte medizinisch orientierte ›Schwachsinnskonzept‹, welches auf erbbiologische Ursachen von Behinderung verwies, konnte nahtlos in das Gedankengut der NS-Zeit eingebettet werden (Werning & Lütje-Klose, 2016). Und so war die Hilfsschule eine finanziell günstige Instanz zur Selektion, mit der im weiteren Verlauf auch Ausschulung, Sterilisations- und Euthanasieprogramme verknüpft wurden. Es gibt zahlreiche Berichte über verbitterte und mutige Auseinandersetzungen und dem Einsatz von Eltern und Lehrkräften, leider konnte allerdings nicht viel Einfluss genommen werden. Als 1938 das Reichsschulpflichtgesetz in Kraft trat, legte § 6 (1) die Sonderschulbedürftigkeit fest.

Schulstrukturell änderte sich in der Zeit wenig. Das Schulwesen wurde um eine kleine Anzahl an nationalpolitischen Erziehungsanstalten und Adolf-Hitler-Schulen ergänzt (van Ackeren et al., 2015). Das Gymnasium blieb trotz der 1937 eingeführten Oberschule erhalten. Und auch die Grundschuldauer wurde, trotz einiger Debatten über eine Verlängerung oder Verkürzung der Grundschulzeit, nicht angetastet. Begründet wurde dies mit der Notwendigkeit früher und harter Auslese. Das Selektionsprinzip wurde dadurch unterstrichen. Ein Versprechen allerdings, dass bereits das Gründungsdokument aus dem Jahr 1920 enthielt, wurde unter dem Eindruck der Nationalsozialisten eingelöst: Im Jahr 1933 kam es zur flächendeckenden Auflösung der Privatschulen. Die Beweggründe unterschieden sich allerdings deutlich von denen, die zum Versprechen geführt hatten.

3.4 Die Grundschule zwischen 1945 und 1990

Nach dem Ende des zweiten Weltkriegs kam es im Westen und Osten Deutschlands zu einer unterschiedlichen Entwicklung der Grundschule, sowohl strukturell als auch inhaltlich.

3.4.1 Entwicklungen in Westdeutschland

Im Westen nahmen die Alliierten Einfluss auf die Entwicklung des Bildungswesens. Die USA trieben die Politik einer Umerziehung (re-education) mit dem Ziel der Entnazifizierung und einer Demokratisierung voran, die alle Bereiche des Lebens durchdringen sollte (Kuhn et al., 1993). In der Kritik stand insbesondere die begabungsorientierte Grundlage, auf der das dreigliedrige Schulsystem fußte. Mit der sogenannten Kontrollratsdirektive 54 wurden für eine strukturelle Erneuerung sogar konkrete Ausgestaltungspläne vorgelegt. Vorbild sollte die amerikanische comprehensive high school sein, die eine sechsjährige Grundschulzeit vorsieht. Eine möglichst lange gemeinsame Lerndauer aller Kinder sollte verwirklicht werden und sich inhaltlich, gestützt durch Lehrpläne und curriculare Vorgaben sowie entsprechende Lernmittel, an demokratischen Grundsätzen orientieren. Mit ihren Forderungen konnten sich die Siegermächte aber nicht durchsetzen. Unterschiedliche Interessen konservativer und sozialdemokratischer Kräfte führten zur Absage. Dass die deutsche Grundschule im Grundrechtskatalog verankert wurde, hat sie dem Vorschlag des sogenannten Fünferausschusses (1949) zu den Grundrechten im Grundgesetz zu verdanken, einem interfraktionellen Ausschuss bestehend aus Mitgliedern der SPD, der CDU und der FDP. Dieser enthielt auch Bestimmungen zu der Aufhebung der privaten Vorschulen (vgl. Artikel 7b (6), Vorschlag des Fünferausschusses für die 3. Lesung des Hauptausschusses, Drucksache Nr. 543 (richtig: 591) vom 5. Februar 1949).

Dadurch wurde formalrechtlich indirekt die allgemeine Grundschule verfassungsrechtlich im Grundgesetz verankert. Kinder aus bildungsnahen Familien konnten nicht einen Sonderweg einschlagen, indem ihnen ›vorbei an den allgemeinen Grundschulen für alle Kinder‹ ein exklusiver Weg auf eine höhere Schule zugestanden wurde. Das Gesetz soll in der Geschichte des deutschen Schulwesens bis dato das einzige bleiben, das auch vom Parlament verabschiedet wurde (Zymek, 2011). Koordinierende Instanz für die westdeutschen Bundesländer wurde die im Jahr 1948 gegründete Ständige Konferenz der Kultusminister der Länder in der Bundesrepublik Deutschland (KMK).

Lernaktivität

Recherchieren Sie auf den Seiten der KMK (https://www.kmk.org/) die Geschichte und die Aufgaben der Kultusministerkonferenz. Finden Sie Antworten auf folgende Fragen:

> Wer sitzt in der KMK? Welche Aufgaben übernimmt die KMK in der Bundesrepublik? Wie werden Beschlüsse gefasst? Sind diese verbindlich umzusetzen?

1955 wurde im Düsseldorfer Abkommen durch einen Beschluss der Kultusminister der Länder die dreigliedrige Schulstruktur verbindlich festgeschrieben (Herrlitz et al., 2005), wobei auch hier die Sonderschule unter dem Radar lief und selten als das vierte Glied im Schulsystem benannt wurde. Es fand eine Restauration und ein erneuter Ausbau der Sonderschule statt, der an die Hilfsschulbewegung vor 1933 anknüpfte (Werning & Lütje-Klose, 2016). Die Grundschule wurde damit in Westdeutschland zunächst wieder als vierjährige ›Unterstufe‹ integrativer Bestandteil der Volksschule, wobei es regional durchaus Unterschiede in der Ausgestaltung gab. In den Nachkriegsjahren wurde in einigen Bundesländern und Regionen der Versuch unternommen, eine sechsjährige Grundschule einzuführen (u. a. Bremen, Schleswig-Holstein, Hamburg sowie Regionen des heutigen Niedersachsens). Doch diese gemeinsame verlängerte Schulzeit konnte sich nicht etablieren.

In den unsicheren Zeiten wurde vermehrt an bekannten Strukturen und Traditionen festgehalten (Wendt, 2008). Nur in Berlin kann aus der zunächst im Jahr 1948 festgeschriebenen Dauer von acht Jahren, im westlichen Teil Berlins eine sechsjährige Grundschulzeit gesetzlich verankert werden. Auch die konfessionellen Schulen erhielten in bestimmten Regionen wieder Aufschwung (Friedeburg, 1992).

Die 1960er Jahre brachten wesentliche Entwicklungsschübe. Gesellschaftlicher Wandel und rasche Entwicklungen in Technologie und Wissenschaft warfen einerseits Fragen nach der Produktivität des Bildungswesens auf. Georg Picht (1964, *Die Deutsche Bildungskatastrophe*) prognostizierte in Deutschland einen Mangel an qualifizierten Nachwuchskräften. Aus bildungsökonomischer Sicht wurde die geringe Ausschöpfung von Bildungspotenzialen kritisiert. Andererseits wurde die Chancengerechtigkeit des Schulsystems in Frage gestellt. Bildungssoziologische Studien offenbarten tiefe Gräben zwischen verschiedenen gesellschaftlichen Schichten und machten zugleich auf lokale Unterschiede in der Chancenverteilung und den erschwerten Zugang zu Bildung für Kinder von Arbeiter*innen aufmerksam (Oelkers, 2020). Der Soziologe Hansgert Peisert (1967) schuf empirisch begründet die Kunstfigur des ›katholischen Arbeitermädchens vom Lande‹, in der die vier identifizierten Dimensionen von Bildungsungleichheit kumulierten: regionale, soziale, konfessionsbezogene und geschlechtsbezogene Benachteiligung. Die Volksschule als dominierende Schulform verlor an Bedeutung, was sich an einer kontinuierlich sinkenden Schüler*innenzahl ablesen ließ. Es wurde vor einem Schicksal als ›Resteschule‹ gewarnt (Wilhelm, 1967). Die höheren Schulformen gewannen an Bedeutung, messbar an einer wachsenden Beteiligungsquote der Gesamtschüler*innenschaft. Kinder aus den Arbeiterklassen waren an diesen Schulformen jedoch gering vertreten. Reformen im Schul- und Bildungswesen wurden gefordert, die Abhilfe schaffen und zugleich für mehr Bildungs- und Chancengerechtigkeit sorgen sollten. Der »Sputnik-Schock« befeuerte die Debatte um die Qualität im Bildungswesen. Es wurde eine stärkere Wissenschaftsorientierung in Schule und Unterricht gefordert, insbesondere eine frühe und bessere mathematische-naturwissenschaftliche Grundbildung.

Für die schulstrukturelle Organisation der Grundschule hatte das Hamburger Abkommen (KMK, 1964), das auf die Vereinheitlichung des Schulwesens abzielte und mobilitätserleichternd wirken sollte, eine weitreichende Bedeutung. Mit diesem Dokument wurde der Grundschule die Eigenständigkeit als Schulstufe attestiert. Sie wurde aus der Volksschule herausgelöst. Aus der Volksoberschulstufe ging mit den Klassen 5 bis 9 die Hauptschule hervor. Im Zuge dieser schulstrukturellen Erneuerung und dem eingeführten Prinzip der *Durchlässigkeit*, was den Wechsel zwischen den Schulformen gewährleisten sollte, wurden auch Zeugnisse und Abschlüsse wichtig. Bereits in den 1970er Jahren war feststellbar, dass selektive Mechanismen an der Gelenkstelle zwischen Primarstufe und Sekundarstufe insbesondere für Kinder aus den unteren sozialen Schichten den Zugang zu höheren Schulen erschwerten (Undeutsch, 1968). Parallel dazu wurde von der KMK in den 1970er Jahren auch die Einrichtung von zehn Sonderschultypen beschlossen. Es folgte eine Verdreifachung der Zahl an Sonderschüler*innen (Werning & Lütje-Klose, 2016).

Parallel zu der Kritik an bestehenden Schulverhältnissen, zu dem gesellschaftlichen Wandel und der Forderung nach einer Reform des Bildungswesens veränderte sich – basierend auf neueren Forschungserkenntnissen – auch in der Wissenschaft die Perspektive auf Entwicklung und Lernen. Neuere Erkenntnisse lösten die reifungstheoretischen Annahmen ab und schrieben Heranwachsenden erheblich mehr Entwicklungspotenziale zu, die es nun zu fördern galt. Das führte zu einem veränderten Begabungsbegriff, weg von einem statischen zu einem dynamischen Begabungsbegriff (Roth, 1969). Die Bildungsbedürftigkeit der Kinder gewann an Beachtung. Durch angemessene Förderung, so die Erkenntnis, können alle Kinder in der positiven Entwicklung unterstützt werden. Dennoch stellte man als Folge dessen nicht die Sonderschulen und ihre Ausrichtung in Frage.

Die ökonomischen, lerntheoretischen und gesellschaftlichen Umbrüche berührten auch die Grundschularbeit. Die Kritik richtete sich auf die Grundschule als Institution und ihre institutionalisierte Ungleichheit und fehlgeleiteten Ansprüche. Erwin Schwartz (1969) machte auf den kritischen Zustand der Grundschule (Notstand), auf ihre Rückständigkeit, ihre konfessionelle Zersplitterung und eine formal geschaffene Gleichheit durch die homogene Sozialstruktur der Einzugsgebiete aufmerksam. Durch die zeitlich gebundene inhaltliche und formal geschaffene Gleichheit könne die sozial- und milieubedingte Ungleichheit in der kurzen Verweildauer von vier gemeinsamen Lernjahren nicht überwunden werden. Seine Hauptkritik richtete sich damit auf die gegliederte Struktur des Bildungswesens, das durch die frühe Selektion und Zuweisung nach der Grundschule zu einer Verstetigung der Ungleichheiten führte. Auch Studien aus dieser Zeit verdeutlichen, wie prekär die Lage der Grundschule tatsächlich war, nicht nur im innerdeutschen schulischen Vergleich, sondern auch im internationalen Vergleich: zu große Klassen, wenige Lehrkräfte, weniger Unterrichtszeit und insgesamt deutlich zu geringe Ressourcen (Bartnitzky, 2019).

Kindgemäßheit in seiner pädagogisch-anthropologischen Leseart als *Schonraum* für das Kind wurde in Frage gestellt. Es wurde angeprangert, dass die kognitiven Potentiale und die Bildbarkeit der Kinder nicht hinreichend ernst genommen würden (Fölling-Albers, 2019). Auch der Arbeitskreis Grundschule, der 1969 gegründet wurde (später Grundschulverband), setzte sich als berufspolitisches Bündnis Ende der 1960er Jahre mit den Erkenntnissen aus der Wissenschaft auseinander. Auf dem Kongress 1969 wurden diese zum Anlass genommen, auf die Bildungsbedürftigkeit und die Bildungsmöglichkeit des Kindes mit Blick auf notwendige strukturelle Veränderungen im Bildungswesen zu verweisen. Zudem wurde auch hier das wissenschaftsorientierte Lernen zum Thema gemacht, verbunden mit der Notwendigkeit einer veränderten wissenschaftsorientierten inhaltlichen Praxis zur Vermittlung grundlegender Bildung. Die Bildungsinhalte sollten auf ihren kognitiven Gehalt geprüft werden. Diese Punkte fanden auch Eingang in den Strukturplan für das Bildungswesen (Deutscher Bildungsrat, 1970), der auch die Grundschule reformieren sollte. Ein bedeutsames Dokument für die Grundschule wurde von der Kultusministerkonferenz mit der KMK-Empfehlung zur Arbeit in der Grundschule vorgelegt (KMK, 1970). Die Maßnahmen zielten auf die Neugestaltung der Eingangsstufe und der Orientierungsstufe, auf Veränderung des Bewertungssystems, eine Abschaffung von Noten in den ersten beiden Schuljahren und die Einführung von Verbalbeurteilungen sowie auf Wissenschaftlichkeit in den Lehr-Lernmethoden und Curricula. Die US-amerikanische Curriculumsforschung und Lernzieltaxonomien hatten ab den 1970er Jahren auch im deutschsprachigen Raum Auswirkungen auf die Gestaltung von Lehrplänen. Der Unterricht sollte den Ansprüchen der Wissenschaftlichkeit genügen und wissenschaftliches Arbeiten, Denken und Verfahren frühzeitig angebahnt werden. Es wurden Vermittlungsformen für die Arbeit in der Grundschule empfohlen, die den aktuellen Entwicklungen gerecht werden sollten, wie das Entdeckende Lernen, Problemorientierte Lernen oder Kooperative Lernformen.

Parallel zu den stufenspezifischen Entwicklungen im Schulsystem veränderte sich auch die Sichtweise auf Erziehung und Erziehungspraktiken. Eine rechtliche Entsprechung einer veränderten Praxis fand sich etwa in der Abschaffung der Prügelstrafe. In den 1970er Jahren bis 1980 (Bayern) wurde ihr flächendeckend eine Absage erteilt (Fölling-Albers, 2019). Daneben kritisierten in den 1970er Jahren Vertreter*innen des Gesamtschulbereichs, der Wissenschaft und auch Lehrer*innenverbände die schulische Separation von leistungsschwachen Kindern und von Kindern mit Beeinträchtigungen. Die soziale Diskriminierung wurde in den Blick genommen, woraufhin dem Gedanken der Integration der Weg geebnet wurde. Hieraus resultierten unterschiedliche und teilweise widersprüchliche Entwicklungen, z. B. als 1972 die KMK ein Gutachten veröffentlicht, in dem sie die isolierte Form der Lernbehindertenschule als Ganztagseinrichtung fordert und fast zeitgleich 1973 der deutsche Bildungsrat die weitmögliche gemeinsame Unterrichtung empfiehlt (Werning & Lütje-Klose, 2016).

3.4.2 Entwicklungen in Ostdeutschland

Ein anderer Weg wurde nach Beendigung des Zweiten Weltkriegs in der sowjetischen Besatzungszone (SBZ) bzw. in der Deutschen Demokratischen Republik

(DDR) beschritten. Nach Beendigung des Naziregimes wurden auch hier Vorschläge zur Erneuerung des Schulsystems gemacht. Es wird für eine Einheitsschule geworben, die Konfession, Herkunft und Stellung bedeutungslos werden lassen und deren Lehrinhalte sich an den gesellschaftlichen Bedürfnissen orientieren soll (Entwurf einer Verfassung für die Deutsche Demokratische Republik, 14. November 1946, Artikel 27, Berlin).

Nach Gründung der Deutschen Demokratischen Republik (1949) mit der Einführung der zehnjährigen *Polytechnischen Oberschule* findet diese Idee Verwirklichung. Sie wird zur Pflichtschule, die von allen Kindern, mit Ausnahme von »besonderen Kindern«, besucht wird (Geißler, 2019, S. 344). Jeder kirchliche Einfluss soll ausgeschlossen werden und die Herausbildung einer sozialistischen Persönlichkeit das Ziel der Unterrichtung Heranwachsender sein. Die Lehrer*innenschaft wurde ab 1946 bereits an den Pädagogischen Fakultäten ausgebildet, wobei die Ideologisierung der Lehrkräfte, das heißt aus pädagogischer Sicht eine »verpflichtende Weltanschauung auf der Grundlage des Marxismus/Leninismus« (Einsiedler, 2015, S. 105), ein zentrales Ziel der Ausbildung war. Das Prinzip der Pädagogik vom Kinde aus sowie die reformpädagogischen Bewegungen wurde von den meisten einflussreichen Pädagogen abgelehnt. Die Lehrpläne der DDR orientierten sich im Umfang an den Lehrplänen der Weimarer Zeit. Die Verantwortung lag bei der *Deutschen Zentralverwaltung für Volksbildung*. Es gab verbindliche Höchstziele für die Grund- und Oberstufe, die von den Schüler*innen erreicht werden sollten. In der Unterstufe der Polytechnischen Oberschule ging es um die Grundlegung von Kulturtechniken. Ein Schwerpunkt wurde im Bereich Lesen, Schreiben, Mathematik vorgenommen, was sich in der Stundentafel niederschlug. Ein wesentlicher Grund für diese Schwerpunktsetzung lag in der Vorbereitung auf die Mittel- und Oberschule, in der eine Ausdifferenzierung folgen sollte. Unterricht wurde nach »wissenschaftlichen Grundsätzen« (Einsiedler, 2015) gehalten, wobei die Vermittlung eines marxistischen Weltbilds Teil dieser Vermittlung war. Didaktisch wurden neue Konzepte erprobt. Die Ausgangsschrift wurde zur Schulausgangsschrift (SAS) (Geisler, 2019), eine heute in einigen Bundesländern verbindliche Erstschreibschrift (u. a. Berlin, Hamburg, Sachsen). Dies ist eine der wenigen Errungenschaften, welche auch nach der Wiedervereinigung Einzug in das westdeutsch dominierende Schul- und Bildungswesen halten sollte.

Ähnlich wie in der westdeutschen Republik fanden in den 1960er Jahren auch in der DDR, unter dem Eindruck gesellschaftspolitischer und ökonomischer Zwänge und wissenschaftlicher Erkenntnisse, Änderungen am Schulsystem statt. Eine davon betraf die Umgestaltung der Unterstufe der Polytechnischen Oberschule. Im Jahr 1965 wurde im Erlass über das einheitliche sozialistische Bildungssystem festgesetzt, dass nur noch die ersten drei Schuljahre dem Primarbereich zuzuschreiben sind. Die vierte Klasse wurde formal der Mittelstufe zugeordnet und sollte fächervorbereitend eine Gelenkstelle zwischen Unter- und Mittelstufe bilden. Die Vermittlung Grundlegender Bildung sollte bereits in den ersten drei Schuljahren abgeschlossen sein (Zabel, 2019). Lernprozesse mussten somit komprimiert und optimiert werden, um in kürzerer Zeit gleiches zu bewältigen.

3.5 Die Grundschule nach 1990

Die 1990er Jahre brachten tiefgreifende Veränderungen für das deutsche Schulsystem. Auslöser waren zum einen politische Veränderungen wie die Wiedervereinigung, die eine Annäherung zweier politischer und strukturell unterschiedlicher Bildungssysteme erforderte. Zum anderen waren es bildungspolitische Entscheidungen wie die Aufforderung zur Teilnahme an internationalen Leistungsvergleichsstudien, die zu einer inneren Entwicklung des Bildungssystems führten. Deren mittlerweile bekannten, im alltäglichen Sprachgebrauch auf den *PISA-Schock* reduzierten Ergebnisse führten in der Konsequenz zu einer deutlichen Hinwendung und Stärkung des Lernens auf den unteren Stufen des Bildungswesens.

Um das Zusammenwachsen der bildungspolitischen Systeme voranzutreiben, erhielten die westdeutschen Bundesländer den Auftrag, in ostdeutschen Bundesländern Amtshilfe zu leisten, um eine strukturelle Angleichung des ostdeutschen an das westdeutsche System zu beschleunigen. Es kam zu curricularen Angleichungen der Rahmenlehrpläne sowie teilweise einer Adaption von westdeutschen Strukturen auf allen Ebenen des Bildungswesens. Für die unteren Stufen des Bildungswesens folgte eine Herauslösung des Kindergartens aus dem Bildungssystem. Die ostdeutschen Kindergärten wurden wie in Westdeutschland dem Kinder- und Jugendhilfesystem zugeführt und somit formal nicht mehr dem Bildungswesen zugeordnet. Staatliche Horte, die von einem Großteil der Schüler*innenschaft besucht wurden, geleitet von pädagogisch professionellem Personal, wurden durch Horte ersetzt, die unter Aufsicht kommunaler Träger und der Jugendhilfe standen, und in ihrer Anzahl deutlich verringert (Bartnizky, 2019). Die Veränderung des ostdeutschen Schulsystems erstreckte sich auf alle Schulstufen. Die Polytechnische Oberschule wurde aufgelöst, womit flächendeckend in allen Bundesländern, nur nicht in Brandenburg und Berlin, die sich zu einer sechsjährigen Grundschule entschieden (hatten), eine frühe Selektion nach der vierten Jahrgangsstufe institutionalisiert wurde (Oelkers, 2020). Allerdings wurde in den Bundesländern Sachsen, Sachsen-Anhalt und Thüringen mit der Zusammenlegung von Haupt- und Realschulen als koexistierende Schulform neben dem Gymnasium eine Zweigliedrigkeit etabliert, die auch später in vielen westdeutschen Bundesländern Einzug halten sollte. Die Zweigliedrigkeit in den westdeutschen Bundesländern war aber eher dem demographischen Wandel, einer Verringerung der Schüler*innenzahlen sowie einer Abkehr von der Hauptschule geschuldet, die in der Bevölkerung unter schlechter Akzeptanz litt.

Parallel zu den gesellschaftspolitischen Umwälzungen hatte die Kultusministerkonferenz im Jahr 1997 (Konstanzer Beschluss) den Beschluss gefasst, an internationalen vergleichenden wissenschaftlichen Untersuchungen teilzunehmen, mit dem Ziel Stärken und Schwächen des deutschen Schulsystems aufzudecken. Die Erkenntnisse aus den internationalen Leistungsvergleichsstudien (TIMSS, 1995; PISA, 2000) offenbarten schonungslos die Schwächen des deutschen Bildungssystems. Die Kompetenzen (Lesekompetenz, mathematische und naturwissenschaftliche Kompetenzen) der 15-jährigen Schüler*innen erwiesen sich als erwartungswidrig schwach im internationalen Vergleich. Die Ergebnisse der IGLU-

Studie 2001 (Internationale-Grundschul-Lese-Untersuchung; Bos et al., 2003) zeigten, dass die Grundschule im internationalen Vergleich zwar insgesamt gut mithalten konnte, dennoch wurde von den Autoren der Studie auf Missstände hingewiesen, die unter anderem die sozialen Disparitäten betrafen, die sich bereits in der Grundschule manifestierten. Kinder aus sozioökonomisch schwachen Familien zeigten ein deutlich schwächeres Abschneiden als Altersgenossen aus Elternhäusern mit sozioökonomisch besserem Status. Insgesamt gab es auch nur wenig besonders leistungsstarke Leser*innen. In den Folgejahren wurde aufgrund dieses Befundes immer wieder betont, dass es »in Deutschland den vorschulischen Einrichtungen und der Grundschule nicht so gut wie möglicherweise in vielen anderen Staaten« gelingt, »bestehenden sozialen Ungleichheiten kompensierend zu begegnen« (Bos et al., 2007, S. 245). Was die Rahmenbedingungen von Grundschularbeit betrifft schnitt im internationalen Vergleich die deutsche Grundschule mit Blick auf zeitliche und materielle Ressourcenausstattung schlechter ab. Die lernbezogene Ausstattung (Bibliotheken, Computer, Technologien) war deutlich ungünstiger und es stand auch insgesamt weniger Zeit für Unterricht zur Verfügung (Blossfeld et al., 2011). Als vorteilhaft für die Entwicklung wurde der Besuch einer vorschulischen Bildungsinstitution identifiziert.

Eine spürbare Folge waren die zahlreichen Initiativen auf bildungspolitischer Ebene, die eine systematische Verbesserung des deutschen Bildungswesens garantieren sollten. Begleitet wurde diese durch einen Steuerungswechsel von einer Input- (Lehrpläne, Curricula) zur Outputsteuerung (Kompetenzen). Handlungsfelder setzten klare Akzente mit Maßnahmen (1) zur Verbesserung der Sprachkompetenz im vorschulischen Bereich, (2) zur besseren Verzahnung von vorschulischen Institutionen und der Grundschule mit dem Ziel einer frühzeitigen Einschulung, (3) zur Verbesserung der Grundschulbildung und durchgängige Verbesserung der Lesekompetenz und des grundlegenden Verständnisses mathematischer und naturwissenschaftlicher Zusammenhänge (KMK, 2002).

Der Maßnahmenkatalog sah auch Aktivitäten in Bezug auf die Ausweitung von schulischen und außerschulischen Angeboten vor (Handlungsfeld 7) und schloss damit an bereits initiierte Reformvorhaben zum Ausbau von Ganztagsgrundschulbildungsangeboten an. Das Thema zog nun vor dem Hintergrund der Befunde zu sozialen Disparitäten wieder mehr Aufmerksamkeit auf sich. Weitere Maßnahmen zielten auf die Verbesserung diagnostischer Kompetenz von Grundschullehrkräften, um eine gezielte Sprach- und Förderdiagnostik im schulischen Bereich realisieren zu können sowie um Übergangsempfehlungen auf einem kriteriengeleiteten Entscheidungsprozess zu basieren (Blossfeld et al., 2011).

Als weitere einschneidende Reform und unmittelbare Folge der Teilnahme an internationalen Vergleichsstudien wurde im Jahr 2004 von der Kultusministerkonferenz die Einführung von Bildungsstandards beschlossen (KMK, 2004). Sie beabsichtigen, als curriculares Steuerungsinstrument an den Schnittstellen der allgemein bildenden Schularten Einheitlichkeit zu produzieren und die Qualität schulischer Arbeit sicherzustellen. Der Paradigmenwechsel von der Input- zur Output-Steuerung führte auch dazu, dass Schulen heute stärker in die Pflicht der Rechenschaftslegung genommen werden. Viele Reformen führten zu einer veränderten Praxis, wenngleich die Fortschritte in vielen Bereichen nicht so groß sind wie erhofft. Nach wie vor lässt sich feststellen, dass auch soziale Disparitäten ein dominierendes, ungelöstes Thema im deutschen Bildungswesen sind. Was die deutsche Grundschule als Institution betrifft, kann man zumindest behaupten, dass durch die Ergebnisse, die zu fundamentalen Veränderungen im deutschen Bildungswesen geführt haben, ihre Position seit den 1990er Jahren deutlich gestärkt und aufgewertet wurde. Vieles wurde auf den Weg gebracht, was bis heute noch nicht abgeschlossen ist. Dazu zählt auch der Schritt zu einer inklusiven Grundschule, die eingeleitet wurde auf globaler Ebene, initiiert durch die Salamanca-Erklärung von 1994 (UNESCO, 1994), die Konvention über die Rechte von Menschen mit Behinderung der Vereinten Nationen (United Nations, 2006) und deren Unterzeichnung in Deutschland im Jahr 2009.

> **Lernaktivität**
>
> Welche Entwicklungen der Grundschule würden Sie nun mit Ihrem heutigen Wissen und dem eben Gelesenen als bedeutsam einstufen? Was hätte sich noch verbessern können/müssen?

3.5 Die inklusive Grundschule – Gegenwart und Zukunft

Eine inklusive Schule zeichnet sich dadurch aus, dass die verschiedenen Interessen des Einzelnen und ganzer Gruppen in der Schule wahrgenommen, anerkannt und fokussiert werden. In der Phase der Gründung der Grundschule waren die Bemühungen bereits vom Gedanken einer inklusiven Schule getragen: Barrieren abbauen, um gerechten Zugang und Teilhabe an ›höherer Bildung‹ für Kinder aller Schichten zu ermöglichen (▶ Kap. 3.1). Damals bezogen die Bemühungen sich jedoch auf einen kleinen Adressat*innenkreis, denn Konfessions- und Bekenntnisschulen wurden zum Teil aufrechterhalten und die Möglichkeit der Zuweisung von Kindern mit geistigen, emotionalen oder körperlichen Behinderungen zu Hilfsschulen blieben bestehen. Für die Realisierung einer inklusiven Schule, wie wir sie heute verstehen, fehlte somit einerseits die rechtliche Grundlage, andererseits waren breite Teile der Bevölkerung und speziell privilegierte Schichten nicht bereit, konfessionelle, schichtbezogene oder auch begabungsbezogene Ressentiments und eine Form der äußeren Differenzierung aufzugeben. Auch in der Gegenwart sind in vielen Bevölkerungsschichten Vorbehalte gegenüber dem gemeinsamen Lernen aller Schüler*innen spürbar.

Um inklusive Bildung auf Ebene des Unterrichts und der Schulgemeinschaft zu realisieren, braucht es aber nicht nur den gesellschaftlichen Rückhalt, sondern auch die entsprechenden Bedingungen. Im Rahmen einer Expertise für den

Grundschulverband (Prengel, 2013) und auf Basis von Forschung arbeitet Prengel (2019) Bausteine inklusiver Pädagogik in Schule und Unterricht heraus (vgl. Abb. 5). Sie bieten auf den Ebenen struktureller Rahmenbedingungen und unterrichtlicher Maßnahmen eine Art präventive Strategie der Begleitung inklusiver Schulentwicklung an der Einzelschule und sind als normativer Rahmen zu verstehen.

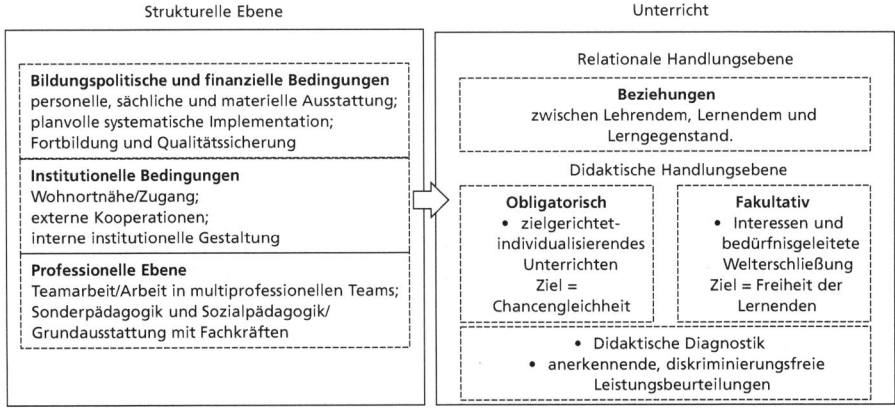

Abb. 5: Bausteine inklusiver Pädagogik in Schule und Unterricht (in Anlehnung an Prengel, 2019, S. 225–233; eigene Darstellung)

Danach sind einerseits ausreichend Ressourcen zu stellen, um inklusive Schulentwicklung realisieren zu können. Dazu zählt unter anderem die Schaffung wohnortnaher Zugangsmöglichkeiten zu einer Grundschule, die entsprechend qualifiziert sowie personell und materiell ausgestattet ist, was die Versorgung von Unterrichts-, Erziehungs-, Betreuungs-, Förder-, Hilfe- und Therapiemaßnahmen betrifft (Prengel, 2013), so dass reell alle Kinder *mindestens* für die Dauer von vier Jahren (möglichst aber erweitert um die Sekundarstufe I) gemeinsam leben und lernen können (ebd.). Es gehört aber auch dazu, dass durch entsprechende Fortbildungs- und Qualifikationsangebote die Lehrkräfte in die Lage versetzt werden, im multiprofessionellen Team Schule und Unterricht inklusiv gestalten (▶ Kap. 6 Kooperation) zu können. Dazu sieht Prengel (ebd.) vor allem auch die Expertise der Sonderpädagogik und der Sozialpädagogik im Fokus. Schulsozialarbeit, pädagogische Mitarbeiter*innen, Schulpsychologie, Schulassistenzen/Schulbegleitung wären innerhalb dieses Spektrums weitere Akteur*innen, die einbezogen werden können. Zudem muss auf relationaler und didaktischer Ebene kindgerechtes Lernen ermöglicht werden, eine Rolle spielt hier die von Prengel als ›didaktische Diagnostik‹ bezeichnete Erhebung von Ausgangslagen und Lernprozessen, um eine bestmögliche Begleitung und Anregung sichern zu können.

> **Lernaktivität**
>
> Wie sieht ihre Grundschule der Zukunft aus? Wie sollte sie gestaltet werden? Was braucht es Ihrer Meinung nach dafür? Entwerfen Sie eine Vision.

Förderschule vs. Grundschule

Eine vieldiskutierte Frage im Kontext inklusiver Bildung ist, welche Schulform besser sei für Kinder mit sonderpädagogischem Unterstützungsbedarf und ob es nicht aus Gründen des Vorhandenseins eines Schonraums und der Möglichkeiten einer spezifischen und individueller abgestimmten Förderung durch Fachpersonen wichtig sei, dass für Kinder auch Förderschulen mit verschiedenen Schwerpunkten zur Verfügung stehen. Oft wird, gerade in Anbetracht von Entwicklungsaspekten wie dem (Fähigkeits-)Selbstkonzept, auf den ›Big fish little pond‹-Effekt (Fischteicheffekt, Bezugsgruppeneffekt, z. B. Pekrun et al., 2019) zurückgegriffen: Dass z. B. Kinder mit Lernschwierigkeiten, die sich mit anderen Kindern mit Lernschwierigkeiten vergleichen können, überzeugter von ihren eigenen Fähigkeiten sind als in einer Gruppe, in der viele Kinder sind, die wesentlich leistungsstärker sind (▶ Kap. 9.5.3 Selbstkonzept –Entwicklung und Einflussfaktoren). Die Argumente pro und contra Förderschule sind vielfältig. Lernen Kinder mit Schwierigkeiten gerade im Bereich Lernen und Verhalten (in diesem Kontext taucht die Frage sehr oft auf) besser im inklusiven Setting oder in einem spezifischen wie der Förderschule?

Gerade unter dem im Buch eingeführten Inklusionsverständnis (▶ Kap. 2.4), welches holistisch und nicht nur leistungsorientiert ist, ist die akademische Ebene eine wichtige Dimension, steht aber neben sozialer Integration und weiteren psychosozialen Aspekten.

Im Überblick zeigt sich die Forschungslage in der Gesamtbetrachtung sehr uneinheitlich, was Ergebnisse zur ›besseren‹ Platzierung von Schüler*innen mit Förderbedarf angeht. Im Folgenden werden exemplarisch Ergebnisse herausgegriffen, die die Situation schildern; es besteht kein Anspruch auf Vollständigkeit. Die Ergebnisse beziehen sich im Schwerpunkt auf die Grundschule und auf die Unterstützungsbedarfe des Lernens und der sozial-emotionalen Entwicklung.

Im Bereich der akademischen Leistung finden nationale Untersuchungen wie Wild et al. (2015) eine höhere Lernleistung der Schüler*innen in inklusiven Settings, was sich auch international bestätigt: Es werden ein höherer Lernzuwachs (Cosier et al., 2013) und ein höheres Kompetenzniveau als in Spezialklassen (Markussen, 2014) bescheinigt. Die WHO und World Bank (2011) identifizieren jedoch eine geringfügig höhere akademische Leistung in spezialisierten Settings. Hier, wie im weiteren Verlauf, wäre bei den jeweiligen Studien natürlich genauer zu betrachten, wer hier wie verglichen wird. Haben die Schüler*innen mit Beeinträchtigungen die gleichen Ausgangslagen, um sie wirklich bezüglich der Platzierung vergleichen zu können? Kocaj et al. (2014) finden in ihrer Untersuchung z. B., dass die inklusiv beschulten Kinder signifikant höhere Intelligenzwerte aufwiesen als ihre exklusiv beschulten Vergleichsgruppen. Oder vergleicht man, wie oft bemängelt, Äpfel mit Birnen, also Kinder, die eine geringere kognitive Leistungsfähigkeit haben und Förderschulen besuchen, mit Kindern, die eine höhere kognitive Leistungsfähigkeit haben und allgemeine Schulen besuchen? Hier gilt es, die Heterogenität innerhalb der einzelnen miteinander verglichenen Unterstützungsbedarfe zu beachten.

Im Bereich der sozialen Integration sehen die Resultate noch diverser aus: Huber und Wilbert (2012) stellen eindrücklich fest, dass Schüler*innen mit Förderbedarf im inklusiven Setting signifikant weniger beliebt sind als ihre Mitschüler*innen. Sie machen mehr negative soziale Erfahrungen (Klicpera & Gasteiger-Klicpera, 2003), sind häufiger von sozialem Ausschluss in inklusiven Settings bedroht (Grütter et al., 2015) und erleben eine negative Entwicklung ihrer sozialen Position in der Klasse (Dyson et al., 2004; Ruijs & Peetsma, 2009). Im Gegensatz dazu finden Oh-Young und Filler (2015) signifikant höhere soziale Lernerfolge in inklusiven Klassen. Insgesamt ergibt sich in diesem doch so wichtigen Bereich also kein angenehmes und einheitliches Bild, zumal Lindsay (2007) festgestellt, dass im inklusiven Kontext höhere Dropoutquoten (Schulabbruch, kein Schulabschluss) zu finden sind. Es wird deutlich, dass der Bereich der sozial-emotionalen Aspekte besonderes Augenmerk im inklusiven Kontext benötigt und die Klassensituation unbedingt beobachtet werden muss. Ein positives Lern- und Klassenklima hat eine hohe Bedeutsamkeit und führt gemeinsam mit systematischer Unterstützung des sozialen Lernens nicht nur zu deutlich positivem Verhalten, sondern auch zu besseren Leistungen (Durlak et al., 2011).

Betrachtet man ergänzend dazu psychosoziale Aspekte, so finden Wild et al. (2015) hier einen signifikanten Unterschied im psychosozialen Erleben. Szumski und Karwowski (2015) entdecken bei der Betrachtung von Schüler*innen in Förderschulen jedoch ein geringeres akademisches Selbstkonzept, ein niedrigeres Leistungsniveau, aber eine emotional stärkere Integration in die Schule. Klemm (2010) stellt fest, dass sich das Leistungskonzept und das Selbstwertgefühl im gemeinsamen Lernen besser entwickeln.

Es wird ersichtlich, dass alleine aus dieser individuellen Betrachtung des Vergleichs zwischen der Platzierung von Schüler*innen mit Unterstützungsbedarf keine eindeutigen Entscheidungen abzuleiten sind. Spannend ist in diesem Kontext insbesondere die Studie von Wild et al. (2015): Sie finden hohe Varianzen innerhalb einzelner Schulen, mehr als zwischen verschiedenen Schulformen. Vielleicht ist die Frage nach Inklusion oder Förderschule falsch gestellt; es geht darum, egal wo der Unterricht besucht wird, einen guten Unterricht und wirksame Förderung zu erhalten! Man kann eine gelungene Platzierung also nicht unbedingt auf die Schulform beziehen, es wird deutlich, was Hattie (2011) empirisch untermauert hat: Kenne deinen Einfluss als Lehrkraft. Was und wie Schüler*innen für ihre Entwicklung lernen hängt in entscheidendem Maße mit der Einstellung, dem Wissen und der Kompetenz der Lehrkraft zusammen und wie die Lehrkraft in der Lage ist, Lernen sichtbar zu machen. Natürlich sind Rahmenbedingungen und Organisationsformen bedeutsam, aber gute Bedingungen müssen auch erfolgreich aufgegriffen und genutzt werden.

Ein weiterer relevanter Punkt ist, wie sich die Schüler*innen ohne sonderpädagogischen Unterstützungsbedarf in inklusiven Klassen entwickeln. Hier wird häufig die Sorge geäußert, sie wären unterfordert, das Leistungsniveau und die Anforderungen würden insgesamt absinken, wenn eine Klasse heterogener wird. Das kann bisher nicht bestätigt werden: Es bestehen keine fachlichen Nachteile und die Schüler*innen profitieren in anderen Aspekten von der Heterogenität (z. B. Hollenbach-Biele & Klemm, 2020).

Die BiLieF-Studie (Lütje-Klose et al., 2018) konnte bei der Untersuchung des geeigneteren Settings Rahmenbedingungen identifizieren (unabhängig von der Ausstattung mit Ressourcen), die einen wesentlichen Unterschied zwischen inklusiven Schulen mit über- und unterdurchschnittlichen Schüler*innenergebnissen machen:

- *Individuelle Ebene:* im Kollegium geteilte Einstellungen und Wertorientierungen bzgl. des Umgangs mit Kindern mit unterschiedlichen Bedarfen;
- *Interaktionelle Ebene:* didaktische Orientierungen und Gestaltung von Beziehungen (im Kollegium und zwischen Lehrkräften und Kindern);
- *Institutionelle Ebene:* Engagement im Prozess inklusiver Schulentwicklung, Etablierung von Kooperationsstrukturen und Einsatz zur Verfügung stehender sonderpädagogischer Ressourcen.

> **Lernaktivität**
>
> Wenn Sie diese Aspekte lesen, was geht Ihnen dann durch den Kopf? Wie stehen Sie zur Frage, wo und wie Schüler*innen mit sonderpädagogischem Unterstützungsbedarf am besten lernen? Worauf kommt es Ihnen an?

Eine international geläufige Darstellung von Umsetzungsformen inklusiver Bildung zeigt Abbildung 6. Mit Mainstreaming sind inklusive Klassen gemeint, in denen gemeinsam mit differenziertem Unterricht für alle gelernt wird. Je nach Aufbau existieren in einigen Schulen auch zusätzliche Räumlichkeiten und Ressourcen; hier findet Einzel- oder Kleingruppenförderung statt. Als dritte Säule können Förderschulen weiterhin als spezifische Settings existieren, sie können eingefahrene Situationen entspannen und auch kurzfristig genutzt werden. Bedeutsam ist die starke Durchlässigkeit zwischen den verschiedenen Säulen. Die Bausteine sind flexibel nutzbar und voneinander unterscheidbar. Inklusion wird international innerhalb dieses Spektrums unterschiedlich umgesetzt. McLeskey et al. (2012) dokumentieren, dass im Zeitraum von 1990 bis 2007 eine starke Verschiebung der Umsetzung immer mehr zur Säule der inklusiven Schulen beobachtet werden konnte. Die Anzahl an Schüler*innen mit Lern-, Verhaltens- oder kognitiven Beeinträchtigungen in Förderschulen sank und stieg im Bereich Mainstreaming, insgesamt existieren jedoch zwischen den verschiedenen Formen von Beeinträchtigungen starke Unterschiede in der Platzierung im Schulsystem und in der Veränderung über die letzten 20 bis 30 Jahre. So wurden im Schuljahr 2018/19 43,1 % der Schüler*innen mit Förderbedarf in Deutschland inklusiv unterrichtet (Hollenbach-Biele & Klemm, 2020), wobei es sich hier vermutlich um eine Einordnung in die ersten beiden Säulen der Abbildung 6 handeln würde und große Diskrepanzen zwischen den Bundesländern feststellbar sind (ebd.).

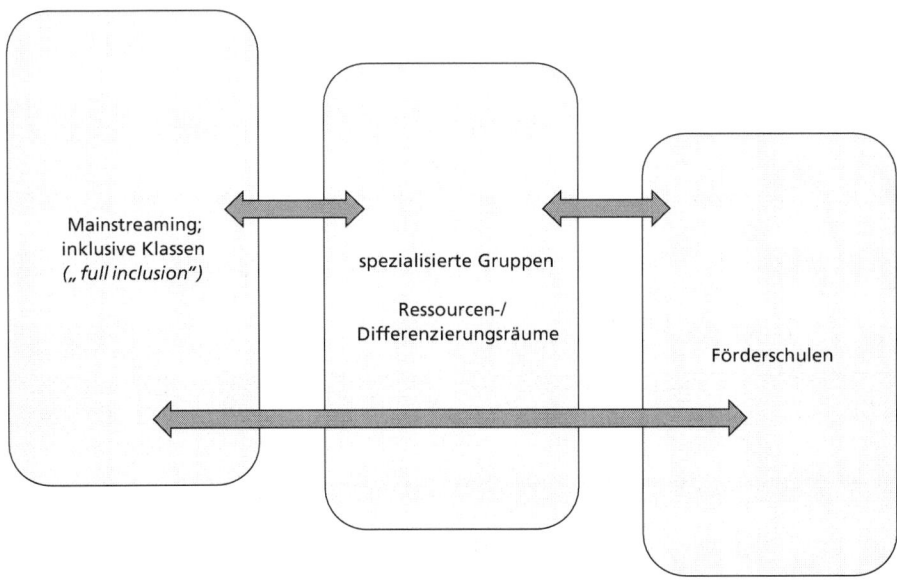

Abb. 6: Möglichkeiten der Umsetzung inklusiver Bildung im komplexen Schulsystem (eigene Darstellung, nach McLeskey et al., 2012)

Betrachtet man dieses Modell der Möglichkeiten der Umsetzung im inklusiven Kontext im Zusammenhang mit den oben berichteten Ergebnissen aus der Forschung um inklusive Schulen und Förderschulen, so kann mit Mitchell (2015) konkludiert werden, dass heterogene Klassen mit zeitweiser Kleingruppenförderung wirksame Unterstützung ermöglichen. Einen Rahmen hierfür könnte ein mehrstufiges System (▶ Kap. 5.4 Mehrstufige Systeme) bieten.

Eine ähnliche Strategie mit differenzierten Bausteinen wie in Abbildung 7 wird aktuell auch für die Platzierung von zugewanderten Kindern verfolgt, die in verschiedenen Konstellationen an Schule und Unterricht partizipieren (Massumi et al., 2015). Es werden verschiedene schulorganisatorische Modelle in Deutschland umgesetzt, die sich jeweils einerseits im Spektrum voll allgemeiner Sprachförderung und spezifischer Sprachförderung differenzieren, andererseits von ausschließlichem Unterricht in der allgemeinen Klasse bis hin zu keinem Unterricht in der Regelklasse (Klasse an einer allgemeinen Schule). So lassen sich verschiedene Abstufungen unterscheiden (Abb. 7), die sich im submersiven Modell mit dem kompletten Schulbesuch in der allgemeinen Klasse und einer allgemeinen Sprachförderung bis zur anderen Seite, aber kaum noch vorhanden, dem Unterricht in allen Fächern in speziell eingerichteten Klassen bis zum Schulabschluss ziehen.

Die in Abbildung 7 dargestellten Modelle werden jedoch nicht nach Bedarf des einzelnen Kindes strukturiert und zugewiesen, sondern nach Möglichkeiten

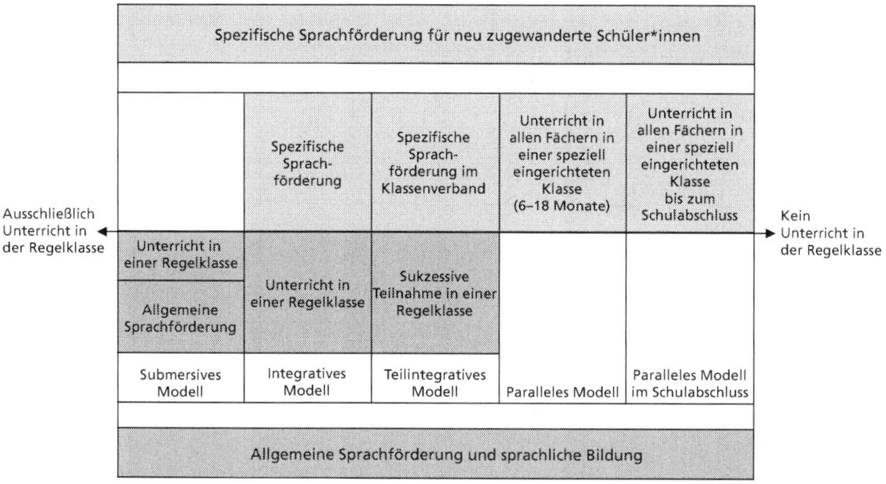

Abb. 7: Schulorganisatorische Modelle für neu zugewanderte Schüler*innen (nach Massumi et al., 2015, S. 45)

und Organisation der Schule/Region. »Inzwischen zielen alle schulorganisatorischen Modelle darauf ab, einen schnellstmöglichen Übergang in das Regelsystem zu ermöglichen. Wie die politischen Rahmenvorgaben der Länder zur Schulorganisation im Detail umgesetzt und konkretisiert werden, obliegt den Schulen« (Massumi et al., 2015. S. 44). Das bedeutet, wie in Abbildung 7 auch, dass es sich hierbei um aktuell vorhandene Gestaltung der Partizipation von Kindern mit verschiedenen Bedarfen handelt, nicht um eine Zielformulierung für inklusive Schulen. Schulen in Deutschland befinden sich in einem Prozess hin zu inklusiver Bildung (▶ Kap. 2.4); bis zur Erreichung der Ansprache aller Schüler*innen nach ihren diversen Bedarfen existieren noch wesentlich Gestaltungsspielräume und Handlungsnotwendigkeiten.

3.6 Zusammenfassung

In der Gegenwart angekommen lässt sich feststellen, dass die Herausforderungen, welche die Institution Grundschule und ihre Akteur*innen aktuell und zukünftig zu bewältigen haben, nicht minder groß sind, als sie es im Gründungskontext waren. Die nächsten Herausforderungen wie die ökologische Krise, der Klimawandel, zunehmende Geburtsort-Vielfalt, die Folgen der Corona-Pandemie oder evtl. weitere Pandemien, Kriege und Digitalisierung sind jetzt bereits Teil und Aufgabe täglicher Praxis in Schule und Unterricht und formen die Gegenwart und Zukunft der Schule und Gesellschaft. Die Herausforderungen verlangen jetzt schon international mehr kooperative Praxis, soziale und lokale, kreative Lösungen, die jede Grundschule als Institution und ihre Akteur*innen unmittelbar fordert. Wie die Zukunft der Grundschule und eine Gesellschaft der Zukunft aussieht bzw. aussehen soll, darüber entscheiden zum einen die äußeren Einflüsse, aber auch die Akteur*innen selbst.

> **Vertiefende Literatur**
>
> - Barz, H. (Hrsg.) (2018). *Handbuch Bildungsreform und Reformpädagogik*. Wiesbaden: VS Springer.
> - Dühlmeier, B. & Sandfuchs, U. (Hrsg.) (2019). *100 Jahre Grundschule. Geschichte – aktuelle Entwicklungen – Perspektiven*. Bad Heilbrunn: Klinkhardt.
> - Hänsel, D. (2013). Schule für alle oder besondere Schulen für besondere Kinder. Zum Zusammenhang von Grund- und Sonderschule. In E. Jürgens & S. Miller (Hrsg.), *Ungleichheit in der Gesellschaft und Ungleichheit in der Schule. Eine interdisziplinäre Sicht auf Inklusions- und Exklusionsprozesse* (S. 153–170). Weinheim: Beltz.
> - van Ackeren, I., Klemm, K. & Kühn, S. (2015). *Entstehung, Struktur und Steuerung des deutschen Schulsystems. Eine Einführung* (3. Aufl.). Wiesbaden: Springer VS.
> - Werning, R. & Lütje-Klose, B. (2016). *Einführung in die Pädagogik bei Lernbeeinträchtigungen* (4. Aufl.). München: Reinhardt.

4 Grundschulpädagogik als wissenschaftliche Disziplin

Ein Kapitel zu Merkmalen und Leistungen (Götz, 2018), Entwicklungen und disziplinkonstituierenden Problemstellungen der wissenschaftlichen Disziplin Grundschulpädagogik scheint für eine angehende Grundschullehrkraft vielleicht auf den ersten Blick nicht gerade die drängendsten Fragen beruflicher Praxis zu beantworten. Dennoch gibt es gute Gründe, zumindest über einführendes Wissen zu diesem Themenkomplex zu verfügen: Erstens greifen Lehrkräfte bewusst und unbewusst in ihrer alltäglichen Praxis auf Theorien, Begriffe und Konzepte zurück, die Bestandteil grundschulpädagogischen Denkens sind und zu deren Verständnis die Disziplin wichtige Erkenntnisse im Laufe der vergangenen Jahrhunderte zusammengetragen hat. Zweitens sind Kenntnisse darüber, wie die Wissenschaft zu Erkenntnissen gelangt, was die Grundschulpädagogik als grundschulspezifisches Wissen beurteilt, wie das Verhältnis von Theorie und Praxis bestimmt wird, nützlich, um die Leistungen der Forschung für die Praxis beurteilen und einordnen zu können, aber auch um zu erkennen, wo die Grenzen der Forschung liegen. Drittens hilft es, sich zu vergegenwärtigen, was persönliche Glaubenssätze von wissenschaftlichen Aussagen unterscheidet, die durch kontrollierte Mittel der Forschung errungen wurden. Viertens ist der Erwerb von Basiswissen zum Wissenschaftsverständnis, theoretischen Bezugsdisziplinen und Methodologie der Grundschulpädagogik bedeutsam, wenn Lehrkräfte selbst die schulische Realität mit Mitteln der Forschung angemessen untersuchen und reflektieren möchten. Fünftens könnte es die Perspektive beruflicher Ausrichtung verändern, denn neben der Arbeit in der Grundschule ist auch die Forschung mit und über Grundschule eine Option. Dieses Kapitel versteht sich daher, ganz im Sinne der Disziplinentwicklung als ein Orientierungsangebot für (Nachwuchs-)Wissenschaftler*innen, das einführendes Wissen zu den o. g. Themen liefert. Für eine vertiefte Auseinandersetzung ist ein zusätzlicher Blick in einschlägige Fachliteratur ratsam.

Was macht eine wissenschaftliche Disziplin aus? Der Soziologe Rudolf Stichweh (2017, S. 181) beschreibt wissenschaftliche Disziplinen als »eine Form der Systembildung, die auf mindestens drei Ebenen identifiziert werden kann« – auf der sozialen, kognitiven und kommunikativen Ebene. In *sozialer* Hinsicht etabliert sich eine wissenschaftliche Disziplin durch Orte der Zusammenkunft und Personen, die sich über Fachliches austauschen und als wissenschaftliche Gemeinschaft (scientific community) dafür sorgen, dass kontinuierlich Personen in diese Gemeinschaft nachrücken. In *kognitiver* Hinsicht entwickelt diese Gemeinschaft Begriffe, Methoden und Theorien, die innerhalb dieser Bestand haben, aber auch verändert oder ersetzt werden können. In *kommunikativer* Hinsicht braucht es ein Medium, das die Erkenntnisse und Errungenschaften der wissenschaftlichen Gemeinschaft allen zugänglich macht. Hierfür hat sich die Publikation als wichtigstes kommunikatives Medium etabliert.

Im Folgenden werden die Entwicklung und Merkmale der Grundschulpädagogik als wissenschaftliche Disziplin anhand der vier Kriterien (institutionelle Verortung, grundschulpädagogische Kommunikationsnetzwerke, Grundschulforschung, Sozialisierung und Ausbildung des wissenschaftlichen Nachwuchses), konzeptionell hier in Anlehnung an Einsiedler (2015, S. 45ff.), nachgezeichnet.

4.1 Institutionelle Verortung

In den 1960er Jahren wurde in Westdeutschland mit der Einführung von Lehrstühlen für Grundschulpädagogik an den Universitäten in Hessen (1966, Frankfurt am Main) und Bayern (1971, Erlangen-Nürnberg) der Grundstein für die Ausgestaltung des Faches Grundschulpädagogik und damit auch der Entwicklung der wissenschaftlichen Disziplin gelegt (Einsiedler, 2015). Nach der Wiedervereinigung Anfang der 1990er erfolgte auch in Ostdeutschland ein Ausbau grundschulpädagogischer Professuren. Davor war sie in der DDR als Unterstufenpädagogik an den Lehrerbildungsinstituten angesiedelt (ebd.).

Durch ihre institutionelle Verortung erhielt die Grundschulpädagogik zugleich die personelle Vertretung, welche über die entsprechende Expertise verfügte, um die schulische Praxis mit wissenschaftlichen Mitteln der Forschung angemessen zu untersuchen. Ein wesentlicher Grund für die Installation der Grundschulpädagogik war der wachsende Bedarf an höherqualifiziertem Personal an der Grundschule. Die Fokussierung fachlichen Lernens und die stärkere *Wissenschaftsorientierung* im Unterricht der Grundschule, die unter anderem eine Implikation aus dem ›Sputnik‹-Schock war (▶ Kap. 3.4.1), erforderte auch eine stärkere wissenschaftsorientierte Ausbildung von Lehrkräften im Allgemeinen und der Grundschule im Besonderen. Dadurch wurden in Westdeutschland die Weichen zur Akademisierung des Grundschullehramts gestellt.

Die Grundschulpädagogik-Professuren wirkten erheblich an einer gesellschaftlichen und politischen Aufwertung der Grundschulpädagogik als wissenschaftliche Disziplin und der Institution Grundschule auf bildungspolitischer, universitärer und institutioneller Ebene mit und es folgte die Gründung von Interessenverbänden und Kommunikationsnetzwerken.

Der erste Lehrstuhlinhaber für eine Grundschulpädagogik-Professur, Erwin Schwartz (Universität Frankfurt am Main), gründete im Jahr 1966 den Arbeitskreis Grundschule (heute Grundschulverband), der sich bis heute als berufspolitischer Verband der pädagogischen Weiterentwicklung der Grundschule als Institution verschrieben hat. Durch seine Schriften und Beiträge zur Reformbedürftigkeit der Grundschule brachte er auch auf bildungspolitischer Ebene der Grundschule als Institution entsprechende Aufmerksamkeit und trug impulsgebend zu einer inneren und äußeren Reform der Grundschule bei (▶ Kap. 3.4.1).

> **Lernaktivität**
>
> Recherchieren Sie im Internet zum Grundschulverband. Welche Interessen verfolgt dieser und welche Absichtserklärungen lassen sich identifizieren?

In der Gegenwart präsentiert sich die Grundschulpädagogik an den Universitäten in vielfältigem Gewand. Ein eindeutiges Profil des Faches lässt sich nicht erkennen. Margarete Götz (2018) zeichnet dafür die unterschiedlichen Institutionalisierungsmuster mitverantwortlich. Da ein Platz für die Grundschulpädagogik im Gesamtkanon der anderen an der Ausbildung beteiligten Fächer gefunden werden musste, wurde die Grundschulpädagogik in unterschiedlicher Form in den Fächerkanon der länderspezifischen Ausbildungsverpflichtung für Grundschullehramtstudierende eingebunden. An deutschen Universitäten zeigen sich verschiedene Varianten der Installation von Grundschulpädagogik-Professuren. Vogt (2019b, S. 275–278) identifiziert Stand 2016/2017 vier Typen an den deutschen pädagogischen Hochschulen und Universitäten:

- Typus I: Installation der Grundschulpädagogik als übergeordnete, hierarchiehöhere Funktionseinheit (Abteilung Grundschulpädagogik), in der Professuren mit Bezug Grundschulpädagogik zugeordnet sind;
- Typus II: Grundschulpädagogik in Form einer universitären Vertretung von Professuren mit der Denomination Grundschulpädagogik, ohne grundschulspezifisch übergeordnete Funktionseinheit (z. B. Grundschulpädagogikprofessur innerhalb der Erziehungswissenschaften);
- Typus III: Grundschulpädagogik ohne eindeutige Professurvertretung oder eigenständige Funktionseinheit, sondern als Bestandteil einer Professur (z. B. Arbeitsbereich Pädagogik und Didaktik des Elementar- und Primarschulbereichs);
- Typus IV: Grundschulpädagogik als hierarchiehohe Funktionseinheit, der aber nicht nur grundschulpädagogische Professuren zugeordnet sind (z. B. Zuordnung von Fachdidaktiken).

Dieses Feld differenziert sich weiter aus, was nicht ohne Folgen bleibt, da die Entwicklung eines »institutionell verankerten grundschulpädagogischen Wissenskorpus« und ein »Konsens über die Eigenständigkeit der Grundschulpädagogik« (Götz, 2018 S. 27) durch diese Vielfältigkeit erschwert wird.

> **Lernaktivität**
>
> Erkundigen Sie sich, ob und mit welcher Ausrichtung an Ihrer Universität oder pädagogischen Hochschule Professuren mit der Bezeichnung »Grundschulpädagogik« vorhanden sind.

4.2 Grundschulpädagogische Kommunikationsnetzwerke

Um ein wissenschaftliches Kommunikationsnetzwerk zu etablieren, ist die Organisation von Interessenverbänden und Fachgesellschaften notwendig, innerhalb derer sich Fachvertreter*innen austauschen. Dazu zählt auch die Etablierung von Tagungen, Kongressen und Fachgesellschaften, in denen der wissenschaftliche Austausch über Entwicklungen und Errungenschaften des Einzelnen oder der Gemeinschaft geführt werden kann. Auch braucht es Kommunikationsmedien wie Fachzeitschriften und Printmedien, die zur Verbreitung der Erkenntnisse beitragen.

Die Gründung der *Arbeitsgruppe Grundschulforschung* stellt auf diesem Weg einen Meilenstein dar. 1992 wurde diese von Wolfgang Einsiedler (1945–2019), Hans Petillon und Maria Fölling-Albers gegründet, mit dem Anspruch, »den szientischen Charakter und das Selbstverständnis als (empirisch) forschende Disziplin zu stärken« (Einsiedler, 2015, S. 44). Die Deutsche Gesellschaft für Erziehungswissenschaft (DGfE) hatte sich in Deutschland bereits in den 1963/64 Jahren als Fachorganisation wissenschaftlicher Pädagogik konstituiert (vgl. ausführlich zur Gründungsgeschichte Scheuerl, 1987). 1999 wurde die Grundschulpädagogik innerhalb der Sektion Schulpädagogik dann zu einer eigenständigen Kommission *Grundschulforschung und Pädagogik der Primarstufe*.

Die Einführung von fachspezifischen Kommunikationsmedien (Büchern, Fachzeitschriften), in denen das Wissen der Kommunikationsgemeinschaft und Erkenntnisse von Einzelnen und von Forscher*innengruppen der Öffentlichkeit zugänglich gemacht werden kann, gelang vergleichsweise spät. So liegt beispielsweise im internationalen Raum mit dem *Journal of Elementary School* (ESJ; University of Chicago) seit Beginn des 20. Jahrhunderts ein Organ wissenschaftlicher Erträge für den Grundschulbereich (Jahrgangsstufe 1 bis 6) vor. In Deutschland wurde erst über ein Jahrhundert später, im Jahr 2007, eine wissenschaftliche Fachzeitschrift (Zeitschrift für Grundschulforschung, ZfG) gegründet (maßgeblich vorangetrieben durch Margarete Götz).

Nach Arnold (Statement in Heinzel et al., 2017; S. 220) sind darüber hinaus folgende relevante fachspezifische Publikationsleistungen zu nennen, die einen wichtigen Beitrag zur Entwicklung der Disziplin liefern:

- wissenschaftliches Handbuch: Handbuch Grundschulpädagogik und Grundschuldidaktik (Einsiedler et al., 2014, 1. Aufl. 2001);
- wissenschaftliches Jahrbuch: Jahrbuch Grundschulforschung (seit 1997);
- Historiographie der Disziplin: Geschichte der Grundschulpädagogik (Einsiedler, 2015).

> **Lernaktivität**
>
> Recherchieren Sie auf der Internetseite der Deutschen Gesellschaft für Erziehungswissenschaft zur Sektion Schulpädagogik und der Kommission Grundschulforschung und Pädagogik der Primarstufe. Womit beschäftigt sich die Kommission schwerpunktmäßig? Welche Themen werden im Rahmen der Jahrestagungen bearbeitet? Recherchieren Sie auch zu den anderen Sektionen und vergleichen Sie die inhaltlichen Schwerpunktsetzungen einer ausgewählten Sektion mit der Grundschulforschung und Pädagogik der Primarstufe.

4.3 Grundschulforschung

Die wissenschaftliche Produktion von Erkenntnissen gilt als das Kerngeschäft einer wissenschaftlichen Disziplin. (1) Doch welche Anforderungen stellt die Grundschulpädagogik an sich und ihre Forschung? (2) Zu welchen Themen forscht sie? (3) Welche wissenschaftstheoretischen Anknüpfungspunkte hat sie? und (4) Wie geht sie bei der Erkenntnisgewinnung vor?

4.3.1 Selbstverständnis der Grundschulpädagogik

Die Frage nach den Anforderungen, welche die Grundschulpädagogik als Fach an sich und die Forschenden stellt, betrifft das Selbstverständnis der Grundschulpädagogik als wissenschaftliche Disziplin im Allgemeinen und ihre Identitätsfrage im Besonderen. Wie im Positionspapier zum Selbstverständnis der Grundschule (Götz et al., 2019) herausgestellt und im nachfolgenden Diskussionspapier verstetigt (Miller et al., 2019), versteht sich die wissenschaftliche Grundschulpädagogik als eine Disziplin, die sich in erster Linie der Theorie*bildung* verschreibt. Der Fokus richtet sich auf alle Fragen, welche Erziehungs- und Bildungsprozesse der Institution Grundschule betreffen. Unter Berücksichtigung vielfältiger Perspektiven gilt es, (allgemeingültige) Aussagen zum Lehren und Lernen in der Grundschule zu finden (*Wissen von der Praxis*). Darüber hinaus versteht sie sich als anwendungsorientierte Disziplin, deren Erkenntnisse einen Nutzen für die Praxis haben sollen (*Wissen für die Praxis*; vgl. Einsiedler et al., 2014). Der Grundschulpädagogik als wissenschaftliche Disziplin dient der »Stellenwert von Theorieaussagen und Theorieentwicklung« (Einsiedler et al., 2013, S. 13) zur Grundschule somit als wichtigste Legitimationsgrundlage.

Die Beschäftigung mit der Identitätsfrage hat in der Grundschulpädagogik eine lange Geschichte (vgl. u. a. Einsiedler, 2015, S. 55–59; Götz, 2000; Ramseger, 2004; Tenorth, 2000). Häufig münden offen bekundete Zweifel an der Existenzberechtigung der Grundschulpädagogik und ihrer Eigenständigkeit als wissenschaftliche

Disziplin (Ramseger, 2004) in einen innerdisziplinären Diskurs über Trennendes und Verbindendes zu Nachbardisziplinen und der Frage nach dem besonderen Wissenskorpus der Grundschulpädagogik. Die wissenschaftliche Grundschulpädagogik sucht dabei stets die Offensive, sowohl um Außenlegitimität als auch Binnenlegimität zu erlangen (Einsiedler et al., 2013). Jörg Ramseger (2004) versucht, die Identitätsfrage durch Ahnenforschung zu lösen. Seine These: die bedeutendsten Vertreter*innen der Pädagogik von Maria Montessori über Peter Peterßen, Johann Heinrich Pestalozzi oder auch John Dewey seien in erster Linie Grundschulforschende gewesen, da sie sich in ihren Arbeiten überwiegend mit grundschulrelevanten Fragen und Elementen befassten. Wolfgang Einsiedler, Maria Fölling-Albers, Helga Kelle und Kathrin Lohrman (2013) wählen als Legitimationsgrundlage die verbindenden hohen Forschungsstandards der DGfE, auf die auch die Grundschulforschung Bezug nimmt, und ein gemeinsames Wissenschaftsverständnis. In Anlehnung an Zabeck (2009, S. 133, zit. n. Einsiedler et al., 2013, S. 14) wird argumentiert, dass »hohe Standards im Binnenprozess der empirischen Grundschulforschung auch der Außenlegitimität gegenüber Universität und Öffentlichkeit dienen«. Die Abgrenzungsversuche zu anderen Teildisziplinen der Erziehungswissenschaft, wie der Schul-, Sonder- und Elementarpädagogik oder der Fachdidaktik (Götz et al., 2019), erscheinen als Versuch, die Besonderheiten des ›typisch‹ grundschulpädagogischen Wissens herauszuschärfen.

4.3.2 Forschungsschwerpunkte

Wissenschaftsgeschichtlich wird der Aufsatz von Aloys Fischer (1926) zur Grundschule als »Geburtsstunde« wissenschaftlicher Beschäftigung mit dem Forschungsfeld Grundschule genannt (Einsiedler et al., 2014). Fischer beschäftigte sich primär aus soziologischer Perspektive in seinem Werk *Werdegang und Geist der Grundschulerziehung*, dem Zeitgeist im Gründungskontext der Grundschule entsprechend, mit der komplexen Gemengelage um die »heterogenen Interessen« (ebd., S. 19), die sich mit der Gründung einer Schule für alle auftun (u. a. Übergänge, Über- und Unterforderung, Schulfähigkeit). Einsiedler (2015) wählt als theoretischen Rahmen und für die Ausführungen über die Disziplinentwicklung in seinem Buch *Geschichte der Grundschulpädagogik* (2015) einen wissenssoziologischen Zugang – orientiert an den Argumentationslinien Pierre Bourdieus (1930–2002; z. B. Bourdieu, 1982) zur sozialen Ungleichheit in Gesellschaften. Er führt »die Geringschätzung der Grundbildung, die Rangordnungsprobleme von Lehrerbildung, Grundschullehramt und Grundschulpädagogik an der Universität sowie die mit diesen Bereichen verbundenen Prestigedefizite letztlich auf soziale Ungleichheit in Gesellschaften« (ebd., S. 34) zurück, weil »Personen und Gruppen der oberen Klassen ihren Status und ihre Privilegien erhalten wollen« (ebd., S. 35). Man könnte sagen, dass die identifizierten Problemstellungen sozialer Ungleichheit in vielerlei Hinsicht – im Sinne Schriewers (2013) – für die Grundschulpädagogik als wissenschaftliche Disziplin konstituierende Problemstellungen darstellen.

In der Gegenwart sind die Themen der Ausbildungsprogramme an den Universitäten und die Forschungsthemen der Grundschulpädagogik weitgehend deckungsgleich. Eine relative Nähe und inhaltliche Schnittmenge in Forschungsfragen weist die Grundschulpädagogik zur Schulpädagogik auf. Anders als die Schulpädagogik drängt die Grundschulpädagogik aber auf die Bearbeitung und Reflexion von Aufgaben, die sich aus dem besonderen Adressatenkreis der 5- bis 10 (12)-jährigen Schüler*innen (das Kind, unausgelesene Schülerschaft), der Standortbestimmung der Institution (erste Stufe) und damit verbundener besonderer Aufgaben ergeben (Grundlegende Bildung; Anschlussfähigkeit).

Grob können im Zusammenhang dieser Einordnung Forschungsarbeiten unterschieden werden, die sich mit institutionellen Rahmenbedingungen grundschulpädagogischer Arbeit, pädagogischen Grundfragen und Aufgaben aus pädagogischer, allgemein- und fachdidaktischer Perspektive beschäftigen, wie sie auch in einschlägigen Werken, etwa dem *Studienbuch Grundschulpädagogik* von Günther Schorch (2007) oder dem *Handbuch Grundschulpädagogik und Grundschuldidaktik* von Einsiedler et al. (2014) gewählt wird. Die Beschäftigung mit Rahmenbedingungen von Grundschularbeit umfasst organisations-, schul- und professionstheoretische Fragen, die aus einer schulstufenspezifischen Perspektive obligatorisch erscheinen. Dazu zählt u. a. eine Auseinandersetzung mit der Entwicklung der Grundschule als Institution aus zeitlich-historischer Perspektive, dem Beruf, Funktionen und Aufgaben der Grundschullehrer*in und der Entwicklung bedeutsamer schulorganisatorischer Gestaltungsfragen, wie die Organisation der Schuleingangsstufe, der Ganztagsschule oder von Schulentwicklungsfragen. Zum Bereich Grundschule als pädagogisches Handlungsfeld zählen Arbeiten, die sich mit den Akteur*innen (speziell dem Kind) und den grundschulpädagogischen Aufgaben (u. a. Grundlegende Bildung, Anschlussfähigkeit von Bildungsprozessen) beschäftigen sowie sich den damit verbundenen pädagogischen Herausforderungen und Aufgaben (z. B. Heterogenität, Kindgemäßheit) stellen.

> **Lernaktivität**
>
> Recherchieren Sie grundschulpädagogische Studien (z. B. IGEL-Studie; KILIA-Studie). Beschreiben Sie die Ziele und nehmen Sie eine Einordnung in das thematische Spektrum grundschulpädagogischer Themenfelder vor.

4.3.3 Wissenschaftstheoretische Überlegungen

Unter Lehramtsstudierenden lässt sich oft beobachten, dass der Begriff der Theorie auf Ablehnung trifft und die Praxis der Theorie als überlegen erscheint. Dabei ist der Theoriebegriff kein Unterscheidungsmerkmal zwischen Wissenschaft und Praxis. Auch im Alltagshandeln werden Theorien genutzt und Entscheidungen theoriegestützt getroffen. Das Alltagshandeln basiert letztlich auch auf Annahmen und Einsichten über Phänomene oder Zusammenhänge zwischen bestimmten Sachverhalten, die wir aus Erfahrungen mit Gruppen oder einzelnen Personen (z. B. Die Deutschen sind pünktlich.), in der Auseinandersetzung oder Beobachtung mit Gegenständen (z. B. Wasser verdunstet, wenn die Sonne darauf scheint.) oder mit uns selbst gewonnen haben (z. B. Ich schieße häufig beim Fußballspielen Tore. Ich denke, ich bin ein guter Fußballer. Andere sagen das auch.). Jedes Handeln beruht in der Regel auf einem Netzwerk aus Erfahrungen und Wissen. Wir bilden also auch im Alltag Theorien. Übertragen auf die Schule heißt das, dass jede*r schulische Akteur*in, jede Lehrkraft ganz persönliche Ansichten darüber entwickelt hat, wie ›guter‹ Unterricht auszusehen hat oder darüber, was eine ›gute‹ Lehrkraft ausmacht. Die persönlichen Ansichten geben Orientierung, Halt und erfüllen eine systematisierende Funktion. Sachverhalte und Ereignisse können eingeordnet, beschrieben (Deskription) und erklärt (Explanation) werden (z. B. Die Schülerin verhält sich so, weil...) und werden auch genutzt, um Vorhersagen (Prognose) über zukünftig eintretende Ereignisse treffen zu können (z. B. Wenn ich mich so verhalte, dann ...).

Worin besteht aber der Unterschied zwischen einer wissenschaftlichen und einer Alltagstheorie? Der Unterschied besteht im Umgang mit den Theorien. Wissenschaftler*innen hinterfragen ihre Ansichten. Sie überprüfen Theorien auf ihren Wahrheitsgehalt. Denn eine *wissenschaftliche Theorie* hat vorurteils- und widerspruchsfrei zu sein. Eine Alltagstheorie muss diesen Kriterien nicht standhalten. Entscheidungen, Handlungen und Haltungen dürfen durch die persönliche »Brille« gesehen, aufgrund persönlicher Erfahrungen interpretiert und subjektiv getroffen werden. Sie schränken den Betrachtenden jedoch auch ein. Die persönliche Färbung verhindert eine vorurteilsfreie Betrachtung von Unterricht und seinen Akteur*innen.

Eine wissenschaftliche Theorie hingegen dient nicht dazu, gegebene Wissensbestände zu bejahen, sondern dazu, bestehendes Wissen auf Richtigkeit oder Allgemeingültigkeit zu prüfen und neues Wissen zu generieren. Die Wissenschaft nutzt dafür methodisch kontrollierte Mittel und Verfahrensweisen. Dazu zählt die Offenlegung des Forschungsprozesses (Welcher Weg und welche Mittel werden gewählt, um die Erkenntnisse zu erlangen?) und der Ergebnisse, damit auch andere Personen den Weg des Erkenntnisgewinns und die Ergebnisse einordnen, interpretieren und nachvollziehen können.

Die Frage, warum Grundschullehrkräfte ihr Handeln mit einer Theorie des Grundschulunterrichts oder eine Theorie der Grundschule begründen sollen, ergibt sich somit aus ihrer gesellschaftlichen Verantwortung und der Position im Lehr-Lernprozess, mit der das eigene Handeln im Unterricht reflektiert und begründet werden muss. Unterricht muss über die persönlichen Vorlieben hinaus versuchen, objektiv auf das Geschehen zu schauen. Ereignisse und mögliche Wirkungen auf das Kind dürfen nicht vollständig dem Zufall überlassen werden und unreflektiert bleiben. Die unvoreingenommene Perspektive auf das Unterrichtsgeschehen erfordert daher zwangsläufig den Rückgriff auf Theorien zum Grundschulunterricht, die durch Reflexionsleistung und Forschung gebildet werden. In der Gegenwart wird die Theoriebildung von Fachvertreter*innen als zentralste Aufgabe gesehen. Grundschulpädagog*innen sehen einen ebenso wichtigen Auftrag darin, diese Erkenntnisse zur Anwendung zu bringen (Theorieanwendung). Eine eigenständige Theorie des Grundschulunterrichts bzw. der Grundschule steht allerdings noch aus.

Wenn von Perspektiven, Orientierungen oder Zugängen in der Forschung gesprochen wird, taucht oft auch der Begriff des Paradigmas auf. Eine Klärung erscheint ratsam, um ihn angemessen zu reflektieren und falsch verstandener Anwendung vorzubeugen.

Bei dem Terminus *Paradigma* handelt sich um einen Begriff, der wissenschaftsgeschichtlich betrachtet relativ jung ist. Sein Wort- und Bedeutungsschöpfer Thomas S. Kuhn führte ihn im Rahmen einer naturwissenschaftlichen wissenschaftsgeschichtlichen Abhandlung in den 1960er Jahren ein (vgl. Kuhn, 2012). Danach stellt ein Paradigma eine »Grundansicht von der Welt und ihren Erscheinungen« dar (Poser, 2012, S. 150). Die Weltsicht kann je nach Betrachter*in sehr unterschiedlich aussehen. Die wissenschaftliche Gemeinschaft einer Disziplin teilt aus Sicht Kuhns in der Regel aber eine zumindest ähnliche Weltsicht auf ein Phänomen. Die Gemeinschaft arbeitet aus ihrer Weltanschauung mit wissenschaftlichen Mitteln daran, Phänomene aufzuklären, zu erforschen, Muster zu finden, bis aus diesen Mustern ein gesamtes Gebilde erwächst, bestehend aus verschiedenen Erklärungen und Annahmen, bis eine Theorie resultiert. Unter diesem Dach (ebd.) erscheinen die gemeinsamen Annahmen und Erklärungen sinnvoll. Die gemeinsame Weltsicht wird so lange geteilt, bis es zu einer ›Krise‹ durch Widersprüchlichkeiten oder Anomalien kommt, die das bisherige Verständnis in Frage stellen, so dass es mitunter sogar zu einer vollständigen Auflösung des bisherigen Verständnisses kommt. Begriffe und Annahmen sind nicht mehr stimmig (inkommensurabel) und können wissenschaftstheoretisch gesprochen nicht transferiert werden. Das alte Paradigma wird durch eine veränderte Weltsicht, ein neues Paradigma ersetzt.

Berühmte Beispiele für solche Paradigmenwechsel finden sich u. a. in der Psychologie. Im Laufe des 20. Jahrhunderts gab es starke Veränderungen in den Vorstellungen darüber, was Lernen ist, wie Lernen sichtbar wird und durch was es ausgelöst wird. Die Ansichten wechselten vom Verständnis des Lernens als äußerlich sichtbare Verhaltensveränderung (1920er Jahre, Behaviorismus), über Lernen als Informationsverarbeitung (1960er Jahre, Kognitivismus) bis zur Ansicht, dass Lernen ein eigenständiger, aktiver Prozess ist, der durch den Lernenden selbst geleistet wird (1990er Jahre, Konstruktivismus). Der Perspektivwechsel resultierte letztlich aus dem Gewinn neuer lerntheoretischer Erkenntnisse. Dennoch kam es nie zu einer vollständigen Ablösung des jeweils vorangegangenen Paradigmas.

Folgt man den Überlegungen Kuhns, müsste die Grundschulpädagogik als scientific community auf ein einheitliches Wissenschaftsverständnis rekurrieren. Doch in der Grundschulpädagogik existiert eine Vielzahl unterschiedlicher Orientierungen und Zugänge, die mit sehr unterschiedlichem Verständnis darüber einhergehen, wie Wissen generiert wird, welche Kriterien der Gewinnung von Wissen zugrunde liegen und wie diese Erkenntnisse eingeordnet und bewertet werden. Das Fehlen eines einheitlichen Verständigungsrahmens und die damit möglicherweise fehlende Identifikationsbasis kann bisweilen als existenzbedrohend empfunden werden (Einsiedler et al., 2013, in Anlehnung an Zabeck, 2009). Wie geht die grundschulpädagogische Gemeinschaft also damit um? Sie wählt einen pragmatischen Weg. Einsiedler et al. (2013, S. 13–14) schlagen drei Pfade vor, die sich ergänzende Momente eines gemeinsamen Verständigungsrahmens darstellen:

1. Auseinandersetzung mit gemeinsamen Standards der Forschung (Mindestregeln);
2. Angebot von Methodenworkshops für Nachwuchswissenschaftler*innen;
3. Mindestmaß an Konsens zum Stellenwert von Theorieaussagen und Theorieentwicklung.

Als wissenschaftliche Disziplin orientiert sich die grundschulpädagogische Gemeinschaft wie alle erziehungswissenschaftlichen Disziplinen in Deutschland an den Standards der Deutschen Gesellschaft für Erziehungswissenschaft (DGfE). In dem Zusammenhang sucht sie den Austausch und versucht, Regeln zu ethischen Fragen, Forschungszugängen und der Publikation von Erkenntnissen zu fixieren. Über das Angebot von Methodenworkshops wird dieser gemeinsame Verständigungsrahmen und das Rüstzeug an den Nachwuchs vermittelt. Einen Konsens zum Stellenwert von Theorieaussagen und -entwicklung zu finden erweist sich als am stärksten herausforderndes Unterfangen, da das Verhältnis von Theorie und Empirie je nach Forschungszugang sehr unterschiedlich ausfallen kann. Die Gemeinsamkeit liegt jedoch in dem »Ziel, zum wissenschaftlichen Erkenntnisgewinn für die Bildungs- und Erziehungspraxis beizutragen« (ebd. S. 13).

> **Lernaktivität**
>
> Recherchieren Sie auf den Seiten der Deutschen Gesellschaft für Erziehungswissenschaft (DGfE) die Standards erziehungswissenschaftlicher Forschung.

Methodologie und Methoden

Die Methodologie grundschulpädagogischer Forschung – also Verfahrenswege und Leitlinien, welche beschreiben, wie Wissen erworben und in einen Gesamtzusammenhang eingeordnet werden kann (*Methode im weiteren Sinne*), sowie Verfahrenswege, die existieren, um Daten zu erheben, zu sammeln und zu interpretieren (*Methode im engeren Sinne*) – steht in einem Wechselwirkungsverhältnis zu wissenschaftstheoretischen Überlegungen. Bei der Wissenschaftstheorie handelt es sich weniger um eine Meta-Theorie, die sich theoretisierend mit disziplineigenen Begriffen, Konzepten, Forschungsmethoden usw. auseinandersetzt, sondern um eine »Meta-Wissenschaft« (Kornmesser & Büttemeyer, 2020, S. 5). Wissenschaftstheoretisch kann zwischen Grundlagenforschung und anwendungsorientierter Forschung unterschieden werden. Stokes (1997) ordnet diese drei Subtypen zu: Untersuchungen, die nicht mit dem Anspruch durchgeführt werden, die Erkenntnisse unmittelbar für die Praxis nutzbar zu machen, sind der reinen Grundlagenforschung zuzuordnen (Typ I). Grundlagenforschung ist auch in der Grundschulpädagogik unverzichtbar, um Phänomene der Praxis zu erforschen, sie zu verstehen, um Hypothesen (Annahmen) zu generieren oder zu prüfen, um sie gegebenenfalls wieder zu verwerfen, so dass sich aus den einzelnen Puzzleteilen sukzessive ein stimmiges Gesamtbild entwickeln kann. Anwendungsorientierte Forschung und Entwicklung lässt sich beschreiben als Forschung, die ausschließlich mit dem Ziel betrieben wird, den Nutzen oder der Wirksamkeit bestimmter Programme für die Praxis zu erforschen (Typ II). Dazu zählen etwa Schulinspektionen oder Schulevaluationen. Die nutzenbasierte Grundlagenforschung (Typ III) sucht nach einem allgemeinen grundlegenden Verständnis und hat zugleich einen anwendungsorientierten Blick auf die Praxis, das heißt die Verwertbarkeit der Erkenntnisse für die Praxis. Dazu zählen etwa experimentelle oder quasi-experimentelle Untersuchungen, in denen Lernumgebungen manipuliert werden oder Trainings eingesetzt werden.

Als Bezugsdisziplinen und Bezugstheorien zur Einordnung der Forschung stehen der Grundschulforschung die Psychologie, Soziologie, Erziehungswissenschaft oder Kulturanthropologie zur Verfügung (Heinzel et al., 2017). Eine besondere Nähe, was die Verfahrensweise und Forschungsmittel betrifft, weist sie zur Bezugsdisziplin Psychologie auf. Die psychologische Untersuchung von Penning (1927) zur Schulreife wird beispielsweise als ein erster wichtiger Beitrag zur Grundschulforschung eingeordnet (Götz, 2018) und das ökosystemische Modell zur Schulreife von Nickel (1990) – in Anlehnung an Bronfenbrenners (1981) ökosystemischen Ansatz – dient bis heute als Modell zur Beschreibung und Erklärung von Bedingungen am Schulanfang.

4.3.4 Forschungszugänge

Die Art des gewählten Denkrahmens bestimmt die Mittel, mit der eine Fragestellung beantwortet werden kann. Die systematisch-theoretische Ausrichtung der Grundschulpädagogik wird als theoretischer Denkrahmen für jede Form von Forschungsvorhaben innerhalb der Grundschulpädagogik beschrieben (Einsiedler et al., 2014). Dieser Rahmen ermöglicht eine Zuordnung, Einordnung von Absichten, Zielen und grundschulpädagogischer Praxis. Systematisch-theoretische Vorhaben spüren Fragen zu Lerninhalten, dem Lernort Grundschule oder pädagogischen Aufgaben aus Sicht des Kindes und der Akteur*innen (z. B. Selbstkonzeptentwicklung, Anschlussfähigkeit, Schuleingangsdiagnostik) nach und beziehen dabei bildungstheoretische, schultheoretische, entwicklungs- und lerntheoretische Fragen in ihre Überlegungen ein (ebd.). Systematisch-theoretische Forschung bemüht sich demnach um die gesamte Bandbreite der Grundschulpraxis und entwickelt diese weiter. Lernen in der Grundschule findet in einem komplexen Prozess von Interaktionen zwischen Lehrkräften und Schüler*innen statt. Die Aktionen, Handlungen, Wahrnehmungen, Ansichten von Akteur*innen, Prozesse und Ergebnisse von Erziehung und Bildung unter Berücksichtigung diverser außerschulischer und innerschulischer Einflussfaktoren und Akteur*innenperspektiven systematisch zu erforschen, ist daher ein komplexes Unterfangen. Die Forschung versucht sich mit verschiedenen Mittel an einer Komplexitätsreduktion. In der Grundschulforschung haben sich verschiedene Zugänge etabliert, die es ermöglichen, Ausschnitte der Schulwirklichkeit und Phänomene zu erfassen. Die jeweiligen Verfahren sind als einander ergänzend zu verstehen. Auch wenn sie sich in ihrem Verständnis von Wissenschaft, der Erhebung und Auswertung von Daten und der Annäherung an die schulische Wirklichkeit zum Teil gravierend unterscheiden. Der Vorteil kombinierter Zugänge liegt auf der Hand. Der Einsatz verschiedener Verfahren, Methoden und theoretischer Bezüge erlauben es, mehr über einzelne Phänomene zu erfahren und sich als Wissenschaftler*in unbedingt vor einseitigen Betrachtungen und Schlussfolgerungen zu hüten.

Bevor Forscher*innen ins Feld gehen, um zu forschen, gibt es allerdings eine Reihe von Entscheidungen zu treffen. Unter anderem muss entschieden werden: Was konkret möchte ich herausfinden (Fragestellung)? Was ist darüber schon bekannt (Theorie)? Wen oder was muss ich befragen/beobachten (Population)? In welchem Zeitraum soll die Untersuchung stattfinden? Wie kann die Frage am ehesten beantwortet werden (Methode, Instrumente)?

Im Grunde genommen beginnt jede Form von Forschung mit einer konkreten Frage, auf die der Wissenschaftler*in eine Antwort sucht. Innerhalb der empirisch-analytischen Forschungsstrategie lassen sich zwei Forschungsparadigmen identifizieren: das empirisch-qualitative und das empirisch-quantitative Paradigma. Eine relative Schwerpunktsetzung liegt in der Grundschulpädagogik in den letzten Jahrzehnten – auch angeregt durch die wachsende Bedeutung empirischer Bildungsforschung auf bildungspolitischer Ebene – auf empirisch-quantitativer Forschung (Einsiedler et al., 2014).

Quantitative Forschung versucht, Informationen über bestimmte Wirklichkeitsausschnitte zu sammeln und diese in Zahlen zu überführen. Die Zufriedenheit von Eltern kann man beispielsweise quantifizierbar machen, indem man auf die Frage »Wie zufrieden sind sie mit der Häufigkeit der Kontaktaufnahmen der Klassenlehrerin?« vier Antwortmöglichkeiten vorgibt und die Eltern von »sehr zufrieden« (4) bis »sehr unzufrieden« (1) antworten können. Damit kann beispielsweise die durchschnittliche Zufriedenheit der Eltern mit der Kontaktaufnahme durch die Lehrkraft ermittelt und numerisch dargestellt werden.

Die Funktion der empirisch-quantitativen Forschung erstreckt sich – in Anlehnung an das deduktiv (vom Allgemeinen zum Speziellen) nomologische (erklärende) Hempel-Oppenheim-Schema (1948) – von der Beschreibung über das Erklären bis zur Vorhersage von schulischen Phänomenen. Die enge Bindung der empirischen Grundschulforschung zur Bezugsdisziplin der Psychologie wird hier besonders deutlich. Theoriegestützt werden auf einem bereits bestehenden, soliden theoretischen Fundament Hypothesen (Annahmen) über einen Sachverhalt aufgestellt. Eine solche Annahme könnte beispielsweise lauten: Effektive Klassenführung wirkt sich positiv auf die Mitarbeit der Schüler*innen aus. Konkreter: Je besser es einer Lehrkraft gelingt die Aufmerksamkeit simultan auf mehrere Ereignisse gleichzeitig zu richten (Merkmal: Überlappung), umso besser arbeiten die Schüler*innen mit. Die Aufgabe des Forschenden besteht darin, diese Annahme mit Mitteln zu überprüfen, die den Prozess zur Erhebung und Auswertung von Daten nachvollziehbar macht. An einer Untersuchungseinheit, die auch als Stichprobe (Sample) bezeichnet wird, also beispielsweise aus mehreren Klassen von Schüler*innen besteht, wird die Annahme dann geprüft. Mittels bestimmter statistischer Auswertungsmethoden und in der Regel unter zu Hilfenahme bestimmter Analysesoftware (z. B. Mplus, Stata, SPSS, R) kann die Annahme entweder verworfen (falsifiziert) oder bestätigt (verifiziert) werden. Daten zur Klassenführung und Mitarbeit der Schüler*innen könnten beispielsweise mit Hilfe von Videodaten (Unterrichtsstunde) und eines Beobachtungsrasters erhoben und ausgewertet werden. Die Erkenntnisse werden dann in bestehendes Wissen über Zusammenhänge von Unterrichtsqualität, Klassenführung und Mitarbeit von Schüler*innen eingeordnet.

Innerhalb des deduktiv-hypothetischen Paradigmas existiert eine Vielzahl an Forschungsstrategien. Grob lassen sich Untersuchungen in deskriptive Studien (populationsbeschreibend), explanative Studien (hypothesenprüfend) und Evaluationsstudien (wissenschaftliche Begleitstudien) unterteilen. Durch deskriptive Studien lässt sich herausfinden, wie sich etwas in einer bestimmten Population oder Kohorte darstellt (z. B. Wie häufig nehmen Eltern im Anfangsunterricht Kontakt zu Lehrkräften auf? Wie häufig werden bestimmte Methoden im Unterricht eingesetzt?). Explanative Studien kommen zur Anwendung, wenn Zusammenhänge zwischen zwei oder mehreren Variablen (veränderlichen Beobachtungsgrößen) von Interesse sind, z. B. wie der Zusammenhang zwischen schüler*innenseitiger Einschätzung und Bewertung fachspezifischer Stärken und Schwächen (Fähigkeitsselbstkonzept) oder lehrkraftseitig bestimmten Merkmalen der Unterrichtsqualität (kognitive Aktivierung, konstruktive Unterstützung, Klassenführung) und den fachspezifischen Leistungen (z. B. im Fach Mathematik) ist. Bei Evaluationsstudien handelt es sich in der Regel um wissenschaftliche Begleitstudien. Sie werden durchgeführt, wenn ein Sachverhalt bewertet werden soll, z. B. eine schulorganisatorische Maßnahme, wie die Neugestaltung der Schuleingangsphase. Evaluationsstudien enthalten in der Regel auch Bestandteile deskriptiver und explanativer Forschung. Jede Forschungsstrategie ist mit einer unterschiedlichen Zielsetzung verknüpft.

Zur Erhebung von Daten stehen der quantitativen Forschung zahlreiche Möglichkeiten zur Verfügung. Zu den Formen wissenschaftlicher Befragung zählen Befragungen mittels Fragebogen oder Beobachtungsraster (z. B. zu Dimensionen von Unterrichtsqualität) mit denen beobachtetes Lehrkraft-Schüler*in-Verhalten quantifiziert werden kann. Mit Hilfe von standardisierten Tests bzw. Diagnostikinstrumenten können z. B. Vorläuferfähigkeiten (mathematisch, sprachlich), Stärken und Schwächen oder Leistungen (z. B. Leseverständnis) ermittelt werden. Schorch (2007, S. 26) warnt allerdings vor der »direkten(n) und monokausale(n) Umsetzung empirischer Fakten in normative Setzungen«. Um diesen *naturalistischen Fehlschluss* zu vermeiden, das heißt von beschreibenden Aussagen auf Sollens-Aussagen (präskriptive Aussagen) zu schließen, gilt es, die Ergebnisse immer an eine Theorie der Grundschule rückzubinden.

In der *qualitativen Forschung* geht es um die Aufklärung, um das vertiefte Verstehen menschlichen und sozialen Verhaltens und ausgewählter Sachverhalte (u. a. Flick, 2016; Mayring, 2002). Während etwa mit Hilfe der quantitativen Forschung aufgeklärt werden könnte, dass Eltern mit der Kontaktaufnahme der Lehrkräfte im Mittel eher unzufrieden sind, bedürfte es eines qualitativen Zugangs, um weiter nachzuspüren und die Gründe der Unzufriedenheit offenzulegen. Qualitative Forschung nähert sich den Akteur*innen und Gegenständen auf andere Weise als die quantitative Forschung und es wird mit einem anderen Wissenschaftsverständnis operiert. Qualitativer Forschung liegt in der Regel ein soziokonstruktivistisches Wissenschaftsverständnis zugrunde. Es wird davon ausgegangen, dass »jegliches Wissen […] unter sozialen Bedingungen, in sozialen Kontexten, Handlungen und Interaktionen hervorgebracht wird« (Kelle, 2013, S. 63). Im Gegensatz zur quantitativen Forschung werden Daten nur selten quantifiziert. Es wird in der Regel mit textbasierten Daten (z. B. Interviews, Dokumente) gearbeitet, die interpretiert werden. Für das »interpretative Paradigma« der qualitativen Forschung ist bedeutend, »dass die soziale Welt in vielfältiger Weise betrachtet und gedeutet werden kann« (Friebertshäuser & Richter, 2019, S. 779). Häufig ist der qualitative Zugang das Mittel der Wahl, wenn wenig über einen Bereich, einen Sachverhalt oder einen Gegenstand bekannt ist. Es wird daher auch von explorativer Forschung gesprochen. Die Untersuchungsergebnisse lassen die Entwicklung von Hypothesen zu. Während die quantitativen Verfahren streng linear verlaufen (Planung, Durchführung, Auswertung), ist das Vorgehen bei den qualitativen Verfahren zirkulär (Seel & Hanke, 2015). Die Forscher*innen nähern sich den Gegenständen unbefangener und offener. Es wird nicht mit Vorannahmen gearbeitet. Es wird quasi von einem Primat der Empirie vor der Theorie ausgegangen. Zum Verhältnis von Theorie und Empirie schreibt Kelle (2013, S. 67): »das Verhältnis von (Gegenstands-)Theorie und Empirie ist in der qualitativen Forschung also als ein rekursives bestimmbar, als eine ›Schaukelbewegung‹ zwischen Theorie und Empirie, welche nicht der Exploration empirischer Felder auf der Basis von (unverändert bleibender) Theorie, sondern vielmehr der Entwicklung und Differenzierung der Theorie dient«. Es haben sich mittlerweile eine Fülle an Verfahren zur Erhebung und Auswertung qualitativer Daten etabliert. Mittels des Interviews (u. a. Experteninterview, narratives, leitfadengestütztes oder problemzentriertes Interview) kann mit verschiedenen Schwerpunktsetzungen ein Zugang zur subjektiven Welt- und Innenansicht von schulischen Akteur*innen (Eltern, Lehrkräfte, pädagogische Mitarbeiter*innen) auf einen Gegenstand geschaffen werden. Bei Interesse an unmittelbarer Teilnahme an Interaktionen im Unterricht kann die ethnographische Methode eingesetzt werden. Das Gruppeninterview bzw. die Gruppendiskussion eignet sich als Methode, um durch den gemeinsamen Diskurs von teilnehmenden Akteur*innen (z. B. Schulleitungen, Lehrkräfte) aktivierte, aufscheinende Meinungen, Erwartungshaltungen und Perspektiven auf einen Gegenstand sichtbar werden zu lassen. Unterstellt wird, dass gerade durch eine realitätsanaloge und diskursive Auseinandersetzung eine authentische Perspektive von Akteur*innen im Feld eingefangen werden kann. Zur Auswertung von Daten stehen nach Gläser-Zikuda (2013) diverse Zugänge zur Verfügung: »Objektive Hermeneutik, Sozial-wissenschaftlich-hermeneutische Paraphrase, Psychoanalytische Textinterpretation, Biografische Methode, diskursanalytische Ansätze, Grounded Theory, Forschungsprogramm Subjektive Theorie, Typologische Analyse oder Qualitative Inhaltsanalyse« (ebd., S. 138). Qualitative Forschung verlangt den Forscher*innen eine Reihe von gut begründeten und sinnvoll aufeinander abgestimmten Entscheidungen ab. Eine wesentliche Besonderheit im Vergleich zum quantitativen Zugang ist die Betroffenheit des Forschers im Forschungsprozess. Betroffenheit ist hier nicht als mitleidiges Moment mit den Beforschten misszuverstehen, sondern als Reflexion der eigenen Rolle im Forschungsprozess. »Da es sich einerseits um subjektive Sichtweisen sowie andererseits um Deutungen und Interpretationen handelt, wird Forschung als Interaktionsprozess aufgefasst, in dem sich Forschende und Forschungsgegenstand ändern (Forscher-Gegenstands-Interaktion)« (ebd.).

Die *(bildungs-)historische Grundschulforschung* leistet einen wertvollen Beitrag zu Erziehungs- und Bildungsfragen, Unterrichts- und Erziehungswirklichkeit und pädagogischen Programmen unter Bezug auf die gesellschaftliche, politische und ökonomische Bedingtheit. Sie erlaubt es in der Gesamtschau singuläre Ereignisse, institutionelle oder programmatische Entwicklungen in ihrem Bedingungsgefüge zu analysieren, zu deuten und auf der Folie historischer Ereignisse einordnen und bewerten zu können. Wie bei den anderen Forschungszugängen besteht hier die Möglichkeit, sich als Forscher*in den Gegenständen auf unterschiedliche Weise zu nähern. Tenorth (2016) konturiert für die bildungshistorische Forschung im Allgemeinen drei Zugriffsmöglichkeiten: Einen ideengeschichtlichen, der als das wichtigste »Orientierungsmuster« und zugleich als »der traditionell bedeutsamste Zugriff der pädagogischen Historiografie« (ebd., S. 7) bildungshistorischer Forschung betrachtet wird, einen sozialgeschichtlichen und einen historisch-vergleichenden Zugriff. Dühlmeier und Sandfuchs (2019, S. 9–11) differenzieren diese Zugänge mit Blick auf die Rekonstruktion der Geschichte der Grundschule nach Zielsetzung des Zugriffs aus. Diese werden hier überblickartig in enger Anlehnung an die Darstellung der Autoren, inklusive des kritischen Blicks auf den jeweiligen Zugang, konturiert:

- *Ideengeschichte*: Dieser Zugang betrachtet die zeitgeschichtlich aufscheinenden pädagogischen »Ideen, Ziele, Planungs- und Wirkungsabsichten« (ebd.) und deren Entwicklung. Zu solchen Ideen zählen der Gedanke des Einheitsschulwesens oder das Konzept Grundlegende Bildung (z. B. Vogt, 2019). Hauptkritik ist eine bisweilen zu starke Fokussierung auf Einzelpersonen und unzulängliche Berücksichtigung gesellschaftlicher Einflussfaktoren.
- *Standardgeschichte:* Aus dieser Sicht wird die Entwicklung der Grundschule als »Erfolgsgeschichte«, beginnend mit der Gründung in der Weimarer Republik erzählt. Die Erzählung konturiert bedeutsame Abschnitte (vgl. hierzu Schorch, 2007). Hauptkritik ist die mangelnde Berücksichtigung der Entwicklungen vor der Gründung der Grundschule (Tenorth, 2000).
- *Institutionengeschichte:* Schwerpunkt ist »die Darstellung der Schulorganisation sowie der Bildungs- und Erziehungsziele im historischen Wandel« (Dühlmeier & Sandfuchs, 2019, S. 10). Auswertungsgrundlage sind »Gesetzestexte, Erlasse und Verordnungen, amtliche Protokolle und Richtlinien sowie […] Bildungs- und Erziehungsziele im historischen Wandel« (ebd., S. 10).
- *Historische Unterrichtswirklichkeit:* Dieser Zugang rekonstruiert Erziehungs- und Unterrichtswirklichkeit in ihrem jeweiligen Zusammenhang. Das Alltagsleben, bedeutsame Unterrichtskonzepte, die materiale Abbildung schulischer Realität werden zum Gegenstand dieser Untersuchung. Dafür sind »bildungshistorische Lokal- oder Regionalstudien der genuine Zugang.« (Dühlmeier &

Sandfuchs, 2020, S. 11). Hauptkritik: Die Betrachtung reformpädagogischer Ansätze scheint dominierend, die Rekonstruktion im öffentlichen Grundschulsektor stellt noch ein Desiderat dar.
- *Biographiegeschichte*: Diese Darstellung vollzieht die Geschichtsschreibung schwerpunktmäßig durch biographische Erzählungen schulischer Akteur*innen. Wesentlicher Vorteil: Durch die Rekonstruktion werden bedeutsame schulgeschichtliche, politische oder gesellschaftliche Umbrüche, programmatische Entwicklungen oder pädagogische Neuerungen aus Sicht der Betroffenen erfahrbar.

Dühlmeier und Sandfuchs (2019, S. 8–9) sehen in der bildungshistorischen Forschung ihren besonderen Wert zum einen in der Vermittlung zwischen Gegenwart und Zukunft, zum anderen in der ergänzenden Perspektive, die sie zu den Beiträgen empirischer Forschung darstellt. Sie wirkt mit ihren Reflexionsmöglichkeiten zur Entwicklung der Grundschule, dem epochalen Aufscheinen und Abklingen, hinsichtlich von Kontinuitäten und Spannungen pädagogischer Ideen und Programmatiken zugleich identitätsstiftend für die Entwicklung der Grundschulpädagogik als wissenschaftliche Disziplin (ebd.).

Eine Sonderform, die weder eindeutig der empirisch-analytischen noch der historischen Forschung zuteilbar ist, stellt die *vergleichende Grundschulforschung* dar. Im Allgemeinen gilt sie als interdisziplinäres Teilgebiet der Erziehungswissenschaften, das systematisch Ähnlichkeiten und Unterschiede von Erziehung und Bildung in zwei oder mehr nationalen oder kulturellen Kontexten und deren Wechselwirkungen mit intra- und außerschulischen Umgebungen untersucht (Manzon, 2011). Es kann sich aber auch um Untersuchungen innerhalb eines national konturierten Länderspektrums handeln. Untersucht und verglichen werden Erziehung und Bildung als sozial konstruierte (von Menschen gemachte) Wirklichkeiten entlang natio-ethno-kultureller Alteritäten (Mecheril, 2002).

Bereits im 19. Jahrhundert wird der Vergleich mit anderen Ländern offenbar dokumentiert in Reiseberichten, Erzählungen, in Form »pädagogischer Auslandskunde« (Glumpler, 2000, S. 572). In der Gegenwart leistet die vergleichende Forschung sowohl innerhalb der (quantitativ/qualitativ) empirischen als auch der bildungshistorischen Forschung wertvolle Arbeit. Eine wesentliche Entscheidung der paradigmatischen Zuordnung und des methodologischen Zugangs wird durch die Entscheidung getroffen »Bildung in einem ›anderen‹ Land oder einer ›fremden Kultur‹ zu verstehen (idiographisch) oder Erziehung und Bildung in nationalen und kulturellen Variationen erklären (nomothetisch) zu wollen« (Adick, 2014, S. 35). Erstere Herangehensweise lässt sich dem historischen Paradigma zuordnen und wird auch als idiographische Herangehensweise bezeichnet. Es geht um das Verstehen des national geprägten Verständnisses von Erziehung und Bildung, das in diesem Ansatz über die jeweilige Kultur eines nationalen, gesellschaftlich-historisch entwickelten Kontextes erklärt wird. Demgegenüber steht der nomothetische Ansatz, das heißt der erklärende Ansatz, der aus sozialwissenschaftlicher Perspektive mit Hilfe von empirisch-analytischen Verfahren Ausschnitte der Bildungs- und Erziehungswirklichkeit vielfältig zu erklären versucht und nicht nur als nationale oder kulturelle Traditionen interpretiert.

Ein Beispiel empirischen Zugangs stellen Internationale Vergleichsstudien dar (▶ Kap. 11.6.1: Makroebene). Internationale Schulleistungsstudien wie die Internationale Grundschul-Lese-Untersuchung (IGLU) erheben seit 2001 im Rhythmus von fünf Jahren die Lesekompetenzen der Schüler*innen. Die Ergebnisse sind für die deutsche Bildungspolitik ein wichtiger Gradmesser für Entwicklungen im Bildungssystem. Sie liefern Auskünfte darüber, wie gut Grundschüler*innen der vierten Klassen in Deutschland Texte lesen und verstehen können und wie sie im Vergleich mit Kindern in anderen Ländern abschneiden. Die Studien liefern wertvolle Informationen über besondere Herausforderungen, legen Verbesserungsbedarfe offen und identifizieren durch den Ländervergleich systemrelevante Stellschrauben, die eine Verbesserung der Leseleistungen indizieren würden.

> **Lernaktivität**
>
> Recherchieren Sie eine Grundschulstudie und eruieren sie: Fragestellung(en), Methode(n), Ergebnisse. Welchen Beitrag können diese Studien zur Theoriebildung und -anwendung in der Grundschule leisten?

4.4 Sozialisierung und Ausbildung des Nachwuchses

Die Grundschulpädagogik als Kommunikationsgemeinschaft sieht sich in der Gegenwart wie in der Vergangenheit mit der besonderen Herausforderung konfrontiert, eine »disziplinspezifische(n) Karrierestruktur« (Götz et al., 2019, S. 20) zu stellen, ohne dass die institutionelle Rahmung für grundschulpädagogische Forschung bisher an den Universitäten flächendeckend gegeben wäre (ebd.). Den Grundschullehramtsstudent*innen bereits während des Studiums die Aussicht auf eine wissenschaftliche Karriere im Bereich der grundschulpädagogischen Forschung als attraktiv darzustellen gelingt aus verschiedenen Gründen nur rudimentär. Zum einen wählen die meisten Lehramtsstudent*innen (auch, wenn diese keine homogene Gruppe darstellen; Watt & Richardson, 2008) das Studium, weil sie einen sozialen Beruf ergreifen möchten und pädagogisch interessiert sind (Keller-Schneider et al., 2018). Verschiedene Studien untermauern, dass die Arbeit mit Kindern, die Arbeitsplatzsicherheit und die Gewissheit wichtige Beweggründe darstellen (z. B. Beckmann, 2016). Untersuchungen zu den Motiven von Student*innen verschiedener Lehrämter zeigen, dass besonders unter im Grundschullehramt das fachliche Interesse geringer ausgeprägt ist als im Gymnasiallehramt und das pädagogische Interesse überwiegt (Retelsdorf & Möller, 2012). Zum anderen lässt sich beobachten, dass die praktischen Erfahrungen unter Lehramtsstudent*innen einen hohen Stellenwert besitzen (z. B. Makrinus,

2013). Wissenschaftliches Arbeiten, Schreiben und die Theorieentwicklung, eine fachwissenschaftliche Auseinandersetzung, die keine unmittelbare pädagogische Praxis mit dem Kind vorsieht, sind mit der Berufswahlmotivation daher nicht unbedingt konform. Demgegenüber steht die Wissenschaftskarriere, die mit hohen Unsicherheiten verknüpft ist, wenig Aussicht auf langfristige und sichere Verträge bietet und gänzlich andere Arten der Tätigkeit vorsieht (insbesondere das Forschen und wissenschaftliche Schreiben). Ein Beruf in der Wissenschaft ist daher möglicherweise gerade für diese spezifische Gruppe nicht sonderlich attraktiv. Diese Divergenz könnte zumindest ein mögliches Erklärungsmuster für die Schwierigkeit anbieten, wissenschaftlichen Nachwuchs im Bereich des Lehramts zu rekrutieren. Ein niedrigschwelliger Einstieg in Grundschulforschung könnte zumindest durch forschendes Lernen und dem damit verbundenen Stellenwert von Theorie für die Praxis im Rahmen des universitären Studiums angelegt werden. An der eigenen Universität die Studierenden in größere Forschungsprojekte, wie z. B. Promotionsstudium, zu integrieren, lässt zudem oft Interesse an wissenschaftlichem Arbeiten aufkommen. Besteht die Möglichkeit, die Lehramtsstudierenden auch interdisziplinär bereits im Master an nachwuchsfördernde Einrichtungen anzubinden, z. B. Graduiertenzentren oder Kolloquien, in denen sich u. a. Möglichkeiten der niedrigschwelligen Information und Beratung finden, scheint oft erst das Bewusstsein für diese berufliche Tätigkeit zu entstehen. Auch eine Tätigkeit als studentische Hilfskraft und somit ein Einblick in den Alltag sowie persönliche Bezüge zu Wissenschaftler*innen oder Mentoringprogramme, wie sie mittlerweile in verschiedenen Universitäten organisiert sind, können Optionen der Rekrutierung von Nachwuchs sein.

Bereits während des Studiums können auch Einblicke über die vorgenannten grundschulpädagogischen Kommunikationsnetzwerke einen guten Einstieg darstellen. Daran angelehnt ergibt sich die Möglichkeit, als Interessent*in an Grundschulforschung an der Arbeitsgruppe der Nachwuchswissenschaftler*innen der Grundschulforschungsgemeinschaft zu partizipieren. Diese Arbeitsgruppe *Primarschulforschende in der Qualifikationsphase PriQua* besteht seit dem Jahr 2015. Die Beratungs- und Unterstützungsangebote (u. a. Methodenworkshops, Austauschmöglichkeiten) führen in die Standards der scientific community ein und ermöglichen zugleich, Netzwerke zu knüpfen, die für einen Weg in der Wissenschaft wichtig sind. Damit ist von der grundschulpädagogischen Gemeinschaft sicherlich ein wichtiger Schritt vollzogen worden, um dem Nachwuchs den Weg in die Wissenschaft zu ebnen. Im Wissenschaftssystem Universität ist sicherlich noch mehr zu tun, um die Wissenschaftskarriere auch für Lehramtsstudent*innen attraktiver zu gestalten.

4.5 Zusammenfassung

Rückblickend kann man sagen, dass es der Grundschulpädagogik als wissenschaftliche Disziplin in vielen Aspekten gelungen ist, sich zu etablieren. An vielen Universitätsstandorten und pädagogischen Hochschulen ist das Fach mittlerweile vertreten. Im Trend wächst die Anzahl an Professuren für Grundschulpädagogik, was auf einen Bedeutungszuwachs des Faches hinweist. Es ist ihr auch gelungen, ein gut funktionierendes wissenschaftliches Kommunikationsnetzwerk aufzubauen, das es ermöglicht, die Erkenntnisse mit der Öffentlichkeit zu teilen und sich über die Entwicklungen des Faches zu informieren und auszutauschen. Für die Sozialisierung des Nachwuchses ist mit der Bereitstellung von Orten die Möglichkeit für den wissenschaftlichen Nachwuchs geschaffen, mit den Grundsätzen, Methoden der Grundschulpädagogik vertraut zu werden.

Es bleiben jedoch offene Aufgaben. Die fehlende disziplinspezifische Karrierestruktur, die für das Lehramt im Allgemeinen, aber auch für das Grundschullehramt im Besonderen gilt, erschwert es an vielen Standorten frühzeitig die Weichen zu stellen und wissenschaftlichen Nachwuchs für Grundschulpädagogik zu gewinnen. Das Wissen, das von der Wissenschaft für die Praxis entwickelt generiert wird, findet nicht immer so einfach den Weg in die Praxis. Die Grundschulpädagogik ringt an vielen Universitätsstandorten noch immer um ihr Selbstverständnis und die Eigenständigkeit als wissenschaftliche Disziplin.

Vertiefende Literatur

- Einsiedler, W. (2015). *Geschichte der Grundschulpädagogik*. Bad Heilbrunn: Klinkhardt.
- Einsiedler, W., Fölling-Albers, M., Kelle, H. & Lohrmann, K. (2013). *Standards und Forschungsstrategien in der empirischen Grundschulforschung: Eine Handreichung*. Münster: Waxmann.
- Einsiedler, W. et al. (2014). Zum wissenschaftlichen Selbstverständnis von Grundschulpädagogik und Grundschuldidaktik: Theoriebildung – Forschung – Anwendung – Studium. In W. Einsiedler et al. (Hrsg.), *Handbuch Grundschulpädagogik und Grundschuldidaktik* (4. Aufl.) (S. 13–31). Bad Heilbrunn: Klinkhardt.
- Für Einsteiger: Hussy, W., Schreier, M. & Echterhoff, G. (2013). *Forschungsmethoden – in Psychologie und Sozialwissenschaften für Bachelor*. Berlin: Springer.
- Zur Vertiefung: Bortz, J. & Döring, N. (2015). *Forschungsmethoden und Evaluation für Human- und Sozialwissenschaftler*. Berlin: Springer.

5 Organisation

Die Organisation von Schule und Unterricht kann auf der Ebene der Einzelschule und des Unterrichts sehr unterschiedlich aussehen. Es gibt aber auch organisatorische und strukturelle Bedingungen, wie die Halbtagsschulorganisation oder der Unterricht in jahrgangsgebundenen Klassen, die flächendeckend eingeführt wurden. Die inklusive Schule hat den Druck auf Veränderung erhöht und führt zum Aufbrechen alter Strukturen. Zahlreiche neue, aber auch bereits bekannte schul- und unterrichtsorganisatorische Konzepte wurden im Zusammenhang mit inklusiver Schulentwicklung auf das Tableau gebracht, weil man sich von ihnen Vorteile für die Lernenden verspricht. In diesem Kapitel werden einige dieser verschiedenen organisatorischen Aspekte thematisiert.

5.1 Schulentwicklung

Grundschulen verändern sich laufend, weil sie Teil eines gesamtgesellschaftlichen Systems sind, das selbst einem permanenten Wandel unterliegt. Schulentwicklung beschreibt den zielgerichteten, systematischen Prozess zur Verbesserung der Einzelschule innerhalb des gesellschaftlichen Systems. Ziel ist die Qualitätsentwicklung von Schule und die zukunftsfähige Gestaltung der Einzelschule. Es existieren verschiedene Ansätze, die Möglichkeiten aufzeigen, wie sich Schulen innovativ weiterentwickeln, flexibel den Veränderungen anpassen und ihre Zukunft aktiv gestalten können.

Unter dem Dach der Schulentwicklung werden drei Dimensionen in den Blick genommen: Organisationsentwicklung, Personal- und Unterrichtsentwicklung (Rolff, 2013). Alle drei sind zu berücksichtigen und nur, wenn auf allen drei Ebenen Ziele systematisch verfolgt und Maßnahmen implementiert werden, sind die Voraussetzungen für eine positive Entwicklung von Schule günstig. *Organisationsentwicklung* umfasst u. a. Aktivitäten wie die Entwicklung von Schulprogrammen und nutzt z. B. datengestützte Rückmeldungen aus Schulinspektionen für die Entwicklung der Schule. Die *Personalentwicklung*sebene fokussiert die schulischen Akteur*innen als zentrale Säule von Schule und Unterricht. Sie umfasst Maßnahmen zur Qualifizierung und Förderung des Lehrpersonals und der Mitarbeiter*innen (u. a. Fortbildungen, Unterrichtshospitationen), um kompetentes Personal zu entwickeln, das qualitativ hochwertigen Unterricht mit entsprechenden Unterstützungsangeboten für Schüler*innen und Kooperationspartner*innen realisieren kann. Mit *Unterrichtsentwicklung* werden alle Aktivitäten beschrieben, welche zur Verbesserung von Unterricht beitragen (u. a. Methoden, Lehrkraft-Schüler*innen-Beziehung) und das Lernen der Schüler*innen unmittelbar verbessern. Ziel und Ausgangspunkt von Maßnahmen sind immer die Schüler*innen und der Wunsch, sie in ihrer personalen, fachlichen und sozial-emotionalen Entwicklung zu unterstützen.

5.1.1 Ansätze der Schulentwicklung

Die Forschung hat mittlerweile eine Reihe an Ansätzen und Perspektiven auf Schulentwicklung hervorgebracht. Das erste Aufkommen des Begriffs wird in Deutschland ungefähr auf die 1970er Jahre datiert. Inhaltlich wurde Schulentwicklung eng an infrastrukturelle Fragen gekoppelt. Ab etwa Mitte der 1980er Jahre wurden zunehmend Schulprogramme, Evaluationen und Steuergruppen in Ansätze zur Schulentwicklung integriert (Hohberg, 2015). Etwa seit den 1990er Jahren modelliert man in der Schulentwicklung die Schule als lernende Organisation. Wichtige Impulse für diese Entwicklung kamen aus der Schulqualitätsforschung und insbesondere der Schuleffektivitätsforschung (z. B. Ditton, 2000). Diese identifizierten verschiedenen Merkmale effizienter Schulen, gemessen an ihrem kognitiven Output auf Schüler*innenebene. Neben der Lehrkraft, die als proximaler Bedingungsfaktor einen erheblichen Anteil am Erfolg der Schüler*innenleistung hat, wurden auch andere Faktoren, wie die Qualität der Schulleitung, gelingendes Kooperationsverhalten des Kollegiums oder auf Unterrichtsebene hohe Leistungserwartungen und gemeinsam aufgestellte Regeln herausgearbeitet, welche als distale Bedingungsfaktoren die Effizienz einer Schule beeinflussen (Scheerens & Bosker, 1997). Die Rolle und Bedeutung der Lehrkraft für das Lernen der Schüler*innen und ihre gesamte persönliche Entwicklung wurde seitdem empirisch bekräftigt (Hattie, 2009). Anfang der 2000er Jahre gaben auch die internationalen Schulleistungsvergleichsstudien wie die IGLU-Studie (Internationale-Grundschul-Lese-Untersuchung) oder die PISA-Studie (Programme for International Student Assessment) wichtige Impulse für die Schulentwicklung. Sie offenbarten Stellschrauben zur Verbesserung der Qualität der Einzelschule. Seit dem Inkrafttreten der UN-Behindertenrechtskonvention (2009) wurden im Zuge des Prozesses inklusiver Schulentwicklung weitere Bestandteile markiert und als Elemente in Ansätze zur Schulentwicklung integriert, wie etwa die inner- und außerschulische Netzwerkarbeit und Kooperation. In den letzten Jahren sind weitere Ansätze entstanden, die sich mit der Entwicklung von Schulen in schwieriger Lage beschäftigen und das Ziel haben, die Bedingungen an Schulen zu ermitteln, welchen trotz widriger Umstände eine positive Entwicklung gelingt (u. a. Racherbäumer et al., 2013).

Nach Purkey und Smith (1983), die ein empirisch validiertes Fünf-Faktoren-Modell hervorgebracht haben – hier in Anlehnung an Burow et al. (2020, S. 1164) in Abbildung 8 dargestellt –, lassen sich verschiedene Ansatz- und Schwerpunkte für die Schulentwicklung ausmachen, an denen eine Intervention gezielt ansetzen kann.

Abb. 8: Fünf-Faktoren-Modell der Analyse- und Interventionsebenen (nach Purkey & Smith, 1983, Burow et al., 2020, S. 1164; eigene Darstellung)

Die Rolle der Schulleitung wurde lange Zeit unterschätzt, aber in den vergangenen Jahren konnte ihre Bedeutung für eine positive vs. negative Entwicklung der Schule deutlich herausgestellt werden. Gute Schulen haben gute Schulleitungen, so Burow et al. (2020). Deshalb liegt ein besonderer Schwerpunkt auf der Entwicklung der Kompetenzen von Schulleitungen. Eine zweite Stellschraube offenbart sich in der Unterstützung von Lehrkräften zur Weiterentwicklung ihrer fachlichen Fähigkeiten und Methodenkompetenzen. Die Herstellung einer sicheren Umgebung für alle schulischen Akteur*innen, in der Ziele und Erwartungen abgesteckt und klar kommuniziert werden, ist wichtig für das Erreichen einer wertschätzenden, demokratischen Schulkultur, an der sich Eltern und auch andere Professionen (u. a. Sonderpädagog*innen, Sozialarbeiter*innen) gelingend beteiligen können und möchten, um die Schüler*innen in ihrer Entwicklung zu unterstützen (Eltern und Schulentwicklung ▶ Kap. 6.1). Einen vierten Faktor stellt die Formulierung einer hohen Erwartungshaltung an die Leistungsfähigkeit aller Schüler*innen dar. Diese drückt sich unter anderem in einer unterstützenden, aber anspruchsvollen Atmosphäre aus, bei denen Schüler*innen auf ihrem Niveau angemessen gefordert werden. Der fünfte Faktor schließt daran an, indem als Interventionsebene die regelmäßige Überprüfung von Lernfortschritten stattfindet, um Erkenntnisse über die Fortschritte und Bedarfe zu ermitteln.

Schulentwicklungsansätze fungieren vor allem bei der Analyse beeinflussender Faktoren auf organisationaler, unterrichtlicher und kontextueller Ebene. Auf der Basis einer systematischen Abbildung pädagogischer Prozesse kann eine gezielte, theoriegeleitete Planung zukünftiger Vorhaben eingeleitet werden, wenn klar ist, welche Ziele erreicht werden wollen. Auf Schulebene ist Inklusion z. B. eine Querschnittsaufgabe von Schulentwicklung (vgl. Arndt & Werning, 2016). Zur

Entwicklung inklusiver Schule wurden in den vergangenen zwei Jahrzehnten einige Konzepte vorgelegt, die den Akteur*innen der Schule eine gute, systematische Orientierung und Hilfestellung auf dem Weg zur inklusiven Schule geben können.

Der Index für Inklusion (Booth & Ainscow, 2002) stellt z. B. eine Hilfestellung dar, mit der Institutionen auf dem Weg zur inklusiven Einrichtung Orientierung erhalten. Er kann Akteur*innen darin unterstützen, die Aspekte auf dem Weg zur inklusiven Schule auf verschiedenen Ebenen angeregt zu diskutieren und für die eigene Schule zu planen und bietet auf vielfältige Weise Anlässe, um über inklusive Momente zu reflektieren. Darüber hinaus gibt es weitere Konzepte und Ansätze für die Praxis, welche Akteur*innen im Kontext Schule angemessene Hilfestellungen für den Umgang mit Heterogenität und Vielfalt in Schule und Unterricht und Orientierungen auf dem Weg zur inklusiven Schule bieten. Dazu zählen:

- die QU!S (*Qualitätsskala zur inklusiven Schulentwicklung*; Heimlich et al., 2018), welche sich dem Zusammenhang zwischen Inklusion und Qualität in Schule und Unterricht widmet und im Gegensatz zum Index für Inklusion auch konkret die sonderpädagogische Förderung in die Betrachtung einbezieht (u. a. Hillenbrand et al., 2013). Die QU!S wurde entlang des bayrischen Leitfadens *Profilbildung inklusive Schule* entwickelt (Fischer et al., 2013);
- der Ansatz des *Universal Design for Learning*, welcher verschiedene Arten von Barrieren in den Blick nimmt (u. a. auch Gebäude und Räume), diese für den Lernprozess sichtbar macht und verschiedene Gestaltungsmöglichkeiten förderlicher Lernumgebungen fokussiert (Hall et al., 2012);
- *mehrstufige Modelle*, wie der Response-to-Intervention-Ansatz (RtI), der einen organisatorischen Rahmen für Schule und Unterricht darstellt, der mit Diagnostik und Förderung auf verschiedenen Ebenen systematisch gefüllt wird (▶ Kap. 5.4 Mehrstufige Systeme).

5.1.2 Schulleitung

Neben allen bedeutsamen Rollen in einem Kollegium ist die Schulleitung besonders wichtig, wenn es um die Umsetzung eines (inklusiven) Schulentwicklungsprozesses und die Gestaltung ›guter‹ Schule geht. Dabei hat sich die Profession und der Tätigkeitsbereich der Schulleitung in den letzten Jahren stark verändert: Heute geht es im Fokus um eine systematische Schulentwicklung und nicht mehr ›nur‹ um zentrale Verwaltungsaufgaben. Insbesondere neue und wenig geübte Schulleiter*innen erleben in den veränderten Anforderungen ihrer Rolle große Schwierigkeiten (Bush, 2016).

Schulen und damit Schulleitungen sind an Gesetze, Erlasse und Verwaltungsvorschriften gebunden, die der Steuerung und Aufsicht durch den Staat in einem hierarchischen System dienen. Jedoch besteht innerhalb dieser Regelungen ein großer Gestaltungsspielraum. Die Schulleitung ist sowohl nach innen als auch nach außen repräsentativ und entwickelnd tätig und in einen vielschichtigen Austausch und Kontext eingebunden. Neben Schulaufsicht, Kollegium, Schüler*innen gestaltet sie auch den Kontakt mit Eltern.

Für verantwortungsvolle und innovative Schulen des 21. Jahrhunderts werden effektive Schulleitungen benötigt (Schleicher, 2015, S. 9, Übersetzung der Autorinnen): »Wirksame Schulleitungen sind diejenigen, die datengestützte Entscheidungen treffen können, die Lehrkräften die pädagogische Führung bieten, die sie brauchen, um allen Schüler*innen zu helfen, in der Schule erfolgreich zu sein, und die ein kollaboratives Schulumfeld schaffen, in dem Lehrkräfte an schulischen Entscheidungen beteiligt sind.« Die Schulleitung hat direkten Einfluss auf das gesamte Kollegium und dessen Ausrichtung. Was sind unsere Visionen und Ziele? Welche Fortbildungen werden besucht? Welche Herausforderungen nehmen wir wahr? usw. Wie die Schulleitung agiert, hat Auswirkungen auf die Selbstwirksamkeit der einzelnen Lehrkraft, auf die kollektive Selbstwirksamkeit des Kollegiums, auf die Einstellung z. B. zu Inklusion und auf die Arbeitszufriedenheit (vgl. Hohberg, 2015; Schleicher, 2015; Urton et al., 2014).

Die OECD-Studie TALIS (Teaching and Learning International Survey, OECD, 2016) stellt ebenso wie Hattie (2009) heraus, dass die Kompetenz der Lehrkräfte und ihr Handeln im Unterricht das ist, was für die Schüler*innen einen Unterschied in ihrer Entwicklung ausmacht. Dennoch hat die Schulleitung einen indirekten Einfluss und kann unterstützend oder hemmend im Prozess der wirksamen Unterrichtsgestaltung sein. Lindsay (2007) identifiziert eine unterstützende Schulleitung als ein Erfolgskriterium für inklusiven Unterricht aus Sicht von Lehrkräften. Hattie (2009) findet für den indirekten Effekt der Schulleitung über die Lehrkräfte auf die Schulleistungen der Schüler*innen eine moderate Effektstärke von $d=.36$. Dabei wird der Fokus der Untersuchungen oft auf die schulischen Leistungen der Schüler*innen gelegt. »Die Hauptverantwortung der Schulleitung besteht darin, sicherzustellen, dass die Bildungsbedürfnisse und -ziele aller Schüler*innen erfüllt werden« (Schechter & Feldman, 2013, S. 4, Übersetzung der Autorinnen). Daneben sind Dimensionen wie das Schulklima und die Persönlichkeitsentwicklung, mitsamt sozialer und emotionaler Aspekte und des Wohlbefindens, relevant. Im Kontext inklusiver Schule steigt der Bedarf der Unterstützung aktiver Handlungsstrategien und des Monitorings von Seiten der Schulleitung. Dazu ist mehr als zuvor auch grundlegende sonderpädagogische Expertise gefragt. Hier ist nicht die vertiefte Auseinandersetzung mit Beeinträchtigungen in jeglicher möglichen Ausprägung sowie Diagnostik und Handlungsmöglichkeiten der Prävention, Intervention und Rehabilitation in aller Komplexität gemeint, »sie müssen über grundlegende Kenntnisse und Fähigkeiten verfügen, die sie in die Lage versetzen, wesentliche sonderpädagogische Führungsaufgaben wahrzunehmen« (Schechter & Feldman, 2013, S. 5, Übersetzung der Autorinnen). Ein Überblick über die Thematik ist also unerlässlich, um die Kernaufgaben der Schulleitung erfolgreich bewältigen zu können.

Neben Wissen und Kompetenzen ist die Einstellung eine wichtige Variable. Die Einstellungen bzw. Philosophie einer Schulleitung beeinflusst nicht nur die Einstellung eines Kollegiums oder einer Schule, sondern trägt auch auf anderen Ebenen zu Entscheidungsprozessen bei. »Die Schulleitung entwirft auch die Philosophie, die den Unterrichtsplan einer Schule bestimmt, und trifft die Haushaltsentscheidungen, die sich auf die Gestaltung der Schule auswirken. Beide Aspekte können sich direkt auf ein schulisches Inklusionskonzept auswirken, da sie zusammen das Fundament bilden, auf dem das Konzept aufgebaut wird« (Bentolila, 2010, S. 4, Übersetzung der Autorinnen). Hier wird sowohl die inhaltliche als auch finanzielle Gestaltungsverantwortung der Schulleitung deutlich, die zur Ausrichtung der Schule, ihres Klimas und zum Einsatz bestimmter Strategien und Methoden beiträgt.

Eine kompetente Schulleitung nimmt die komplexen Aufgaben der Schulentwicklung nicht alleine wahr, sondern zieht weitere Personen zur Unterstützung heran, wie z.B. eine Steuergruppe oder Fachkonferenzen im Sinne einer *distributed Leadership*. Damit liegt die Führungsverantwortung nach wie vor bei der Schulleitung, die Handlungsverantwortung wird jedoch delegiert. Darin wird nicht die reine ›Abgabe‹ von Aufgaben umgesetzt, sondern auch Wertschätzung gegenüber dem Kollegium und Anerkennung verschiedener Expertisen deutlich. Weitere Führungskonzepte neben der distributed Leadership sind *instructional Leadership* sowie *transformational Leadership*. Die verschiedenen Führungskonzepte sind nicht unbedingt als sich gegenseitig ausschließend zu sehen, sondern können sich auch nebeneinander finden (vgl. Marks & Printy, 2003). Während sich *instructional Leadership* auf die Unterrichtsentwicklung fokussiert (Verbesserung der Qualität des Unterrichts durch Beratung der Lehrkräfte, Anregung von Kooperation der Lehrkräfte, Unterstützung der Professionalisierung) und damit auf eine direkte Wirkung, stellt *transformational Leadership* eher eine indirekte Wirkung durch die Entwicklung eines wertschätzenden Klimas im Kollegium dar, in dem sich jede Person wohlfühlt und weiterentwickelt (Identifikation mit der Schule und dem Kollegium, hohes Engagement). Darunter existieren zahlreiche Modelle verschiedener Ausrichtung, deren Ausführungen hier zu weit führen würde. Eine Übersicht findet sich z.B. bei Hohberg (2015) oder Scheer (2019a). Die komplexen Bezüge der Schulleitungsrolle im inklusiven Kontext erarbeitet Scheer (2019b) in seinem integrierten Modell, welches zur Vertiefung empfohlen wird.

Alle bisher genannten Aspekte im Kontext von Schulleitungen gelten sowohl in der Primar- als auch in der Sekundarstufe. Was aber kann spezifisch für Schulleitungshandeln in der Grundschule ausgesagt werden?

Das Kollegium an Grundschulen ist in den letzten Jahren wesentlich größer und heterogener geworden. Es sind verschiedenste Professionen vorhanden, die jeweils unterschiedlich in Schule und Unterricht eingebunden werden müssen und verschiedene Unterstützung und Steuerung durch die Schulleitung benötigen. Allgemeine Lehrkräfte, Sonderpädagog*innen, Schulsozialarbeiter*innen, pädagogische Mitarbeiter*innen etc. sollen kollegial an einem Strang ziehen, die verschiedenen Expertisen einbeziehen und den Unterricht adäquat für heterogene Lerngruppen gestalten. Hohberg (2015) bezeichnet die Grundschule als Vorreiterin, denn in ihr seien Entwicklungen immer einige Jahre vor den Schulen der Sekundarstufe ersichtlich und müssen umgesetzt werden. Deswegen werden Schulleitungen an Grundschulen hier in besonderer Verantwortung zur Umsetzung gesellschaftlicher Veränderungen und rechtlicher Entwicklungen gesehen.

Durch die Elternwahl, dass also Eltern die Schule für ihr Kind frei wählen können, wächst der Druck auf die Schule und damit auf die Schulleitung, sich sichtbar zu platzieren und mit Außenwirkung zu präsentieren. Zusätzlich zur Entwicklung innerhalb der Schule ist also auch Werbung nach Außen gefragt.

Zusammenfassend wird deutlich, dass die Rolle der Schulleitung mit der Erfüllung komplexer Aufgaben belegt ist und eine deutliche Expertise benötigt, um das System Schule zu leiten, Entwicklung zu initiieren und zu begleiten. Hierbei sollten Schulleitungen nicht alleine gelassen werden, sondern durch Schulaufsicht und weitere Akteur*innen im System Unterstützung erhalten. Sie tragen gerade im Prozess der Entwicklung inklusiver Bildung eine hohe Verantwortung (Hillenbrand et al., 2014). Aktive Schulleitungen, die in Netzwerke eingebunden sind und ihr Kollegium einbeziehen, scheinen besonders erfolgreich zu sein.

5.2 Jahrgangsübergreifendes Lernen

Mit dem Terminus Jahrgangsübergreifendes Lernen (JüL) ist das Lernen in einer gemischten Altersstruktur (engl. *mixed-age learning* oder *mixed-age classes*) im Klassenverbund gemeint. JüL bildet einen Gegenentwurf zum Unterricht im jahrgangshomogenen Klassenverband, der ideengeschichtlich auf Comenius' Einführung des Jahrgangsklassenprinzips zurückzuführen ist. Dieser wurde im zeitlich-historischen Verlauf immer wieder kritisiert, da er Entwicklungs- und Altersunterschiede gleichsetzt (vgl. Götz & Krening, 2011). Seinen Ursprung hat das Konzept des JüL in vielen reformpädagogischen Strömungen und Ideen zur Neuorganisation des Lernens, die im beginnenden 20. Jahrhundert ihre Blütezeit erlebten und in denen Kritik am Sitzenbleiben geübt, schüler*innenorientiertes Lernen und die Entfaltung von Kreativität forciert und altersheterogene Lerngruppen zum Normalfall wurden (z. B. Montessori; Jena-Plan). Im Zuge inklusiver Schulentwicklung stellt sich JüL aktuell als eine Organisationsform dar, in der die besten Voraussetzungen gegeben sind, um den Anspruch und das Recht auf eine Bildung für alle zu realisieren (u. a. Prengel, 2019). In einigen Ländern, auch in Deutschland, spielen aber auch pragmatische Gründe bei der Gründung von jahrgangsübergreifenden Lerngruppen eine Rolle, wie demografischer Wandel und die drohende Gefahr von Schulschließungen (Mett & Schmidt, 2002), welcher an einigen Standorten Reformen erzwingt. Dabei kann der Reformdruck durchaus mit dem pädagogischen Anspruch in Einklang stehen (vgl. Wagener, 2014). Abzugrenzen ist der Terminus JüL von *multi-grade classes* oder *composite (combination) classes*, bei denen Lernende aus unterschiedlichen Jahrgangsstufen zwar in einem Klassenzimmer unterrichtet werden, aber nach jahrgangsbezogenem Konzept, in so genannten Abteilungen (ebd.). Die Zusammenführung ist in diesem Fall ökonomisch begründet und in Ländern üblich (z. B. Uganda, Senegal, Gambia), in denen geringe Einkommen, weite Anreisewege zur Schule und Lehrkräftemangel eine Zusammenlegung von Jahrgangsstufen notwendig machen (Mulkeen & Higgins, 2009).

Im deutschsprachigen Raum werden unterschiedliche Konzepte unter JüL subsumiert. Es kann sich um eine schulstrukturelle oder unterrichtliche Maßnahme am Schulanfang (u. a. Flexible Schulanfangsphase) oder um ein reformpädagogisches Konzept handeln (z. B. Jenaplan, Montessori), welches über die zeitliche Dauer der Schulanfangsphase (Jahrgang 1 und 2) hinausgeht und alle Jahrgänge einbezieht. In den Landesgesetzen firmieren die schulorganisatorischen Modelle der jahrgangsgemischten Formen des Lernens am Schulanfang unter unterschiedlichen Begrifflichkeiten, z. B. JüL (Berlin), Schulanfangsphase (Saph, Berlin), flexible Schuleingangsphase (FLEX, Brandenburg) oder jahrgangsgemischte Eingangsstufe (Niedersachsen).

Im Kern verbindet alle Konzepte die Anerkennung der Tatsache, dass Lerner*innen unterschiedlich sind. Sie zielen auf die Bereitstellung einer entwicklungsförderlichen Lernumgebung, in der mit der Verschiedenheit der Schüler*innen produktiv umgegangen wird und eine Orientierung am individuellen Entwicklungsstand stattfindet (Carle & Metzen, 2014).

5.2.1 Organisationsformen

Ab den 1970er Jahren gab es auf bildungspolitischer Ebene verschiedene Vorstöße zur Neugestaltung des Schulanfangs (vgl. Faust, 2006). Im Mittelpunkt der Maßnahmen stand die Förderung der kognitiven Fähigkeiten von *Fünfjährigen*, mit dem Ziel, sie fit für die Schule zu machen. Bildungspolitisch wurde eine Vorverlegung des Einschulungsalters auf fünf Jahre und eine Reduktion von Zurückstellungen vom Schulbesuch angestrebt. In Deutschland wurden in den verschiedenen Bundesländern unterschiedliche Umsetzungsmöglichkeiten erprobt. Die Förderung wurde entweder (1) *im* Kindergarten angegangen oder (2) in so genannten *Vorschulklassen* ein Jahr vor Schulbeginn (Kindergarten) oder (3) in der so genannten *Eingangsstufe*, die institutionell der Grundschule zugeordnet war. Die Ergebnisse der Modellversuche waren ernüchternd, weil empirisch gesehen keine der Varianten als überlegen identifiziert werden konnte. Es blieb also zunächst bei dem Kindergartenmodell und Bemühungen um vorschulische Förderung in den Kindergärten.

In den 1990er Jahren wurde die grundschulpädagogische Forderung nach einer förderorientierten Schuleingangsphase von der Bildungspolitik durch die *neue Schuleingangsstufe* aufgegriffen. Sie stellte zugleich eine Absage an eine negative Selektionspraxis und eine Kritik an der Aussagekraft von Schulfähigkeitstests am Schuleingang dar. Bildungspolitisch wurde eine Senkung des Schuleintrittsalters angestrebt. Theoretische Grundlage stellte das *ökopsychologische Schulreifemodell* nach Horst Nickel (1990) dar. Basierend auf der ökosystemischen Theorie von Bronfenbrenner (1981) führt er Entwicklungen auf den Einfluss der Umwelt und deren Interaktion mit der Person zurück. Die Förderung der Schulfähigkeit wurde deshalb nicht mehr auf die Förderung des Kindes *vor* der Schulzeit reduziert, sondern richtete sich auf die Anpassung schulischer Gegebenheiten, einer Akzeptanz von Heterogenität und einer unterrichtsintegrierten Förderung aller Kinder. Auf unterrichtlicher und schulischer Ebene bedeutet das die Berücksichtigung der familiären Lebenswelt des Kindes, eine verbesserte differenzierende Prozessdiagnostik, eine intensive Zusammenarbeit zwischen der vorschulischen und schulischen Institution sowie eine enge Zusammenarbeit verschiedener Professionen im schulischen Kontext. Eine Veränderung des Schulanfangs wurde auf bildungspolitischer Ebene auch ökonomisch begrüßt. In Anlehnung an humankapitaltheoretische Ansätze wurde der durch eine späte Einschulung verursachte späte Eintritt in das Berufsleben als gesellschaftlich relevanter negativer Effekt betrachtet. Dem Beschluss der KMK (1997) zum Schulanfang folgend, wurden seit den 1990er Jahren in allen Bundesländern (Ausnahme: Saarland) verschiedene Modelle des Schuleingangs erprobt. Aktuell sind in den Bundesländern sehr unterschiedliche Varianten anzutreffen. Im Kern weisen alle Modelle aber mindestens die folgenden drei Merkmale auf (Martschinke & Kammermeyer, 2018, S. 42):

1. Zurückstellungen vom Schulbesuch werden vermieden. Organisatorisch bedeutet es u. a. eine Schließung von Schulkindergärten.
2. Pädagogisch und organisatorisch werden die ersten beiden (oder weitere) Schuljahre zu einer Einheit zusammengefasst. Kinder können flexibel in den jahrgangsgemischten Lerngruppen zwei Schuljahre verbringen und danach regulär in die dritte Klassenstufe aufrücken oder bei Bedarf noch ein weiteres Jahr in der Schulanfangsphase verbleiben. In Niedersachsen beschreibt die *Jahrgangsgemischte Eingangsstufe* beispielsweise die Zusammenfassung der ersten beiden Schuljahre. In Berlin existieren zwei Modelle parallel, genannt die *Flexible Schulanfangsphase* (SaPh; FLEX, JüL-2), die zwei Jahrgänge und JüL-3 Klassen, die drei Jahrgangsklassen (Jahrgangsstufe 1 bis 3) zusammenfasst.
3. Das Sitzenbleiben wird durch die Möglichkeit des *Verbleibens* in der Schulanfangsphase ersetzt, weshalb auch von flexibler Schulanfangsphase die Rede ist. Das hat schulrechtlich insofern Konsequenzen, als dass das Verbleiben in der flexiblen Schulanfangsphase nicht auf die Höchstverweildauer in der Grundschule angerechnet wird, sondern auch bei einem Verbleib in der Schulanfangsphase für die Dauer von drei Jahren nur zwei Schuljahre angerechnet werden. Sofern die flexible Schulanfangsphase auf insgesamt drei Jahre ausgerichtet ist (JüL-3, Berlin), ist rechtlich vorgesehen, die individuelle Besuchsdauer von vier Jahren mit drei Jahren zu berücksichtigen (z. B. GsVo Berlin, Stand 2021).

> **Lernaktivität**
>
> Recherchieren Sie zur Schulanfangsphase in Ihrem Bundesland. Wie wird das Lernen in jahrgangsübergreifenden Lerngruppen organisiert? Wie ist die schulgesetzliche Grundlage?

Jahrgangsübergreifendes Lernen (JüL) ist ein weiter gefasster Begriff als der Begriff der Schuleingangs- bzw. Schulanfangsphase und zugleich ein pädagogisches Konzept, bei dem eine hohe Altersheterogenität der Lerngruppe angestrebt wird. Während die Schulanfangsphase sich in der Regel auf die ersten beiden Schuljahre bezieht, kann jahrgangsübergreifendes Lernen zwar auch auf die Schulanfangsphase bezogen sein, aber eben auch unter Einbezug weiterer Jahrgangsgruppen stattfinden. Eine Umsetzung von JüL kann zwar demographisch aufgrund mangelnder Schüler*innenzahlen motiviert sein, in den meisten Fällen beruht eine Umsetzung auf dem Wunsch, der Heterogenität der Lernenden gerecht zu werden. Es wird von einer Vorteilhaftigkeit für die Lernenden ausgegangen. Mit dem Modelllernen begründet (Bandura, 1991), wird u. a. davon ausgegangen, dass jüngere Kinder von der Zusammenarbeit mit den älteren Kindern in kognitiver und sozial-emotionaler Hinsicht profitieren, weil ihnen die älteren Schüler*innen durch Vormachen und Zeigen vieles zugänglicher machen können als Erwachsene, sie sich dadurch gerade am Schulanfang schneller in den Schulalltag einfinden und Regeln und Methoden effektiver kennenlernen können. Ältere Lernende – so wird berichtet – können hingegen bereits Gelerntes erneut durchdenken und festigen, wenn sie den Jüngeren etwas erklären oder vormachen (Feuchtenberger et al., 2019). Kinder, die leistungsstärker in bestimmten Entwicklungsbereichen sind, können zudem aufgrund des hohen Grads an Individualisierung, der in der Regel in jahrgangsgemischten Lerngruppen gegeben ist, gemäß ihrer Entwicklung bereits im Lernstoff voranschreiten. Unabhängig von der Begründung stellt JüL die Schulen und Lehrkräfte aber vor große Herausforderungen und hohe Ansprüche an ihre pädagogische Professionalität.

5.2.2 Implementation und Wirkung von JüL

Auf Schulebene identifizieren Carle und Metzen (2014) fünf entwicklungskritische Momente auf dem Weg zur Implementation von JüL an einer Schule, die wesentliche Stellschrauben zum Gelingen aufzeigen:

- Akzeptanz gewinnen (nach innen und außen);
- neues Schulkonzept erarbeiten;
- Pädagog*innen qualifizieren;
- kooperative Strukturen etablieren;
- gesamten Entwicklungsprozess zielführend und unterstützend leiten.

Ein wesentlicher Aspekt für das Gelingen von JüL ist die Qualifizierung von Lehrkräften im Umgang mit heterogenen Klassen, denn für die Lehrkräfte ergeben sich insbesondere in der Vorbereitung und Planung des Unterrichts Herausforderungen. Viele Lehrkräfte sehen in der Jahrgangsmischung aber eine Chance, um der Lerner*innenheterogenität angemessen begegnen zu können (Feuchtenberger et al., 2019). Bei hoher Selbstwirksamkeitsüberzeugung, also der Überzeugung, der Lerner*innenheterogenität *erfolgreich* begegnen zu können geht JüL sogar mit einer subjektiv empfundenen, signifikant geringeren Arbeitsbelastung für Grundschullehrkräfte einher (Munser-Kiefer et al., 2017). Der Grund dafür könnte in der Art der Unterrichtsorganisation liegen, die – sofern sie solide umgesetzt wird – eine Entlastung darstellt, da sich Grundschulkinder beim Lernen gegenseitig unterstützen können. Im Kern gelten für JüL die gleichen Merkmale hoher Unterrichtsqualität wie sie für jeden Unterricht gelten (▶ Kap. 11.2 Lernwirksamer Unterricht). Nach Carle und Metzen (2014) sind im Unterricht die folgenden Zielsetzungen zu erreichen:

- Integration der Lerngemeinschaft,
- Aktivierung des Selbstlernens und der Selbstbildung durch herausfordernde Aufgaben,
- Öffnung und Differenzierung des Lernangebotes,
- Individualisierung des Lernweges und der Lernzeit,
- Intensivierung des Lernprozesses,
- Ausbildung einer anspruchsvollen Leistungsorientierung und einer diese umsetzende Lehr-Lern-Kompetenz.

Auf unterrichtlicher Ebene fordert JüL eine gute Klassenführung und die passgenaue Bereitstellung verschiedener Aufgaben mit unterschiedlichen Niveaustufen, welche die Lernenden zum Denken anregen. Es umfasst die Arbeit in flexiblen Lerngruppen, vielfältige aktivierende Lernaktivitäten mit konstruktiver Unterstützung und Feedback, das den Schüler*innen bzgl. ihres Lernprozesses aufzeigt, woher sie kommen, wo sie stehen und wo sie noch hinwollen. JüL verbindet sich also mit zahlreichen Zugängen und Wegen individualisierenden, differenzierenden Lernens (u. a. Projektarbeit, Wochenplanarbeit, Stationenarbeit) und fordert dazu heraus, diese umzusetzen (Hanke, 2007). Es gibt diverse Gestaltungsmöglichkeiten des Unterrichts in JüL-Klassen, in denen sich Phasen des gemeinsamen Arbeitens im Klassenverband mit allen Kindern mit Phasen der Einzelarbeit oder in kooperativen Settings abwechseln. Es kann am gleichen Lerngegenstand mit unterschiedlichen Anforderungen gearbeitet werden oder zeitgleich an unterschiedlichen Lerngegenständen (vgl. zur Parallelisierung von Lerninhalten im Fach Mathematik Nührenbörger & Pust, 2005). Die Grundprinzipien gelten für alle Fächer und Entwicklungsbereiche. Eine besondere Herausforderung für Lehrkräfte und Lernende stellt die Balancierung des Unterstützungsgrads dar. Wie für jeden Unterricht gilt auch hier, dass sich besonders für schwächere Kinder eine wenig strukturierte Lernsituation negativ auswirken kann (Hinz & Sommerfeld, 2004).

Ein Kernelement und pädagogisches Ziel von JüL ist das Peer-Tutoring, das heißt die Förderung von Kooperation zwischen Kindern. Gerade am Schulanfang könnten Kinder von Lernpatenschaften profitieren, indem ältere Schüler*innen sie mit schulischen Regeln, Ritualen und Gepflogenheiten vertraut machen. Studien belegen, dass die Möglichkeiten und Vorteile in der Praxis aber oft nicht hinreichend ausgeschöpft werden. Nicht immer findet im antizipierten Maße Hilfestellung und kooperatives Lernen statt (Seidel et al., 2012). Problematisch erscheint auch, dass viele Lehrkräfte auch in JüL-Klassen weiterhin jahrgangs- und stoffbezogen denken und arbeiten (Feuchtenberger et al., 2019; Hanke, 2007). Hinsichtlich der Entwicklung von Lernenden werden sehr unterschiedliche Effekte berichtet. In den wissenschaftlichen Begleitstudien zur Einrichtung von FLEX-Klassen in Brandenburg wird z. B. von einem Vorteil für Lernende in den Lesekompetenzen und mathematischen Kompetenzen berichtet (Krüsken, 2008). Thoren et al. (2019) stellen in einer Untersuchung mit Berliner Grundschulen mit stark heterogener Schüler*innenschaft (bezogen auf Lernende mit nicht deutscher Erstsprache) ebenfalls fest, dass die Schüler*innen an JüL-3 Schulen gegenüber den Schulen, an denen diese in jahrgangshomogenen Gruppen unterrichtet werden, einen Leistungsvorsprung in Deutsch und Mathematik erzielen. Auch in sozial-emotionaler Hinsicht belegen Studien Vorteile: Lehrkräfte nehmen in jahrgangsgemischten Klassen geringeres destruktives, negatives Verhalten und weniger soziale Isolation wahr (McClellan & Kinsey, 1997), ebenso zeigen sich positive Effekte auf Selbstkonzept, Lernfreude und Anstrengungsbereitschaft der Lernenden (Liebers, 2008). Einige quantitative Studien berichten aber auch von negativen Effekten auf die Leistungsfähigkeit (u. a. Hattie, 2009; Lindström & Lindahl, 2011), während andere neutrale Ergebnisse finden (u. a. Kuhl et al., 2013). Veenman (1995) kommt auf Basis eines Überblicks über den Forschungsstand von 56 Studien aus zwölf Ländern zu dem Schluss, dass JüL nicht dem Lernen in jahrgangshomogenen Klassen per se überlegen ist. Als Gründe für die widersprüchliche Befundlage werden insbesondere die Studiendesigns (Carle & Metzen, 2014) und ein mangelndes theoretisches Wirkungsmodell, das den Komplexitätsgrad von JüL hinreichend erfasst, genannt. Veenman (1995) gab bereits früh den relevanten Hinweis: Nicht die Einführung der Organisationsform per se entscheidet über Erfolg, sondern die Berücksichtigung von Merkmalen hoher Unterrichtsqualität.

5.3 Ganztags(grund)schule

Wie selbstverständlich hat sich die Halbtagsschule in Deutschland etabliert. Dabei kann man der Aussage des Erziehungswissenschaftlers Tillmann (2004, S. 194) zustimmen, dass wir im internationalen Vergleich mit der halbtägigen Organisation des Schulbetriebs »sowohl auffällig als auch rückständig sind«. Historisch betrachtet ist die ganztägig organisierte Schule in Deutschland kein Novum, aber sie kann auf eine wechselvolle Geschichte in ihrer Zielsetzung zurückblicken.

5.3.1 Geschichte

Schon vor der Einführung der Allgemeinen Schulpflicht war sie in Deutschland Realität. In ihren Anfängen setzte sie zunächst aber den ausschließlichen Fokus auf die ganztägige Unterrichtung in klassischen Themenfeldern, in der Regel in Form eines Acht-Stunden-Tages, der nur durch kurze Mittagspausen unterbrochen wurde (Ludwig, 2008). Schon früh wurde die rein kognitive Ausrichtung kritisiert. Schon Comenius (1592–1670) befand, dass der Sinn und Zweck der Schule in einer erzieherischen Wirkung, aber ohne Zwang läge und dass um der Kindgemäßheit gerecht zu werden, sich im Schulalltag Phasen des Lernens und der Erholung abwechseln müssten. Diese *Rhythmisierung* wird bis heute als eine Gelingensbedingung für ein zielführendes Ganztagsschulangebot betrachtet. In den folgenden Jahrhunderten änderte sich an der ersten Setzung und pädagogischen Ausrichtung der Ganztagsschulen nicht viel. Organisatorisch einschneidend war die Einführung der Halbtagsschule in Preußen ab etwa 1870, die zum einen die Mitarbeit der Kinder in der heimischen Landwirtschaft ermöglichen sollte, aber zum Teil auch aus der Notwendigkeit entstand, die vielen Schüler*innen im Mehrschichtensystem (vormittags und nachmittags) unterrichtlich versorgen zu können (Mikhail & Rekus, 2008). Diese Entwicklung wurde auch dann nicht rückgängig gemacht, als Kinderarbeit verboten wurde und somit die Notwendigkeit einer halbtägig organisierten Schulform nicht mehr gegeben war (ebd.). Starken Einfluss auf die unterrichtliche Organisation und die innere Entwicklung der Schule sowie die ersten Schritte zu einem Ganztagsschulbetrieb nahmen die reformpädagogische Strömungen Anfang des 20. Jahrhunderts. In den 1920er Jahren entstanden vielerorts Versuchsschulen (vgl. Tillmann, 2004), in denen die Lernangebote am Kind orientiert wurden. Nach Ludwig (2008) sind folgende strukturelle Elemente den reformpädagogischen Ganztagsschulformen ersichtlich: »Mittagsmahlzeit und Freizeitangebote; Arbeitsgemeinschaften und Neigungsgruppen; Förderunterricht; Integration der Hausaufgaben in die Schule; neue Unterrichtsformen (»Offene« Unterrichtsgestaltung, Gruppenarbeit; Projekte); flexible Stundenplangestaltung und Rhythmisierung; enge Kooperation mit Eltern; Intensivierung des Schullebens; Ausgestaltung als Lebensraum; Öffnung der Schule zum »Leben«; Ausbau des schulischen Beratungswesens; mehr Gelegenheit für Schüleraktivitäten; Wandlungen der Lehrerrolle« (ebd., S. 521). An einem flächendeckenden Ausbau von Ganztagsschulen bestand politisch zunächst wenig Interesse, wenngleich nach dem 2. Weltkrieg die reformpädagogischen Orientierungen aufgegriffen wurden. Erst in den 1960er Jahren geriet die Ganztagsschule erneut auf den Tagesplan der Bildungspolitik, mit der Einführung der Gesamtschule. An diese wurde sie konzeptionell gebunden. Es kam zwar zu weiteren Schüben im Ausbau, aber es blieb bei einer geringen Anzahl an Schüler*innen, welche den Ganztagsbetrieb besuchten (ebd.). Erst im Zusammenhang mit den Ergebnissen der PISA-Studien und unter dem Eindruck gesellschaftlich veränderter Rahmenbedingungen kam es zu bildungspolitisch weitreichenden Entscheidungen, die auch zu einer flächendeckenden Ausweitung des Ganztagsschulangebots führte. Zum einen wurde in der Ganztagsschule die Chance für die gezielte individuelle Förderung und Verbesserung der Chancengerechtigkeit gesehen, zum anderen standen gesellschaftlich-ökonomische Zwecke, veränderte Familienstrukturen und Forderungen nach besserer Vereinbarkeit von Familie und Beruf im Fokus. Pädagogisch war von Anfang an ein hoher Anspruch mit der Ausweitung des Angebots an Grundschulen verbunden.

5.3.2 Organisation und Gestaltung

Empirisch lässt sich absichern, dass sich die Mehrheit der Eltern unabhängig von der Art der Betreuung ein verlässliches Betreuungsangebot für ihr (zukünftiges)

Grundschulkind wünscht (vgl. Hüsken et al., 2021). Gerade nach dem Wechsel aus dem vorschulischen Bereich – der Familien in der Regel verschiedene, variable Optionen der Betreuung bietet – geraten Eltern an ihre Grenzen, wenn die beruflichen Arbeitszeiten mit den schulischen Möglichkeiten der Betreuung konfligieren. Neben den Ganztagsschulen haben sich daher in Deutschland auch andere Formen der Betreuung etabliert, welche den Eltern Verlässlichkeit in der Betreuung ihrer Kinder auch nach Unterrichtsschluss geben sollen. Dazu zählen z. B. Horte und die Übermittagsbetreuung. Horte können zwar an einer Schule angesiedelt sein, aber sie sind traditionell der Kinder- und Jugendhilfe zugeordnet und sind in der Regel kostenpflichtig. Ein neues Gesetz, das 2021 verabschiedet wurde, versucht, die Lücke zwischen Betreuungsbedarf und Betreuungsquote zu schließen. Ab dem 1. August 2026 hat (zunächst für die Kinder der ersten Klassen, danach soll ein sukzessiver Ausbau folgen) jedes Kind einen Anspruch auf ganztägige Betreuung.

Im Rahmen jeder Form von Ganztagsschule findet in der Regel eine intensive Kooperation mit außerschulischen Institutionen und verschiedenen Professionen statt, aber diese ist oft begleitet von widersprüchlichen traditionell gewachsenen und fachlich begründeten Zielsetzungen. Die Nuancen in der Art der Zusammenarbeit sind nicht nur struktureller Natur. Sie verbinden sich mit unterschiedlichen Vorstellungen vom Bildungsgehalt der Ganztagsgrundschularbeit, die zwischen den Polen einer verlässlichen Betreuung bis zur bildenden Funktion angesiedelt sind. So hat beispielsweise die Hortpädagogik qua Profession und Tradition den Anspruch einer familienunterstützenden Funktion, während das schulische Personal qua institutioneller Verantwortung primär auf die fachliche Entwicklung der Lernenden hin ausgerichtet ist (Spies, 2018). Dabei gilt die gemeinsam verantwortete pädagogische Konzeptentwicklung als wichtige Stellschraube, um ein stimmiges Konzept auf die Beine zu stellen, das dem hohen pädagogischen Anspruch genügt und neben einer Betreuung auch die Grundschüler*innen fachlich, emotional und sozial unterstützt. In den vergangenen Jahren ist es zunehmend zu einem Anstieg des Anteils an Schulen gekommen, die einen Ganztagsbetrieb ganz ohne Kooperationspartner organisieren (StEG, 2019a).

Formal bietet eine Ganztagsschule nach Definition der Kultusministerkonferenz (KMK, 2015) an mindestens drei Tagen in der Woche ein ganztägiges Angebot für Schüler*innen von mindestens sieben Zeitstunden an. Länderspezifisch schwanken die Öffnungszeiten. Unterschieden werden in der Grundschule drei Organisationsformen:

- In der *voll gebundenen Form* sind alle Schüler*innen verpflichtet, die Ganztagsangebote wahrzunehmen; Lerninhalte und Lernstoff werden rhythmisiert und über den gesamten Tagesablauf im Wechsel mit Freizeitaktivitäten dargeboten.
- In der *teilweise gebundenen Form* verpflichtet sich ein Teil der Schüler*innen, die Ganztagsangebote wahrzunehmen (z. B. einzelne Klassen oder Jahrgangsstufen).
- In der *offenen Form* stehen die Ganztagsangebote den Schüler*innen auf freiwilliger Basis zur Verfügung; die Anmeldung erfolgt in der Regel verbindlich für ein Schulhalbjahr.

Laut Konsortium der Studie zur Entwicklung von Ganztagsschulen (StEG, 2019b, S. 4) sind verschiedene Funktionen mit dem Ganztag verbunden. Alle Formen des Ganztags zielen grundsätzlich darauf ab, ein verlässliches Betreuungsangebot zu gewährleisten. Darauf aufbauend kann der Ganztag individuell gezielte Förderung angehen (z. B. Leseförderung), allgemein die fachliche Lernentwicklung unterstützen (z. B. durch Hausaufgabenbetreuung) und persönlichkeitsunterstützend wirken.

Während die voll gebundene Form der Ganztagsschule vielfältige Perspektiven für eine sinnvolle, zeitkonzept-unabhängige Gestaltung und lernpsychologisch abwechslungsreiche und kohärente Gestaltung des Tages (Pause, konzentriertes Arbeiten, Freizeitaktivitäten) ermöglicht, ist das bei den anderen Organisationsformen nicht zwangsläufig der Fall. Insbesondere die offene Ganztagschulorganisation, die nach wie vor die dominierende Variante in der Bildungslandschaft der Grundschulen darstellt, weist häufig eher eine Betreuungsfunktion als eine bildende Funktion auf. Konzepte und Unterrichtsgestaltung sind in der Regel nicht darauf ausgerichtet, dass das Vormittagsangebot mit dem Nachmittagsangebot zur fachlichen und überfachlichen Entwicklung systematisch korrespondiert (StEG, 2019a). Dabei zeigen die Forschungsbefunde aus der StEG Studie (StEG, 2019b), dass ein konzeptionell stimmiges Ganztagskonzept von hochwertiger pädagogischer Qualität einen Beitrag zur individuellen Förderung der Schüler*innen leisten kann. Außerunterrichtliche Lernangebote (z. B. Leseförderung, Peer-Mentoring Programme), welche die fachliche (u. a. Lesekompetenz) und überfachliche Kompetenzentwicklung (z. B. Sozialverhalten) unterstützen, können wirkungsvoll sein. Voraussetzung für das Gelingen ist, dass sie pädagogisch-didaktisch hochwertig angelegt und von entsprechend ausgebildetem Personal angeboten werden. Ein besonderes Augenmerk richtet sich in der Ganztagsschule regelmäßig auf das Thema der Hausaufgabenbetreuung. Unabhängig von dem Wert, welcher Hausaufgaben im Allgemein zugeschrieben wird, gelten sie als mögliche Komponente im Ganztag, um eine qualitativ hochwertige Unterstützung für diejenigen anzubieten, die es benötigen. Bedauerlicherweise wird die Hausaufgabenbetreuung oft weder von pädagogisch geschultem Personal angeboten (vgl. Standop, 2013), noch sehen es einige Schulen in ihrer Verantwortung, Hausaufgaben zu betreuen. Der überwiegende Anteil der Grundschulleitungen zeigt in Selbstberichten keinen hohen pädagogischen, bildenden Anspruch an Ganztagsschule, sondern verfolgt mit seinem Angebot eher eine verlässliche Betreuung der Schüler*innen (ebd.).

Es lässt sich resümieren, dass der Ausbau der Ganztagsgrundschulen vielerorts vorangeschritten ist und das Ziel einer verbesserten Vereinbarkeit von Familie und Beruf durchaus erreicht scheint, wenngleich noch nicht flächendeckend ein Platzangebot vorgehalten wird. Mit dem Ganztag kommen vielfältige neue Personalaufgaben, insbesondere mit Blick auf die interprofessionelle Kooperation auf die Schulen und das Personal zu. Hinsichtlich der Angebotskonzeption lässt sich ein diverses Bild von Ganztagsschule mit unterschiedlichen Zielsetzungen und pädagogischen Konzepten zeichnen. Derzeit besteht ein deutlicher Mangel an Ganztagsschulen mit rhythmisierten Angeboten (Wendt et al., 2016), obwohl davon auszugehen ist, dass sich gerade diese Art des Angebots günstig auf die Grundschulkinder auswirkt. Auch der hohe pädagogische Anspruch an Ganztagsgrundschulangebote scheint bisher nur marginal erfüllt zu werden.

5.4 Mehrstufige Systeme

Der inklusive Unterricht stellt komplexe Anforderungen an Lehrkräfte; eine Unterstützung bieten bereits im Vorhinein entwickelte Abläufe und Handlungsschemata, die gemeinsam im Kollegium mit Absprachen und Inhalten gefüllt wurden. Die große übergreifende Frage ist: Wie möchten wir unsere Schule strukturieren und unsere Ressourcen organisieren? Auf diese Absprachen kann dann jede Lehrkraft zurückgreifen und erhält Handlungssicherheit. Mehrstufige Modelle stellen einen organisatorischen Rahmen dar, der mit Strategien der Diagnostik und Förderung auf verschiedenen Ebenen systematisch gefüllt wird und Orientierung bietet. In einem solchen Modell sind Diagnostik und Förderung eng verknüpft und diagnostische Erhebungen (Tests, Beobachtungen, Gespräche) resultieren stringent in angemessener Unterstützung für die Kinder.

International ist das Response to Intervention-Modell eng mit dem Bereich des Lernens und der Lernunterstützung verbunden, während bei School-Wide oder System-Wide Positive Behavior Support eher das Verhalten und dessen Rahmenbedingungen und Unterstützung im Mittelpunkt stehen. Die Art und Weise der Strukturierung ist bei beiden Modellen ähnlich, und eine inklusive Grundschule ist natürlich auf die Entwicklung und Unterstützung des Lernens und des Verhaltens ausgerichtet. Zudem hängen Lernen und Verhalten so eng zusammen, dass sie eigentlich nicht trennbar voneinander sind, wenn es um Unterricht und die Unterstützung der Entwicklung von Kindern geht. Beispielsweise spielen die Klassenführung und die Beziehung zwischen Lehrkraft und Kind eine gewichtige Rolle für das schulische Lernen und die sozial-emotionale Entwicklung der Kinder. Mehrstufige Systeme wie Response to Intervention und School-Wide Positive Behavior Support haben den Vorteil, dass sie als Teil der Unterrichts- und Schulentwicklung gemeinsam abgestimmt sind und eine unterstützende Kooperation von Lehrkräften und weiteren professionellen Beteiligten beinhalten. Beide Ansätze stammen aus dem angloamerikanischen Raum, werden aber in Deutschland immer mehr in den Blick von Forschung und Praxis gerückt. Ziel der mehrstufigen Systeme ist eine möglichst hohe Passung zwischen dem einzelnen Kind mit seinen Kompetenzen und Bedingungen und dem, was die Schule und die Lehrkraft an Möglichkeiten anbieten kann.

5.4.1 Response to Intervention

Das Modell des *Response to Intervention (RtI)* hat das Ziel, alle Schüler*innen bestmöglich in ihrem Lernen zu unterstützen, so dass sie am Unterricht erfolgreich partizipieren können. Damit verbunden ist das Ziel, frühestmöglich evtl. auftretende Schwierigkeiten zu identifizieren und intensivere passgenaue Unterstützung anbieten zu können (Abb. 9). Die Frage, die im Mittelpunkt steht: Wie erfolgreich reagiert das einzelne Kind auf die angebotene Intervention/den Unterricht?

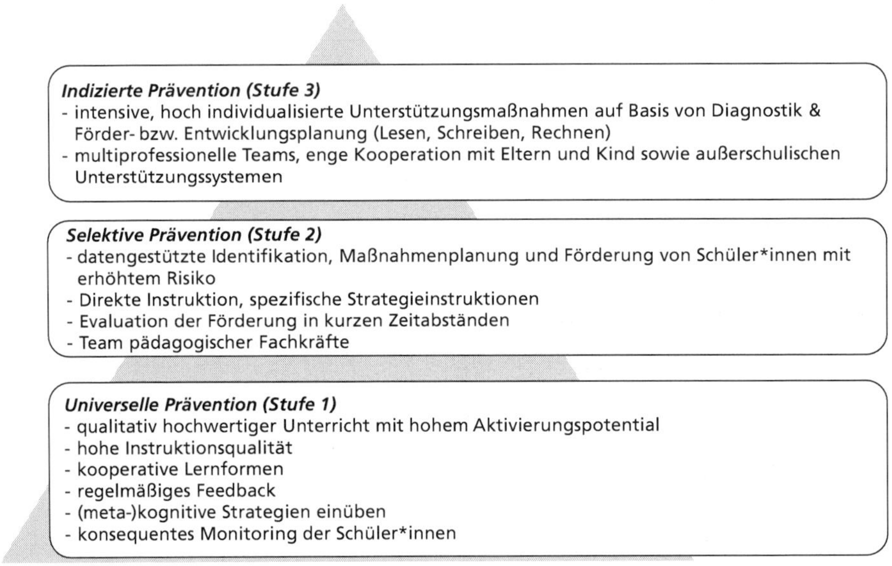

Indizierte Prävention (Stufe 3)
- intensive, hoch individualisierte Unterstützungsmaßnahmen auf Basis von Diagnostik & Förder- bzw. Entwicklungsplanung (Lesen, Schreiben, Rechnen)
- multiprofessionelle Teams, enge Kooperation mit Eltern und Kind sowie außerschulischen Unterstützungssystemen

Selektive Prävention (Stufe 2)
- datengestützte Identifikation, Maßnahmenplanung und Förderung von Schüler*innen mit erhöhtem Risiko
- Direkte Instruktion, spezifische Strategieinstruktionen
- Evaluation der Förderung in kurzen Zeitabständen
- Team pädagogischer Fachkräfte

Universelle Prävention (Stufe 1)
- qualitativ hochwertiger Unterricht mit hohem Aktivierungspotential
- hohe Instruktionsqualität
- kooperative Lernformen
- regelmäßiges Feedback
- (meta-)kognitive Strategien einüben
- konsequentes Monitoring der Schüler*innen

Abb. 9: Response to Intervention-Modell (nach Huber & Grosche, 2012)

Meist wird das RtI-Modell in drei Ebenen dargestellt, die aufeinander aufbauen. Die Basis (Stufe 1) ist ein auf erfolgreiches Lernen ausgerichteter Unterricht für alle Schüler*innen. Kognitive Aktivierung, der Einsatz wirksamer Methoden, gute Klassenführung, regelmäßiges Feedback und ein konsequentes Monitoring der Lernentwicklung der Schüler*innen gelten als lernförderliche Bestandteile dieser Ebene. Stufe 2 des RtI-Modells geschieht zusätzlich zu den Maßnahmen auf Stufe 1 für Kinder, deren Lernverlauf nicht erfolgreich ist, die also im Unterricht und im Monitoring auffallen. Sie erhalten so früh wie möglich (also ohne, dass sie lange Phasen des Scheiterns ertragen müssen und in wichtigen Entwicklungsschritten abgehängt werden) verstärkte Unterstützungsangebote durch kleinere Arbeitsgruppen, direkte Instruktionen, differenzierte Materialien. Hier wird genauer als in der ersten Stufe hingeschaut: Was benötigt das Kind, um erfolgreich lernen zu können? Hilft intensiviertes Bemühen weiter? Falls diese Interventionen noch nicht ausreichen, um das Kind in seiner Lernentwicklung erfolgreich zu unterstützen und Partizipation am Unterricht zu erreichen, greift die dritte Stufe, die alles, was auch auf den anderen Stufen geschieht, weiter intensiviert. Stufe 3 kann auch als Einzelfallhilfe bezeichnet werden: Hier wird differenziert diagnostiziert und individualisiert interveniert. Eine wichtige Einheit innerhalb dieser Systeme sind die multiprofessionellen Teams, die als Problemlöseteams ab der zweiten Stufe gemeinsam agieren (▶ Kap. 6.2.2 Multiprofessionelle Teams).

Das *Rügener Inklusionsmodell* ist ein groß angelegter Schulversuch, der erfolgreich das RtI in Deutschland erprobt und in den Bereichen Lesen, Schreiben, Mathematik und sozial-emotionale Entwicklung umgesetzt hat. Diese Organisationsentwicklung wurde wissenschaftlich begleitet (Voß et al., 2017). Als Kernelemente dieses mehrstufigen Systems gelten: Mehrebenenprävention, evidenzbasierte Materialien und Methoden, Lernverlaufsdiagnostik (curriculumbasierte Verfahren) und systematische Zusammenarbeit. Aus diesem wegweisenden Projekt resultieren viele Publikationen, die wichtige Hinweise für die Praxis geben (z. B. Hartke, 2017). In der Umsetzung des Response to Intervention-Modells konnten viele Hinweise auf Chancen und Barrieren der Einführung im deutschen Schulsystem sowie über den Aufwand einer solch umwälzenden Organisationsentwicklung mit Modifizierung von Strukturen und Inhalte, identifiziert werden. Bei allem Aufwand ist das Projekt ein bedeutsamer Schritt für die deutsche inklusive Schullandschaft. Es konnte gezeigt werden, dass Kinder mit sonderpädagogischem Unterstützungsbedarf im Projektjahrgang geringer vertreten waren als in allen anderen Bundesländern, es musste also weniger Unterstützungsbedarf statuiert werden. Diese Quote erhöhte sich auch in der fünften und sechsten Klasse nicht; der präventive Ansatz wirkt also erfolgreich (Voß et al., 2017). Ebenso zeugt der Forschungsbericht über den Verlauf bis zur achten Klasse von einer erfolgreichen Umsetzung und gibt durch detaillierte Analysen wichtige Hinweise für die Praxis (Voß et al., 2019) auch im Sinne der Anschlussfähigkeit des Konzepts bei Einsatz in der Grundschule.

> **Lernaktivität**
>
> Gehen Sie auf die Seite https://www.rim.uni-rostock.de/ und finden Sie mehr über die Kernelemente des RtI-Modells und die Umsetzung im Projekt heraus. Was davon könnten Sie sich vorstellen umzusetzen?

5.4.2 School-Wide-Positive-Behavior Support

Dieses Modell des *Positive Behavior Support* wird meist mit PBS abgekürzt, das vorgesetzte school- oder system-wide beinhaltet, dass es nicht nur in einer Klasse und von einer einzelnen Lehrkraft erdacht und gesteuert wird, sondern ein Kollegium diesen Ansatz gemeinsam erarbeitet und für die Schule und Schüler*innenschaft entwickelt hat. Dahinter stehen demnach nicht nur reine Handlungsstrategien, sondern auch eine gemeinsame Vision, ein gemeinsamer Blick auf Verhalten und dessen Entwicklung und Bedeutsamkeit im Schulalltag. Dieser Ansatz kann problematisches Verhalten im Schulalltag und im Unterricht positiv, unterstützend und erfolgreich präventiv und evidenzbasiert bewältigen (Sugai & Horner, 2009). Das Modell nutzt Unterrichts- und Systemveränderungen, will also die Umwelt so verändern, dass sich die Lebensqualität aller Beteiligten verbessert und sich das Problemverhalten minimiert (Carr et al., 2014). Die Frage: Wie können wir das System und seine Bedingungen ausrichten, damit es Kindern leichtfällt, sich an die gemeinsam aufgestellten lern- und entwicklungsförderlichen Regeln zu halten? Es geht demnach um mehr als eine reine Verbesserung des Verhaltens (vgl. Abb. 10).

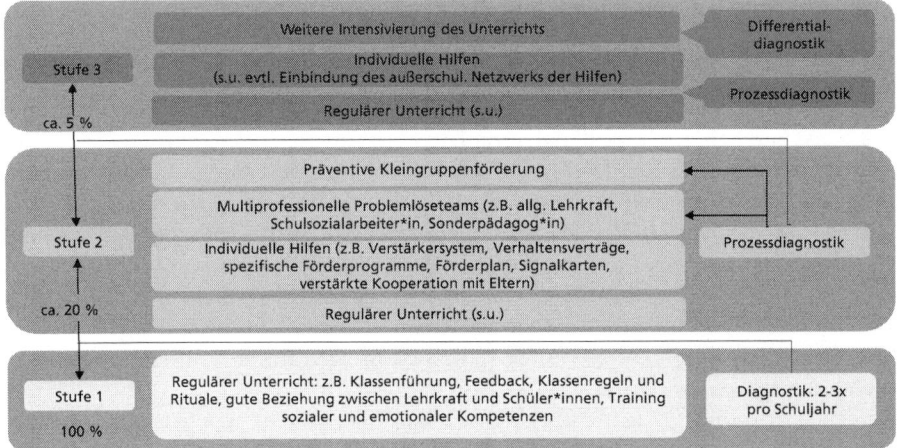

Abb. 10: Dreistufiges System mit Fokus der Verhaltensunterstützung (nach Huber, 2015; Horner et al., 2010; Mitchell, 2015; Sugai & Simonsen, 2014)

Dem Modell liegt ein ökologisch-systemtheoretisches Verständnis (Bronfenbrenner, 1989) zugrunde: Im Fokus steht nicht die Änderung des Verhaltens, sondern der problematischen Kontextfaktoren, die zu diesem Verhalten führen (Carr et al., 2002).

Wie auch das RtI-Modell ist PBS meist dreistufig ausgerichtet. Die Verbindung von regelmäßiger und niedrigschwelliger Diagnostik mit evidenzbasierter Förderung der Kinder spielt eine bedeutsame Rolle. Lob und Anerkennung können sehr hilfreich und ein gutes Steuerungsinstrument im Unterricht sein (Fefer & Vierbuchen, 2019). Guter Unterricht mit angemessener Klassenführung, einer unterstützenden Lernatmosphäre und positivem sozialen Klima bilden die Grundlage.

5.4.3 Kritische Betrachtung mehrstufiger Systeme

Aktuell sind mehrstufige Systeme in Grundschulen in Deutschland kaum verbreitet, ihre Entwicklung und Einführung ist aufwändig: Es sind Aspekte der Diagnostik und Förderung abzusprechen und strukturierte Abläufe zu implementieren.

Ein Kritikpunkt mehrstufiger Systeme im Kontext Inklusion ist, dass sie nicht unbedingt inklusiv sein müssen: Es kommt darauf an, wo und wie genau sie eingesetzt werden. Prinzipiell eignet sich auch das Setting einer Förderschule, um mehrstufige Systeme erfolgreich einzusetzen. Eine weitere Sorge ist, dass diese Modelle sehr strikt und restriktiv sind; es gibt konkrete Regeln, anhand derer

Entscheidungen zur Förderung getroffen werden. Es bliebe hier wenig Platz für pädagogische Interpretationen und sei zu stark an Normierungen orientiert (Willmann, 2018). Es kann entgegnet werden, dass es stark davon abhängt, wie die Umsetzung stattfindet. Datenbasierte Entscheidungen sind eine wichtige Grundlage, die für Lehrkräfte bedeutsame Handlungssicherheit bieten kann. Natürlich macht das Modell nur Sinn, wenn sich an die vorher getroffenen Absprachen alle halten und der Alltag nicht aus Ausnahmen besteht.

Bei der Ausgestaltung mit diagnostischen und Förderverfahren und Strategien ist es bedeutsam, dass Lehrkräfte und weitere Beteiligte sich auf dem neuesten Stand befinden: Was ist wirksam, welche Methoden greifen und wie können sie im individuellen Kontext eingesetzt werden? Das ist ein hoher professioneller Anspruch. Wenn dieser Anspruch eingelöst werden kann, so wird diese Umsetzung trotzdem nicht bei allen Kindern erfolgreich sein. Es werden zwar wenige, aber doch auch Kinder selbst mit allen drei Ebenen nicht intensiv genug und erfolgreich unterstützt werden können. Hierfür müssen also auch weiterhin andere Systeme vorgehalten werden und Möglichkeiten bereitstehen. Aber sie werden von deutlich weniger Kindern als bisher genutzt werden müssen.

Schließlich bleibt eine deutliche Einschränkung: Die Mehrstufigkeit fokussiert das Lernen und Verhalten – es ist kein Konzept, welches sich z. B. bei Sinnesbeeinträchtigungen oder starken kognitiven Beeinträchtigungen eignet, außer das Ziel wäre auch hier die Vermeidung einer (sekundären) Lernschwierigkeit.

Positiv am RtI-Modell wird der Aspekt der präventiven Ausrichtung eingeschätzt. Es kann das *Etikettierungs-Ressourcen-Dilemma* ein Stück weit umgangen werden: Bisher dauert es nach dem Auftreten von Lern- und Verhaltensschwierigkeiten bei Kindern oft sehr lange, bis sie das System so weit durchlaufen haben, dass sie eine Diagnose erhalten haben und somit weitere Ressourcen (sonderpädagogische Förderstunden, eine Schulbegleitung, etc.) zur Verfügung stehen. Die mehrstufigen Systeme greifen jeweils, bevor eine Störung sich manifestiert. Innerhalb des Systems werden Ressourcen und Strukturen zur Verfügung gestellt, um schnell und flexibel intervenieren zu können. So werden mehrstufige Modelle auch als *Motor des Systemwandels* beschrieben (Benner et al., 2012). Diagnostik bleibt bedeutsam, es sind jedoch niedrigschwelligere Formen: »Im Rahmen der inklusiven Beschulung stellt (sonder-)pädagogische Diagnostik, vor allem als Prozessdiagnostik, vielmehr ein essentielles Instrument für alle Lehrkräfte dar, welches die effektive Förderung der Schüler*innen in Anbetracht ihrer individuellen Bedürfnisse ermöglicht« (Möbus & Vierbuchen, 2019, S. 93). Die stringente Diagnostik ermöglicht nicht nur eine angemessene Unterrichtsanpassung und Adaption der Förderung, sondern ermöglicht Lehrkräften eine enge Rückmeldung, ob von ihrem Unterricht wirklich alle Schüler*innen profitieren. Diagnostik wird nicht als Selbstzweck eingesetzt, sondern immer mit einem pädagogischen Ziel für die bestmögliche Unterstützung aller Schüler*innen.

5.5 Zusammenfassung

Vieles, wie etwa die Halbtagsschulorganisation, ist in Deutschland unhinterfragte Selbstverständlichkeit geworden. Dabei handelt es sich beim Blick über den nationalen Tellerrand um einen internationalen Ausnahmefall. Es wurden aber in den vergangenen Jahren viele Entwicklungen angestoßen, sowohl auf der Ebene der Einzelschule als auch flächendeckend. Die inklusive Schulentwicklung verlangt einen Perspektivwechsel, der organisatorische Umbrüche nach sich zieht. Das gilt beispielsweise auch für die Einführung mehrstufiger Organisationssysteme, die vermehrte Abstimmung zwischen allen Akteur*innen unabdingbar machen.

Viele der Vorstöße sind keine neuen Konzepte, wie jahrgangsgemischtes Lernen, aber der Veränderungsdruck hin zu Konzepten, welche die Vielfalt der Lerner*innen hinreichend berücksichtigen, explizit fokussieren und dadurch das Recht auf wirksame Unterstützung umsetzen, ist aufgrund der gesellschaftlichen Transformationsprozesse stärker geworden.

Vertiefende Literatur:

Carle, U. & Metzen, H. (2014). *Wie wirkt Jahrgangsübergreifendes Lernen? Internationale Literaturübersicht zum Stand der Forschung, der praktischen Expertise und der pädagogischen Theorie. Eine wissenschaftliche Expertise des Grundschulverbandes. Kurzfassung.* Frankfurt a. M.: Grundschulverband – Arbeitskreis Grundschule e. V.

Hartke, B. (2017, Hrsg.). *Handlungsmöglichkeiten Schulische Inklusion. Das Rügener Modell kompakt.* Stuttgart: Kohlhammer.

Huber, C. & Grosche, M. (2012). Das Response-to-Intervention-Modell als Grundlage für einen inklusiven Paradigmenwechsel in der Sonderpädagogik. *Zeitschrift für Heilpädagogik,* 63(8), 312–322.

Rahm, S., Rabenstein, K. & Nerowski, C. (2015). *Basiswissen Ganztagsschule. Konzepte, Erwartungen, Perspektiven.* Weinheim: Beltz.

Rolff, H.-G. (2013). *Schulentwicklung kompakt. Modelle, Instrumente, Perspektiven.* Weinheim: Beltz.

Scheer, D. & Laubenstein, D. (2018). *Schulische Inklusion entwickeln: Arbeitshilfe für Schulleitungen.* Stuttgart: Kohlhammer.

6 Kooperation

Das Kind ist in der Schule der Hauptakteur. Alle Bemühungen, alle Regelungen und gesetzlichen Vorgaben zielen letztlich darauf, allen Kindern das Recht auf Bildung zu ermöglichen, was das Wohl des Kindes zu gewährleisten einschließt. Im Zuge inklusiver Schulen hat die enge Abstimmung und Zusammenarbeit zwischen verschiedenen Akteur*innengruppen und Professionen zunehmend an Bedeutung gewonnen. Das vorliegende Kapitel beleuchtet die verschiedenen Rollen und Akteur*innen sowie die Potenziale der Zusammenarbeit auf der Basis formalrechtlicher Grundlagen und benennt auch Stolpersteine.

Wichtige Faktoren im Rahmen inklusiver Schulentwicklung sind die gelingende Zusammenarbeit zwischen Eltern und Schule sowie die Arbeit in multiprofessionellen Teams. Im folgenden Kapitel werden diese beiden Ebenen der Zusammenarbeit thematisiert.

6.1 Eltern

Viele Erkenntnisse aus der Forschung weisen auf den hohen Vorteil gelingender Zusammenarbeit zwischen Eltern und Schulen bzw. Lehrkräften hin. Mit Eltern sind in diesem Buch immer auch andere Erziehungsberechtigte gemeint, wohl wissend, dass es nicht immer die leiblichen Eltern sind.

Kinder gehen lieber zur Schule, erledigen ihre Hausaufgaben, zeigen bessere Leistungen, sind psychisch stabiler, zeigen adäquates Sozial- und Arbeitsverhalten und Lehrkräfte und Schüler*innen haben eine bessere Beziehung, wenn Eltern und Lehrkräfte gut miteinander kooperieren (Hornby & Blackwell, 2018). Diese wichtigen Erkenntnisse wurden aus verschiedenen Gründen lange Zeit nicht hinreichend von der Praxis wahrgenommen (Drake, 2000). Es scheint sich aber eine Trendwende zu vollziehen (Hornby & Blackwell, 2018) und das Thema gewinnt – nicht nur in Deutschland, sondern weltweit – an Bedeutung. Gerade im Zuge inklusiver Schulentwicklung und vor dem Hintergrund der Tatsache, dass die Grundschule die erste Schule im System ist, können hier wichtige Weichen gestellt werden. Es bedarf dabei aber einer guten Führung durch die Schule und die Lehrkräfte.

6.1.1 Perspektiven von Eltern und Lehrkräften

Mit dem Eintritt in die Grundschule gehen Familie und Grundschule eine Partnerschaft ein. Es handelt sich dabei aber nicht um eine frei gewählte Partnerschaft. Sie unterliegt bestimmten Zwängen und das für eine zeitliche Dauer, die nicht mittelbar von den Beteiligten beeinflusst werden kann. Was beide Welten im Kern verbindet ist das Kind sowie das Interesse beider Parteien an seinem Wohlergehen und einer positiven Entwicklung. Beide Perspektiven zu kennen und zu reflektieren, Gelingensbedingungen und mögliche Stolpersteine zu identifizieren, ist daher eine notwendige Bedingung für erfolgreiche Zusammenarbeit, sowohl im Sinne eines Erfolgs für das Kind als auch aller anderen Parteien.

Eltern kennen ihre Kinder am besten. Sie verfügen über Wissen, an das Lehrkräfte gut anknüpfen können, um Lernprozesse zu initiieren und gelingend zu begleiten. Für die kindliche Entwicklung ist das häusliche Umfeld in verschiedener Hinsicht bedeutsam. Unter anderem beeinflusst die Anregungsqualität die kognitive Entwicklung. Kinder, die beispielsweise in der frühen Kindheit einem Sprachumfeld ausgesetzt sind, das von hoher Qualität ist und denen viel vorgelesen wird, profitieren hinsichtlich ihres Textverständnisses und Wortschatzes davon (Leseman et al., 2007). Neben der intellektuellen Stimulation ist für das schulische Lernen aber auch wichtig, dass Eltern ihren Kindern eine sichere, stabile häusliche Umgebung bieten und ihnen positives Verhalten vorleben. Einigen Eltern fehlen aber die entsprechenden Kompetenzen (Hill et al., 2004). Eltern wünschen sich deshalb gerade mit Blick auf die schulischen Belange eine stärkere Beratung von Lehrkräften.

Ebenso wie die Schüler*innenschaft sind auch Eltern keine homogene Gruppe. Sie unterscheiden sich hinsichtlich ihres sozio-kulturellen Kapitals, ihres Ausbildungsniveaus, ihrer Lernfähigkeiten, des Einkommens oder ihres politischen, sozialen und schulischen Engagements (z. B. Crozier & Davies, 2007). Die Heterogenität birgt bei angemessener Berücksichtigung vielfältige Chancen, um das Kind in seinem Lernprozess zu unterstützen. Schulen können durch die aktive Beteiligung und Einbindung von Eltern substantiell zum Ausgleich von Ungleichheit beitragen. Eine enge Verbundenheit zwischen Schule und Familie kann die generelle Belastung des Kindes senken, seine sozialen Fähigkeiten und Verhaltensweisen verbessern (Wang et al., 2019).

Die Einbeziehung der Eltern und Gewährleistung eines wirksamen Informationsaustauschs über das Schulleben und zu Hause sind daher unbestritten wichtig. Doch gerade in Deutschland ist das Verhältnis von Familie (Elternhaus) und Schule oft schwierig, distanziert und konfliktbehaftet. Das lässt sich zum Teil über das unklare Rollenverständnis und unterschiedliche Ansichten über die Erziehungsverantwortlichkeit erklären, aber auch über institutionalisierte Hürden. Eltern berichten oft von strukturellen Barrieren, z. B. zeitliche und personelle Knappheit an Schule, welche die gelingende Zusammenarbeit erschweren. Schulen sind nicht lange genug geöffnet und Lehrkräfte oft nicht gut erreichbar außerhalb des Unterrichts. Differenzen und Spannungen liegen auch an der (mangelnden) Kommunikation und den Formen des Informationsaustausches. Killus und Tillmann (2017) berichten, dass in Deutschland Lehrkräfte von Eltern mehrheitlich als fachlich kompetent (88 %) und engagiert (77 %) eingeschätzt werden und sich in der Wahrnehmung der Eltern für eine gute Lehrkraft-Schüler*innen-Beziehung einsetzen (82 %). Dennoch sehen viele Eltern auch erheblichen Verbesserungsbedarf. Die Hälfte der befragten Eltern der Studie kritisiert, dass sie vieles übernehmen müssten, was eigentlich Aufgabe der Schule sei und ihnen Einblicke in die Lernentwicklung des Kindes fehlen. Sie wünschen sich mehr spezifische Informationen und Beteiligung an den Lernprozessen. Besonders Eltern von Kindern mit besonderen Bedürfnissen fühlen sich oft nicht genügend involviert (Tucker & Schwartz, 2013). Hier gilt ein besonderes Augenmerk auf ein gute kollaborative Praxis und zu prüfen, inwieweit die Kommunikation zu verbessern ist.

Lehrkräfte haben z. T. einen ambivalenten Blick auf Eltern. Einerseits sind sie sich der Notwendigkeit und der Vorteile der Zusammenarbeit für das Kind und das Schulklima bewusst. Sie möchten gerne, dass sich Eltern engagieren. Sie wissen, dass sie ein wichtiger Faktor für das schulische Lernen sind und reflektieren Faktoren, welche die Zusammenarbeit beeinträchtigen. Sie nehmen wahr, dass besondere Lebensumstände wie eine Trennung, prekäre Verhältnisse, Krankheiten oder sprachliche Hürden es einigen Eltern erschweren, sich zu engagieren (Hornby & Blackwell, 2018). Sie reflektieren auch bei sich selbst fehlendes Wissen und Können für den Umgang mit Eltern und fühlen sich bisweilen nicht ausreichend auf die Arbeit vorbereitet oder genügend selbstbewusst (ebd.). Andere Autor*innen berichten aber auch von Sorgen der Lehrkräfte bezüglich des (zeitlichen) Aufwands und des Signals fehlender Autorität, wenn sie sich den Eltern gegenüber zu stark öffnen (Drake, 2000) und sie möchten nicht, dass sich Eltern zu stark in das Schulleben einmischen. Schulleiter*innen können die Elternarbeit an einer Schule voranbringen; deshalb gilt es, die Ressourcen von Lehrkräften weiterzuentwickeln, Perspektiven zu erweitern, um durch unterstützende Maßnahmen gemeinsam zu einer positiven Entwicklung des Kindes beizutragen.

> **Lernaktivität**
>
> Welche Eindrücke haben Sie von der Zusammenarbeit zwischen Eltern, Familie und Schule? Worauf gründen Ihre Erfahrungen? Wann und zu welchen Anlässen kontaktieren Sie bzw. würden Sie als Lehrkraft die Eltern kontaktieren? Was möchten Sie ändern?

6.1.2 Grundlagen der Zusammenarbeit

In der Literatur werden viele Begriffe für die Zusammenarbeit genutzt. Jeder Begriff steht für eine bestimmte Vorstellung über die Art und Gestaltungsmöglichkeiten der Zusammenarbeit. Im deutschsprachigen Raum sind Begriffe wie *Elternarbeit, Erziehungs- und Bildungspartnerschaft* weit verbreitet (z. B. Stange, 2012). Der Begriff Elternarbeit wird seit geraumer Zeit abgelehnt, da er aus der Sicht der pädagogischen Fachkräfte argumentiert, eine elterliche Bringschuld suggeriert und die Zusammenarbeit problematisierend angeht. Den Begriffen Erziehungs- und Bildungspartnerschaft liegt hingegen ein Verständnis aktiver Partizipation und Kooperation auf Augenhöhe zugrunde.

Bildungsgeschichtlich betrachtet hat sich seit der Einführung der Schulpflicht einiges an den Vorstellungen zur Beziehung zwischen Eltern und Schule und den Verantwortlichkeiten geändert. Mitte des 18. Jahrhunderts war die Rollenverteilung eindeutig: Erziehung und Pflege ist Aufgabe der Familie. Unterricht, das heißt die Vermittlung von Wissen, Inhalten bzw. dem, wozu das Elternhaus nicht in der Lage war, hingegen Aufgabe der Schule. Diese klare Trennung von Aufgaben wurde im Laufe der Jahrhunderte aufgeweicht.

Die Idee einer Veränderung des Verhältnisses von Erziehung und Unterricht und der Verbindung der Lebenswelten Familie und Schule wurde initial von Johann Friedrich Herbart (1776–1841) geliefert. Seinem Verständnis nach war Unterricht immer auch erziehender Unterricht. In seinem Hauptwerk *Allgemeine Pädagogik* (1806) beschreibt er den erziehenden Unterricht als zentrales Mittel, um Einsichtsfähigkeit, Urteils- und Handlungsfähigkeit der Lernenden zu unterstützen. Dabei beruhte seine Theorie auf der Grundannahme, dass Kinder auch ohne Sanktionen (Strafe) oder Belohnung diese Einsichtsfähigkeit entwickeln können (Rucker, 2019).

Zu Beginn des 20. Jahrhunderts definierten die reformpädagogischen Bewegungen das Verhältnis von Schule und Familie neu. Reformpädagogen entwickelten eine am Familienmodell orientierte Lernumgebung und veränderten das Verhältnis von Erziehung und Schule. Erziehung und Unterricht wurden als Einheit gedacht. Dieses schulpädagogische Konzept wurde auch im Zuge der Bildungsreform in den 1970er Jahren aufgegriffen. Die Rechte und Pflichten von Schule und Elternhaus wurden neu entworfen. Das Bundesverfassungsgericht hob im Jahr 1972 den »formalrechtlichen Gegensatz von Elternauftrag und Auftrag der Schule auf« (Fölling-Albers & Heinzel, 2007, S. 303). Der staatliche Erziehungsauftrag wurde dem elterlichen gleichgesetzt (ebd.). Artikel 7, Abs. 2 des Grundgesetzes für die Bundesrepublik Deutschland legt fest, dass das gesamte Schulwesen unter Aufsicht des Staates gestellt ist, obgleich die Pflege und Erziehung nach wie vor das natürliche verfassungsmäßige Recht der Eltern ist (Art. 6, Abs. 2).

Eltern können auf sehr unterschiedliche Weise und mit verschiedenen Zielsetzungen in das Schulleben integriert werden und dieses mitgestalten. Um zielführend im Sinne des Kindes zu sein, ist jedoch eine aktive, auf rechtlichen Grundsätzen beruhende und formale Überführung in Strukturen eine wichtige Grundlage der erfolgreichen Zusammenarbeit. Die Rollen und die Erwartungen sollten geklärt sein. Dazu zählt, dass Lehrkräfte und Eltern sich verdeutlichen, auf welcher Ebene eine Kooperation gewünscht wird und tatsächlich stattfindet und wie Eltern an den Lernprozessen des Kindes beteiligt werden sollen.

In der Gegenwart haben Eltern in Deutschland zahlreiche Mitwirkungsrechte am Schulleben, die in den Landesverfassungen verankert sind und welche die Details der Mitwirkungsmöglichkeiten regeln. Für Eltern gibt es u. a. die Möglichkeit, sich in Gremien wie Klassenpflegschaft, Klassenelternversammlung, Klassenkonferenz, Schulpflegschaft oder Schulbeirat zu engagieren. Die Gremien können von Eltern einflussreich genutzt werden, da sie ein Auskunfts- und Beschwerderecht gegenüber der Schulleitung haben. Diese Form der Beteiligung der Eltern am Schulleben wird auch als Elternpartizipation (parental participation; Smit et al., 2007) bezeichnet. Es beschreibt *institutionelle* Aktivitäten, das heißt die Mitwirkung als Elternvertretung, als auch *nicht-institutionelle* Aktivitäten, wie die Organisation von Schulveranstaltungen, Mitgliedschaft in Fördervereinen, Beteiligung an Projekt- und Arbeitsgruppen, Übernahme einer Lesepatenschaft. Elternpartizipation ist gut, aber für die Motivation und das Engagement im Zusammenhang mit schulischen Lernprozessen des einzelnen Kindes nicht entscheidend. Für die Lernentwicklung ist es wichtig, Eltern die Möglichkeit zu geben, sich aktiv in den schulischen Lernprozess einzubringen (*Elternbeteiligung*; parental involvement). Das wirkt sich sowohl positiv auf die Motivation der Kinder als auch auf ihre Lernergebnisse aus (u. a. Hoover-Dempsey et al., 2005; Harris & Goodall, 2007). Eltern steht in Deutschland das Recht zu, von den Lehrkräften über die Lern- und Leistungsentwicklung und das Arbeits- und Sozialverhalten unterrichtet zu werden. Sie dürfen auf Wunsch sogar am Unterricht ihres Kindes teilnehmen. Lehrkräfte haben eine so genannte *Informationspflicht*. Das betrifft alle Lehrkräfte einer Schule, aber insbesondere die Klassenlehrkraft. Sie beraten zu Themen wie dem Übergang in die weiterführenden Schulen, Bedingungen für Schulabschlüsse, Beurteilungskriterien etc. in Form von Elternabenden, Elternsprechtagen und individuellen Elterngesprächen. Wann und in welcher Form über diese Belange kommuniziert wird, entscheiden zum einen schulgesetzliche Regelungen und zum anderen die Akteur*innen selbst. Über die Lern- und Leistungsentwicklung wird üblicherweise in halbjährlichen Gesprächen am Elternsprechtag kommuniziert. Wird darüber hinaus der Kontakt zum Elternhaus gesucht, dann hängt das in der Regel mit kriterial guten oder schlechten Lernergebnissen oder dem Sozialverhalten zusammen. Eltern von Kindern mit Lernschwierigkeiten oder Verhaltensproblemen kommunizieren in der Regel öfter mit Lehrkräften als Eltern von Kindern, die weniger auffallen. Lehrkräfte ergreifen in der Regel die Initiative für ein Elterngespräch bei schlechten Leistungen oder auffälligen Verhaltensweisen (Todd & Higgins, 1998). Eltern mit hohen Erwartungen an die Leistungsfähigkeit des Kindes suchen in der Regel das Gespräch mit der Lehrkraft, wenn es aus Sicht der Eltern enttäuschend läuft (Menheere & Hooge, 2010). Eltern von Kindern mit geringerem Leistungsniveau und Eltern mit Zuwanderungshintergrund sind eher abwartend und suchen den Kontakt weniger, was nicht als Ausdruck geringeren Interesses am Wohlergehen ihres Kindes interpretiert werden darf (z. B. Morrisson Gutman & McLoyd, 2000). Eltern, die selbst schlechte Erfahrungen mit der Schule gemacht haben, meiden eher den Kontakt mit der Schule (Hornby & Blackwell, 2018).

Eltern unterscheiden sich daher in ihrer Sichtbarkeit im Schulleben. Einige Eltern werden als engagiert wahrgenommen, wohingegen andere nur schwer für Lehrkräfte zu erreichen scheinen. Oft wird mangelndes Engagement in Zusammenhang mit sozialen und ethnischen Hintergründen gebracht. Dabei haben Eltern mit Migrationshintergrund häufig hohe Bildungsaspirationen für ihre Kinder, allerdings fehlt es oft an Wissen, wie sie die Kinder und die Schule gelingend unterstützen können (Schuchart, 2019) und an Informationen zum Schulsystem, den Anforderungen und Erwartungen. Schule wird von Eltern bisweilen als schwer zugänglicher Raum wahrgenommen, der aktiv wenig dazu einlädt, sich einzubringen (Fürstenau & Hawighorst, 2008).

Eltern haben jedoch auch Pflichten gegenüber der Schule, die ebenfalls in den Schulgesetzen verankert sind. Schule und Eltern haben einen gemeinsamen Erziehungs- und Bildungsauftrag und gemeinschaftlich mitzuwirken (z. B. Rheinland-Pfalz, §2, Abs. 3 SchulG). Sie haben eine so genannte *Unterrichtungspflicht*, das heißt, die Pflicht, die Schule ihres Kindes darüber zu informieren, wenn es Veränderungen oder Umstände gibt, welche (auch) die Entwicklung des Kindes betreffen kann.

> **Lernaktivität**
>
> Gehen Sie auf die schulgesetzgebende Internetseite Ihres Bundeslandes. Recherchieren Sie, welche Informationen Eltern und Lehrkräften zur Zusammenarbeit zur Verfügung gestellt werden. Gibt es zusammenfassende Dokumente für Eltern zu Schulgesetzgebungen, zur Gremienarbeit etc.? Gibt es Handouts, in welchen die Aufgaben der einzelnen Gremien erläutert werden (z. B. Klassenpflegschaft, Schulausschuss, Fachkonferenz)?

Wie sehen also gute *Kommunikation und Zusammenarbeit zwischen Familie und Schule* aus? Grundlegende Aspekte in der Kommunikation mit Eltern sind Ehrlichkeit, Häufigkeit und Art der Kommunikation. Untersuchungen zeigen, dass ein gelingendes Gespräch davon abhängt, ob Lehrkräfte über wichtige kommunikative Fähigkeiten verfügen: Sie müssen aktiv zuhören, Wichtiges zusammenfassen können und wertschätzend sein. Eltern sollten nicht nur im Fall von Versagen kontaktiert werden, sondern auch regelmäßig übermittelt bekommen, was gut klappt. Bezogen auf die sozial-emotionale Entwicklung stärkt die Anerkennung der Fortschritte eines Kindes auch die Eltern-Lehrkraft-Kommunikation. Dazu eignen sich Rückmeldekarten oder Schulnotizen. Defizitorientierte Gespräche führen dazu, dass Eltern ihre Beteiligung eher einschränken (Fish, 2006). Eltern hingegen, die sich verstanden oder eingebunden fühlen, entziehen sich in der Regel auch nicht der Kommunikation mit der Schule.

Regelmäßige Kommunikation und gemeinsam abgestimmtes Vorgehen ist wichtig. Es wird davon ausgegangen, dass die aktive Einladung der entscheidende Faktor ist, die Elternbeteiligung zu erhöhen. Gerade im Kontext der Grundschularbeit erscheint das besonders relevant, da die Grundschule den ersten Kontakt mit dem deutschen Schulsystem herstellt. Die Grundlagen für eine gute, nachhaltige Zusammenarbeit können hier besonders gut geschaffen werden. Da die Regeln für die Zusammenarbeit überwiegend von den Schulen und Lehrkräften bestimmt werden, müssen diese ein Konzept entwickeln, in dem beide Parteien ihren Verantwortungsbereich haben (Oostede & Hooge, 2013). Wenn Eltern auf der *Kollektivebene* aktiv an der Gremienarbeit einer Schule beteiligt werden sollen, dann müssen Informationen zu Aufgaben, Pflichten und Möglichkeiten aus den Schulgesetzen bekannt gegeben werden. Schulgesetze sind zwar in der Regel öffentlich zugänglich, aber Schulleitungen und Lehrkräfte sind dazu angehalten, Eltern beratend zur Seite zu stehen. Die Schulen benötigen daher handlungsleitende Konzepte (am besten mehrsprachig), wie die Informationen über Schulen und deren demokratische Prozesse den Eltern zugänglich gemacht werden (z. B. Leitfaden, Handout). Im Sinne der aktiven Elternbeteiligung auf der *Individualebene* sind Lehrkräfte verantwortlich dafür, klare Aussagen darüber zu treffen, wie jedes einzelne Elternteil seinen Beitrag für die Entwicklung des Kindes leisten kann. Sie kennen die zu erreichenden Zielkriterien ihres Faches, Kriterien zur Beurteilung des Arbeits- und Sozialverhaltens, kennen die Schulregeln, den Lernstoff und müssen daher bewusst entscheiden, in welcher Form die aktive Einbindung der Eltern für die Entwicklung der Kinder gut ist. Es ist hilfreich, wenn Schulen Vorstellungen davon haben, wie etwa eine Unterstützung hinsichtlich akademischer Leistungen aussehen kann. Die größte Schnittmenge zwischen Elternhaus und Schule besitzen nach wie vor die Hausaufgaben. Es ist zu klären, nach welchen didaktischen Prinzipien und aus welchen Gründen bestimmte Lerninhalte im Rahmen der Hausaufgaben vertieft und gefestigt werden können und sollten (z. B. Rechenstrategien, Lesestrategien) und wie und in welchem Umfang pädagogische Aktivitäten auch am Nachmittag hilfreich sind. Grundlegend berücksichtigt werden sollten die Bedürfnisse des Kindes. Eltern und Lehrkräfte müssen dementsprechend auch die Entscheidungen der Kinder über die Art und Intensität der Involviertheit der Eltern ernst nehmen. Hausbesuche von Lehrkräften können aus der Perspektive der Kinder auch als angstauslösendes Eingreifen in die Privatsphäre aufgefasst werden (Eunicke & Betz, 2019).

Im Kontext von Schulentwicklung sollte laut Oostdam und Hooge (2013) die Zusammenarbeit mit dem Elternhaus institutionalisiert und in eine langfristige Schulentwicklungsplanung einbezogen werden. Schulen sollten sich mit folgenden Fragen auseinandersetzen:

- Sind Eltern für uns eher Partner*innen oder eher Klient*innen?
- Wie gestalten wir die Arbeit mit ihnen?
- Wie beziehen wir sie ein? Wie werden Eltern z. B. über den Lernfortschritt des Kindes informiert?
- Binden wir Eltern aktiv in den Lernprozess ein, der über die Hausaufgabenbeteiligung hinausgeht? Fordern wir sie aktiv dazu auf? Sind wir offen und transparent, was die Notwendigkeit der Beteiligung betrifft?
- Wie können sich Eltern an die Schule wenden, um Informationen zu erhalten. Können sie die Schule anrufen (wenn ja, wen und wann)? Können sie die Schule oder die Lehrkraft per E-Mail oder über eine (interaktive) Website kontaktieren?
- Was machen wir, wenn Eltern nicht die Rolle von gleichberechtigten Partner*innen übernehmen möchten?
- Ist es akzeptabel, wenn die Eltern sich nicht engagieren wollen und selten oder nie auftauchen? Welche (minimalen) Anforderungen gibt es in Bezug auf die elterliche Beteiligung?

Ausgehend von der Annahme, dass die Partnerschaft sich entweder auf der Ebene einer formalen oder sozialen Ebene bewegen kann oder eben bewusst partnerschaftlich gestaltet wird, entwerfen Oostdam und Hooge (2013) ein Konzept zur Klassifizierung von Schultypen und deren jeweiligen Beziehungsebene. Die ersten beiden Schultypen (Level 1 und 2) betrachten Eltern als soziale und formale Partner*innen, aber nicht als gleichberechtigt. Die beziehungsorientierte Schule (Level 3) definiert sich über ihr Angebot und die partizipationsorientierte (Level 4) und innovationsorientierte Schule (Level 5) hingegen sehen eine aktive Partnerschaft als wesentlichen Bestandteil ihres Schulkonzepts.

Tab. 2: Klassifizierung von Schultypen in Bezug auf Beziehungsebenen (Oostdam & Hooge, 2013, S. 346)

Level 1: *Informationsorientierte Schule*
Kontakte mit Eltern finden formal in Bezug auf die Bereitstellung genauer Informationen statt.

Level 2: *Strukturorientierte Schule*
Neben der Bereitstellung genauer Informationen stehen klare Strukturen im Vordergrund. Aufgaben und Verantwortlichkeiten von Eltern und Schule sind klar geregelt. Kontakte mit Eltern sind formell und folgen anhand festgelegter Verfahren.

Level 3: *Beziehungsorientierte Schule*
Konzentriert sich auf genaue Informationen, klare Strukturen und speziell auf die Beziehung zu den Eltern. Es wird darauf geachtet, guten (individuellen) Kontakt zu pflegen.

Level 4: *Partizipationsorientierte Schule*
Fokussiert die Bereitstellung genauer Informationen, klarer Strukturen, einer guten Beziehung und investiert in eine optimale Beteiligung der Eltern. Die Schule ist aktiv im Kontakt zu Eltern auf allen Ebenen und zielt darauf ab, aktive Elternschaft in allen Aspekten zu etablieren.

Level 5: *Innovationsorientierte Schule*
Einrichtung einer voll aktiven Elternschaft, d. h. sowohl Schule als auch Eltern sind proaktiv. Schule und Eltern konzentrieren sich gemeinsam auf die kontinuierliche Verbesserung von Bildung, Schule und Schulumgebung.

Wenngleich die innovationsorientierte Schule als Ideal gilt, kann sich eine Schule auch bewusst für eine weniger partnerschaftliche Form der Zusammenarbeit entscheiden. Es gibt keine Patentlösung im Umgang mit Eltern, da Rahmenbedingungen und Akteur*innen unterschiedlich sind. Da die Schulen und Lehrkräfte aber in der Verantwortung stehen, Regeln der Zusammenarbeit zu definieren, hilft es, diese Fragen für sich als Schule zu beantworten. Das klärt die eigene Erwartungshaltung und bietet die Möglichkeit, Initiativen darauf abzustimmen.

6.2 Innerschulische Kooperation

Neben Kooperationen mit Eltern findet in Schule und Unterricht weitere Kooperation zwischen verschiedenen Professionen statt und wird weiter an Bedeutung gewinnen, um die Herausforderungen der aktuellen Entwicklungen (Inklusion, Digitalisierung etc.) zu bewältigen. In diesem Kapitel werden zuerst grundlegende Erkenntnisse zu Kooperation dargestellt, dann ein Einblick in Multiprofessionelle Teamarbeit, die zwar innerschulisch passiert, jedoch auch weitere Expertisen außerhalb von Schule einbezieht, gegeben und dann ein wichtiger Bereich der Lehrkräftekooperation im inklusiven Kontext beleuchtet – das Co-Teaching.

6.2.1 Grundlegendes

Kooperation in Schule und Unterricht, was bedeutet das und warum ist sie wichtig? Eine Kooperation ist eine Zusammenarbeit von mindestens zwei Personen mit dem Ziel der wechselseitigen Nutzbarmachung von Erkenntnissen und einer gemeinsamen Entwicklung und Durchführung von z. B. Unterricht und Förderung, die für einen allein nicht oder nicht so gut zu bewältigen sind.

Urban und Lütje-Klose (2014) bezeichnen verschiedene Ebenen kooperativer Prozesse, welche miteinander in wechselseitiger Verbindung stehen:

- *individuell*: Einstellungen/Haltungen, Expertise und Kompetenzen der Kooperationspartner*innen;
- *interaktionell*: Gestaltung der Beziehung zwischen Kooperationspartner*innen; Rahmenbedingungen, Strategien und Prinzipien des pädagogischen Handelns; Kommunikationsprozesse;
- *institutionell*: Personal- & Infrastruktur; Schulkultur & -konzept; Kollegium;
- *sachlich*: Aufgaben- und Rollenverteilung; Unterrichtsplanung.

Kooperation ist demnach nicht nur im Unterricht von Bedeutung, sondern spielt auch im Schulentwicklungsprozess eine bedeutsame Rolle (Scheer & Laubenstein, 2018). Dabei ist Lehrkräftekooperation ein Indikator für Organisationsqualität (Steinert et al., 2006) und gilt als Schlüsselvariable der Schulentwicklung. Idel et al. (2012) bezeichnen sie als eine Voraussetzung der Schulentwicklung und ebenfalls als deren Effekt. Lehrkräftekooperation stellt eine Dimension professioneller Kompetenz dar und nimmt zudem die bedeutsame Rolle der Belastungsreduktion ein. Kooperation ist also aktuell und wichtig; Kooperationsprozesse sollten stärker professionalisiert und die Umsetzung in Schule gestärkt werden.

Kooperation besitzt auf vielen Ebenen des Bildungssystems hohe Bedeutung und ist aus der inklusiven Bildung und der darauf ausgerichteten Weiterentwicklung des Unterrichts und des Bildungssystems nicht mehr wegzudenken. Gelingende Kooperation »setzt voraus, dass sich die Beteiligten auf unterschiedliche Formen der Zusammenarbeit einlassen. Eine wichtige Bedingung ist die Bereitschaft, sich selbst gleichzeitig gestaltend und lernend in diesen Prozess einzubringen« (KMK, 2011, S. 18). Dies sind zwei relevante Aspekte, einerseits die eigene Expertise einzubringen und Verantwortung zu übernehmen, andererseits aber auch die Expertise des Gegenübers anzuerkennen, sich selbst auch in der Position des Lernenden zu reflektieren.

Gräsel et al. (2006) finden drei Formen der Zusammenarbeit von Lehrkräften, die mit jeweils unterschiedlichen Zielen verbunden sind: Austausch, Arbeitsteilung und Kokonstruktion. *Austausch* dient der wechselseitigen Information und ist eine der grundlegenden Bedingungen in Schule. Der Informationsfluss über bestimmte Abläufe, Schüler*innen und weitere Aspekte ist bedeutsam, findet niedrigschwellig statt und erfordert keine Zielinterdependenz. Die Beteiligten benötigen nur wenig Vertrauen zueinander und erfahren durch diesen Austausch keine Einschränkungen der Autonomie ihres Handelns. Die Form der *Arbeitsteilung* lohnt sich für Aufgaben, die sich aufteilen lassen. Solche Aufgaben existieren im Schulalltag von der Aufteilung der Unterrichts- oder Prüfungsvorbereitung bis hin zur Einarbeitung in verschiedene diagnostische Verfahren etc. Die *Kokonstruktion* als intensivste dieser drei Formen bedeutet, dass sich die Lehrkräfte so eng verbinden, dass sie tatsächlich gemeinsam und aufeinander bezogen an einer komplexen Aufgabe arbeiten. Kokonstruktion ist ein hoher Aufwand, der dann lohnt, wenn man die Gelegenheit zur gemeinsamen Weiterentwicklung nutzen und sich vertrauen kann. Hier lässt man ein großes Stück seiner Autonomie zurück, allerdings um von dem Prozess selbst und seinem Resultat (wie einer Verbesserung der Klassenführung) zu profitieren. Je anspruchsvoller die Kooperationsform ist, desto weniger wird sie allerdings in Schule umgesetzt (Fussangel & Gräsel, 2012).

Insgesamt scheint Kooperation von Lehrkräften ambivalent wahrgenommen zu werden. Häufig wird der Aufwand von Kooperation und die mangelnde Zeit für Kooperationsprozesse als Manko benannt. Dementgegen steht, dass sich dieser Aufwand für alle Beteiligten lohnen muss und als Gewinn wahrgenommen werden sollte, gerade auch, weil die Anforderungen im Alltag so gestiegen sind, dass sie alleine kaum zu bewältigen sind. Schulen, die Kooperation in ihrem Schulkonzept verankert haben und ein vertrauensvolles Klima auch innerhalb des Kollegiums schaffen, profitieren in relevanten Dimensionen der Kooperation im Schulalltag (Arndt, 2016): Gegenseitige Unterstützung und Entlastung, Unterricht und individuelle Unterstützung, Qualitätssicherung und -entwicklung, professionelle Entwicklung und Haltung sowie Motivation und Arbeitszufriedenheit. Die Investition in die Entwicklung gelingender Kooperation lohnt sich demnach langfristig.

> **Lernaktivität**
>
> Wenn Sie bereits Erfahrungen in der Schule und in Unterricht haben: Welche Form (Austausch, Arbeitsteilung oder Kokonstruktion) haben Sie bereits kennengelernt? Und welche Aufgaben wurden mit welcher Form bewältigt?
>
> Wenn Sie noch keine Erfahrung in Schule und Unterricht haben: Finden Sie Beispiele für jede Form. Welche Aufgaben existieren und wie sind sie am besten bewältigbar?

6.2.2 Multiprofessionelle Teams

Es braucht den Blick diverser Professionen, die mit ihrer Expertise und Bereitschaft zum Gelingen inklusiver Schulen beitragen. Erfolgreiche inklusive Schulen zeichnen sich dadurch aus, dass Lehrkräfte sich nicht als ›Einzelkämpfer‹ definieren. Der Kooperation in *professionellen Lerngemeinschaften* wird daher eine große Bedeutung zugeschrieben (Fussangel & Gräsel, 2012). Die Arbeit in einem multiprofessionellen Team (Sonderpädagog*innen, Psycholog*innen, Schulsozialarbeiter*innen, pädagogische Mitarbeiter*innen etc.) ist nicht mehr aus der inklusiven Schule wegzudenken (Vierbuchen & Bartels, 2021) und findet international bereits systematischer statt als in Deutschland. Gerade für den Bereich der Ganztagsbildung wird jedoch auch in Deutschland die multiprofessionelle Kooperation als ein Kernmerkmal hervorgehoben (Speck, 2020). In Deutschland sind die Befunde zur Intensität und Häufigkeit der Umsetzung der Zusammenarbeit zwischen Lehrkräften und zwischen Lehrkräften und anderen Professionen insgesamt jedoch eher ernüchternd (z. B. Arndt & Werning, 2016), hier liegt viel Innovationspotential.

Multiprofessionelle Kooperation gilt als unumstrittene Voraussetzung, um der Heterogenität einer Klasse und den individuellen Bedürfnissen der Schüler*innen gerecht werden zu können (Arndt, 2016). Welche Merkmale zeichnen multiprofessionelle Kooperation aus bzw. wann macht sie Sinn? Dazu fassen Speck et al. (2011) zusammen, dass eine Herausforderung im beruflichen Alltag bestehen sollte, deren Bearbeitung und Lösung durch die Nutzung der Kompetenzen von unterschiedlichen Berufsgruppen und Expertisen effektiver und effizienter erscheint. Zudem sind weitere Eigenschaften, dass ein gezieltes und langfristiges gemeinsames Arbeiten von mehr als zwei verschiedenen Berufsgruppen an einer Institution stattfindet und ein relativ hoher Spezialisierungsgrad der beteiligten Berufsgruppen, also keine große inhaltlich-fachliche Überlappung in den Expertisen, besteht. Eine detaillierte Abstimmung und verbindliche Regelung der professionellen Verantwortlichkeiten, Zuständigkeiten und Handlungsabläufe zwischen den Professionen muss anvisiert sowie der stetige Austausch ohne Zeitdruck zwischen den Personen persönlich möglich sein (ebd.). »Der Gewinn der multiprofessionellen Kooperation kommt vor allem dann zum Tragen, wenn konzeptionelle Vorarbeiten vorliegen, fachliche Abstimmungen zwischen den Professionen stattfinden und strukturelle Rahmenbedingungen sichergestellt werden«; resümiert Speck (2020, S. 1463). Die vorhandenen Vorarbeiten und die gegebenen Rahmenbedingungen bezüglich der multiprofessionellen Kooperation bewegen sich in der Grundschule (wie an allen anderen Schulen auch) auf einem Kontinuum von ›zufällig und zwischen Tür-und-Angel‹ bis zu stringenter Systematisierung, wie z. B. in einem mehrstufigen System. Huber (2015) beschreibt ein Modell, in dem multiprofessionelle Kooperation einen festen Platz im inklusiven Schulsystem durch die Bildung von übergreifenden multiprofessionellen Problemlöse-Teams erhält, die immer dann eingesetzt werden, wenn zusätzlich zum fundierten regulären Unterricht weitere Maßnahmen notwendig sind, um Partizipation am akademischen und sozialen Alltag der Schule zu unterstützen (▶ Kap. 5.4). Es geht hier um die zweite Stufe eines mehrstufigen schulischen Rahmenkonzepts. Dabei handelt es sich um eine Kooperation verschiedener Professionen. Ziel ist immer das Finden unterstützender, wirksamer Maßnahmen, deren Implementation für den Einzelfall und damit eine möglichst frühzeitige Problemlösung. Multiprofessionelle Teams lassen sich innerhalb mehrstufiger Modelle schulweit als festes Puzzleteil des Systems aufstellen. Sie kommen zusammen und beraten in vier Phasen (Reschley & Bergstrom, 2009; Huber, 2015), die immer wieder nacheinander ablaufen können, also je nach Fall eine fortlaufende Unterstützungseinheit bilden:

1. Problemdefinition
2. Problemanalyse
3. Implementation von Maßnahmen
4. Evaluation der Maßnahmen.

Das Vorgehen der multiprofessionellen Teams erinnert in Teilen an die Kooperative Förderplanung (Popp et al., 2017) oder gut strukturierte Hilfeplangespräche. Die multiprofessionelle Teamarbeit ist hier systematischer Bestandteil des Konzepts; die Rahmenbedingungen (Zuständigkeiten, Zeitrahmen, Aufgabe, Vorgehen) müssen nicht ständig ausgehandelt werden, sondern sind systemimmanent vorhanden und bereits im Vorhinein abgesprochen. Die Zusammensetzung der Teams sollte auf den Einzelfall abgestimmt werden. Klassenlehrkraft, Sonderpädagog*in, Schulpsycholog*in, Schulsozialarbeiter*in sollten jeweils einen gesetzten Platz im Team einnehmen, die Eltern sind je nach Ziel- und Fragestellung und je nach Situation auch wertvolle Partner*innen im multiprofessionellen Team als Expert*innen für das Kind im familiären System.

6.2.3 Co-Teaching

Eine spezifische Form der Kooperation unter Lehrkräften ist das Co-Teaching, teilweise synonym auch Teamteaching genannt. Es bestehen begriffliche Unschärfen, da Teamteaching auch als eine spezielle Form des Co-Teachings gehandelt wird (s. u.).

Wie die multiprofessionelle Kooperation spielt auch das Co-Teaching in der inklusiven Grundschule eine bedeutende und wachsende Rolle und »gilt als zentrale Bedingung für die Durchführung von gelingendem inklusivem Unterricht« (Moser Opitz et al., 2021, S. 443).

> Mit dem Begriff *Co-Teaching* wird meist die gemeinsame Vorbereitung, Durchführung und Nachbereitung von Unterricht und allem, was damit zusammenhängt, durch eine allgemeine Lehrkraft und eine sonderpädagogische Lehrkraft ausgedrückt. Teilweise arbeiten jedoch auch andere Konstellationen von Professionen zusammen.

In der Literatur werden sechs Modelle von Co-Teaching unterschieden (z. B. Murawski, 2012):

- Unterrichten und beobachten
- Unterrichten und unterstützen
- Unterrichten an Stationen
- Paralleles Unterrichten
- Alternatives Unterrichten
- Team-Teaching.

Es können mehrere Modelle flexibel während einer Unterrichtsstunde je nach Ziel und Voraussetzungen genutzt werden. Im Folgenden werden sie kurz vorgestellt und deren Potenziale und Grenzen angerissen.

Unterrichten und beobachten: Eine Lehrkraft leitet den Unterricht und ist aktiv in Interaktion mit der Klasse, während die andere Lehrkraft einen Beobachtungsauftrag erfüllt und nicht aktiv in den Unterricht eingebunden ist. Beobachtungen können sich hier auf einzelne Schüler*innen (Wann genau eskaliert eine Situation, was geschieht vorher? Wie ist das Aufmerksamkeits-/Lern- und Arbeitsverhalten eines Kindes? ...) oder die Gruppe (Wie ist das Meldeverhalten der Klasse? Wie laufen die sozialen Gruppenprozesse während einer Kooperationsphase ab? ...) beziehen. Wichtig ist, dass sowohl der Beobachtungsauftrag als auch die Weiterarbeit mit den Ergebnissen vorher gut besprochen wurde und die beobachtende Lehrkraft sich nicht ins Unterrichtsgeschehen einbinden lässt. Die anfänglich befremdliche Situation für die Schüler*innen wird schnell zur Normalität.

Unterrichten und unterstützen: Beide Lehrkräfte nehmen aktiv am Unterricht teil, eine Lehrkraft leitet ihn, die zweite Lehrkraft zirkuliert im Raum und unterstützt einzelne Kinder bei Bedarf. Dabei kann es sich sowohl um inhaltliche als auch verhaltensorientierte Unterstützung handeln. Auch die zweite Lehrkraft muss inhaltlich vorbereitet sein, um nicht nur verhaltensmaßregelnd durch die Klasse zu rotieren. Das natürlicherweise hier vorkommende Dominanzgefälle zwischen Lehrkraft eins und zwei sollte reflektiert werden; die Aufgabe der Unterstützung könnten beide Lehrkräfte abwechselnd übernehmen. Bei massiven Lernrückständen der Schüler*innen macht eine andere Form des Co-Teachings mehr Sinn, in der gezieltere und systematische Unterstützung für einzelne Schüler*innen möglich ist als innerhalb dieser rotierenden Unterstützung. Ansonsten ist die Form flexibel geeignet ohne intensive Vorbereitung und lohnt sich, wie ›unterrichten und beobachten‹ auch, für den Einstieg in eine Kooperation zwischen Lehrkräften, die sich noch nicht gut kennen. Für Schüler*innen bietet diese Form eine schnelle und flexible Unterstützung, direkt wenn sie benötigt wird.

Unterrichten an Stationen: Die Unterrichtsinhalte werden auf mehrere Lernstationen verteilt und die Klasse wird in genauso viele oder weniger Kleingruppen aufgeteilt. Beide Lehrkräfte betreuen jeweils eine Station. Die Kleingruppen durchlaufen strukturiert eine Station nach der anderen. An den Stationen, die nicht von einer Lehrkraft betreut werden, setzen sich die Schüler*innen selbstständig individuell oder peergestützt mit dem Inhalt auseinander. Diese Methode ist bei Themen einsetzbar, die sich hierarchiefrei aufteilen lassen oder die aus verschiedenen Perspektiven betrachtet werden sollen. Die Methode muss sehr gut eingeführt werden, damit alle Schüler*innen wissen, was von ihnen erwartet wird und wie sie zum Ziel gelangen. Beiden Lehrkräften muss die Methode gut bekannt sein. Die Vorbereitungszeit für Planung und Ausarbeitung des (differenzierten) Materials ist intensiv. Allerdings wird bei einem gelingenden Einsatz die Selbstständigkeit der Schüler*innen gefördert und es sind kreative, kurzweilige Lerneinheiten. Zudem ist ein stigmatisierungsfreies und an den Lernvoraussetzungen der einzelnen Kinder orientiertes Lernangebot möglich.

Paralleles Unterrichten: Die Lerngruppe wird in zwei ähnlich große Lerngruppen aufgeteilt und beide Lehrkräfte unterrichten parallel die gleichen Unterrichtsinhalte in beiden Gruppen, bestenfalls in zwei unterschiedlichen Räumen. Hierbei sind sowohl leistungshomogene als auch heterogene Gruppen möglich, jedoch ist der parallele Unterricht als solcher nur durchhaltbar, wenn die Gruppen beide in sich heterogen (und nicht niveaudifferenziert) sind, damit danach beide Gruppen wieder mit einem gleichen Lernstand zusammengeführt werden können. Vorteile sind die kleineren Lerngruppen, eine geringere Lautstärke und die intensivere Betreuung der einzelnen Schüler*innen als in der gesamten Klasse. Allerdings müssen beide Lehrkräfte gleich kompetent in Bezug auf die Umsetzung und gut vorbereitet sein; eine gemeinsame Vorbereitung ist deshalb absolut vorteilhaft. Die Frage der Räumlichkeiten sollte vorher geklärt sein. Potential liegt besonders darin, dass Material und Methodik (z. B. Instruktionen oder peergestützte Phasen) trotz des parallelen Unterrichts differenziert auf die Lerngruppe angepasst werden können.

Alternatives oder niveaudifferenziertes Unterrichten: Die Klasse wird in zwei unterschiedlich große Lerngruppen mit unterschiedlichen Niveaus aufgeteilt. Beide werden jeweils von einer Lehrkraft unterrichtet. Die Durchführung kann zwar im gleichen Raum stattfinden, besser sind verschiedene Räume. Beide Lehrkräfte sollten gemeinsam die Lernziele vereinbaren und sich vorbereiten oder zumindest eng absprechen. Diese Vorgehensweise ermöglicht ein kleinschrittiges Vorgehen und stärkere Differenzierung. In erster Linie wird diese Methode für eine Wiederholung oder Vertiefung für Kinder mit Unterstützungsbedarf genutzt, die Möglichkeit einer Differenzierung nach oben liegt jedoch ebenfalls auf der Hand. Dieses Modell ermöglicht gezielten Unterricht mit unterschiedlichen Methoden und Hilfsmitteln sowie eine enge didaktische Anpassung. Die Rückführung in die Gesamtklasse und der weitere gemeinsame Unterricht sollten gut vorbereitet sein. Keinesfalls sollten immer die gleichen Schüler*innen in die Kleingruppe eingeteilt werden, sonst kann es zu Stigmatisierung und Demotivierung kommen.

Team-Teaching: Beide Lehrkräfte halten gleichwertig und gemeinsam den Unterricht in der Klasse. Sie sind aktiv und agieren als eingespieltes Team. Dieses Modell setzt eine vertiefte Absprache voraus, ermöglicht jedoch viel Interaktion und eine motivierende Unterrichtsgestaltung, z. B. bei einer Diskussion, in der beide Lehrkräfte verschiedene Perspektiven einnehmen. Schüler*innen erhalten unterschiedliche Zugänge zu den Lerninhalten und können sich an beiden Lehrkräften orientieren, wenn z. B. eine Lehrkraft einen Versuch durchführt, während die andere ihn verbalisierend begleitet. So können Lernprozesse gelingend modelliert werden. An dieses Modell müssen sich sowohl die Klasse als auch das

Lehrkräfteteam gewöhnen; es bietet sich für Lehrkräfte an, die bereits gut zusammenarbeiten und ein funktionierendes Team bilden.

Kein Modell ist dem anderen überlegen, der Einsatz hängt immer von der Situation, den Leistungen der Schüler*innen, dem Ziel und auch den Kompetenzen und Erfahrungen der beteiligten Lehrkräfte ab.

> **Lernaktivität**
>
> Greifen Sie eine potentielle Stunde aus Ihrem Fach heraus: Wie könnten Sie diese mit welchen Co-Teaching-Modellen besser gestalten? Was müssten Sie dafür mit der anderen Lehrkraft absprechen?

Bisherige Erkenntnisse zur Umsetzung von Co-Teaching zeigen auf, dass in Schulen noch Handlungspotential bezüglich des flexiblen und zielorientierten Einsatzes der verschiedenen Formen des Co-Teachings und der Nutzung der verschiedenen Expertisen besteht (Scruggs et al., 2007; Weiss, 2004). Die Rolle der sonderpädagogischen Lehrkraft ist häufig nicht klar umrissen, wodurch die Form *unterrichten und unterstützen* die meist eingesetzte ist (Bryant Davis et al., 2012). Dies bringt die sonderpädagogische Lehrkraft in eine untergeordnete Rolle und die gemeinsame Aufgabe rückt in den Hintergrund, ebenso wird die Expertise der sonderpädagogischen Lehrkraft nicht in vollem Umfang genutzt (ebd.; Cook et al., 2017). Das scheint sich auch durch eine begleitende Fortbildung nicht wesentlich zu verändern (Bryant Davis et al., 2012). Solche Konzepte müssen fest im Schul- und Unterrichtsalltag verankert sein, um die damit verbundenen Potentiale nutzen zu können. Moser (2016) stellt fest, dass die sonderpädagogische Förderung eher außerhalb des gemeinsamen Klassenraums stattfindet (vor allem bei wenigen zugewiesenen Stunden) und die integrierte Förderung noch zu selten umgesetzt wird. Das deutet eher auf eine Arbeitsteilung als eine Kokonstruktion hin. Je mehr Zeit allerdings die Sonderpädagog*innen in der Klasse verbringen, desto stärker findet eine Förderung innerhalb des Settings statt. Baeten und Simons (2014) finden anhand eines Reviews mehrere Vorteile des Co-Teachings: Es kann eine stärker differenzierte und individuelle Unterstützung stattfinden, die einzelnen Schüler*innen erhalten mehr Aufmerksamkeit und die Lehrkräfte können die Schüler*innen und das Unterrichtsgeschehen besser beobachten.

Die Erkenntnisse sind jedoch durchwachsen: Je nach Fach und Schulstufe finden Murawski und Swanson (2001) in ihrer Metaanalyse durchschnittlich moderate Effekte auf die Schüler*innenleistung, die Varianz der gefundenen Effekte schwankt jedoch enorm. Aktuelle Ergebnisse aus Deutschland zeigen auf, wie wichtig die qualitätsvolle Weiterentwicklung der Umsetzung ist: Moser Opitz et al. (2021) identifizieren im längsschnittlichen Vergleich des herkömmlichen Unterrichts mit spezifischer Förderung durch Fachkräfte bessere Effekte auf die Wahrnehmung der Unterrichtsqualität durch die Schüler*innen in den Merkmalen Klassenführung und Lernunterstützung als in der Experimentalgruppe, die zwei Modelle des Co-Teachings und damit unterrichtsintegrierte Förderung umsetzen. Die Autor*innen der Studie interpretieren mögliche Ursachen in mangelnden Absprachen und unklaren Zuständigkeiten, Unruhe im Klassensetting und die zu geringe Umsetzung einer spezifischen und individuellen Förderung derjenigen Schüler*innen, die diese Unterstützung benötigen. Absprachen bezüglich der Zuständigkeiten, der Rollen, der Umsetzung der Klassenführung sowie die Planung und Beachtung aller Co-Teaching-Modelle und deren reflexiven Einsatzes sind demnach bedeutsam. Im schlechtesten Fall verlässt sich sonst jeder Beteiligte darauf, dass die andere Person sich kümmert.

Allerdings konnten bereits *Gelingensbedingungen* identifiziert werden (Arndt, 2016; Arndt & Werning, 2013; Greiten et al., 2016; Weiss & Brigham, 2000): Die Basis bildet eine gemeinsame Verantwortung für alle Schüler*innen. Die wechselseitige Verbindung von Kooperation und eigener Professionalisierung, also eine Abstimmung zum gemeinsamen Einsatz der Expertise, aber auch die Möglichkeit der Abgrenzung der jeweils spezifischen Expertise (z. B. gemeinsame und getrennte Fortbildungen), ist sinnvoll. Eine positive Einstellung z. B. zu Inklusion und Heterogenität ist eine wichtige Voraussetzung, ebenfalls eine geteilte Vorstellung von Unterricht und Verhaltensmanagement. Um gut zusammenarbeiten zu können, sollte gegenseitiger Respekt gegeben sein, eine gute Passung vorliegen, die Teambildung sollte auf Freiwilligkeit basieren und eine hohe Kompatibilität der Lehrkräfte vorliegen. Kontinuität im Team und die Organisation gemeinsamer fester Planungs- und Vorbereitungszeit sind wichtig. Hospitationserfahrungen ermöglichen einen guten Einstieg, aber auch eine Reflektion und gegenseitiges unterstützendes Feedback. Eine Schulleitung, die die Einführung und der gelingenden Umsetzung von Co-Teaching eine hohe Bedeutsamkeit beimisst und die Entwicklung unterstützt, ist unabdingbar.

Co-Teaching zeigt viel Potential. Die Lehrkräfte müssen sich jedoch vertieft mit dem gemeinsamen Unterrichten auseinandersetzen und gemeinsam weiterentwickeln. Das fordert von Lehrkräften ein Stück weit das Aufgeben der Autonomie in ihrem Unterricht und ein flexibles Einlassen. Die Zuständigkeiten müssen klar geklärt sein, es sollte eine Gleichwertigkeit der Lehrkräfte vorliegen und Einigkeit über die Einstellung zu Bildungsprozessen und deren Gestaltung. Co-Teaching sollte als Teil der Schulentwicklung fest verankert, vorangebracht und systematisch evaluiert werden, damit es sowohl für die Schüler*innen als auch für die Lehrkräfte die erwarteten positiven Effekte haben kann und die Umsetzung inklusiven Unterrichts in der Grundschule wirklich stützen kann.

6.3 Zusammenfassung

Kooperation ist wichtig, bisher jedoch in unserem Schulsystem noch nicht ausreichend in Umfang und Struktur implementiert. Hier müssen zuverlässige und vertrauensvolle Konzepte der systematischen Kooperation auf allen Ebenen in Schule und Unterricht weiter vorangetrieben werden. Dies gilt sowohl für die

Zusammenarbeit mit den Eltern und Erziehungsberechtigten als auch für die Zusammenarbeit innerhalb eines Lehrkräfte-Kollegiums und mit weiteren professionellen Fachkräften innerhalb der Schule und im erweiterten Netzwerk. Damit Kooperation nicht als zusätzliche Aufgabe, sondern als Entlastung empfunden wird und die Potentiale genutzt werden können, sollte sie frühzeitig im Schulkonzept verankert und weitreichend implementiert werden. Ein vertrauensvolles und zuverlässiges Klima innerhalb der Kooperation und die Mitwirkung der Schulleitung im Entwicklungsprozess sind grundlegend.

> **Vertiefende Literatur**
>
> - Huber, C. (2015). Verhaltensprobleme gemeinsam lösen! Wie sich multiprofessionelle Teams nach dem RTI-Modell effektiv organisieren lassen. *Lernen und Lernstörungen*, *4*(4), 283–291.
> - Killus, D. & Paseka, A. (2020). *Kooperation zwischen Eltern und Schule. Eine kritische Einführung in Theorie und Praxis*. Bad Langensalza: Beltz.
> - Murawski, W. W. (2012). 10 Tips for Using Co-Planning Time More Efficiently. *Teaching Exceptional Children*, *44*(4), 8–15.

7 Vorschulische Bedingungen, Aufgaben und Entwicklungen

Ein guter Start in die Schule ist wichtig, denn die Erfahrungen, welche die Lernenden in der ersten Schule machen, wirken sich auf alles weitere schulische und außerschulische Lernen aus. Damit dem Kind ein gleitender Übergang vom Vorschulkind zum Schulkind gelingt, ist der Blick auf das Kind und auf die Entwicklungsaufgaben, die vor ihm und seiner Familie liegen und die es zu bewältigen hat (Übergang aus Sicht der Transitionsforschung) bedeutsam. Andererseits sind die Entwicklungsbedingungen (institutionelle, familiäre), unter denen sich Fähigkeiten und Einsichten entwickeln (institutionelle Anschlussfähigkeit), relevant. Beides wird im Folgenden thematisiert und Verbindungslinien aufgezeigt.

7.1 Institutionelle Entwicklungslinien – Kindergarten und Grundschule

Die anschlussfähige Gestaltung von Bildungsprozessen an der Schnittstelle zwischen Kindergarten und Grundschule ist in Deutschland aus unterschiedlichen Gründen erschwert. Ein Blick in die Geschichte der Entwicklung der Institutionen Kindergarten und Grundschule zeigt, wie Barrieren entstanden sind und Maßnahmen zur Überwindung unternommen werden.

Ab 1826 entstanden aus ökonomischer Notwendigkeit und sozialfürsorgerischem Zweck in Preußen vielerorts Kleinkinderschulen, die eine Betreuung von Kindern vor Schuleintritt gewährleisteten (Diehm, 2008). Der Grund dafür war eine staatliche Verordnung, die es den Schulkindern untersagte, ihre jüngeren Geschwister mit zum Unterricht zu bringen. Viele Schulkinder blieben deshalb dem Unterricht fern, weil sie sich um ihre jüngeren Geschwister kümmern mussten, wenn die Eltern arbeiteten. Die Kleinkinderschulen sorgten dafür, dass die kleinen Kinder nicht sich selbst überlassen blieben und die älteren in die Schule gehen konnten (ebd.). Räumlich waren die Bewahranstalten an dem Ein-Raum-Konzept der Schule ausgerichtet (Kasüschke, 2016). Inhaltlich stand die Unterweisung in den christlichen Glauben und die Disziplinierung der Kinder im Vordergrund. Erst ab 1840 gesellte sich zu den Bewahranstalten der Kindergarten, der pädagogisch eine andere Konzeption verfolgte. Friedrich Wilhelm August Fröbel (1782–1852), der heute auch als Namensgeber der Institution bekannt ist, gründete die Einrichtung mit dem Ziel, eine Institution zu etablieren, welche die Bildsamkeit von Kindern ernst nimmt. Bildung sollte ganzheitlich in verschiedenen Entwicklungsbereichen ermöglicht werden. Mit spielerischen Elementen und ohne Zwang von außen sollten Kinder wie in einem Garten wachsen können und gepflegt werden. Fröbel warb auch für eine Integration des Kindergartens als Vorstufe der Schule in die Volksschule (Hoffmann, 2013). Trotz vielfältiger Bestrebungen fand diese Idee aber nicht genügend Fürsprecher*innen, wenngleich sich auch zahlreiche Volksschullehrkräfte dafür einsetzten (Carle & Wenzel-Langer, 2014). Auch die Idee, den Kindergarten als Bildungsinstitution und nicht nur als familiäres Entlastungsorgan zu sehen, fand keine flächendeckende Akzeptanz. Die institutionelle Separation zwischen Kindergarten und Grundschule – damals noch die Unterstufe der Volksschule – vollzieht sich schlussendlich im Gründungskontext der Grundschule. In der Weimarer Reichsverfassung von 1919 wird der Kindergarten dem Jugendhilfebereich zugeordnet. Mit der Verkündung des Reichsjugendwohlfahrtsgesetzes am 09. Juli 1922 (Reichsgesetzblatt, 1922, Teil I) werden die Aufgaben und behördliche Maßnahmen zur Förderung der Jugendwohlfahrt und Kleinkindbetreuung offiziell in die Hand der öffentlichen Jugendhilfe gelegt. Die Entscheidung hat weitreichende Folgen, die bis in die Gegenwart nachwirken. Es folgt eine Eingliederung des Kindergartens in das Sozialsystem, mit Konsequenzen für die Ausbildung des Personals und die Formulierung eines eigenständigen Bildungsauftrags (Hoffmann, 2013). Im Detail vollziehen sich die Differenzlinien zwischen Grundschule und Kindertagesstätten in der Gegenwart entlang institutioneller Zuständigkeit (Kultusministerium vs. Sozialministerium), struktureller Bedingungen (Ausbildungsort- und -dauer; Universität/Pädagogische Hochschulen vs. Fachhochschulen), Trägerschaft (Staat vs. freie/konfessionelle Träger, Kommunen), der Finanzierung (kostenfrei vs. in Teilen kostenpflichtig) und methodisch-didaktischer Vermittlungsform (systematisch/jahrgangsgebunden vs. spielerisch, jahrgangsübergreifend; Kluczniok & Roßbach, 2008).

> **Lernaktivität**
>
> Recherchieren Sie, wie in anderen Ländern Erzieher*innen für den Kindergarten ausgebildet werden. Überlegen Sie: Welche Konsequenzen hat ein gemeinsames Studium von Erzieher*innen und Grundschullehrkräften, wie es etwa in Italien praktiziert wird?

Das Trennende ist in verschiedener Hinsicht konsequenzenreich für die Herstellung von anschlussfähigen Bildungsprozessen. Die getrennte Ausbildung von Erzieher*innen sowie Grundschullehrkräften ist beispielsweise eng mit der Problematik verknüpft, dass die jeweiligen Akteur*innen der Institutionen Kindergarten und Grundschule nur sehr wenig über die Tätigkeiten des jeweils anderen oder die spezifischen Aufgaben und Entwicklungen des Kindes vor der Grundschule bzw. nach dem Übertritt in die Grundschule wissen (Henkel & Neuß, 2015).

Immer wieder gab es im Laufe der Zeit Vorstöße, um die institutionelle Distanziertheit zu verringern. In den Jahren nach der Gründung der Grundschule wurden diese aber nicht intensiv verfolgt. Erst Ende der 1960er Jahre wird ein erneuter Vorstoß (in Westdeutschland) gewagt, im Rahmen der großen, das gesamte Bildungswesen betreffenden Bildungsreform. Es werden Vorhaben initiiert und schriftlich in dem *Strukturplan für das deutsche Bildungswesen* (Deutscher Bildungsrat, 1970) und den *Empfehlungen zur Arbeit in der Grundschule* (KMK, 1970) formuliert, die sich auf eine veränderte Organisation des Schulanfangs (Grundschule), eine Verbesserung vorschulischer Fördermöglichkeiten im Kindergarten und strukturell engeren Verzahnung von Kindergarten und Grundschule konzentrieren. Eine weitere Folge der Neujustierung ist die Einordnung des Kindergartens als erste Stufe im deutschen Bildungswesen. Nach einer Phase der quantitativen Ausweitung von Kindertageseinrichtungen, die aber eher aus ökonomischen, demographischen und frauenpolitischen Gründen eingeleitet wird (Meyer, 2018) und die mit der Novellierung des Kinder- und Jugendhilfegesetzes (KJHG, § 24) 1996 in einem Rechtsanspruch auf einen Betreuungsplatz mündet, beginnt Ende der 1990er Jahren in der Wissenschaft und auf bildungspolitischer Ebene verstärkt eine Diskussion um die Qualität von Kindertageseinrichtungen (vgl. Kluczniok & Roßbach, 2014). Diese nimmt ihren vorläufigen Höhepunkt Anfang des 21. Jahrhunderts, als die ernüchternden Ergebnisse der PISA-Studie (Programme of International Student Assessment, 2001) die deutsche Bildungspolitik massiv unter Druck setzen. Die Ergebnisse weisen deutlich auf die Schwachstellen im Bildungssystem hin: wenig gerecht und selektiv. Einen weiteren Anstoß für eine systematische Betrachtung von Erziehungs- und Bildungssystemen, ihre Unterschiede und Gemeinsamkeiten bringt der erste OECD-Bericht *Starting Strong* (OECD, 2001), an dem 12 Länder teilnehmen. Die Befunde stoßen weltweit eine Diskussion über die Notwendigkeit einer frühen Weichenstellung für den weiteren Bildungsverlauf an. Global folgten auf bildungspolitischer Ebene Initiativen, welche in einem ersten Schritt die Qualitätsentwicklung und -sicherung der vorschulischen Bildungsinstitutionen in den Blick nahmen. In den USA wurden in der Folge zahlreiche frühkindliche kompensatorische Programme wie etwa das *Head Start Program* (u. a. Powell, 2000) initiiert. Ein zentrales Ziel bestand darin, insbesondere die Chancen für Kinder aus sozioökonomisch schwachen Schichten durch eine hohe Bildungsqualität in den vorschulischen Bildungsinstitutionen zu verbessern.

In der internationalen Fachwelt wurde speziell das Bildungsverständnis über frühe Bildungsprozesse in Institutionen frühkindlicher Bildung, Erziehung und Betreuung zum Gegenstand der Diskussion nach PISA (2001). Innerhalb der Diskussion um die Qualität vorschulischer Bildungseinrichtungen wurden vier Bereiche zur Beurteilung der Qualität festgelegt (Kluczniok & Roßbach, 2014; NICHD, 2003; Pianta et al., 2005; Tietze et al., 2005):

- *Strukturmerkmale* (administrative/politische Bedingungen): u. a. Gruppengröße, Fachkraft-Kind-Relation, Gruppenzusammensetzung, materielle Ausstattung, Raumangebote, Ausbildung der Erzieher*innen;

- *Pädagogische Orientierungen* (Personal): u. a. Überzeugungen von Pädagog*innen über die Bildungsziele, institutionelle Betreuung, Bild vom Kind, Werte, Erziehungsvorstellungen;
- *Prozessqualität* (Anregungsqualität) in der Gruppe: u. a. Interaktion zwischen Kind und Erzieher*in(nen), Interaktion zwischen den Gleichaltrigen, Interaktion mit der räumlich-materialen Umwelt;
- *Netzwerke mit Familien*: u. a. Kooperation mit Eltern/Familien, Netzwerke zu sozialen Einrichtungen.

Es wird davon ausgegangen, dass sich die Bereiche wechselseitig beeinflussen, so dass von einem komplexen Wirkungsgefüge auf die Entwicklung des Kindes und seiner Familie ausgegangen werden kann. Zur pädagogischen Qualität in Kindertageseinrichtungen liegt mittlerweile eine umfangreiche, kontinuierlich wachsende Studienlage vor. In der Regel wird die Qualität auf Ebene der Gruppe beurteilt (Kuger & Kluczniok, 2009). Die Erkenntnisse weisen darauf hin, dass die Effekte auf das kindliche Wohlbefinden und die Entwicklung maßgeblich davon abhängt, wie hochwertig die Anregungspotenziale sind, die in der Einrichtung gesetzt werden, also der Faktor hoher Prozessqualität entscheidend ist (u. a. Sammons et al., 2008). Die Prozessqualität spiegelt sich u. a. in dem feststellbaren Ausmaß (Umfang) und der Art der Interaktionen, die sich zwischen den Kindern untereinander und den Erzieher*innen beobachten lassen. Für die sozial-emotionale, motivationale, kognitive und sprachliche Entwicklung von Kindern hat sich als relevant herausgestellt, wie Erzieher*innen (und andere Erwachsene) mit Kindern sprechen (z. B. gefühlsbetont, kindgerichtet), wie sensitiv sie sind und in welchem zeitlichen Umfang (wie häufig) mit Kindern interagiert wird (Thompson, 2008). Um die sprachliche Entwicklung zu unterstützen, sollten viele Situationen geschaffen werden, welche die Kinder zum Sprechen anregen (u. a. Vorlesen, gemeinsames Betrachten von Bilderbüchern) und Fragen gestellt werden können (u. a. Saxon et al., 2000). Allgemein förderliche Bedingungen für die kindliche Entwicklung und pädagogische Beziehung leitet Prengel (2019) folgende ab: ermutigende Worte, trösten bei Kummer, freundlich anlächeln und in den Arm nehmen, Heiterkeit ermöglichen (Muster der Anerkennung). Als hinderlich werden identifiziert: anbrüllen, am Arm schütteln, nicht zuhören, Kinder ignorieren, sarkastisch ansprechen, keine Grenzen setzen, aggressiv reagieren (Muster der Missachtung). Zunehmend spielen auch in den frühpädagogischen Diskursen Fragen zur Förderung von Kindern mit Beeinträchtigungen in den Kindertageseinrichtungen eine größere Rolle, z. B. in den Bereichen der sozial-emotionalen und der sprachlichen Entwicklung.

Bildungspolitische Vorgaben und Maßnahmen

Um den Wechsel vom Kindergarten zur Grundschule anschlussfähig zu gestalten, wurden seit Anfang der 2000er Jahre in Deutschland von bildungspolitischer Seite verschiedene Schritte unternommen. Die Kultus- und Sozialminister haben sich 2004 auf zentrale Punkte verständigt, die eine engere Abstimmung zwischen den Kindertageseinrichtungen und der Grundschule ermöglichen und den Übergang (Transition) erleichtern sollen (JMK/KMK, 2004). Diese wurden in Maßnahmen sichtbar, die von Bund, Ländern und Kommunen umgesetzt wurden (ebd., 2009; vgl. Abb. 11).

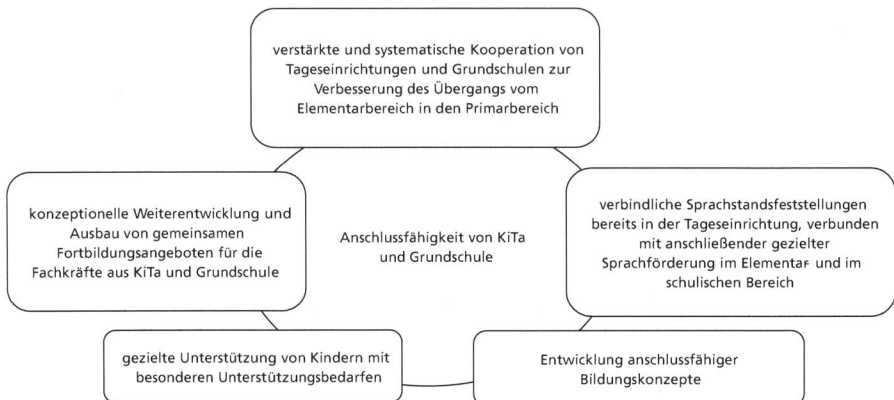

Abb. 11: Veranschaulichung der Maßnahmen von Bund, Ländern und Kommunen zur Herstellung von Anschlussfähigkeit und einem verbesserten Übergang vom Kindergarten zur Grundschule

In Deutschland war eine zentrale Konsequenz aus der internationalen Debatte über die frühkindliche Bildung, Betreuung und Erziehung die Einführung von Bildungsplänen für Kindergärten. Anders als in den meisten anderen OECD-Ländern haben diese in Deutschland bis heute keinen verbindlichen Charakter. Im Fokus der ersten Generation der Bildungspläne (JMK/KMK, 2004) stand die Qualitätssicherung frühkindlicher Bildung in den vorschulischen Einrichtungen. Dieses Ziel sollte mit Hilfe der Formulierung konkreter Bildungsbereiche erreicht werden. Dafür wurden verschiedene Bildungsbereiche benannt (u. a. Sprache, Schrift, Kommunikation, Mathematik, Naturwissenschaft, Personale und Soziale Entwicklung). Die Förderung der kognitiv-leistungsbezogenen Entwicklung als schulvorbereitende Maßnahme wurde zu einem wichtigen Aspekt der Curricula (Anders, 2013). Kritisiert wurde früh, dass bei den Bildungsplänen der individuelle Entwicklungsverlauf der Kinder aus dem Blick geriet (vgl. Fthenakis, 2008). Schwerpunktmäßig wurde die Institution fokussiert, was die institutionellen Hürden zwischen Kindergarten und Grundschule eher verfestigte und zur Diskontinuität beitrug (ebd., S. 90).

Diese Schwächen gelten mittlerweile als behoben. Es liegen in Deutschland auf Bundeslandebene zahlreiche Ausarbeitungen vor, die sich inhaltlich nur geringfügig unterscheiden. Sie zeichnen sich allesamt dadurch aus, dass weniger die Institution im Mittelpunkt steht, sondern das Lernen im Bildungsverlauf. Konkret wird in vielen Plänen eine größere Altersspanne von 0–6 Jahren (z. T. 0–10 Jahre in Hessen) in den Blick genommen sowie alle vorschulischen Lernorte (u. a. Familie, Peers, Medien) berücksichtigt. Es wird zudem stärker auf die Vielfalt von Kindern eingegangen. Die Pläne zeichnen sich durch eine höhere Passung von bildungstheoretischer Grundlage (Bildungsphilosophie), klar definierten Bildungszielen (Basiskompetenzen) und konkreten inhaltlichen Maßnahmen zur Erreichung dieser Bildungsziele aus. In ihrer Zweckbestimmung erfüllen sie die Funktion eines Bewertungsmaßstabs für die Qualität in Kindertageseinrichtungen und ermöglichen zugleich Handlungsfähigkeit (Meyer, 2018). Ein nationaler und internationaler Vergleich der Bildungspläne zeigt, dass die Ziele von Bildung anhand von vier Säulen der Bildung des Delors-Berichts (*Learning: The treasure within*) der UNESCO-Kommission (Delor, 1998) konkretisiert werden können. Eine ähnliche Konzeption nimmt Valtin für den Bildungsauftrag der Grundschule vor (z. B. Valtin, 2006). Ziel von Bildungsprozessen ist

- Lernen, wie man Wissen erwirbt (Selbstreguliertes Lernen),
- Lernen zu handeln (Umsetzung des Gelernten in konkreten Situationen),
- Lernen, zusammen zu lernen (Anerkennung von Grundwerten wie Pluralität, Toleranz),
- Lernen zu sein (Persönlichkeitsbildung).

Ziele vorschulischer Bildung umfassen danach neben der Entwicklung bereichsspezifischer kognitiver Fähigkeiten (numeracy und literacy) und selbstregulativer Fähigkeiten auch die Entwicklung sozialer, emotionaler (u. a. Anpassungsfähigkeit, prosoziales Verhalten), körperbezogener und personaler Kompetenzen (z. B. Ich-Kompetenz). Mit dieser Konzeption von Fähigkeiten, Wissen und Einstellungen im Sinne lebenslangen Lernens werden vorschulische Bildungsprozesse konzeptionell anschlussfähig zu den Bildungszielen der Grundschule. Was die Gewichtung einzelner Kompetenzbereiche betrifft, hält das OECD-Netzwerk (2012) fest, dass unter den Expert*innen zur frühkindlichen Betreuung und Bildung (OECD Early Childhood Education and Care Team) weitgehend Konsens darin herrscht, dass die vorschulische Bildung eher auf die Erreichung der allgemeinen Ziele fokussieren sollte (Stärkung des Zusammenlebens, soziale, emotionale und personale Entwicklung) und erst im Grundschulalter die kognitiven Ziele bedeutsamer werden. Vielfach liegen in Bundesländern konkrete Handreichungen vor, in welchen die Gestaltungsfrage, das heißt die Möglichkeiten der Umsetzungen der Bildungsziele weiter ausdifferenziert wird (u. a. Niedersachsen). Insgesamt wird durch die Schwerpunktsetzung auf den Prozess des Lernens in höherem Maße Individualisierung berücksichtigt und damit eine Kontinuität im Bildungsverlauf intendiert.

Die Kooperationspflicht zwischen Grundschule und Kindergarten ist in den Ländern mittlerweile gesetzlich fixiert. Eine Studie von Faust et al. (2011) auf der Basis der Daten der BiKS 3-10 Studie (Bildungsprozesse, Kompetenzentwicklung und Selektionsentscheidungen im Vorschul- und Schulalter) zeigt, dass in der Praxis eine hohe Variabilität in der Angebotsbreite von Kooperationsmaßnahmen existiert. Ein Schlüsselelement stellt die *Bildung von Tandems* dar. Tandems sind die kleinsten operierenden Kooperationseinheiten. Akteur*innen bilden kleine Netzwerke, durch welche eine verbesserte Absprache erreicht werden soll und Kooperationsstrukturen dauerhaft und nachhaltig etabliert werden können. Die Tandemarbeit kann im Rahmen von gemeinsamen Fortbildungsangeboten oder gemeinsamen Bildungsangeboten realisiert werden. Bedauerlicherweise finden gemeinsame Fortbildungsangebote noch immer selten statt (ebd.).

Thematisch werden Bereiche abgedeckt, die sowohl für die vorschulische als auch schulische Institution wichtig sind (Lenkungsgruppe TransKiGS & Hofmann, 2009), z. B.

- Erziehungspartnerschaft und Zusammenarbeit mit Eltern,
- Beobachtung und Dokumentation von Bildungsprozessen,
- Bedeutung des Übergangs für das Kind,
- abgestimmte Lernkultur zwischen Kindertagesstätten und Grundschule,
- Sprachkompetenzentwicklung von Kindern zwischen vier und acht Jahren.

Auch *Teamteaching Konstellationen* (Kinderpfleger*innen, Erzieher*innen und Grundschullehrkräfte), wie sie etwa im KIDZ-Projekt erprobt wurden, sind möglich und fördern die Absprache zwischen den Institutionen und die inhaltlichen Abstimmungsprozesse. Dabei bringen die drei verschiedenen Berufsgruppen ihre verschiedenen Expertisen ein und planen und führen den Kindergartenalltag gemeinsam und gleich verantwortlich durch. Durch die frühkindlichen Interventionen im Kindergarten lassen sich positive Effekte auf Vorläuferfähigkeiten (u. a. mathematische und sprachliche Kompetenzen), die Lernfreude und das Wohlbefinden feststellen (Anders & Roßbach, 2013). Ein anderes Mittel der Kooperation ist der *Besuch der Vorschulkinder* in der zukünftigen Grundschule, laut Faust et al. (2011) die häufigste Kooperationsmaßnahme in der Praxis. Die Kinder besuchen gruppenweise ihre neue Grundschule, lernen die Räumlichkeiten kennen und knüpfen erste Kontakte mit den zukünftigen »größeren« Schulkindern. In fast allen Schulen ist es üblich, dass in der Regel eine Person für die Kooperation (*Kooperationsverantwortliche*) abgestellt ist (ebd.). In der Praxis haben sich *Kooperationskalender* (Hacker, 2011) etabliert, die einen zeitlichen Rahmen und Struktur in die Kooperation bringen können. Darüber hinaus ist der Austausch über einzelne Kinder (*Individualebene*) eine häufige und von den Fachkräften als besonders wichtig eingeschätzte Praktik zwischen Erzieher*innen und Lehrkräften. Es gibt aber auch einige Stolpersteine in der Zusammenarbeit, wie die Auswertungen aus BiKS 3-10 ergeben. Aus Sicht der Grundschullehrkräfte ist das die Schweigepflicht, zeitliche Herausforderungen, Weitläufigkeit des Einzugsgebiets sowie »unterschiedliche Konzepte von Kindergarten und Grundschule« (Faust et al., 2011, S. 55).

Transition

Für das Kind bedeutet der Wechsel in die Schule den Eintritt in einen neuen Lebensabschnitt. Dieser wird schon im Vorschulalter eingeleitet. Es gilt, sich von Vertrautem zu verabschieden (Freunden, Erzieher*innen), Vorbereitungen auf den Schuleintritt zu treffen und sich gleichzeitig neuen Entwicklungsaufgaben zu stellen. Die Veränderungen betreffen nicht nur den äußeren Rahmen, sondern auch die Anspruchshaltung von Eltern, Lehrkräften und die soziale Beziehungsebene.

In der Wissenschaft beschäftigt sich die *Transitionsforschung* mit diesen verdichteten, zeitlich begrenzten Phasen oder Ereignissen, in denen Menschen sich von Vertrautem und Bekanntem verabschieden und Unbekanntem, Neuem begegnen. Nicht nur der Schuleintritt, sondern auch andere Ereignisse, wie die Geburt eines Kindes, Übergänge in ein neues soziales Umfeld (Kindergarten zur Grundschule; Grundschule zur weiterführenden Schule; Ortswechsel, Berufswechsel) werden als *Transition* bezeichnet. Dieser Begriff betont in Abgrenzung zu dem eher alltagssprachlichen Begriff des Übergangs »die damit verbundene spezifische theoretische Sichtweise« (Kluczniok & Roßbach, 2008, S. 324). Eine Transition birgt Chancen der Neuorientierung, aber auch die Gefahr einer möglichen Überforderung. Zur Beschreibung der verschiedenen Aufgaben, die auf unterschiedlichen Ebenen von den beteiligten Akteur*innen beim Übertritt zu bewältigen sind, hat sich in Deutschland in der Forschung und Praxis das *entwicklungspsychologische Transitionsmodell* von Griebel und Niesel (2004) etabliert. Das Modell rekurriert auf verschiedene theoretische Ansätze, wie der *ökopsychologischen Theorie* von Bronfenbrenner (1981), wonach die Entwicklung des Kindes in der unmittelbaren Interaktion mit seiner Umwelt stattfindet, dem transaktionalen *Stressmodell* nach Lazarus (Lazarus & Folkman, 1984) und der *Theorie der kritischen Lebensereignisse* nach Filipp (1995), wonach eine Belastungsreaktion durch Veränderungen im Lebensumfeld ausgelöst werden kann. Strukturell unterscheidet das Modell drei Ebenen, welche zugleich die Aufgaben konturieren:

- Auf *individueller Ebene* müssen sowohl das Kind als auch jedes Elternteil die Aufgaben meistern, die ein Wechsel vom Kindergarten- zum Schulkind mit sich bringt (u. a. Betreuung von Hausaufgaben). Kinder müssen mit den schulischen Anforderungen zurechtkommen, ankommen, sich in der Klasse wohl fühlen, sich zugehörig fühlen und das Gefühl haben, die Erwartungen, die an sie gestellt werden, erfüllen zu können.
- Auf der *Beziehungsebene (interaktionale Ebene)* stellt sich die Aufgabe, neue Beziehungen, neues Vertrauen zu Klassenkamerad*innen und Lehrkräften aufzubauen. Vertraute Gesichter fehlen (Freund*innen aus der Kindergartengruppe, Erzieher*innen). Auch innerhalb der familiären Strukturen verändern sich Beziehungsstrukturen zwischen dem Kind und den Eltern, die möglicherweise andere Erwartungen (u. a. an die Leistungserbringung) an das Kind stellen.
- Die *kontextuelle Ebene* (Lern- und Lebenswelt) beschreibt die Aufgaben, die mit Blick auf den systemischen Wechsel von einer Einrichtung in die andere (andere Umgebung, Lehrpläne) zu bewältigen sind. Mit Blick auf die Eltern ist die Verbindung von Familienleben und Schulleben herzustellen. Urlaube müssen nach den Schulzeiten geplant werden, Freizeitveranstaltungen und auch die Arbeit bzw. Kinderbetreuung müssen entsprechend organisiert sein.

Eltern werden somit als aktive Begleitung des Kindes betrachtet, sind aber auch selbst Betroffene. Erzieher*innen und Lehrkräfte müssen deshalb zu pädagogischen Begleiter*innen und aktiven Gestalter*innen werden. Um Aktivitäten in Vorbereitung und Nachbereitung auf den Schuleintritt zu planen, die sowohl die Kinder als auch die Eltern bei der Bewältigung, besonders der sozial-emotionalen, kognitiven Herausforderungen in der Phase der Veränderung unterstützen, bedarf es einer transparenten, zielgerichteten, partizipativen Kommunikation über Erwartungen, Aufgaben und Ziele im Übergang. Für die pädagogische Praxis gewinnt der Transitionsansatz an Bedeutung, wenn es um die konkrete Ableitung pädagogischer Maßnahmen geht, die aus der Kenntnis über die Aufgaben einzelner Akteur*innen und möglicher Hürden zu schlussfolgern sind. Orientierende Fragen könnten sein:

- Was und welche Art der Unterstützung braucht das Kind, um den Übergang gut zu bewältigen? Wie kann ich mir ein Bild über das Kind, seine Fähigkeiten und Bedürfnisse verschaffen (Beobachtung/Dokumentation)?
- Was und welche Art der Unterstützung brauchen die Eltern, um sowohl selbst die Aufgaben und Erwartungen bewältigen als auch ihr Kind beim Übertritt gut unterstützen zu können? Wie kann ich mir ein Bild über die Erwartungen und Bedürfnisse der Eltern verschaffen (Befragungen/Elternabende/Gespräche)?

Mit Blick auf das Kind beginnen viele Aktivitäten in der Regel weit vor Schuleintritt, spätestens mit Beginn des letzten Kindergartenjahres. So sind für viele Kinder, die sich im letzten Kindergartenjahr befinden, so genannte *schulvorbereitende Maßnahmen* fester Bestandteil ihres Kindergartenalltags. Die Kindergartenkinder lernen oft gemeinsam und temporär in ihrer *Vorschulgruppe* an kleineren Projekten und beschäftigen sich gezielt mit Zahlen, Mengen, geometrischen Formen oder der Schrift. Die von den pädagogischen Fachkräften dokumentierten Beobachtungen geben Aufschluss über das Kind, seine Fähigkeiten, Stärken und Schwächen und werden in den Beratungsgesprächen mit Eltern über die Entwicklung des Kindes thematisiert. Nicht immer werden diese Dokumentationen hinreichend gut von Grundschulen und Lehrkräften aufgegriffen, aber wenn sie diese erhalten, empfinden Lehrkräfte diese als nützlich für ihre Arbeit in der Grundschule (Hanke et al., 2013). Mit Blick auf die Eltern ist zu berücksichtigen, dass es Eltern aus bildungsnahen Schichten eher gelingt, den Übergang zu meistern, wohingegen es den Eltern aus sozioökonomisch benachteiligten Schichten, unabhängig von den kulturellen Hintergründen, oft weniger gut gelingt (u. a. Graßhoff, 2012; Wildgruber et al., 2015). Es wird daher empfohlen, ein besonderes Augenmerk darauf zu haben, transparent zu sein, Informationsbroschüren bereitzustellen und frühzeitig Elternabende, in denen Erwartungen und Aspekte des Bildungswesens kommuniziert werden, zu organisieren.

> **Lernaktivität**
>
> Seit Anfang des 21. Jahrhunderts gab es zahlreiche Vorhaben bzw. Projekte, die sich mit der Kooperation von Kindertagesstätte und Grundschule beschäftigen. Dazu zählen z. B.
>
> - KIDZ – Kindergarten der Zukunft (z. B. Anders & Roßbach, 2013)
> - TransKiGS – Stärkung der Bildungs- und Erziehungsqualität in Kindertageseinrichtungen und Grundschule – Gestaltung des Übergangs (z. B. Lenkungsgruppe TransKiGS & Hofmann, 2009)
> - PONTE, Kindergärten und Grundschulen auf neuen Wegen (Ramseger & Hoffsommer, 2008)
>
> Recherchieren Sie mindestens eines dieser Vorhaben und fassen Sie Ziele, Maßnahmen und wichtige Ergebnisse kurz in einer Mindmap zusammen.

7.2 Sprachstandsfeststellung

Bereits im *Gemeinsamen Rahmen der Länder für die frühe Bildung in Kindertagesstätten* (JMK/KMK, 2004) wurde die Bedeutung des Spracherwerbs und seiner Förderung betont. Die Bildungssprache zu beherrschen ist nicht nur für die schulischen Situationen von Bedeutung, sondern auch wichtig, um aktiv an gesellschaftlichen Aktivitäten partizipieren zu können. Eine gezielte Unterstützung von Kindern mit möglichen Beeinträchtigungen im Spracherwerb kann zugleich präventiv der Ausprägung von Sekundärsymptomatiken (sozial-emotionale Schwierigkeiten, Motivationsdefizite) entgegenwirken (Gasteiger-Klicpera et al., 2006). In Deutschland ist zudem die Anzahl der Kinder, die mehrsprachig aufwachsen, in den vergangenen Jahren kontinuierlich gestiegen. Im Jahr 2019 lag in Deutschland der Anteil der Kinder im vorschulischen Alter, die zu Hause vorrangig nicht deutsch sprechen, bei 22 %, wobei der Anteil dieser Kinder in einigen städtischen Gebieten wie Hamburg oder Berlin deutlich höher liegt (Autorengruppe Bildungsberichterstattung, 2020). In diesem Kontext spielen Sprachstandserhebungen eine bedeutsame Rolle.

> Nach Fried (2008) handelt es sich bei *Sprachstandserhebungen* um Aktivitäten, »durch die bei einzelnen Kindern oder Kindergruppen Voraussetzungen und Bedingungen von Sprachförder- und -aneignungsprozessen ermittelt, Sprachaneignungsprozesse analysiert und Sprachentwicklungsstände festgestellt werden, um individuellen Spracherwerb zu optimieren« (ebd., S. 64).

Zu den sprachlichen Basisqualifikationen, die sich während der ersten Lebensjahre in engem Austausch mit wichtigen Bezugspersonen entwickeln, zählen nach Ehlich et al. (2008, S. 18–21): die (1) phonische Basisqualifikation (Unterscheidung/Produktion von Lauten, Silben, Wörtern), (2) semantische Basisqualifikation (Wort- und Satzbedeutungen, Sprachverständnis), (3) morphologisch-syntaktische Basisqualifikation (Syntax/Morphologie), (4) diskursive Basisqualifikation (dyadische Kommunikation/zweckgerichtetes sprachliches Handeln), (5) pragmatische Basisqualifikation II (soziale Aneignung), (6) literale Basisqualifikation (präliterale Vorläuferfähigkeiten/Schriftzeichen/Texte) und die (7) literale Basisqualifikation II (Sprachbewusstheit/Erkennen und Nutzen orthographischer Strukturen). Die einzelnen Basisqualifikationen beeinflussen sich wechselseitig und werden für das Alltagserleben und die sprachliche Handlungsfähigkeit eines Kindes als bedeutsam eingeschätzt. Den meisten Kindern gelingt es, die sprachlichen Fähigkeiten aus dem Alltag heraus ohne intensive Unterstützung zu entwickeln, aber nicht allen Kindern. Um diese Kinder frühzeitig zu identifizieren und gezielt zu unterstützen, ist eine frühe Sprachstandsfeststellung notwendig. Deswegen haben sich die Länder mittlerweile darauf verständigt, verpflichtende Sprachstandserhebungen durchzuführen. Diese können jedoch nach Bundesland sehr unterschiedlich aussehen. Einen aktuellen Überblick über die eingesetzten Verfahren findet man in dem turnusmäßig alle zwei Jahre erscheinenden nationalen Bildungsbericht (https://www.bildungsbericht.de). Eine Einschätzung hinsichtlich der Qualität von Sprachstandsverfahren, die auch z. B. dessen Eignung für mehrsprachig aufwachsende Kinder unter die Lupe nimmt, liefern z. B. Neugebauer und Becker-Mrotzek (2013) in ihrer Expertise.

Die praktische Umsetzung der Sprachstandserhebung ist mit Blick auf den Ort der Durchführung (Kindergarten, Grundschule, Gesundheitsamt), beteiligte Personen an der Sprachstandserhebung (u. a. Erzieher*innen, Grundschullehrkräfte), Zielgruppe (alle Kinder vs. sprachauffällige Kinder), Zeitpunkt der Erhebung, eingesetzte Instrumentarien und Konsequenzen für die Förderung äußerst vielfältig. Meist wird die Sprachstandserhebung ein bis zwei Jahre vor der Einschulung durchgeführt. In einigen Bundesländern ist eine Durchführung mit allen Kindern vorgesehen (u. a. Niedersachsen, Hamburg, Bremen), in anderen nur mit bestimmten Gruppen (u. a. Nordrhein-Westfalen, Mecklenburg-Vorpommern). In einigen Bundesländern ist die Teilnahme (Stand Schuljahr 2021/22) an der Förderung verpflichtend (z. B. Hamburg), während in anderen Bundesländern Fördermaßnahmen eher auf freiwilliger Basis erfolgen (u. a. Hessen; Autorengruppe Bildungsberichterstattung, 2020). Die Tatsache, dass in vielen Fällen keine spezifische Förderung aus der Diagnostik abgeleitet wird, wurde bereits wiederholt kritisiert (Neugebauer & Becker-Mrotzek, 2013). Grundsätzlich lassen sich die Erhebungsverfahren, die in den Ländern eingesetzt werden, drei Typen von Diagnostikverfahren zuordnen, die sich in ihrer Zielsetzung und Umsetzung deutlich unterscheiden (vgl. Abb. 12).

Am häufigsten wird in den Ländern aktuell eine Testung mittels Screening-Verfahren durchgeführt. Einige Länder setzen auf ein kombiniertes Verfahren von Screening und Test (z. B. Berlin). Die Testung dauert in der Regel zwischen 10 und 15 Minuten. Gefordert ist z. B. das Nachsprechen von Sätzen (z. B. ›Peter

7.2 Sprachstandsfeststellung

Abb. 12: Typen von Diagnostikverfahren, Zielsetzungen und Umsetzung

liest ein Buch‹), das sich als ein wichtiger Indikator für die Verarbeitung von sprachlichen Äußerungen und auditiver Informationen erwiesen hat, das Erkennen von Wortfamilien oder Nachsprechen von Kunstwörtern (z. B. HASE, Schöler & Brunner, 2008). Andere Verfahren setzen u. a. auf die Erfassung morphologischer Regelbildung oder phonologischem Arbeitsgedächtnis für Nichtwörter (z. B. SSV, Grimm et al., 2003). Lässt sich mittels Screening ein mögliches Risiko einer sprachlichen Fehlentwicklung erkennen, schließen sich in der Regel weitere Tests an, die dann genauer Auskunft über mögliche Teilleistungsschwächen geben können.

Bei diagnostischen *Tests* (Testverfahren) handelt es sich um standardisierte Verfahren, welche die Ansprüche an psychometrische Gütekriterien erfüllen müssen (Reliabilität, Validität, Objektivität). Erfasst werden auch hier unterschiedliche sprachliche oder auditive Fertigkeiten, wie Satzverständnis, Enkodierung semantischer Relationen, phonologisches Arbeitsgedächtnis, Satzgedächtnis etc. (z. B. SETK 3-5, Grimm et al., 2010). Die Leistungen können anhand von Normstichproben mit den anderen Kindern der Klasse oder Kindern der gleichen Altersgruppe (oder Beschulungsdauer) verglichen werden. Es wird eine breitere Ermittlung von Teilfähigkeiten angestrebt.

Beobachtungsverfahren dienen der Erfassung von Fertigkeiten und Ausprägungen von Sprachkompetenzen, die sich in natürlichen Alltagssituationen im Kindergarten ermitteln lassen. Sie erfüllen allerdings oft nicht in ausreichendem Maß die Gütekriterien (Neugebauer & Becker-Mrotzek, 2013). Es werden etwa mittels Sprachlerntagebuch und Beobachtungsbogen basale Fähigkeiten (Motorik, Auditive Wahrnehmung), Sprachhandeln (z. B. QuaSta, Senatsverwaltung für

Bildung, Jugend und Wissenschaft Berlin, o. J.) oder Literacy und Sprachlernmotivation (z. B. Sismik, Ulich & Mayr, 2003) ermittelt.

Die große Heterogenität im Feld der Sprachstandserhebungen ist durchaus kritisch zu sehen, weil unterschiedliche Kriterien für die Messung sprachlicher Qualifikationen angelegt werden. Besonders problematisch erscheint insbesondere, dass nicht alle Verfahren hinreichend die Mehrsprachigkeit von Kindern berücksichtigen und nicht in allen Fällen eine gezielte Hilfestellung aus den Resultaten einer Sprachstandserhebung abgeleitet wird. Das stellt den tatsächlichen Nutzen einer Sprachstandserhebung, der ja in der Regel mit einem erhöhten Aufwand für alle Beteiligten verbunden ist, infrage und konterkariert die lernförderliche Wirksamkeit, die mit Sprachstandserhebungen intendiert ist.

> **Lernaktivität**
>
> Recherchieren Sie das eingesetzte Sprachstandsdiagnostikverfahren in Ihrem Bundesland. Handelt es sich um ein Screening, einen Test oder ein Beobachtungsverfahren? Welche Form der Förderung wird gewählt?

7.3 Zusammenfassung

Eine erfolgreiche Kooperation zwischen Kindergarten und Grundschule gilt als wichtiger Baustein für einen gelingenden Schulstart. Wie erfolgreich die Zusammenarbeit in der Praxis tatsächlich ist, hängt aber von verschiedenen Faktoren ab. Beide Institutionen haben in ihrer Entstehung und im Laufe der Entwicklung unterschiedliche pädagogische und gesellschaftliche Funktionen zugesprochen bekommen. Das Trennende manifestiert sich in der Gegenwart noch immer auf unterschiedlichen Ebenen. Dennoch gibt es eine gemeinsame Basis und gemeinsame Ziele, wie den Wunsch und das Interesse, Bildungsprozesse kindgerecht zu gestalten und jedes Kind in seiner Entwicklung zu stärken. Die gemeinsamen Ziele stellen einen guten Ausgangspunkt dar, um den Start in die Schule zu erleichtern. Auch institutionelle Annäherungen zwischen den Bildungsinstitutionen Kindergarten und Grundschule lassen sich in vielerlei Hinsicht in den vergangenen zwei Jahrzehnten beobachten. Neben curricularen Annäherungen sind auf Länderebene verschiedene Initiativen und Modellversuche zu beobachten, die eine gemeinsame Ausbildung von Fachkräften des vorschulischen und schulischen Bereichs, gemeinsame Fort- und Weiterbildungen anvisieren. Ziel aller Maßnahmen ist es, den Übergang zur Schule sanft vorzubereiten, angemessen zu begleiten sowie im Falle einer indizierten Förderung entsprechende Unterstützungshilfen anzubieten.

Vertiefende Literatur

- Braches-Chyrek, R., Sünker, H., Röhner, C. & Hopf, M. (2014). *Handbuch frühe Kindheit.* Opladen: Barbara Budrich.
- Griebel, W. & Niesel, R. (2011). *Übergänge verstehen und begleiten. Transitionen in der Bildungslaufbahn von Kindern.* Berlin: Cornelsen Scriptor.
- Informationen zu den aktuell eingesetzten Verfahren in den jeweiligen Bundesländern: *Bildungsbericht* (alle zwei Jahre von der Autorengruppe Bildungsberichterstattung online frei verfügbar)
- Neugebauer, U. & Becker-Mrotzek, M. (2013). *Die Qualität von Sprachstandsverfahren im Elementarbereich – Eine Analyse und Bewertung.* Mercator-Institut für Sprachförderung und Deutsch als Zweitsprache.

8 Der Übergang in die Schule

Bis Mitte des 20. Jahrhunderts wurde darauf geblickt, ob ein Kind in der Lage ist, die schulischen Anforderungen bei Schuleintritt zu bewältigen. Heute wird davon ausgegangen, dass Schulbereitschaft keine Bringschuld des Kindes ist, sondern entsprechende Rahmenbedingungen und Anpassungen von der Schule vorgenommen werden müssen, die jedem Kind unabhängig von seinem Entwicklungsstand und Potenzialen einen guten Start in die Schule ermöglichen. Dieser Wandel zeigt sich auch in den gesetzlichen Bestimmungen zur Einschulung und den Rahmenbedingungen von Schule und Unterricht, welche die individuellen Voraussetzungen des Kindes beim Schulanfang ernst nehmen und den Unterricht entsprechend konzipieren. Im folgenden Kapitel werden die Zusammenhänge zwischen gesetzlichen Grundlagen zur Einschulungssituation, wissenschaftlichen Positionen zur kindlichen Entwicklung, bereichsspezifischen und bereichsübergreifenden Vorläuferfertigkeiten und dem Anfangsunterricht historisch kontextualisiert und erläutert.

8.1 Einschulungssituation und Diagnostik am Schulanfang

Auf die Frage, in welchem Alter ein Kind zur Schule gehen soll, musste es spätestens mit der Einführung der allgemeinen Unterrichtspflicht (1717, Königliche Anordnung in Preußen, ▶ Kap. 3.1) eine Antwort geben. Damit eng verknüpft war und ist bis heute die Frage nach den Einschulungsbestimmungen. Es galt u. a. zu klären: Darf jedes Kind eingeschult werden? Auf welcher Grundlage wird über die Einschulung von wem entschieden? Wie wird der Einschulungszeitpunkt festgelegt? Historisch betrachtet wurden die gesetzlichen Regelungen dazu stark durch zeitgeschichtlich dominante wissenschaftliche Grundpositionen zur kindlichen Entwicklung beeinflusst. Die Beurteilungspraxis veränderte sich im Laufe der Geschichte und ebenso die Entscheidungsbefugnisse verschiedener Beteiligter (Ärzt*innen, Pädagog*innen, Eltern).

Die Schulpflicht beginnt in Deutschland mit Eintritt in die Grundschule. Eine Einschulung ist verpflichtend vorgesehen, wenn das sechste Lebensjahr bis zum Einschulungsstichtag des jeweiligen Bundeslandes (Stand 2020: 30.06. bis 30.09.) vollendet wurde. Spätester Einschulungsstichtag ist Stand 2022 in 7 von

16 Bundesländern der 30.09. (u. a. Bayern, Baden-Württemberg, Niedersachsen). Blickt man zurück in die Geschichte, dann gibt es weit bis in das 20. Jahrhundert zunächst keine flächendeckend einheitliche Regelung bezüglich des Einschulungsstichtags. Erst in der Weimarer Reichsverfassung wird der 30.6. als Einschulungsstichtag festgelegt und hatte ab 1922 Gültigkeit (Weimarer Reichsverfassung, Art. 145). Eingeschult wurden danach zum neuen Schuljahr alle Kinder, die das sechste Lebensjahr bis zum 30.6. des Jahres vollendet hatten, mit Ausnahme von Kindern, die körperliche oder geistige Beeinträchtigungen hatten. Die Einschulung wurde damals unter dem Gesichtspunkt des *Reifezustands* eines Kindes beurteilt. Über die körperliche Befähigung urteilte der Amtsarzt. Über die geistige Reife entschieden die Lehrkräfte (Weigl, 1921). Noch in den 1930er Jahren variiert das Einschulungsalter jedoch weiterhin erheblich. Erst das Reichsschulpflichtgesetz konkretisiert die Bestimmungen (Reichsschulpflichtgesetz vom 6. Juli 1938, § 2, Abs. 1). Bis weit in die 1960er Jahre dominierte die endogenistische Sichtweise auf die kindliche Entwicklung (*endogenistische Reifungstheorie*). Danach galt *Schulreife* ein Zustand, in den das Kind durch organische Reifung von innen heraus gelangt. Salopp gesprochen: Man ging davon aus, dass man lediglich warten müsse, wie bei reifendem Obst, bis das Kind in einen Zustand gelangt, in dem es in der Lage ist, die schulischen Aufgaben und Anforderungen erfolgreich zu bewältigen.

Nach dem Zweiten Weltkrieg bemüht sich in Westdeutschland die im Jahr 1948 gegründete Ständige Konferenz der Kultusminister der Länder der Bundesrepublik Deutschland (KMK) – als länderübergreifende Koordinierungsstelle – um stärkere Einheitlichkeit, auch bezogen auf die Stichtagsregelungen zum Schuleintritt. Besonderen Einfluss auf eine Anhebung des Schuleintrittsalters und die öffentliche Rezeption des Begriffs *Schulreife* nahm in Westdeutschland die Schrift *Sitzenbleiberelend und Schulreife* des Freiburger Pädagogen und Professors für Allgemeine Didaktik Artur Kern (1955), in dem er den Zusammenhang zwischen mangelnder Reife und häufigem Sitzenbleiben und Schulversagen herstellt. Er legt Daten vor, die aufzeigen, dass mehr als ein Viertel aller Schüler*innen im Laufe des Schullebens wenigstens einmal die Klasse wiederholen. Er sieht einen erheblichen Anteil der Ursache weniger in der mangelnden Begabung der Kinder als in der verfehlten Praxis verfrühter Einschulung noch nicht ›reifer‹ Kinder. Seine These, dass ein Kind nur unter der Voraussetzung, dass bestimmte *kognitive* Reifungsprozesse abgeschlossen sind, in der Lage sei, dem Schulunterricht zu folgen, gilt heute nicht mehr als haltbar. Und es gab auch schon früher Zweifel an dem alleinigen Kriterium Alter. Bereits Konrad Penning (1927) stellt Ende der 1920er Jahre fest, dass nur etwa 50 % aller Versuchsteilnehmer*innen die festgesetzte Norm erreichen, welche Schulreife definiert. Die übrigen Kinder liegen zu etwa gleichen Teilen mit ihren Leistungen darüber oder darunter. In den 1950er Jahren haben Kerns Thesen weitreichende bildungspolitische Konsequenzen, und das Schuleintrittsalter wird auf sieben Jahre angehoben. Kern entwickelt zur Bestimmung der Schulreife einen *Grundleistungstest*, in dem die *Gliederungsfähigkeit* als Kriterium zur Überprüfung der Schulreife herangezogen wird. Der Grundleistungstest wird zu einem Standardverfahren zur Überprüfung der Schulreife. In den 1960er Jahren der Bundesrepublik Deutschland wird *Schulreife* auch rechtlich zum Indikator, der über den Schulbesuch eines Kindes sowie eine mögliche Rückstellung entscheidet (vgl. Liebers & Götz, 2019).

Da sich dadurch aber nicht die erhoffte Senkung der Klassenwiederholungen einstellt, wird das Schuleintrittsalter in den 1960er Jahren wieder gesenkt. Eine bundeseinheitliche Regelung zum Einschulungsstichtag wird im Rahmen des *Hamburger Abkommens* (KMK, 1964) erzielt (Vereinheitlichung der Schulpflicht, § 2 Abs. 2; Stichtag 30.06.). Diese Regelung hat in Westdeutschland bis in die 1990er Jahre Bestand.

In den 1970er Jahren kommt es in Westdeutschland zwar zu Modellversuchen, welche den Schulanfang und speziell die Fünfjährigen betreffen und mit denen indirekt auch eine Senkung des Schuleintrittsalters intendiert ist (KMK, 1970). Faktisch kommt es aber zu keinen erheblichen Einschnitten. Die Modellversuche gründeten auf Untersuchungen, welche die Aussagekraft der Grundleistungstests infrage stellten und aufzeigten, dass kognitive Fähigkeiten förderbar sind (z. B. Kemmler & Heckhausen, 1962). Prominent wurden auch die Erkenntnisse aus dem US-amerikanischen *Head-Start-Programm*. Das Programm, das 1965 als Teil der amerikanischen Gesamtstrategie gegen die Armut eingeleitet wurde (*War on Poverty*), zielte darauf, die Bildungschancen für Kinder aus sozioökonomisch schwachen Familien zu verbessern. Die Evaluationsergebnisse zeigen, dass ein Vorschulkind, das zwar aufgrund der Indikation (unterhalb der Armutsgrenze) für ein Head-Start-Programm geeignet wäre und nicht an einer Frühinterventionen teilnimmt, später ein 80 %iges Risiko eines Schulabbruchs, eine erhöhte Tendenz für Teenager-Schwangerschaften und in der Regel Defizite im Lesen und Rechnen aufweist, zudem bei staatlichen und bundesstaatlichen Testungen häufiger scheitert und eine kontinuierliche Beteiligung der Eltern in der Schule fehlt (Hines, 2017). Die neuen Erkenntnisse lösten in den 1960er Jahren einen starken Förderboom im vorschulischen Bereich aus. Im wissenschaftlichen Diskurs wurde der Begriff Schulreife von dem Begriff der *Schulfähigkeit* abgelöst. Es wurde im Hinblick auf den Schuleintritt und die Entwicklungsaufgaben des Kindes eine *eigenschaftsorientierte* Perspektive eingenommen. Danach galt die Annahme, dass Personen qua Geburt bestimmte Eigenschaften mitbringen, die eine relative Statik aufweisen, aber beeinflussbar sind. Für Verfahren zur Einschätzung des Entwicklungsstands am Schulanfang hatte das nur marginale Konsequenzen. Die Negativselektion am Schulanfang blieb davon zunächst unberührt, aber der Begriff erkannte die Förderfähigkeit von kognitiven Fähigkeiten zumindest an. Für eine entsprechende Diagnostik von Schulfähigkeit wurden im deutschsprachigen Raum unterschiedliche Schulfähigkeitstests entwickelt und eingesetzt (z. B. Kieler Einschulungsverfahren). Verantwortliche in der Bildungsadministration taten sich in Westdeutschland zunächst auch schwer darin, eine Änderung in der Begriffspraxis vorzunehmen. In der BRD wird noch Anfang der 1970er Jahre der Begriff Schulreife im Zusammenhang mit Verbesserungen der Einschulungspraxis und schulstruktureller Neuordnung (KMK, 1970) genutzt, wenngleich die Verfahren zur Überprüfung nicht mehr als alleinige Entscheidungsgrundlage dienen sollten. In der DDR hingegen wird der Begriff bereits in den *Gemeinsamen Empfehlungen zur Verbesserung der Einschulungspraxis* (Ministerium für Volksbildung, 1969) durch den Begriff der Schulfähigkeit ersetzt. Die DDR legt bereits Ende der 1940er Jahre fest, dass alle Kinder, die drei Monate vor Beginn des neuen Schuljahres das sechste Lebensjahr vollenden, schulpflichtig sind (Ministerium für Volksbildung, 1946, *Gesetz zur Demokratisierung der deutschen Schule*). Diese Regelung wurde in den späten 1960er Jahren konkretisiert. In den *Gemeinsamen Empfehlungen zur Verbesserung der Einschulungspraxis vom 5. März* (Ministerium für Volksbildung, 1969) wird der 31. Mai als Stichtag festgelegt. Die Empfehlung setzt keine Schulfähigkeitstests voraus. Es werden alle Kinder aufgenommen, die als normal entwickelt gelten.

Nach der Wiedervereinigung tragen in den 1990er Jahren mehrere Ereignisse zu einer Aufweichung des Einschulungsstichtags und einem Perspektivwechsel auf die Einschulung bei. Kritisch beurteilt wurde zum einen der hohe Anteil an Kindern, die vom Schulbesuch zurückgestellt wurden. Ihr Anteil lag gemessen an der Gesamtschüler*innenschaft zwischen 5 % und 14 % (KMK, 1997). Zum anderen beklagten zahlreiche Psycholog*innen und Pädagog*innen, dass andere wichtige Größen, wie sozial-emotionale und personale Fähigkeiten des Kindes sowie Faktoren, die in dynamischer Wechselbeziehung zu den kindlichen Voraussetzungen stehen, nur ungenügend thematisiert werden. Dazu zählen die Besonderheiten der Institution Grundschule und ihres Bildungsauftrags, die schulischen Rahmenbedingungen, wie die Qualifikation des Lehrpersonals, die Ausstattung und die Gestaltung der Lehr-Lernumgebung oder die häusliche Umwelt, die je nach situativen Bedingungen eine günstige oder ungünstige Entwicklung wahrscheinlicher werden lassen. Das *ökopsychologische Schulreifemodell* von Horst Nickel (1990), das heute noch als anerkanntes theoretisches Modell für den Schuleintritt gilt, greift diese Überlegungen auf. Basierend auf der ökopsychologischen Entwicklungstheorie von Bronfenbrenner (1981) geht Nickel von einer Abhängigkeit und wechselseitigen Beeinflussung vier verschiedener Teilkomponenten aus: Schule, Kind, Ökologie und gesamtgesellschaftliche Situation (vgl. Abb. 13). Es setzt sich die Annahme durch, dass schulische Faktoren, wie die Arbeit der Lehrkraft oder die Gestaltung des Unterrichts, erheblich am Lernerfolg beteiligt sind. Die langfristigen Folgen des Perspektivwechsels auf die Einschulung lassen sich mit Blick auf die Bildungsinstitutionen sowohl auf Ebene von einer veränderten schulorganisatorischen Unterrichtsgestaltung, wie dem jahrgangsgemischten Lernen bzw. Modellen der flexiblen Schulanfangsphase, beobachten als auch auf Ebene der Diagnostik, die von einer Selektionsdiagnostik zu einer Prozessdiagnostik übergegangen ist. Je besser Anforderungen und Lernvoraussetzungen sich entsprechen, umso wahrscheinlicher ist es, dass der Schulstart gelingt.

Das Modell eignet sich nicht nur zur Identifizierung von Stellschrauben im System, die den Übergang aus Sicht des Kindes erleichtern (u. a. differenzierendes Unterrichtsmaterial), sondern ermöglicht auch die Reflektion der verschiedenen Herausforderungen, die mit dem Schuleintritt zu bewältigen sind (gesellschaftliche Erwartungen, Leistungsdruck, Noten, Versetzungspraxis). In den 1990er Jahren führt die neue Sichtweise auf den Schuleintritt dazu, dass die Ergebnisse von medizinischen Schuleingangsuntersuchungen deutlich an Gewicht verlieren, wenngleich bis heute eine Teilnahme daran verpflichtend ist. Auch in anderen Ländern sind ähnliche Untersuchungen üblich (Führer et al., 2019). Sie dienen dem Zweck, Kinder mit hohem Entwicklungsrisiko mit Blick auf die schulischen

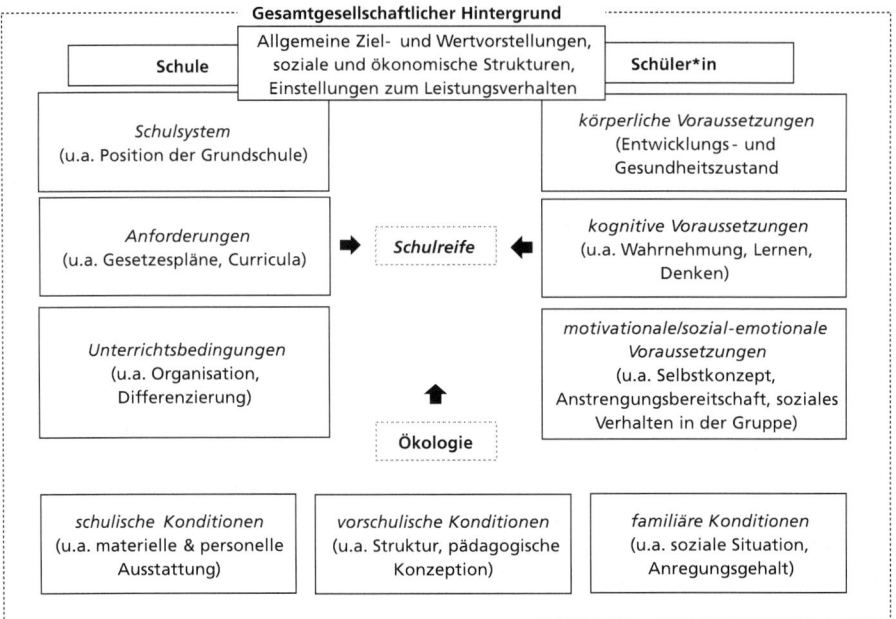

Abb. 13: Der Schuleintritt als ökologisch-gesellschaftliche Übergangssituation (in Anlehnung an das ökopsychologische Schulreifemodell von Nickel & Schmidt-Denter, 1991, S. 213)

Anforderungen frühzeitig zu identifizieren, damit entsprechende Fördermaßnahmen rechtzeitig vor Schulbeginn eingeleitet werden können (ebd.; Oldenhage et al., 2009; Weßling, 2000), und sind eine Ergänzung zu den nicht in allen Bundesländern verpflichtenden ärztlichen U-Untersuchungen (Kindervorsorgeuntersuchungen bzw. Früherkennungsuntersuchungen). Die Feststellung eines möglichen sonderpädagogischen Unterstützungsbedarfs erfolgt in der Regel auch in diesem Rahmen, wobei die Sachlage und die Zuständigkeiten bundeslandspezifisch sehr unterschiedlich geregelt und nicht eindeutig sind. Die Untersuchungen werden in der Regel vom kommunalen gesundheitlichen Dienst, das heißt vom Amtsarzt und/oder medizinischen Fachangestellten durchgeführt. Die Untersuchung umfasst nach Oldenhage et al. (2009) drei Aspekte:

- Anamnese (Untersuchungsheft, Impfstatus),
- Erhebung des Entwicklungsstands (i. d. R. durch Screeningverfahren),
- Körperlich-medizinische Untersuchung.

Die eingesetzten Diagnostikverfahren rekurrieren oft auf ähnlichen Theorien wie die pädagogischen Diagnostikverfahren am Schulanfang. Zur Beurteilung des Entwicklungsstands von Kindern in den ersten sechs Lebensjahren hat sich das Prinzip der *Grenzsteine der Entwicklung* nach Michaelis et al. (2013) sowohl im pädiatrischen als auch pädagogischen Bereich (z. B. DESK 3-6 R; Tröster et al., 2016) vielfach durchgesetzt (Macha & Petermann, 2015). Danach wird von einer individuell, variant und adaptiv verlaufenden Entwicklung bei Kindern ausgegangen, wonach große Entwicklungsunterschiede innerhalb einer Altersgruppe als normal anerkannt ist (Michaelis et al., 2013). Im Unterschied zu den Meilensteinen der Entwicklung, auf die insbesondere im englischsprachigen Raum vielfach Bezug genommen wird, die auf die 50. Perzentile (mittlerer Bereich der Normalpopulation) also auf den Durchschnitt blicken, definieren Michaelis et al. »Entwicklungsziele, die 90–95 % der Kinder einer definierten normativen Population zu einem bestimmten Alter erreichen« (ebd., S. 904). Erreichen Kinder diese nicht (im Vergleich zur Altersgruppe), dann werden im Anschluss weitere diagnostische Verfahren eingesetzt, die detaillierter Aufschluss über die Gründe und das Ausmaß der Entwicklungsverzögerung geben können (Führer et al., 2019).

Die Kultusminister der Länder verständigen sich 1997 auf einen Katalog von Empfehlungen zur Neugestaltung des Schulanfangs, mit dem Ziel Rückstellungen vom Schulbesuch zu vermeiden. Der Katalog empfiehlt unter anderem eine zeitliche Ausdehnung des Stichtags (30. Juni bis 30. September) und eine Aufnahme aller Kinder, so dass eine Zurückstellung zwar immer noch, aber unter erschwerten Bedingungen, möglich sein sollte. In der Gegenwart zeigt sich, dass insbesondere in den Ländern, in denen die Einschulung vorvorgelagert wurde und mehr jüngere Kinder in die Schule eintreten, prozentual gesehen mehr Rückstellungen zu beobachten sind (z. B. Baden-Württemberg, Bayern, Niedersachsen). Wer darüber entscheiden darf, wer in die Schule eintritt, ist unterschiedlich geregelt. In Niedersachsen gilt beispielsweise, dass der Schulbesuch eines so genannten *Kann-Kindes* (ein Kind, das aufgrund des flexiblen Einschulungsstichtags einschult werden könnte, aber nicht müsste) auf schriftlichen Antrag der Eltern, aber ohne Begründung ein Jahr aufgeschoben werden darf. In Nordrhein-Westfalen hingegen gilt, dass zwar Eltern einen Antrag stellen dürfen, aber die Schulleitung auf Basis eines schulärztlichen Gutachtens darüber entscheidet, ob die Rückstellung auch veranlasst wird. In anderen Bundesländern ist eine Rückstellung vom Schulbesuch aufgrund der Organisation des Anfangsunterrichts nicht vorgesehen (z. B. Schleswig-Holstein). Eltern haben aber insgesamt deutlich mehr Entscheidungsbefugnisse und machen von diesem Instrumentarium durchaus Gebrauch. Untersuchungen verdeutlichen, dass elterliche Entscheidungen auf der Basis einer subjektiven Wahrnehmung der Passung angenommener Fähigkeiten des eigenen Kindes (subjektive Erfolgserwartung) und der schulischen Bedingungen erfolgen (Pohlmann et al., 2009). Kinder aus ressourcenstarken Familien und Mädchen werden häufig eher vorzeitig eingeschult und Kinder aus Risikogruppen eher seltener (niedriger sozioökonomischer Status, Migrationshintergrund, Jungen; u. a. Autorengruppe Bildungsberichterstattung, 2020). Dieser Trend ist andauernd und zeigt sich auch im internationalen Vergleich, wenngleich die Anzahl an vorvorzeitigen Einschulungen in Deutschland insgesamt deutlich abgenommen hat.

Wie die australische Studie von Hanly et al. (2019) auf der Basis einer umfangreichen Datengrundlage zeigt, demonstrieren Kinder, die bei der Einschulung im Vergleich zu ihren Klassenkameraden älter (fünf vs. sechs Jahre) sind, im Verlauf bessere Entwicklungsergebnisse. Die Ergebnisse bestätigen ähnliche Befunde von Puhani und Weber (2006), die auf Daten der IGLU-Studie basieren. Ein vorvorzeitiger Schuleintritt und mögliche Folgen sind besonders auf der Basis der Besonderheiten des deutschen Bildungssystems zu bewerten. Negative Folgen können nur unzureichend aufgefangen werden, da das Grundschulsystem in Deutschland höchst selektiv ist und bereits früh die Weichen für den Übertritt auf die weiterführenden Schulen gestellt werden. Dass auch eine vergleichsweise spätere Einschulung mit sieben Jahren auch nicht unüblich ist, zeigt ein Blick in europäische Nachbarländer, die sich bei den internationalen Vergleichsstudien regelmäßig als leistungsstarke Bildungssysteme hervortun, wie etwa Estland, Finnland oder Schweden. Daraus darf allerdings nicht geschlussfolgert werden, dass das Alter ausschlaggebendes Kriterium für schulischen Erfolg oder Misserfolg ist. Ob ein Kind erfolgreich in die Schule startet, ist das Resultat eines komplexen Determinationsgefüges, bei dem individuelle Lerner*innenvorausetzungen (u. a. motivationale, selbstregulative, kognitive Fähigkeiten) und die kindliche Entwicklung die wichtigsten Voraussetzungen darstellen, aber unter den Einflüssen der schulischen Rahmenbedingungen (Lehrkraft, Qualität des Unterrichtsangebots) und der Lernumwelt erst entwickelt werden.

> **Lernaktivität**
>
> Recherchieren sie die Einschulungspraxis in Ihrem Bundesland. Sie finden Informationen dazu unter anderem auf den Seiten des Deutschen Bildungsservers (www.deutscherbildungsserver.de). Wie sieht die Stichtagsregelung in Ihrem Bundesland aus und welche Entscheidungsbefugnisse haben Eltern, Amtsärzt*innen und Schulen?

8.2 Schulbereitschaft und Vorläuferfertigkeiten

Im wissenschaftlichen Diskurs ging man im internationalen Raum Anfang der 2000er Jahre vermehrt dazu über, den international geläufigen Begriff der *Schulbereitschaft* (*engl. school-readiness*) zu verwenden (Blair, 2002). Das Konzept der Schulbereitschaft drückt aus, dass neben den anerkannten Umwelteinflüssen Entwicklungsbereiche auf Lerner*innenseite wichtig für das schulische Lernen und den Erwerb grundlegender Kulturtechniken sind. Diese werden für trainierbar und wichtig für einen erfolgreichen Schulstart gehalten und als wichtiger eingeschätzt als die Bereiche, die lange Zeit einen zentralen Bestandteil der Schulfähigkeitstest ausmachten, wie etwa die visuo-motorischen Fähigkeiten (z. B. Stifthaltung) (Kastner-Koller & Deimann, 2018). Dazu zählen sowohl bereichsspezifische Vorläuferfähigkeiten (sprachlich, mathematisch) als auch bereichsübergreifende Fähigkeiten (u. a. soziale-emotionale Kompetenz, selbstregulative Kompetenzen).

8.2.1 Bereichsspezifische Vorläuferfertigkeiten

Zu den wichtigen bereichsspezifischen Vorläuferfertigkeiten zählen die *sprachlichen Vorläuferfähigkeiten* (u. a. phonologische Bewusstheit, phonologisches Arbeitsgedächtnis, Abrufgeschwindigkeit aus dem Langzeitgedächtnis) und die *mathematischen Basiskompetenzen* (u. a. Zählfertigkeiten, Zahlensinn). Phonologische Bewusstheit (PB) gilt als eine der zentralen Voraussetzungen für den Schriftspracherwerb und ist zugleich ein wichtiger Begleitprozess für diesen. Es wird von engen und signifikanten Zusammenhängen zwischen PB und späteren Leseleistungen (u. a. Ennemoser et al., 2012) sowie von Zusammenhängen zwischen PB und dem Rechtschreiberwerb berichtet (Landerl & Wimmer, 2008). Die Wahrnehmung der lautlichen Struktur der gesprochenen Sprache gilt als besonders gut trainierbar. Das explizite Training hat sich daher als wichtige Maßnahme zur Prävention von Lese-und Rechtschreibschwierigkeiten etabliert (u. a. Ehri et al., 2001).

> *Phonologische Bewusstheit* ist die (kognitive) Fähigkeit zur Einsicht in die lautliche Struktur der gesprochenen Sprache und die Fähigkeit diese manipulieren zu können (Schnitzler, 2008).

Unterschieden werden kann zwischen PB im engeren und im weiteren Sinne (Skowronek & Marx, 1989). PB im weiteren Sinne beschreibt die Fähigkeit zur Wahrnehmung größerer lautlicher Einheiten der gesprochenen Sprache. Es umfasst die Fähigkeit, das Gesprochene wahrzunehmen, Anlaute (z. B. Affe fängt mit A an.) oder klangähnliche Wörter bzw. Reime zu erkennen (w + urm, t + urm). Diese Fähigkeit entwickelt sich im Vorschulalter und in der Regel spontan. Die PB im engeren Sinne beschreibt einen bewussteren Umgang mit den Lauten und umfasst neben der Identifikation von An-, In- und Endlauten auch die Fähigkeit, damit umzugehen und gezielt zu manipulieren (z. B. Veränderung des Anlauts). Die PB im engeren Sinne entwickelt sich gewöhnlich erst in der konkreten Auseinandersetzung mit dem Schriftsystem. Während die Lautanalyse (Laute zu isolieren) eher für den Prozess des Schreiberwerbs wichtig ist, wird die Lautsynthese (Buchstaben und Laute zusammenzuziehen) besonders für das Lesen als bedeutsam eingeschätzt (Roebers & Hasselhorn, 2018).

Aufgrund der hohen Bedeutsamkeit für den Schriftspracherwerb liegen für den vorschulischen Bereich sowohl Diagnostikinstrumente (u. a. *HASE – Heidelberger Auditives Screening*, Schöler & Brunner, 2008; *BISC-Bielefelder Screening*, Jansen et al., 2002; *MÜSC-Münsteraner Screening*, Mannhaupt, 2006) als auch zahlreiche Förderprogramme vor, die ein gezieltes Training ermöglichen. Da phonologische Bewusstheit nur einen Aspekt sprachlicher Fähigkeiten abbildet, werden mit den vorliegenden Instrumenten (vgl. hierzu auch Sprachstandserhebungsverfahren) auch andere sprachliche Fähigkeiten (u. a. grammatikalische Fähigkeiten, linguistische Kompetenzen, phonologische Merkfähigkeit) abgebildet, so dass Aussagen über den Entwicklungsstand und mögliche Risiken in Bezug auf Teilleistungsschwächen getroffen werden können. In der Vorschulpraxis kann die Entwicklung der PB im Individualsetting oder in der Kleingruppe im Alltag niedrigschwellig unterstützt werden. Dazu eignen sich pädagogisch-didaktische Settings, in denen spielerisch die Aufmerksamkeit auf die Lautstruktur der gesprochenen Sprache gelenkt wird, etwa durch im Volksgut fest verankerte Spiele, Reime oder Lieder (vgl. Tab. 3).

Tab. 3: Beispiele für Kinder-, Abzähl-, Klatschreime und Fingerspiele zur Förderung der phonologischen Bewusstheit im weiteren Sinne

Kinderreim:	Abzählreim:	Klatschreim:	Fingerspiel:
Eins zwei – Polizei drei vier – Offizier fünf sechs – alte Hex' sieben acht – gute Nacht neun zehn – auf Wiedersehn *(Volksgut)*	Ene mene miste, Es rappelt in der Kiste, Ene mene meck und du bist weg. Weg bist du noch lange nicht, sag mir erst wie alt du bist. *(Volksgut)*	Beim Müller hat's ge-brannt, -brannt, -brannt, da kamen wir gerannt, -rannt, -rannt. Da kam ein Polizist, -zist, -zist, der schrieb mich auf die List, List, List. Die List fiel in den Dreck, Dreck, Dreck, da war mein Name weg, weg, weg. *(Volksgut, Ausschnitt)*	Das ist der Daumen (Daumen wackeln), der schüttelt die Pflaumen (Zeigefinger wackeln), der hebt sie auf (Mittel-finger wackeln), der bringt sie nach Haus' (Ringfinger) und der Kleine (kleine Finger) isst sie alle, alle auf. *(Volksgut)*

> **Lernaktivität**
>
> Welche anderen Spiele, Lieder, Reime oder Möglichkeiten kennen Sie, mit denen die phonologische Bewusstheit gefördert werden kann?

Zur gezielten, systematischen Förderung der phonologischen Bewusstheit vor Schulbeginn liegen u. a. mit dem *Lobo-Kindergartenprogramm* (Fröhlich et al., 2010) und dem Würzburger Förderprogramm *Hören, lauschen, lernen* (Küspert & Schneider, 2006) evaluierte Programme vor. Hierbei handelt es sich um evidenz-basierte Förderprogramme (das heißt, ihre Wirksamkeit ist belegt). Studien belegen, dass auch und gerade Kinder mit Deutsch als Zweitsprache von einem systematischen Training der PB langfristig profitieren können (Blatter et al., 2013). Die Förderprogramme enthalten u. a. diverse Spiele und Übungen zur Lautdifferenzierung, Aufgaben zur Silbensegmentierung und -synthese und Spiele zu An-, In- und Endlauten.

Neben den sprachlichen Vorläuferfähigkeiten gelten auch die *mathematischen Basiskompetenzen (Numeracy-Konzept)* als wichtige bereichsspezifische Vorläuferfertigkeit, die trainierbar ist und schulische Leistungen valide prognostizieren kann. Mathematische Basiskompetenzen umfassen unterschiedliche Fertigkeiten (vgl. Abb. 14).

> *Mathematische Vorläuferfertigkeiten* sind Fertigkeiten, die sich bereits vor Schuleintritt herausbilden und die Voraussetzung für ein allgemeines mathematisches Verständnis bilden (Krajewski & Schneider, 2006).

8.2 Schulbereitschaft und Vorläuferfertigkeiten

Abb. 14: Entwicklungsbereiche mathematischer Vorläuferfertigkeiten im Vorschulalter (eigene Darstellung in Anlehnung an Holodynski et al., 2018, S. 152)

Wie bei der PB ist bekannt, dass es gerade in dieser Entwicklungsphase gut gelingen kann, spielerisch ein mathematisches Verständnis zu entwickeln. Nach dem Modell von Krajewski und Schneider (2006) vollzieht sich die Entwicklung mathematischer Fähigkeiten auf drei Entwicklungsebenen (▶ Kap. 9.2 Mathematisches Lernen).

Es wird von einem angeborenen sog. *Zahlensinn* ausgegangen (angeborenes kognitives System für numerische Kompetenzen). Einige Kinder können schon im Alter von zwei Jahren Zahlen in der richtigen Reihenfolge aufsagen (1,2,3…), und es kommt relativ früh zu der Einsicht, dass bestimmte Zahlwörter für »mehr« (1000) oder »weniger« (2) stehen können. Zahlen haben aber deshalb noch nicht zwangsläufig eine inhaltliche Bedeutung. Das heißt, auch wenn ein Kind etwa eine bestimmte Anzahl an Elementen abzählt, muss es noch nicht über ein echtes Verständnis über die *Anzahl* der abgezählten Elemente verfügen. Grube (2005) vergleicht es mit einem Gedicht, das man aufsagt, ohne zu begreifen, welche Bedeutung sich dahinter verbirgt. Mit zunehmendem Alter erwerben und verinnerlichen Kinder sukzessive diese Einsicht, das heißt sie verfügen über die Erkenntnis, dass Zahlen nicht nur einen bestimmten Rangplatz in einer Reihe von Zahlen einnehmen können (Ordinalaspekt), sondern, dass mit »Zahlen die *Anzahl* von Dingen bestimmt wird, also Antwort gegeben wird auf die Frage »»Wie viel?« (Gaidoschik, 2017, S. 28). Der Erwerb des Anzahlkonzepts wird als wichtigster Entwicklungsschritt beschrieben (Krajeweski & Ennemoser, 2018).

Zur Erfassung numerischer Basiskompetenzen liegen ebenso wie für die Erfassung sprachlicher Vorläuferfähigkeiten mittlerweile eine Reihe von Diagnostikinstrumenten vor, die bereits vor Schuleintritt valide den Ausprägungsgrad numerischer Basiskompetenzen (u. a. Ziffernkenntnis, Anzahlkonzept, Anzahlseriation, Mengenvergleich, Teile-Ganzes-Beziehungen) bestimmen (z. B. *DESK-3-6 R*, Tröster et al., 2016; *BIKO 3-6*, Seeger et al., 2014; *MBK-O*, Krajewski, 2018). Zur Förderung mathematischer Basiskompetenzen im Vorschulalter werden u. a. die Programme *Mengen, zählen, Zahlen* (Krajewski et al., 2013) und *Mit Baldur ordnen*, *zählen, messen* (Clausen-Suhr, 2009) empfohlen. Ziel der vorschulischen Förderung sollte immer eine ganzheitliche Stärkung des Kindes sein. Es liegen mittlerweile viele Konzepte vor, die aufzeigen, wie ein spielerischer Erwerb mathematischer Basiskompetenzen gelingen kann und wie klassische und bekannte Kinderspiele (z. B. Leiterspiel, Fünfer raus, Halligalli, Shut the Box) dazu genutzt werden können, alltagsintegriert die Entwicklung eines mathematischen Grundverständnisses zu fördern. Dieser Ansatz hat sich in Studien vergleichsweise als ebenso wirksam erwiesen wie die bekannten Trainingsprogramme (Vogt et al., 2018). Vorteil der Trainingsprogramme ist deren erfolgreiche Erprobung vor allem auch für Kinder mit hohem Risiko im Bereich mathematischer Vorläuferkompetenzen, wo eine systematisch aufeinander aufbauende spielerische Förderung wichtig ist.

8.2.2 Bereichsübergreifende Vorläuferfähigkeiten – Exekutive Funktionen

Zu den bereichsübergreifenden Fähigkeiten zählen unter anderem die *sozial-emotionalen Kompetenzen*, das heißt zum Beispiel wie gut ein Kind in der Lage ist, Kontakt zu anderen Kindern und Erwachsenen aufzunehmen, wie gut es mit Frustration und Ängsten umgehen kann sowie seine *selbstregulativen Fähigkeiten* (u. a. »Ich will das schaffen«; vgl. Roebers & Hasselhorn, 2018). Selbstregulation beschreibt ein breites Spektrum an Fähigkeiten (▶ Kap. 9.3), z. B. Handlungen planen und durchführen (z. B. Schuhe ausziehen und an den vorgesehenen Platz stellen), ein Ziel beharrlich verfolgen (z. B. ein Puzzle zu Ende puzzeln), kleine emotionale Belastungen aushalten (u. a. Frustrationen überwinden können). Alle diese Fähigkeiten sind im Kindergartenalltag, aber auch im schulischen Alltag von großer Wichtigkeit. Zu den kognitiven Anforderungen im Schulalltag zählt u. a. das Warten, bis man aufgerufen wird, mehrere Arbeitsanweisungen behalten und ausführen zu können sowie die eigenen Lernhandlungen zielgerichtet zu steuern. Diese Fähigkeiten sind auf Ebene kognitiver Selbstregulation angesiedelt und werden auch als exekutive Funktionen bezeichnet (Blair, 2016). Exekutive Funktionen werden als ein wichtiger Gradmesser der Schulbereitschaft eines Kindes gesehen und aufgrund der Studienlage als bedeutsamer für einen gelungenen Schulstart eingeschätzt als andere Vorläuferfähigkeiten oder die Intelligenz (Blair, 2002).

Bei gesunden Menschen werden die exekutiven Funktionen beschrieben als »Kontroll- und Regulationsprozesse (...), die ein schnelles, zielorientiertes und situationsangepasstes Verhalten ermöglichen und gleichzeitig unangebrachtes Verhalten hemmen« (Roebers et al., 2020, S. 7). Zu den (kognitiven) exekutiven Funktionen werden nach Miyake et al. (2000) drei Komponenten gezählt:

- die Inhibition (Reaktionshemmung; sich nicht von irrelevanten Reizen ablenken lassen; Priorisierung vornehmen)
- die Kognitive Flexibilität (ermöglicht schnellen Wechsel des Aufmerksamkeitsfokus'; Aufrechterhaltung des Fokus') und

- das Arbeitsgedächtnis (kann kurzfristig bestimmte Menge an Information speichern; hält diese kurz zur Bearbeitung aufrecht).

Es wird davon ausgegangen, dass alle drei Komponenten eng miteinander verwoben sind. Situativ wird häufig aber eine der Komponenten stärker aktiviert als die anderen. Exekutive Funktionen werden immer dann benötigt, wenn etwa eine Unterdrückung einer automatischen Reaktion der Situation angemessen oder vorteilhaft wäre oder erwartet wird (z. B. sich nicht von anderen ablenken lassen; nicht in die Klasse reinrufen), wenn Aufgaben(-stellungen) unbekannt oder komplex sind (z. B. schnelles Umschalten, nur auf bestimmte Aspekte oder Anforderungen achten, selektiv auswählen, Unwichtiges von Wichtigem unterscheiden, Aufgaben zu Ende führen) und wenn Informationen kurzfristig für den weiteren Gebrauch zwischengespeichert und erinnert werden müssen (z. B. Reihenfolgen eingehalten werden sollen oder beim Lösen einer Mathematikaufgabe die einzelnen Teilschritte behalten werden müssen). Kinder, die in der Lage sind, ihr eigenes Verhalten zu steuern und die Fähigkeit entwickelt haben, ihre Aufmerksamkeit gezielt auf einen Lerngegenstand zu richten, können ihren Lernprozess selbst positiv mitgestalten. Mit Hilfe exekutiver Funktionen lassen sich auch sowohl mathematische als auch sprachliche Leistungen vorhersagen (u. a. Neuenschwander et al., 2012). Exekutive Funktionen werden aber nicht nur hinsichtlich der Entwicklung bereichsspezifischer Fähigkeiten benötigt. Sie werden auch aktiviert, wenn es um Aushandlungsprozesse mit anderen Kindern geht oder ein Kind sich flexibel auf neue Situationen und Personen einlassen muss.

Bereits im Alter von zwei bis drei Jahren zeigen Kinder Fähigkeiten in verschiedenen Bereichen der exekutiven Funktionen (Diamond, 2006). Sie können abwarten, befolgen aufgestellte Regeln, halten sich an bestimmte Muster und können schon ersten Handlungsanweisungen folgen, wenn sie nicht mehr als zwei Informationen enthalten (entwicklungsgemäße Limitierung der Arbeitsgedächtniskapazität; Ahnert, 2014). Als letzte Teilkomponente innerhalb der exekutiven Funktionen entwickelt sich die kognitive Flexibilität. Zunehmend prägt sich im Vorschulalter die Fähigkeit aus, sich verschiedenen Reizen gezielt zuzuwenden oder sie zu ignorieren (Inhibition). Sie erlaubt in anspruchsvollen Situationen, von Routinen abzuweichen und sich selbst darin zu stärken, die Aufmerksamkeit auf den Gegenstand zu halten, selbst wenn andere Sachen interessanter scheinen.

Allgemeine Umwelteinflüsse beeinflussen die Entwicklung der exekutiven Funktionen. Ein stabiles häusliches Umfeld, verlässliche Strukturen, sichere Bindungen und ein unterstützendes Klima (Lob und Ermutigung) wirken sich positiv auf die Entwicklung der exekutiven Funktionen aus. Spezifisch unterstützend wirkt darüber hinaus die Vermittlung und gezielte Hilfestellung (scaffolding), um Verhalten besser steuern zu können (u. a. Bernier et al., 2012). Stressoren (u. a. chronische Erkrankungen von Eltern) können sich hingegen negativ auswirken.

Es gibt bisher nur wenige standardisierte Instrumente, mit denen valide die exekutiven Funktionen erfasst werden können. Mit dem Berner Fördermaterial *Nele und Noa im Regenwald* (Roebers et al., 2020) liegt im deutschsprachigen Raum ein wirksames Instrument zur Förderung der exekutiven Funktionen im

Kindergarten- oder Schulalltag vor. Es umfasst u. a. Aufgabenblätter, Spiele (mit konkreten Handlungsanweisungen) und einen Förderplan. Es bietet die Möglichkeit in Kleingruppen- und Kreisspiel oder Individualförderung bei Kindern (4 bis 7 Jahre) spielerisch und kindgerecht die exekutiven Funktionen zu fördern. Die Datenlage weist auf eine hohe Wirksamkeit des Trainingsprogramms hin (u. a. zeigen sich deutliche Leistungsvorteile der Fördergruppe im Vergleich zur Kontrollgruppe; Effektstärke $d=.60$ vs. $d=.17$ bis $d=.55$). Mit dem *EMIL-Konzept* von Quante et al. (2016) wird ein alltagsintegrierter Ansatz für den Kindergartenbereich vorgestellt. Evaluationsbefunde liegen dazu allerdings noch nicht vor. Im Gruppenalltag gibt es darüber hinaus auch ohne Programme die Möglichkeit, durch Unterstützung, Hilfestellung und Strategievermittlung die selbstregulativen Fähigkeiten zu unterstützen. Mit vielen Spielen (z. B. Feuer, Wasser, Blitz und Eis) und Spielesammlungen können exekutive Funktionen mit unterschiedlicher Schwerpunktsetzung gefördert werden. Für den schulischen Bereich können besonders Aspekte einer effizienten Klassenführung als hilfreiche Elemente zur Gestaltung einer förderlichen Lernumwelt herangezogen werden.

8.3 Schulanfang (gestalten)

Die schulische Lernumwelt hat starken Einfluss auf die kognitive und nicht-kognitive Entwicklung des Kindes, über den Unterricht, aber auch über die Eindrücke der Lernumwelt im Allgemeinen (Morrison et al., 2019). Schulanfang gestalten heißt, in den ersten Schulwochen die Weichen zu stellen und Rahmenbedingungen zu schaffen, damit ein Kind mit der Institution Schule und dem Lernen etwas Positives verbindet, sich gut angenommen fühlt und in der Schule ankommt.

Für die Kinder steht in den ersten Wochen das Kennenlernen untereinander an, eine Orientierung im Schulgebäude, der erste Kontakt zu den Lehrkräften und der Erwerb von Klassen- und Schulregeln. Organisatorisch kann der Schulanfang in jahrgangsgemischten oder jahrgangshomogenen Lerngruppen beginnen (▶ Kap. 5.2). Bildungsbiographisch ist der Grundschulunterricht der erste Unterricht im Leben eines Kindes. Jedes Kind bringt bereits Erfahrungen aus seiner vorschulischen Sozialisation mit. Umso wichtiger ist es, am Schulanfang möglichst breites Wissen über die Vorerfahrungen des Kindes in Erfahrung zu bringen, um dann strukturierte Zugänge zu ermöglichen, durch die es die Möglichkeit erhält, sich seinem Niveau und seiner Entwicklung entsprechend Inhalte anzueignen und Einsichten gewinnen zu können.

8.3.1 Anfangsunterricht

Jeder Unterricht hat das Ziel, Lernen zu ermöglichen. Die Besonderheit schulischen Lernens ist dadurch gekennzeichnet, dass das Lernen eingebettet ist in einen strukturierten, planvollen (zeitlichen, curricularen) Rahmen und die Auseinandersetzung mit einem ausgewählten Lerngegenstand, einer Sache bzw. einem Lernstoff zwischen Schüler*innen und Lehrkraft unter bestimmten Bedingungen (historisch-kontextuell, situativ, politisch) stattfindet. Die wohl bekannteste didaktische Modellierung dieser Rahmung schulischen Lernens ist die Figur des didaktischen Dreiecks (Abb. 15).

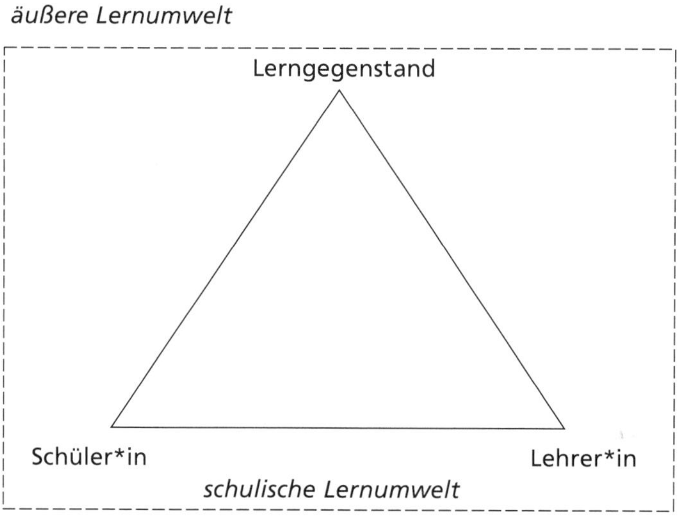

äußere Lernumwelt

```
              Lerngegenstand
                    /\
                   /  \
                  /    \
                 /      \
                /        \
               /          \
              /            \
             /_____\
     Schüler*in          Lehrer*in
          schulische Lernumwelt
```

Abb. 15: Didaktisches Dreieck (eigene Darstellung)

In der Grundschule steht die Vermittlung Grundlegender Bildung im umfassenden Sinne im Fokus. Das schließt fachliche Lernziele (u. a. Lesen, Schreiben, Rechnen) und überfachliche Lernziele (u. a. selbstgesteuertes Lernen, soziale Fähigkeiten, sich selbst und andere wertschätzen) ein.

> Nach Klieme (2019, S. 393) handelt es sich bei *Unterricht* um »eine Form systematischen pädagogischen Handelns, die darauf abzielt, Lernenden ein Verständnis von Lerninhalten (Gegenständen) zu vermitteln, damit zugleich in unterschiedliche (fachliche) Modi des Denkens und Handelns einzuführen, den Erwerb fachlicher und fächerübergreifender Kompetenzen zu fördern und Bildung – als Aneignung von Kultur und Entfaltung einer mündigen Persönlichkeit – zu ermöglichen«.

Anfangsunterricht bezeichnet im deutschen Bildungswesen gemeinhin den Unterricht in den ersten zwei Grundschuljahren. Das resultiert begrifflich und konzeptionell aus der Orientierung an den Überlegungen zur Gestaltung des Unterrichts, die nach Gründung der Grundschule in den preußischen Richtlinien zur Aufstellung von Lehrplänen in der Grundschule festgeschrieben wurden. Die Anfangszeit der Grundschulzeit wurde bewusst als Gesamtunterricht konzipiert. Es wurde von einer »strengen Schreibung der Lehrfächer nach bestimmten Stunden« abgesehen und die verschiedenen Unterrichtsgegenstände sollten sich »zwanglos abwechseln« (Ministerium für Wissenschaft, Kunst und Volksbildung, 1921, S. 186). Es gab durchaus Kritik an dieser konzeptionellen Ausrichtung der Anfangszeit in der Grundschule (vgl. Hacker, 2011), insbesondere an der mangelnden fachspezifischen Orientierung. Die gegenwärtige Praxis zeigt, dass sich der Anfangsunterricht heute sowohl an den Voraussetzungen der Kinder orientiert als auch an den Zielen der Fächer. Anstelle von festen Stundenanzahlen für einzelne Fächer wird jedoch angepasst an die individuellen Entwicklungsmöglichkeiten der Jahrgangsgruppe die Fachgebundenheit flexibilisiert.

Innerhalb der ersten sechs Wochen nach Schulstart sollte der Lernstand jedes Kindes von der Lehrkraft und/oder einem pädagogischen Team der Schule erfasst werden. Ziel ist die Gestaltung des Unterrichts angepasst an die Lerngruppe und das einzelne Kind. Lehrkräften stehen dafür verschiedene formelle und informelle (u. a. Schreibproben, Bilder) Verfahren zur Verfügung. Die gesetzliche Grundlage für eine systematische Diagnostik am Schulanfang sieht in jedem Bundesland eine unterschiedliche Regelung bezüglich des Instruments und der Verbindlichkeit der Diagnostik vor. Eine Auswahl etablierter Verfahren findet sich in Tab. (4). Diese ermöglichen eine adaptive Planung des Unterrichts, also eine aktive Ausrichtung an den Bedürfnissen der Schüler*innen, die in dieser Lerngruppe zusammengekommen sind.

Tab. 4: Instrument, Art der Durchführung, Entwicklungsbereiche und Gütekriterien von Diagnoseinstrumenten am Schulanfang nach Bundesland (in Anlehnung an Martschinke & Kammermeyer, 2018, S. 47–48)

Bundesland	Instrument (Autor*innen)	Art der Durchführung	Entwicklungsbereiche	Gütekriterien
Bayern	FIPS – Fähigkeitsindikatoren Primarschule (Bäuerlein et al., 2012)	Einzelsetting (computergestützt)	• Wortschatz (z. B. Objekte benennen) • Frühes Lesen (u. a. Buchstabenkenntnis, Silben lesen, Bild-Wort-Zuordnung) • Lautbewusstheit (u. a. Reimwörter) • Mathematik (u. a. Rechnen mit Bildern, Zahlenkenntnis, Rechnen mit Punkten) • Fächerübergreifende Entwicklungsbereiche (u. a. personale, soziale, emotionale Voraussetzungen)	standardisiert, normiert, validiert

Tab. 4: Instrument, Art der Durchführung, Entwicklungsbereiche und Gütekriterien von Diagnoseinstrumenten am Schulanfang nach Bundesland (in Anlehnung an Martschinke & Kammermeyer, 2018, S. 47–48) – Fortsetzung

Bundesland	Instrument (Autor*innen)	Art der Durchführung	Entwicklungsbereiche	Gütekriterien
Berlin	LauBe – Lernausgangslage Berlin (Institut für Schulqualität der Länder Berlin und Brandenburg e. V., o. J.)	Einzelverfahren	Mathematik • Mengenkorrespondenz • Seriation • Zählen/Abzählen • Schnelles Erfassen • Flexibles Zählen • Rechenoperationen • Zahlsymbole Sprache • Auditive Merkfähigkeit • Phonologische Bewusstheit • Wortschatz • Grammatik • Lesevorerfahrungen • Schreibvorerfahrungen	standardisiert, normiert, validiert
Brandenburg	ILeA – Individuelle Lernstandsanalysen (Bildungsserver Berlin Brandenburg, o. J.)	Einzelverfahren	• Themen und Interessen der Kinder • Bio-psycho-soziale Gesamtsituation • individuelle Lernvoraussetzungen im Bereich Literacy und Numeracy	Formatives Assessment/ Dauer 6 Wochen
Bremen	Mirola (Hirschfeld & Lassek, 2008)	Spiel/ Gruppenbeobachtungsverfahren	• Grobmotorik • Feinmotorik • Wahrnehmung • Merkfähigkeit • Lateralität • Sprachkompetenz • Artikulation • phonologische Kompetenz • pränumerische Kompetenz • Arbeitsverhalten • sozial-emotionales Verhalten	kommunikative Validierung
Hamburg	KEKS – Kompetenzerfassung in Kindergarten und Schule (Bennöhr et al., 2013)	Einzelverfahren	Deutsch • Hörverstehen • Wortschatz • Grammatik • phonologische Bewusstheit • Dekodierfähigkeit • Leseverstehen • Rechtschreibung Mathematik • Mengen- und Zahlenverständnis	standardisiert, normiert, validiert

Tab. 4: Instrument, Art der Durchführung, Entwicklungsbereiche und Gütekriterien von Diagnoseinstrumenten am Schulanfang nach Bundesland (in Anlehnung an Martschinke & Kammermeyer, 2018, S. 47–48) – Fortsetzung

Bundesland	Instrument (Autor*innen)	Art der Durchführung	Entwicklungsbereiche	Gütekriterien
			• formal-algorithmisches Rechnen • textbasiertes Modellieren Überfachliche Kompetenzen • Selbstkonzept • Motivation • sozial-kommunikative, • lernmethodische Kompetenz	

Der Anfangsunterricht fundiert auf Prinzipien eines handlungsorientierten Unterrichts. Charakteristisch für handlungsorientierten Unterricht ist die Gestaltung einer Lernumgebung, welche den Kindern aktives, eigenständiges und selbsttätiges Handeln und Denken ermöglicht (Gudjons, 2014). Auch bildungspolitisch wird ein handlungsorientierter Unterricht für den Anfangsunterricht als durchgängiges Unterrichtsprinzip empfohlen (vgl. KMK, 2015). Zu den gängigen Erscheinungsformen handlungsorientierten Unterrichts zählen u. a. der Projektunterricht, Entdeckendes Lernen, Freiarbeit oder der Offene Unterricht (▶ Kap. 11.4). Es wird – in Anlehnung an die Selbstbestimmungstheorie von Deci und Ryan (1993) – eine Orientierung an den grundlegenden psychologischen Bedürfnissen empfohlen: Autonomie, Kompetenzerleben und soziale Eingebundenheit (Kammermeyer & Martschinke, 2006). Damit sich Kinder als kompetent erleben können, Freiraum und zugleich soziale Eingebundenheit erfahren, sollten zum einen ausreichend Freiheitsspielräume durch Formen selbstgesteuerten und eigenständigen Lernens, z. B. Freiarbeitsphasen, Wochenplanarbeit, Lernbüros, ermöglicht werden. Zum anderen bietet gezielte Unterstützung durch die Lehrkraft und entsprechende Strukturen, Ablaufpläne und Rituale, gerade den Schulanfänger*innen Orientierung und Halt. Konkret zeigt sich dies auch in einer Sitzordnung: Alle Kinder werden von der Lehrkraft gut gesehen und können selbst alles sehen; zudem sind Aktivitäten gefordert, durch die sich eine positive Beziehung zwischen Lehrkraft und Schüler*innen entwickeln kann (▶ Kap. 11.3.1 Klassenführung). Kinder lernen besser, fühlen sich wohler und sozial eingebundener, wenn sie das Gefühl haben, dass Lehrkräfte ihnen vertrauen, ihnen etwas zutrauen und mit ihnen wertschätzend umgehen.

Um den Einstieg in die schulische Welt des Lernens zu erleichtern und eine Brücke zwischen dem vorschulischen und dem schulischen Lernen zu schlagen, stellen das Spiel und das Motiv, spielerisch die Welt zu erkunden, fachlich und pädagogisch begründet eine gute Möglichkeit dar, den Übergang aus Sicht der Kinder zu erleichtern, bei den kindlichen Interessen anzuknüpfen und sie bei verschiedenen Entwicklungsaufgaben zu unterstützen (Petillon & Valtin, 1999). Auch bildungspolitisch wird das Prinzip des *spielenden Lernens* und *lernenden Spielens* empfohlen (KMK, 2015).

8.3.2 Spielendes Lernen und lernendes Spielen

Eine allgemeingültige Definition des Spiels existiert nicht. Es wird nach Einsiedler (1999) charakterisiert durch eine intrinsische Motivation (Kinder spielen, weil sie darauf Lust haben), Zweckungebundenheit und positive Gefühlzustände, was sich durch das Schlüpfen in Rollen und So-tun-als-ob-Spiele zeigt und von den realen Lebensumständen abgrenzt. Spiele gibt es in unzähligen Erscheinungsformen mit unterschiedlichen Funktionen. Eine Klassifikation nach Walter (1993) bietet eine erste Orientierung. Er unterscheidet zwischen PLAY (spielerischer Umgang mit Alltagssituationen) und GAMES (vorstrukturierte Spiele). Spiele, welche aus Alltagssituationen heraus entstehen, werden ersterer Kategorie zugeordnet. Hier kann es sich um Situationen handeln, aus denen sich ein Spiel entwickelt, das von der Lehrkraft aufgegriffen und zu einer Lernsituation umgewandelt werden kann. GAMES sind hingegen Spielformen, die gezielt zur Förderung von Fähigkeiten (u.a. Problemlöseverhalten, Spieltyp 1), zur Förderung des Übungsverhaltens (Spieltyp 2) oder zur Förderung des Selbstkonzepts oder des Sozialverhaltens eingesetzt werden können (Spieltyp 3). Spieltyp 1 entsprechen etwa klassische Strategiespiele (u.a. Scotland Yard, Das verrückte Labyrinth, Yenga) oder auch Legosteine und Bauklötze, Murmelbahnen (zum Selberbauen), also Spiele und Materialien, die ein Nachdenken und die Entwicklung von Fähigkeiten zur Lösung von Problemen herausfordern. Spieltyp 2 umfassen Spiele, die sich eignen, um Lernstoff zu festigen und zu üben oder um Denk- und Merkfähigkeiten im Allgemeinen zu trainieren. Hierunter fallen Klassiker wie Memory, aber auch Spiele wie Zicke Zacke Hühnerkacke oder Dobble. Wie bereits berichtet (▶ Kap. 8.2), können Spiele die Entwicklung des mathematischen Grundverständnisses unterstützen (z.B. Elfer raus, Halligalli), die phonologische Bewusstheit trainieren (u.a. Klatsch, Reim- oder Singspiele) oder auch selbstregulative Fähigkeiten, speziell exekutive Funktionen verbessern (u.a. Feuer, Wasser, Blitz). Spieltyp 3 entsprechen Spiele, welche die Kooperationsfähigkeit, die Wahrnehmung eigener Stärken fördern oder das Sozialverhalten trainieren, z.B. Rollenspiele, Theaterstücke, Inszenierungen, Schattenspiele, in denen Kinder lernen, sich in andere hineinzuversetzen.

Es gibt dazu viele Kontroversen, ob und inwiefern es legitim und sinnvoll ist, das Spiel zweckzuentfremden und es gezielt zur Förderung einzusetzen. Vieles spricht aber dafür, das Spiel in der Grundschule als einen integrativen Bestandteil handlungsorientierter Formen des Lernens zu begreifen. Besonders hervorzuheben ist, dass es der Lebenswelt der Kinder am ehesten entspricht, dass es – je nach Zielsetzung und Art des Spiels – unter fachlichen und überfachlichen Gesichtspunkten sowohl kognitive Entwicklungen unterstützt, aber auch die Kreativität fördern und soziale Prozesse günstig beeinflussen kann, so dass ein positives Klassenklima und eine gute Gemeinschaft entstehen kann und damit der Persönlichkeitsentwicklung zu Gute kommt. Spiele können auch Möglichkeitsräume schaffen, um individuelles und differenziertes Lernen zu ermöglichen, weil Kinder an ihren eigenen Fähigkeitsniveaus anknüpfen und entscheiden können, wie sie weitermachen. Spielen sollte daher nicht additiv und zwischendurch stattfinden, damit die Kinder ›auch mal Spaß im Unterricht oder am Lernen haben‹. Es sollte gezielt und reflektiert eingesetzt werden. Damit der pädagogische Wert eines Spiels angemessen beurteilt werden kann, sollten in Orientierung an die Klassifikation von Kluge (1984) nach Petillon (2016, S. 24) Spiele anhand von vier Fragen (Kriterien) geprüft werden:

- Spieleffekt: Welche Folgen hat das Spiel?
  u. a. Welche Bedeutsamkeit hat es für das Lernen des Kindes? Sind negative Folgen (Frustrationen, Misserfolge) absehbar? Welche Konsequenzen hat das Ergebnis (Beurteilung)?
- Spieler*innen: Welche Anforderungen werden an das Kind gestellt?
  u. a. Sind Spielregeln bekannt? Werden Kommunikation/Absprachen mit anderen relevant? Kann das Kind das Spiel bewältigen (Überforderung)? Entspricht das Spiel den Möglichkeiten des Kindes? Was wird an Ausdauer und Konzentration verlangt?
- Spielgegenstand: Um welche Art von Spiel handelt es sich, welche Ziele sind damit verbunden?
  u. a. Wie ist das Spiel gestaltet? Welche Materialien braucht es? Wie ist das Verhältnis von Fiktion und Alltag?
- Spielvollzug: Wie ist der Spielverlauf einzuschätzen?
  u. a. Wie lange dauert das Spiel? Sind im Verlauf Überraschungen zu erwarten? Wie wird die Spannung aufrechterhalten?

> **Lernaktivität**
>
> Erinnern Sie sich an Ihre Kindheit. Welche Spiele haben Sie in der Grundschule mit den anderen Kindern in der Pause gespielt? Welche anderen Spiele verbinden Sie mit dem Spielen in der Kindheit?

8.4 Zusammenfassung

Eine begrifflich veränderte Praxis und die bildungspolitische Tendenz, dem Schulanfang in schulorganisatorischer Hinsicht mehr Aufmerksamkeit zu schenken, zeugen von einem veränderten Verständnis über die jeweiligen Aufgaben und Erwartungen, die bei Schuleintritt an Kind, Familie und Institution gestellt werden. Das Konzept der Schulbereitschaft bedeutet in der Konsequenz eine frühzeitige Förderung aller Kinder und die Verbesserung organisatorischer und personeller Strukturen und Abläufe, damit Kinder einen guten Schulstart haben. Die starre Fokussierung auf die kognitiven Fähigkeiten wurde erweitert um eine stärkere Berücksichtigung weiterer schulrelevanter Voraussetzungen, wie den selbstregulativen Fähigkeiten, sprachlichen und mathematischen Vorläuferfähigkeiten und sozial-emotionalen Kompetenzen. Ein gelingender Schulstart hängt nicht allein vom Kind ab, sondern von den Bedingungen, auf die das Kind im vorschulischen und schulischen Sektor trifft, das heißt die räumlichen, schulorganisatorischen und gesellschaftlichen Faktoren, sowie von den Qualifikationen der Lehrkräfte zur Anpassung des Unterrichts auf die Bedürfnisse des Kindes. Dem Anfangsunterricht kommt eine besondere Rolle zu, weil hier die wesentlichen Grundlagen gelegt werden, um ein positives Bild von Schule zu entwickeln und eine Einführung in die fachlichen Grundlagen und Konsolidierung von grundlegendem Wissen und Können stattfindet. Gerade am Schulanfang ist der Einsatz von Spielen unter didaktischen Gesichtspunkten sinnvoll, damit sich Kinder kennenlernen, Kontakt zu den neuen Mitschüler*innen aufbauen können, Vertrauen entwickeln und sich in der Gruppe gut einfinden können. Im weiteren Verlauf der Grundschulzeit kann spielendes Lernen und lernendes Spielen als Grundprinzip und Möglichkeit der inneren Differenzierung aufgegriffen und genutzt werden, um Kinder in ihrer Persönlichkeitsentwicklung zu stärken.

Vertiefende Literatur

- Ehlich, K., Bredel, U. & Reich, H. H. (2008a). *Referenzrahmen zur altersspezifischen Sprachaneignung*. Berlin: BMBF (Bildungsforschung, Bd. 29.1).
- Ehlich, K., Bredel, U. & Reich, H. H. (Hrsg.) (2008b). *Referenzrahmen zur altersspezifischen Sprachaneignung – Forschungsgrundlagen*. Berlin: BMBF (Bildungsforschung, Bd. 29.2).
- Schnitzler, C. (2008). *Phonologische Bewusstheit und Schriftspracherwerb*. Stuttgart: Thieme.
- Gaidoschik, M. (2017). *Rechenschwäche – Dyskalkulie. Eine unterrichtspraktische Einführung für LehrerInnen und Eltern* (1. bis 4. Klasse; 10. Aufl.). Wien: Persen.
- Schneider, W. & Hasselhorn, M. (2018). *Schuleingangsdiagnostik. Tests und Trends* (N. F. Bd. 16, S. 1–18). Göttingen: Hogrefe.
- Stuber-Bartmann, S. (2018). *Besser lernen. Ein Praxisbuch zur Förderung von Selbstregulation und exekutiven Funktionen in der Grundschule*. München: Reinhardt.
- Petillon, H. (2016). *1000 Spiele für die Grundschule. Von Adlerauge bis Zauberbaum* (4. Aufl.). Weinheim: Beltz.

9 Kompetenzen entwickeln

In der Grundschule wird das Fundament für die Entwicklung von Kompetenzen gelegt, die als grundlegend für eine aktive und selbstbestimmte Lebensgestaltung gelten. Neben den zentralen Kulturtechniken des Lesens, Schreibens und Rechnens zählen dazu im Besonderen auch die Fähigkeiten und Einsichten, die gemeinhin als bereichsübergreifende Kompetenzen bezeichnet werden. Dazu zählen im engeren Sinne die Fähigkeit und Bereitschaft zu wissen, wie man Wissen erwirbt (Lernen lernen), und Einsichten darüber, wie man mit sich und anderen gut auskommt und sich selbst und andere wertschätzt. In diesem Kapitel werden die wesentlichen Kompetenzbereiche überblicksartig dargestellt. Es werden ausgewählte Entwicklungsmodelle beschrieben und Stolpersteine in der Entwicklung skizziert. Darüber hinaus wird über Möglichkeiten der Diagnostik und Förderung in den jeweiligen Entwicklungsbereichen berichtet.

9.1 Schriftspracherwerb

Der Begriff Schriftspracherwerb meint das Erlernen des Lesens und Schreibens. Lesen und Schreiben zu können ist eine elementare Voraussetzung, um am Alltagsleben teilnehmen zu können. Wiederholt haben die internationalen Vergleichsstudien auf eine Schwäche im deutschen Bildungssystem hingewiesen, da nicht alle Kinder am Ende der Grundschulzeit ausreichend Kompetenzen erworben haben, die ihnen eine solche Teilhabe ermöglichen. Die Gründe hierfür sind vielfältig. Wie der Ergebnisbericht der IGLU-Studie offenlegt, gelingt es offenbar einerseits nicht, hinreichend diejenigen zu identifizieren, die einer Förderung bedürfen, und zum anderen erhalten selbst die, bei denen eine Förderung indiziert wäre, zu wenig schulische Förderung (Hußmann et al., 2017, S. 26).

9.1.1 Entwicklungen und Voraussetzungen am Schulanfang

Die meisten Kinder, die in die Schule kommen, können schon ihren Namen und einfache Wörter schreiben. Einige kennen bereits alle Buchstaben, während andere kaum mit dem alphabetischen Schriftsystem in Berührung gekommen sind. Für einige stellt der Einstieg in das gezielte Lesen- und Schreibenlernen keine Probleme dar, für andere ist der Prozess deutlich mühsamer. Der Unterricht am Schulanfang muss all diesen unterschiedlichen Lerner*innen gerecht werden. Das Schreiben- und Lesenlernen ist ein sehr komplexer, vielschichtiger Prozess, bei dem viele Faktoren zusammenkommen, die sich wechselseitig beeinflussen. Neben den individuellen Lerner*innenvoraussetzungen (u. a. emotionale, motivationale, sprachliche Basisqualifikationen) nehmen besonders die Gestaltung der Lernumgebung (didaktische Materialien, Unterricht, Kindergarten), die Lehrkräfte und Erzieher*innen sowie der familiäre Kontext Einfluss darauf, ob und wie der Spracherwerbsprozess verläuft. Wenn Lehrkräfte keine Kenntnisse von den wesentlichen Entwicklungen und Bedingungen des Schriftspracherwerbs haben, stoßen Schüler*innen, Eltern und Lehrkräfte schnell an ihre Grenzen, speziell wenn Stolpersteine im Lernprozess auftreten.

Auf der Seite des Lernenden bilden die phonologischen Fähigkeiten, Buchstabenkenntnisse und das orthographische Wissen in Verbindung mit Gedächtnisfähigkeiten und der Fähigkeit, seine Aufmerksamkeit gezielt auf den Lerngegenstand richten zu können, wichtige Voraussetzungen für den Schriftspracherwerb. Die phonologische Bewusstheit, das heißt die Fähigkeit, die Lautstruktur der gesprochenen Sprache bewusst wahrzunehmen und manipulieren zu können, wird in einschlägiger Literatur wiederholt als zentraler Prädiktor für einen erfolgreichen Lese-Rechtschreiberwerb benannt (▶ Kap. 7.2).

Viele Kinder können schon im Vorschuljahr Reime bilden oder Anlaute erkennen. Auch der Wortschatz und die morpho-syntaktischen Fähigkeiten (Wortbildung/Satzbildung) entwickeln sich im Vorschulalter und prägen sich kontinuierlich aus. Die besondere Herausforderung, der sich die Lernenden im Anfangsunterricht zu stellen haben, manifestiert sich, wenn die für den Schriftspracherwerb notwendigen Beziehungen zwischen Lauten (Phonemen) und Graphemen (Buchstaben und Buchstabenkombinationen) hergestellt werden müssen. Das Alphabet hat zwar 26 Buchstaben, aber diesen »stehen 40 Phoneme unserer Lautsprache und 85 Grapheme gegenüber« (Diehl, 2010, S. 83), z. B. wird der Buchstabe <K> als Phonem durch acht verschiedene Grapheme abgebildet (u. a. <Clown>, <Kuchen>, <Wecker> oder <Quark>; ebd.). Alle Lernenden müssen im Laufe ihres Schriftspracherwerbs diese Regeln verinnerlichen; das geschieht auch in Abhängigkeit von den instruktionalen Vorbildern und der didaktischen Gestaltung des Unterrichts.

Zur Beschreibung des Verlaufs und als Grundlage für die im Unterricht eingesetzten Lese-Lernkonzepte (analytisch-synthetisch, ganzheitlich, analytisch) haben sich im deutschsprachigen Raum Modelle zumeist in enger Anlehnung an das Stufenmodell des Schriftspracherwerbs von Uta Frith (1985) entwickelt. Alle gängigen Modelle gehen im Kern von mindestens drei Phasen des Schriftspracherwerbs aus (vgl. Tab. 5). Es besteht dabei weitgehend Akzeptanz darin, dass der Schriftspracherwerb keine in sich geschlossene Stufenabfolge darstellt, sondern nur als eine phasenweise dominante Strategie interpretiert werden sollte. Grob wird in allen Modellen von einer *logographemischen* (präalphabetischen), einer *alphabetischen* und einer *orthographischen* Phase ausgegangen (z. B. Ehri, 1992; Günther, 1986; Klicpera et al., 2013).

Tab. 5: Stufenmodell der Lese- und Rechtschreibentwicklung (in Anlehnung an Frith, 1985)

Phase	Beschreibung	Merkmale (Beispiele)	Auftreten (ca.)
ortho-graphisch	Einsicht in orthographische Regelungen und morphematische Strukturen (Regeln/Merkelemente)	• Auslautverhärtungen werden beim Schreiben zunehmend berücksichtigt (<Hun*d*>) • Merkelemente werden zunehmend beherrscht (ie, ih) • Beachtung von Vorsilben (ver-, vor-) und Morphemen (-ig, -lich, -ung) • Es kommt zu Übergeneralisierungen (<*Oper> für <OPA>; <vertig> für <f̅ertig>)	ab 2. Hälfte des 1. Schuljahres
alphabetisch	Einsicht und Erwerb von Laut-Buchstaben-Zuordnung (Graphem-Phonem-Korrespondenzregeln)	• Skelettschreibweise (<*M> für Maus) • Schreibung von Lautfolgen (<*HOT> für <Hund>) • Zunehmende Beachtung von Lautunterschieden und Schreibmustern (<*Meuse> statt <Mäuse>)	Anfangsunterricht bis Ende des 1. Schuljahres
logographemisch	Identifikation von Wörtern durch visuelle Merkmale	• schreibt einzelne Buchstaben • verfügt über einige Lernwörter (<OMA>, <MAMA>) • erkennt Wörter als Logos, die aber keine Bedeutung haben (POLIZEI)	vorschulisches Alter

Logographemische Phase: Kinder in dieser Phase erkennen einige Wörter an visuellen, markanten Merkmalen. Das Wort ist in seinem Erscheinungsbild nur Merkmalsträger, oft werden nur einzelne graphische Merkmale des Wortes identifiziert (Anfangsbuchstabe), um das Wort zu ›erlesen‹. Die Wörter werden als Merkwörter abgespeichert. Der logographemischen Phase wird besonders im Modell von Günther (1986) mit Blick auf Kinder mit Sprachentwicklungsstörungen große Aufmerksamkeit geschenkt, da er davon ausgeht, dass man die Merkfähigkeit nutzen kann, um Kindern mit schwierigeren Bedingungen eine Entlastungsstrategie durch den Erwerb von Merkwörtern anzubieten.

Die *alphabetische Phase* ist die Phase, die in der Regel mit der gezielten Auseinandersetzung des alphabetischen Systems einsetzt. Bei den meisten Kindern beginnt diese mit dem Schulstart, erst dann wird diese Auseinandersetzung mit der lautlichen Struktur der Sprache eingefordert. Es gibt jedoch auch Kinder, die bereits bei Schuleintritt über beachtliche Lese- und Schreibfertigkeiten verfügen. In dieser Phase erwerben die Kinder sukzessive ein vertieftes Verständnis über die Graphem-Phonem-Korrespondenz. Der alphabetischen Phase wird viel Aufmerksamkeit zuteil, sowohl in didaktischer Hinsicht zur Gestaltung des Unterrichts hinsichtlich besonderer Schwierigkeiten im Prozess als auch hinsichtlich gezielter Fördermaßnahmen. In vielen Modellen wird die Phase ausdifferenziert in verschiedene Teilphasen. Klicpera et al. (2013), die sich an dem fünfstufigen Modell von Ehri (1999) orientieren, gehen in ihrem Kompetenzentwicklungsmodell von einem interdependenten Verhältnis aus, in dem die verschiedenen Phasen sich überlappen und Teilfertigkeiten miteinander interagieren. Die einzelnen Phasen sind gekennzeichnet durch schrittweisen Ausbau der Fähigkeit, Laute in größere sprachliche Einheiten zu übersetzen. Was häufig als Fehler etikettiert wird, z.B. Auslassungen (*Skelettschreibweise*, z.B. *HT* für *Hund*), ist auf diesem Weg ein normaler und notwendiger Entwicklungsschritt. Durch Prozesse des Übens und Wiederholens im Unterricht prägen sich Wörter zunehmend ein und werden im mentalen Lexikon für den Abruf gespeichert.

Neben der *indirekten* Lesestrategie (Buchstabe für Buchstabe lesen) entwickelt sich im Verlauf des ersten Schuljahres durch das gezielte Üben auch die Fähigkeiten des indirekten Lesens (Abruf von ganzen Wörtern aus dem mentalen Lexikon). Die phonologische Bewusstheit spielt insbesondere zu Beginn des Leselernprozesses für das phonologische Rekodieren (Erlernen der *indirekten* Lesestrategie) eine wichtige Rolle (Torgesen et al., 2001). Gezieltes Training im Anfangsunterricht fördert die notwendige Automatisierung von Prozessen, die für die zunehmend schnelle und automatisierte Fähigkeit, Wörter erkennen und benennen zu können, entscheidend ist (Erlernen der direkten Lesestrategie; vgl. *Zwei-Wege-Theorie*, Coltheart & Rastle, 1994). Die Geschwindigkeit, mit der ein*e Leseanfänger*in Wörter entschlüsselt (dekodiert), hängt von zwei Faktoren ab, die sich gegenseitig beeinflussen (Jansen et al., 2010): der phonologischen Bewusstheit und der Benennungsgeschwindigkeit, also dem Zugriff auf das semantische Lexikon (engl. *rapid automatized naming*), die einen signifikanten Einfluss auf die automatisierte Worterkennung und die direkte Lesestrategie hat (u.a. Korhonen, 1995). Bei Kindern mit Schwierigkeiten im Lese-Rechtschreiberwerb sollte sowohl eine Förderung der phonologischen Bewusstheit als auch eine Förderung der automatisierten Worterkennung durch Materialien gezielt trainiert werden. Am Ende der ersten Klasse sollten in der Regel die Phonem-Graphem-Korrespondenzregeln verinnerlicht sein (vgl. Diehl, 2010). Ist dies nicht der Fall, ist eine weitere Diagnostik ratsam.

In der *orthographischen* Phase werden zunehmend Regeln und Strukturen sicher beherrscht, z.B. Rechtschreibregeln (Groß- und Kleinschreibung, Satzzeichen) und Regelelemente, z.B. >sp< />st< am Wortanfang, sowie Schreibungen von Vor- und Nachsilben richtig verwendet. Auslautverhärtungen werden durch die Verinnerlichung von Ableitregeln zunehmend richtig eingesetzt. Es kommt in dieser Phase auch zur Übertragung von orthographischen Regelmäßigkeiten, so genannten *Übergeneralisierungen*. Die Kenntnisse über Wortaufbau (Morpheme) und Regeln schreiten sukzessive voran und münden in einer zunehmenden sicheren Wahl orthographischer und sprachlicher Mittel.

Leser*innen einer Klasse befinden sich auf unterschiedlichen Stufen des Lese- und Schreibprozesses. Die alphabetische Phase gilt für einen gelingenden Lese- und Schreibprozess als besonders wichtig, aber Kinder können auch schon früher Einsichten in orthographische Strukturen zeigen. Der Unterricht sollte daher ermutigende Strukturen aufweisen, welche dem einzelnen Kind durch die notwendige Unterstützung das Erreichen der nächsthöheren Zone der Entwicklung ermöglicht (Vygotsky, 1986).

Die im Laufe der Grundschulzeit zunehmende Fähigkeit, sicher und sinnentnehmend flüssig zu lesen, wird auch durch die automatisierte Worterkennung beeinflusst. Im Wesentlichen ist davon auszugehen, dass die mentale Beanspruchung beim Lesen auch von einer Reihe weiterer bedeutsamer Faktoren (Motivation, Selbstkonzept, Vorwissen) abhängig ist, die gleichermaßen im Unterricht berücksichtigt und gefördert werden sollten (vgl. Rosebrock et al., 2011). Was während des Lesens aktiv auf Seiten des Lesenden mental abläuft (kognitive Prozessebene des Lesens), wird in der Regel unterteilt in *hierarchieniedrige* und *hierarchiehohe* Verstehensprozesse. Zu den hierarchieniedrigen Verstehensprozessen zählt die »schnelle und zuverlässige Erkennung von Schriftzeichen, Buchstabengruppen, Wortbestandteilen und ganzen Wörtern, die Extraktion von Bedeutungseinheiten (sog. Propositionen) aus Sätzen, die Rekonstruktion der syntaktischen Tiefenstruktur eines Satzes sowie die Verknüpfung von Sätzen und Satzteilen über sog. Kohäsionsmittel« (Lenhard et al., 2020, S. 18). Sicher und kompetent zu lesen bedeutet demnach genau, flüssig und automatisiert Buchstaben und Wörter rasch zu dekodieren, Satzteile zu erkennen und miteinander zu verknüpfen. Erst dann werden entsprechende Kapazitäten frei, um sich auf die Inhalte des Gelesenen zu konzentrieren (vgl. Simple-View-of-Reading-Modell; Gough & Tunmer, 1986). Der Leseflüssigkeit wird zunehmend Beachtung geschenkt, da sie in zentralem Zusammenhang mit *hierarchiehöheren Verstehensprozessen* steht (vgl. Situationsmodell des Leseprozesses nach Kintsch, 1998). Dabei handelt es sich unter anderem um Prozesse der globalen Kohärenz (Bedeutung mit Vorwissen verknüpfen, in Rahmenstrukturen einbinden) und der Inferenzbildung (Schlussfolgerung auf Basis des Gelesenen ziehen; Lenhard et al., 2020). Es zeigt sich, dass die *Leseflüssigkeit* (Dekodiergeschwindigkeit) neben dem Wortschatz und Hintergrundwissen auch nach der Grundschulzeit ein bedeutsamer Einflussfaktor für das Textverständnis bleibt.

Die Leseflüssigkeit kann auf unterschiedliche Weise verbessert werden, es werden jedoch auch Verfahren praktiziert, die als nicht wirksam identifiziert wurde. Vielleseverfahren zeichnen sich dadurch aus, dass Kinder durch möglichst viel Lesen ihren Sichtwortschatz erweitern. Eine Wirksamkeit auf die Verbesserung der Leseflüssigkeit lässt sich allerdings nicht bestätigen (NICHD, 2000). Gerade leseschwache Kinder benötigen gezielte Unterstützung, auch um die Motivation beim Erwerb des Lesenlernens aufrechtzuerhalten. Lautleseverfahren wie die Lautlesetandems können gezielt und systematisch im Unterricht eingesetzt werden, um diese Fähigkeit zu verbessern (▶ Kap. 11.4.2).

Für den regulären Rechtschreib- und Leseerwerb haben sich im Unterricht verschiedene Verfahren etabliert. Die bekannteste Methode im Grundschulunterricht ist mit Sicherheit die analytisch-synthetische Methode, wie sie in den meisten Fibel-Lehrgängen praktiziert wird. Diese zeichnen sich in der Regel durch einen strikt regulierten Aufbau aus, indem Buchstaben in einer meist festgelegten Reihenfolge (i. d. R. erst dehnbare Buchstaben) im Gleichschritt eingeführt werden. Es werden Schwungübungen und Silbensegmentierungen praktiziert und durch lautes, wiederholtes Vorlesen wird darauf abgezielt, die Leseprozesse nach und nach zu automatisieren. Wenngleich einige neuere Lehrgänge differenzierendes Material vorsehen, sind sie in der Regel an homogenen Lerngruppen ausgerichtet und sehen wenig Eigenaktivität des Lernenden im Lernprozess vor. Die ganzheitliche Methode (›Lesen durch Schreiben‹, u. a. Reichen, 1988) wählt einen gänzlich konträren Zugang, weil sie die Eigenaktivität des Lernenden im Lernprozess betont. Es wird mit Buchstabentabellen gearbeitet und Buchstaben werden nicht sukzessive, sondern meist gleichzeitig eingeführt (mit wenigen Ausnahmen). Die Lerner*innen arbeiten in der Regel selbstreguliert, meist in Formen Offenen Unterrichts. Auf Stützstrategien wird verzichtet. Die Phonem-Graphem-Korrespondenzregeln werden nicht gezielt trainiert, was sich insbesondere für Kinder mit Schwierigkeiten im Schriftspracherwerb als Stolperstein zeigt. Der Schwerpunkt liegt auf dem Hörverstehen. Darüber hinaus gibt es weitere Ansätze, wie der Kieler Leseaufbau, der insbesondere auch in Förderschulen zum Einsatz kommt. Einen vergleichenden Einblick über die Lese-Lernkonzepte bietet u. a. Diehl (2010). Häufig findet eine Mischung verschiedener Verfahren und eine sinnvolle Ergänzung statt. Eine Diagnostik der Lese- und Rechtschreibfähigkeiten der Klassen und einzelner Kinder sollte dabei nicht erst erfolgen, wenn es zu Schwierigkeiten kommt. Eine frühe Identifikation des Lernstands hilft zu erkennen, wo gezielte Unterstützung im Kompetenzerwerb notwendig ist.

9.1.2 Diagnostik und Förderung

Es werden in der Literatur eine Vielzahl an Diagnostikverfahren und evidenzbasierten Förderprogrammen vorgestellt. Bei allen Förderansätzen sollte der Grundsatz beherzigt werden, an der nächsthöheren Entwicklungsstufe anzusetzen. Das setzt die Kenntnis des Lernstands und möglicher Schwierigkeiten voraus, wofür diagnostische Verfahren eine wertvolle Ressource sind. Zahlreiche Verfahren der Diagnostik und Förderung können im Klassenverbund unterrichts- und alltagsintegriert eingesetzt werden. In der nachfolgenden Tabelle (vgl. Tab. 6) findet sich eine Auswahl gängiger, evidenzbasierter Förderprogramme und Diagnostikverfahren für die schulische Eingangsstufe.

Bei Kindern, die Deutsch als Zweitsprache erwerben, werden andere Herausforderungen an die Diagnostik gestellt. Viele der gängigen vorschulischen Sprachstandsverfahren sind nicht hinreichend geeignet, um bei Auffälligkeiten Aussagen darüber treffen zu können, inwiefern die Kinder in ihrem Zweitspracherwerb oder ihrer Sprachentwicklung beeinträchtigt sind. In vielen Fällen beherrschen sie nur keine ausreichenden Kompetenzen in der Bildungs- bzw. Unterrichtssprache Deutsch. Daher müssen Instrumente in der Lage sein, die Sprachfähigkeiten in der Erstsprache zu erfassen und entsprechende Altersnormen hinreichend berücksichtigen. Einen umfassenden Überblick über Sprachstandsverfahren zur Früherkennung von LRS und Instrumenten, die sich für die Erfassung von Kindern mit Deutsch als Zweitsprache eignen, erhält man bei Schulte-Körne und Galuschka (2019).

Eine Vielzahl der Förderprogramme wird mittlerweile auch computergestützt angeboten. Der Einsatz dieser Verfahren hat sich gerade während der pandemiebedingten Schulschließungen (2019–2021) als Möglichkeit etabliert, auch außerhalb des schulischen Settings Förderung anzubieten. Einige der Verfahren (u. a.

Tab. 6: Auswahl an Diagnostik- und Förderverfahren für Vorläuferfähigkeiten und den Schriftspracherwerb

Diagnostikverfahren	Förderprogramm
Vorschulalter: • Hase – Heidelberger Auditives Screening (Brunner & Schöler, 2008) • BISC – Bielefelder Screening (Jansen et al., 2002) • MÜSC – Münsteraner Screening (Mannhaupt, 2006) *Schulalter:* • Rundgang durch Hörhausen (Martschinke et al., 2018) • FLT I und FLT II – Der Frühe-Lesefähigkeiten-Test (Fischer & Gasteiger-Klicpera, 2013) • IEL – Inventar zur Erfassung der Lesekompetenz im 1. Schuljahr (Diehl & Hartke, 2012) • WLLP-P-R-Würzburger Leise Leseprobe Revision (Schneider et al., 2011) • HSP 1–10 – Hamburger Schreib-Probe (May et al., 2018)	*Vorläuferfähigkeiten:* • Hören, lauschen, lernen I und II (Küspert, et al., 2018; Plume & Schneider, 2004) • Leichter lesen und schreiben lernen mit der Hexe Susi (Forster & Martschinke, 2019) • Lobo vom Globo – Förderung der phonologischen Bewusstheit (Fröhlich et al., 2010) *Lesen- und Rechtschreiben:* • Kieler Leseaufbau (Dummer-Smoch & Hackethal, 2016)/Kieler Rechtschreibaufbau (Dummer-Smoch & Hackethal, 2019) • Lesespiele mit Elfe und Mathis (Lenhard et al., 2018) • Meister Cody Namagi (Schulte-Körne et al., 2016) • Remo-2 (Walter, 2006) • Lautgetreue Lese-Rechtschreibförderung (Reuter-Liehr, 2008)

Meister Cody Namagi) bieten zudem ein kombiniertes und adaptives Verfahren der Förderung auf der Basis eines Einstufungstests an. Nach der Diagnostik besteht die Möglichkeit, die Kinder ihrem Level entsprechend zu fördern. Sollte eine Rechtschreib- oder Leseförderung indiziert sein, eignet sich folgendes Vorgehen (Tab. 7).

Tab. 7: Möglichkeiten zur Lese- und Rechtschreibförderung (nach Schulte-Körne & Galuschka, 2019, S. 102)

Leseförderung	Rechtschreibförderung
• Graphem-Phonem-Korrespondenzregeln üben • Wörter in kleinere sprachliche Einheiten untergliedern (Silben/Morpheme) • Wortteile (Onset und Silbenreim, Silben, Morpheme) wiederholt erlesen oder zusammengefügt und zusammenhängend erlesen lassen	• Aufgaben zur Segmentierung in Phoneme; Zuordnung der Phoneme zu den korrespondierenden Graphemen • Wissen über phonologische, orthographische, morphologische Regelmäßigkeiten und Gesetzmäßigkeiten vermitteln

9.2 Mathematisches Lernen

Neben dem Schriftspracherwerb zählt auch das mathematische Lernen zu den Kulturtechniken, die für die Teilhabe an gesellschaftlichem Leben im Alltag relevant sind. Bevor das eigentliche Rechnen möglich ist, geht es um den Erwerb grundlegender Voraussetzungen und Kompetenzen, wo Begriffe wie Objekte, Mengen, Verknüpfungen oder Relationen wichtig sind.

9.2.1 Entwicklung der Fertigkeiten

Ein zentraler Entwicklungsschritt ist die »Verknüpfung von Zahlen mit Größen und Größenrelationen (...), den ein Kind vollziehen muss, um für die Anforderungen der Schulmathematik gut gerüstet zu sein« (Krajewski & Ennemoser, 2018, S. 162). Die Entwicklung mathematischer Kompetenzen beginnt bereits früh und die einzelnen Teilkompetenzen bauen aufeinander auf, wie das Modell von Krajewski (2007, Abb. 16) zeigt. Dabei werden bei der Entwicklung numerischen Denkens drei Ebenen unterschieden: Numerische Basisfertigkeiten, einfaches Zahlverständnis und als dritte Ebene das tiefe Zahlverständnis.

Numerische Basisfertigkeiten (Ebene I): Hier kann eine Größenunterscheidung anhand der Ausdehnung und dem Volumen von zwei Mengen stattfinden. Diese Fertigkeit der Größenunterscheidung besteht bereits im Säuglingsalter. Ab zwei Jahren beginnen Kinder damit, Zahlwörter und bald darauf Zahlwortreihen aufzusagen, allerdings liegt dieser Aktivität noch kein Größenbezug zugrunde.

Ein einfaches Zahlverständnis (Ebene II) bedeutet eine Verknüpfung von Zahlwörtern mit Mengen und Größen. In Phase a besteht eine noch unpräzise Größenrepräsentation, in der zwischen wenig, viel oder sehr viel für verschiedene Mengen unterschieden, aber nicht spezifisch differenziert wird (ab etwa drei Jahren). Wie in der Abbildung erkennbar, werden in dieser Phase bestimmte Zahlen, z. B. eins, zwei oder drei, mit dem Begriff wenig bezeichnet, acht oder zwanzig können als viel eingeschätzt werden und hundert oder tausend gelten als sehr viel. Jedoch können innerhalb dieser Zuordnungen kleine Unterschiede wie 21 oder 22 noch nicht entsprechend differenziert werden, denn beide Zahlen gelten als viel. In der Phase b, der präzisen Größenrepräsentation, differenziert sich diese Zuordnung, denn nun ist die Anzahlseriation gegeben: Eine aufsteigende Zahlenfolge wird auch mit der korrekten aufsteigenden Anzahl verbunden. Ebenso entwickelt sich das Kardinalverständnis: Jedes Zahlwort bedeutet eine spezifische Anzahl an Elementen. Unabhängig von den Phasen a und b entwickelt sich auch das Konzept der Größenrelationen ohne Zahlbezug: Es wird verstanden, dass ein Ganzes sich in mehrere Teile gliedern und auch wieder zusammenfügen lässt und dass eine Zu- oder Abnahme von Mengen nur stattfindet, wenn etwas hinzugefügt oder weggenommen wird und nicht beispielsweise durch eine reine Umverteilung.

Beim *tiefen Zahlverständnis (Ebene III)* findet eine Verknüpfung der Zahlwörter mit Größenrelationen statt. Größere Zahlen können nun zerlegt und wieder zusammengesetzt werden (z. B. fünf in drei und zwei). Zudem verstehen die Kinder nun, dass eine Differenz zwischen zwei Zahlen auch selbst eine Zahl ist.

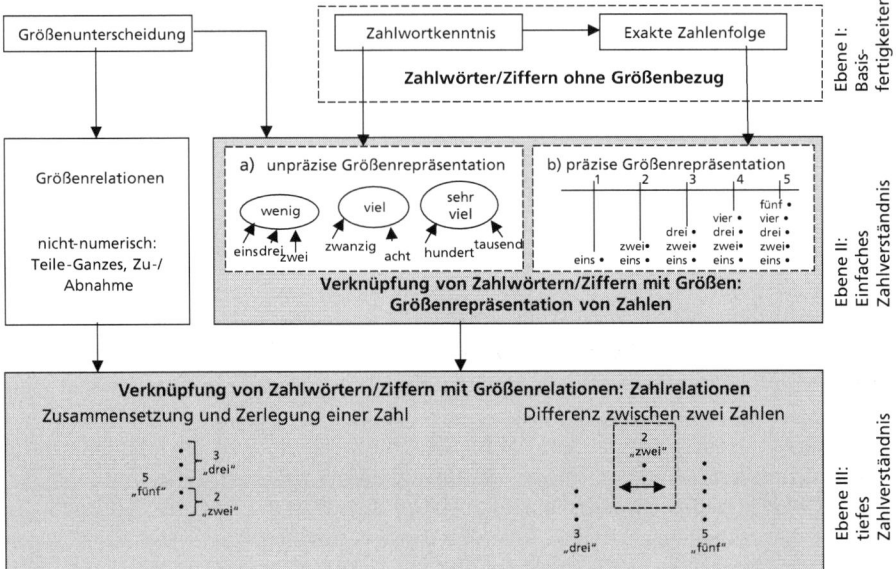

Abb. 16: Modell der Entwicklung der Zahl-Größen-Verknüpfung (nach Krajewski, 2007)

Zu beachten ist bei der Entwicklung der Kompetenzen, dass unterschiedliche Repräsentationsformen (konkretes Material zum Anfassen, symbolische Darstellungen wie Abbildungen oder abstrakte Begriffe wie Zahlwörter oder Ziffern) verschieden schnell verstanden werden können und sich die Kinder nicht mit jeder Repräsentationsform in der gleichen Phase des Kompetenzerwerbs befinden müssen. Es ist durchaus möglich, dass ein Kind anhand konkreter Materialien bereits weiter im Verständnis vorangeschritten ist, als wenn es Aufgaben mit Ziffern lösen soll.

Dieses Modell ist für den Erwerb der Grundlagen der Mathematik bedeutsam; mittlerweile konnte auch nachgewiesen werden, dass jeder neu zu erschließende Zahlenraum genau so erschlossen wird. Der Zahlenraum bis 10 kann also bereits auf Ebene III erschlossen sein, der Zahlenraum bis 100 oder 1000 jedoch noch nicht. Das Modell hat also nicht nur in der gesamten Primarstufe, sondern auch in der Sekundarstufe seine Bedeutung (Krajewski & Ennemoser, 2010). Es ist also möglich, dass sich verschiedene Repräsentationsformen und Zahlenräume auf jeweils unterschiedlichen Ebenen der kindlichen Entwicklung befinden.

Mathematik ist ein Fach, in dem Kinder Ängste und Unsicherheiten entwickeln können, vor allem, wenn sie sich als nicht ausreichend kompetent erleben. Umso bedeutsamer ist hier das kompetente Vorgehen der Lehrkraft, damit die Kinder Motivation und Selbstwirksamkeit erfahren können. Im Anfangsunterricht werden die im vorschulischen Alter entwickelten mathematischen Vorkenntnisse (▶ Kap. 8.2 Schulbereitschaft und Vorläuferfertigkeiten) erfasst (Diagnostik), aufgegriffen (adaptive Unterrichtsansätze), stabilisiert und erweitert.

Es werden grundlegende mathematische Konzepte (Zahlbegriff, Addition, Subtraktion) erarbeitet, das Zahlverständnis und Operationsverständnis gefördert und Rechenstrategien entwickelt. Es existieren jedoch Stolpersteine und typische Schwierigkeiten. Moser Opitz (2007) findet insbesondere vier Aspekte:

- Es liegt ein fehlendes Operationsverständnis vor, was sich in Problemen der Übersetzung realer Situationen in die mathematische Schreibweise und Sprache äußert.
- Das zählende Rechnen ist in diesem Fall nicht nur als vorübergehende Strategie im Erwerb der mathematischen Fähigkeiten, sondern als langfristige Strategie etabliert, so dass Aufgaben an den Fingern oder anderen vorhandenen Gegenständen leise oder lautlos abgezählt werden.
- Ein mangelndes Verständnis des Dezimalsystems ist häufig, beispielsweise im Umgang mit dem Zahlenstrahl. Das drückt sich z. B. auch im fehlenden Verständnis der Stellenwerte aus.
- Ein unflexibles Vorgehen nach Rezept ist ebenfalls auffällig, indem starr die gleiche Vorgehensweise angewendet wird, ohne das Vorgehen zu überprüfen oder den Aufwand ggf. zu reduzieren.

Vorwissensunterschiede im Bereich der mathematischen Kompetenzen bei Schulantritt haben eine hohe Vorhersagekraft für die weitere Leistungsentwicklung. Aus diesem Grund ist es als Lehrkraft sehr wichtig, möglichst alle Kinder sehr gut unterstützen zu können. Dazu muss zuerst herausgefunden werden, wo die Kinder mit ihrem Vorwissen stehen. Die Aufgaben der Lehrkraft sind demnach das Diagnostizieren (Stärken/Schwächen identifizieren: Wo steht das Kind, was kann es schon, was noch nicht?), das Fördern (Lern- und Rechenstrategien kennen und deren Einsatz nach einer Vermittlung unterstützen) und das Beraten (Hilfen und Anregungen zu Lern- und Entwicklungsprozessen geben).

Hilfreich sind prinzipiell folgende Prinzipien (Krajewski & Ennemoser, 2010), um erfolgreich und spezifisch das grundlegende Zahlverständnis zu fördern:

- Inhaltsspezifische Förderung: ein unmittelbarer mathematischer statt unspezifischer Inhalt
- Systematischer und entwicklungsorientierter Kompetenzaufbau: Orientierung an der Entwicklung der Kompetenzen, also zuerst Zahlen- und Ziffernkenntnis, dann Größenverständnis und erst dann die Relationen zwischen den Zahlen thematisieren
- Ressourcenorientierte Förderung: Beachtung der begrenzten Arbeitsgedächtniskapazitäten (▶ Kap. 9.3 Lernen lernen) der Schüler*innen, klare Strukturierung der abstrakten Inhalte, Repräsentationsebenen gut auswählen (enaktiv, ikonisch, symbolisch)
- Fokussierung der Aufmerksamkeit: keine Ablenkung durch z. B. bunte Gestaltung, Aufmerksamkeit soll auf den numerischen Inhalten liegen.

9.2.2 Diagnostik und Förderung

Scheitern Kinder an den Anforderungen der Entwicklung mathematischer Kompetenzen, so kann eine Rechenstörung vorliegen. »Menschen mit Rechenstörung machen bei mathematischen Aufgaben mehr Fehler und benötigen länger zum Lösen einer Rechenaufgabe als Menschen ohne Rechenstörung. Betroffen sind dabei die Bereiche Basiskompetenzen, Grundrechenarten sowie Textaufgaben« (AWMF, 2018, S. 15). Zudem ist das Arbeitsgedächtnis, insbesondere der visuell-räumliche Notizblock, betroffen (ebd.). Rechenstörungen gehören zu den Entwicklungsstörungen und beziehen sich vor allem auf die Beherrschung grundlegender Rechenfertigkeiten wie Addition, Subtraktion, Multiplikation und Division (ICD-10, Kapitel F81.2), was natürlich auf alle weiteren Anforderungen im Fach Mathematik sowie auch in anderen Fächern oder im Alltag Auswirkungen zeigt. Diese Defizite dürfen nicht alleine auf eine unangemessene Beschulung zurückzuführen sein.

Bei der Förderung mathematischer Kompetenzen sollte spezifisch gefördert werden, da die Wirksamkeit wesentlich höher ist als bei unspezifischen Förderungen (ebd.). Es geht darum, die durch die Diagnostik identifizierten Aspekte direkt zu fokussieren und spezifisch am Entwicklungsstand des Kindes anzusetzen.

In der unten aufgeführten Tab. 8 sind diejenigen Diagnostik und Förderverfahren aufgelistet, die von der AWMF als sehr gut und wirksam für die Zielgruppe identifiziert worden sind.

Tab. 8: Diagnostische Verfahren und Förderverfahren im Bereich Mathematik (nach AWMF, 2018)

Diagnostikprogramme	Förderverfahren
vorschulisch (bis einschl. Beginn 1. Klasse) • MBK 1+ (Ennemoser et al., 2017) • WVT (Endlich et al., 2016) • MARKO-D (Ricken et al., 2013) • MBK 0 (Krajewski, 2018) • ERT 0+ (Lenart et al., 2014) • TEDI-MATH (Kaufmann et al., 2009) • KEKS (May & Bennöhr, 2013) *schulisch* • CODY-M 2-4 (Kuhn et al., 2017) • MBK 1+ (Ennemoser et al., 2017) • BADYS 1-4+ (R) (Merdian et al., 2015) • DEMAT 1+ (Krajewski et al., 2002) • DEMAT 2+ (Krajewski et al., 2004) • DEMAT 3+ (Roick et al., 2004) • DEMAT 4 (Gölitz et al., 2006) • ERT 1+ (Schaupp et al., 2003) • ERT 2+ (Lenart et al., 2003) • ERT 3+ (Holzer et al., 2010) • ERT 4+ (Schaupp et al., 2010) • HRT 1-4 (Haffner et al., 2005)	• Dortmunder Zahlbegriffstraining (Moog & Schulz, 2005) • Dybuster Calcularis (Dybuster AG, o. J.) • MARKO-T (Gerlach et al., 2013) • Meister Cody – Talasia (Kaasa health, 2013) • Mengen, zählen, Zahlen (Krajewski et al., 2013) • Rechenspiele mit Elfe und Mathis I (Lenhard & Lenhard, 2009) • Wasserglasmethode (Schlotmann, 2007)

Tab. 8: Diagnostische Verfahren und Förderverfahren im Bereich Mathematik (nach AWMF, 2018) – Fortsetzung

Diagnostikprogramme	Förderverfahren
• BIRTE 2 (Schipper et al., 2011) • TEDI-MATH (Kaufmann et al., 2009) • KEKS (May & Bennöhr, 2013) • DIRG (Grube et al., 2010) • MARKO-D1+ (Fritz et al., 2017)	

Methoden, die in der Förderung im Unterricht besonders für Schüler*innen mit Rechenschwierigkeiten als wirksam identifiziert wurden, sind beispielsweise die direkte Instruktion (▶ Kap. 11.4.1), Peer Tutoring (z. B. Mathekonferenz, ▶ Kap. 11.4.2), der gezielte Einsatz von Feedback, systematische Strategieinstruktion, das Lernen anhand von korrekten Beispielen und Visualisierungen sowie das Verbalisieren mathematischer Zusammenhänge (Gersten et al., 2009). Dadurch werden eine systematische Instruktion und direkte Rückmeldung möglich. Es wird deutlich, dass gerade bei Schwierigkeiten im Erwerb mathematischer Kompetenzen eher strukturierende Methoden wirksam sind und offene Formen nicht als wirksam identifiziert werden konnten.

9.3 Lernen lernen

Die Welt ändert sich rapide und permanent. Mit ihr verändern sich die Wissensbestände. Umso wichtiger ist die Fähigkeit, sich selbst Wissen anzueignen, sich in die Lage zu versetzen, wichtige Informationen von unwichtigen zu filtern, Informationen kritisch zu prüfen und sich für sich und sein Fortkommen verantwortlich zu fühlen. Die Kompetenz des Lernen lernens zählt im Sinne lebenslangen Lernens zu den wichtigsten überfachlichen Kompetenzen und ist ein zentraler Schlüssel, um fachliche Inhalte zu durchdringen. Die Basis für das Lernen lernen wird in der Grundschule gelegt. In der Lage zu sein, das eigene Lernen zu steuern und über die notwendigen Teilfähigkeiten zu verfügen (u. a. Lerntechniken, Memostrategien), ist in der fachlichen Auseinandersetzung, etwa beim Erwerb von Basiskompetenzen des Lesens oder Rechnens, ein wichtiger Baustein, aber unterstützt auch das weiterführende schulische Lernen. Insbesondere in Interventionsstudien konnte bereits für das Grundschulalter ein positiver Effekt des strategischen Lernens auf die schulische Leistung belegt werden (vgl. Meta-Analyse von Dignath & Buettner, 2008).

9.3.1 Begriffsbestimmung

Die Kompetenz des Lernen lernens ist als individuelle Lerner*innenvoraussetzung den *volitional-konnativen* Bedingungen zuzuordnen. Selbstreguliertes Lernen schließt die Fähigkeit ein, sein Verhalten auf einer Meta-Ebene überwachen und regulieren zu wollen (und zu können), sowie sicherzustellen, dass die selbst oder von anderen gesetzten Ziele erreicht werden (selbstregulative Kompetenzen). Der Erwerb dieser Kompetenzen ist abhängig von mentalen Prozessen der Informationsverarbeitung, die sich im zunehmenden Grundschulalter entwickeln (▶ Kap. 11.1.2 Informationsverarbeitungsmodelle).

> *Selbstregulation* umfasst die Fähigkeit und Bereitschaft, sich Ziele zu setzen, diese zu verfolgen und den Prozess bis zur Zielerreichung hinreichend selbst steuern zu wollen und zu können.

Landmann et al. (2015, S. 46) unterscheiden drei Komponenten selbstregulierten Lernens, die in allen gängigen Konzeptionen und Modellen als Bestandteil dessen und als unterschiedliche Strategieklassen beschrieben werden:

- motivationale Komponenten (Stützstrategien)
- metakognitive Komponenten (Kontrollstrategien)
- kognitive Komponenten (Informationsstrategien).

Motivationale Komponenten beschreiben all die Ressourcen und Aktivitäten, die ein Lernender benötigt und die der Unterstützung des Lernprozesses dienen. Sie werden auch als *Stützstrategien* oder *Sekundärstrategien* bezeichnet (Mandl & Friedrich, 2006). Im Einzelnen fließen hier selbstbezogenes Wissen und motivationale Orientierungen (u. a. Zielsetzungen, Attribution) ein (▶ Kap. 9.5): sich Ziele zu setzen, Wege zu suchen, wie man sich selbst motiviert, mit dem Lernen zu beginnen, dabei zu bleiben, auch wenn es mal schwieriger wird, und beim Scheitern an einer Aufgabe günstige Attributionen (Ursachenzuschreibungen) vorzunehmen, das heißt ein Scheitern nicht auf mangelnde Fähigkeiten zurückzuführen, sondern produktiv umzudeuten und sich auf notwendige Schritte für das Fortkommen zu konzentrieren. Dazu zählt im Prozess des Lernens während des Unterrichts sich nicht ablenken zu lassen, konzentriert arbeiten zu können und zu wollen und sich auch bei herausfordernden Aufgaben dabeizubleiben.

Die kognitiven und die metakognitiven Komponenten werden auch als Primärstrategien bezeichnet. Unter die *kognitiven Kompetenzen* werden die verschiedenen mentalen Prozesse der Informationsverarbeitung gefasst, die beim Strategiegebrauch stattfinden: Wissen darüber, wie und wann welche Strategien einzusetzen sind. Diese Strategien sind in Form einer Ressource bei den Lernenden vorhanden; sie greifen darauf zurück, wenn sie an einer Aufgabe arbeiten und einen Sachverhalt durchdringen wollen. Deshalb stehen diese Strategien in direktem Zusammenhang zum Kompetenzerwerb. Viele dieser Komponenten entwickeln sich erst im Laufe des Grundschulalters, unter dem Einfluss schulischer Unterstützungsstrukturen, aber auch in Abhängigkeit von entwicklungsbedingten und individuellen Prozessen der Informationsverarbeitung, die eine sachgerechte Integration und Verarbeitung von Informationen erst ermöglichen (vgl. exekutive Funktionen).

Gerade kognitive Strategien müssen daher gezielt angebahnt werden. Dazu zählen der Erwerb und die Vermittlung von Elaborations-, Wiederholungs- und Organisationsstrategien. Bei *Organisationsstrategien* handelt es sich um strukturierende Strategien. Sie werden eingesetzt, um sich einen geordneten Überblick über einen Inhalt zu verschaffen, um das Wissen zu organisieren. Dazu zählt etwa, Texte zusammenzufassen, Wichtiges unterstreichen, Exzerpte schreiben, Notizen verfassen, etwas grafisch veranschaulichen oder Tabellen zu verfassen. *Wiederholungsstrategien* kommen in verschiedenen Phasen des Lernprozesses zum Einsatz. In der Regel sollten Wiederholungsstrategien erst dann angewendet werden, wenn ein Sachverhalt ausreichend verstanden wurde. Dann wird versucht, diesen bei Bedarf so genau wie möglich abzurufen und ihn sicher zu beherrschen. Es werden Teilabschnitte in Sequenzen zerlegt, die man laut aufsagt, Karteikärtchen oder Notizen verfasst oder sich Eselsbrücken baut. Wiederholungsstrategien können aber auch vorauslaufend wichtig werden, um einen Lerngegenstand besser zu bearbeiten oder sich etwas zu erarbeiten. Das Beherrschen von Vokabeln oder das kleine Einmaleins zählen zum Beispiel dazu. Um einen Text im Englischunterricht zu verstehen, müssen die Vokabeln ausreichend bekannt sein. Auch um ein Lied oder ein Gedicht auswendig zu lernen, sind die verschiedenen Lerntechniken des Auswendiglernens notwendig. Etwas zu wiederholen, um Prozesse zu automatisieren und damit auf Abruf schnell verfügbar zu haben, trägt wesentlich zur Entlastung des Arbeitsgedächtnisses bei, weshalb Auswendiglernen und Prozesse des Wiederholens und Übens wichtige und zentrale Bestandteile des Lernens sind. *Elaborationsstrategien* kommen zum Einsatz, wenn es darum geht, etwas Neues mit bereits Bekanntem zu verbinden. Das Vernetzen der Wissensstrukturen ist im Lernprozess sequentiell eher vorgeordnet: Bevor auswendig gelernt wird, muss erst verstanden werden. Der Einsatz von Elaborationsstrategien ist von zentraler Bedeutung, da davon ausgegangen wird, dass Neues besser verstanden und erinnert wird, wenn Anknüpfungspunkte zu anderen Sachverhalten erkannt werden. Üblicherweise werden diese Strategien im Lehr-Lernprozess angewendet in einer Phase der Aktivierung des Vorwissens zum Einstieg in ein neues Thema. Zu den Techniken, die darunter subsumiert werden, zählen etwa die Anfertigung von Mind-Maps, das Finden von Analogien oder Beispielen. Textbezogen zählt dazu auch das Fragenstellen an den Text.

Metakognitive Komponenten umfassen alle Aspekte, welche auf einer Meta-Ebene (übergeordnet) die Planung, Selbstbeobachtung, Reflexion des Lernprozesses beschreiben. Das sind die Aktivitäten, die vor, während und nach dem Lernen stattfinden, um eine gezielte Anpassung des eigenen Verhaltens vorzunehmen, damit das Lernziel erreicht wird. Die Planung des eigenen Lernprozesses (z. B. »Ich schreibe mir einen Zeitplan«), die Konkretisierung in Teilziele (z. B. »Bis zu welchem Zeitpunkt möchte ich was geschafft haben?«), die Anpassung der Strategien im Verlauf des Lernprozesses, wenn feststellbar ist, dass das Zeitmanagement nicht gut ist oder dass die Strategien und Lerntechniken nicht ausreichen, um sich beispielsweise den Lernstoff für eine Klassenarbeit gut einzuprägen. Zusätzlich zählt die Reflektion des Lernprozesses dazu.

Modelle selbstregulierten Lernens: Zur Beschreibung, Diagnostik und Förderung selbstregulativer Kompetenzen wurden verschiedene Konzeptionen entwickelt, die sich in zwei Arten von Modellierungen unterscheiden lassen: *Phasen-* und *Schichtenmodelle*. Phasenmodelle (u. a. Pintrich, 2000) fokussieren den Prozess der Selbstregulation und lassen sich als zeitliche Beschreibung von Phasen selbstregulativen Lernens, die in einem Lernprozess durchlaufen werden, bestimmen. Phasenmodelle gehen üblicherweise von einem dreischrittigen, iterativen Prozess aus, wobei nach der Modellierung von Perels (2007) im Kontext des Lernens in einem ersten Schritt eine Vorbereitung auf eine Lernhandlung stattfindet. Diese Phase umfasst planerische Aspekte des Prozesses, wie Zielsetzungen und Bewertung der Nützlichkeit der Aufgabe und der notwendigen Ressourcen (*präaktionale Phase*). Dieser Phase schließt sich eine *aktionale Phase* an, in der die eigentliche Lernhandlung und der Einsatz von Lernstrategien stattfindet, in der diese überwacht und gesteuert werden (konzentriert bleiben, Fortschritt im Lernprozess überwachen, Lernzeit effizient ausschöpfen), die dann in der Regel in einem selbstreflexiven Prozess mündet, bei dem die Aktionen bewertet und mögliche Rückschlüsse für zukünftige Lernhandlungen geschlussfolgert werden (*postaktionale Phase*). Der Prozess vollzieht sich somit in einem permanenten Abgleich von Ist- und Soll-Zustand mit Blick auf die Bewältigung einer Aufgabe. Die Modellierungen lassen deshalb durchaus enge Bezüge zu Feedback-Modellierungen erkennen (▶ Kap. 11), wobei in selbstregulativen Prozessmodellen die Perspektiven des Lernenden eingenommen werden und die Bewertung und das Feedback vom Lernenden selbst stammen und nicht von externen Personen initiiert werden.

In Schichtenmodellen, wie dem Modell von Boekaerts (1999), wird weniger den zeitlichen Phasen des Prozesses Aufmerksamkeit geschenkt, sondern den beteiligten Faktoren am selbstregulierten Lernen. Selbstreguliertes Lernen wird in Form von drei ellipsenartigen, sich überlappenden Schichten angeordnet. Im inneren Kreis und als Kern werden kognitive Prozesse selbstregulierten Lernens beschrieben, die eingebettet sind in den Gebrauch metakognitiven Wissens, das Prozesse der Selbststeuerung, Planung und Überwachung einschließt. Die dritte Ebene beschreibt die Ebene der Selbstregulation, welche die genannten motivationalen und selbstbezogenen Komponenten einbezieht, sowie die Beurteilung von Zielen, die sich ein Lernender für den Lernprozess setzt.

Ein Modell, welches erfolgreiches Lernen in einen übergeordneten Kontext der individuellen Ausprägung verschiedener Komponenten einordnet, ist das *Handlungsmodell* von Matthes (2009), dargestellt in Abb. 17. Anhand dieses Modells lässt sich sowohl das gelingende Lernen als auch das Scheitern an Lernanforderungen erklären. Neben diesen individuellen Komponenten beeinflussen natürlich auch externe Faktoren das Lernen, wie eine angemessene, leise Lernumgebung und weitere Rahmenbedingungen. Die Ebene der Informationsverarbeitung beinhaltet die Basiskompetenzen (grundlegende Fertigkeiten der Informationsverarbeitung, z. B. Wahrnehmung von Informationen, Sprache, Kognition, Sozialverhalten, Motorik) und bereichsspezifisches Wissen (Vorwissen, welches den Erwerb weiteren Wissens stark erleichtert). Im Bereich Vorwissen beispielsweise findet sich bei Kindern mit Lernschwierigkeiten oft eine reduzierte Wissensbasis mit einer eingeschränkten Nutzbarkeit des vorhandenen bereichsspezifischen Wissens. Zudem kommt es möglicherweise durch die fehlende Ausprägung der Informationsverarbeitung zur fehlerhaften Unterscheidung zwischen wichtigen und unwichtigen Informationen und somit zu einer Überselektion, was z. B. für die Lösung von Aufgaben ungünstig ist. Das Arbeitsgedächtnis ist mit der ungenügend gefilterten Informationsflut überfordert, da es im Kindesalter über eingeschränkte Kapazitäten verfügt, die nur über eine Automatisierung und dadurch gelingende Bündelung von Informationen optimal genutzt werden könnten. So kann auf Ebene der Informationsverarbeitung eine Überforderung von Kindern und ein Scheitern an Aufgaben stattfinden, wenn keine spezifische Unterstützung angeboten oder von den Kindern wahrgenommen werden kann.

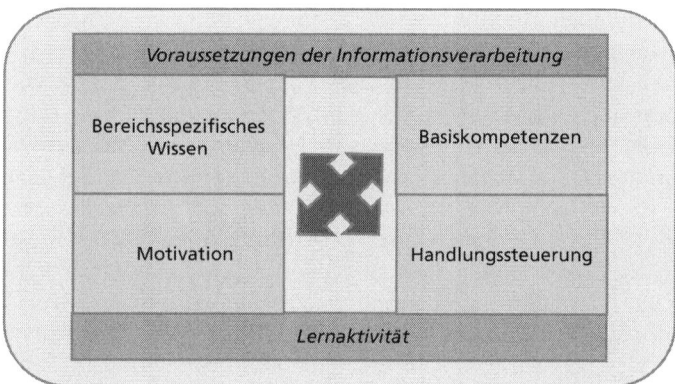

Abb. 17: Komponenten (erfolgreichen) Lernens (nach Matthes, 2009, S. 26)

Die zweite Ebene neben der Informationsverarbeitung ist die der Lernaktivität, welche die Motivation und die Handlungssteuerung beinhaltet. Motivation ist ein wichtiges Konzept im Bereich des Lernens (▶ Kap. 9.5.2 Motivation und Selbstkonzept), wohinter sich u. a. auch das schulische Selbstkonzept, die Erwartung von Erfolg oder Misserfolg (Attribution), die Emotionen bei der Ausführung und die emotionale Bewertung des Prozesses und des Ergebnisses verbergen. Die Komponente der Handlungssteuerung setzt sich aus den Teilkomponenten Metakognition (das Wissen über das eigene Können, Planung und Überwachung des Lernprozesses), kognitiver Stil (von impulsiv bis reflexiv), Impulskontrolle und Emotionsregulation zusammen. Stolpersteine für Kinder liegen hier beispielsweise in einer hohen Impulsivität, ungünstigen Aufmerksamkeitssteuerung und leichter Ablenkbarkeit, wenigen verfügbaren adäquaten Lernstrategien und einer mangelnden Reflektion des Lernprozesses und der eingesetzten Strategien. Zudem können ein unangemessenes Leistungsanspruchsniveau und negative Emotionen während der Lernaktivität eine Rolle spielen (Matthes, 2009).

Kinder, die an Lernprozessen scheitern, zeigen oft Konstellationen verschiedener Schwierigkeiten innerhalb dieser Komponenten. In all diesen Bereichen sind Differenzierungen in den Materialien, Medien und Methoden möglich und notwendig, um Zugang zu Informationen und Erfahrungen und damit verbundenen Lernprozessen zu schaffen. Genauer dienen hier die konkrete Motivierung der Kinder, das Geben von unterstützendem Feedback, das gezielte Üben von Handlungsstrategien oder das Entlasten des Arbeitsgedächtnisses durch Strukturierung und kognitive Reduzierung – wo notwendig – dem Ziel.

9.3.2 Entwicklung und Einflussfaktoren

Man weiß, dass sich während der Grundschulzeit unter dem Eindruck der schulischen Lernumwelt wichtige Entwicklungsschritte im Strategiegebrauch vollziehen. Die Schule, die Sprache von Lehrkräften und die instruktionalen Elemente im Unterricht haben einen erheblichen Anteil daran, wie sich der Einsatz von Lernstrategien entwickelt (vgl. Lehmann & Hasselhorn, 2009). Enge Zusammenhänge zwischen selbstregulatorischen Fähigkeiten und der Entwicklung exekutiver Funktionen wurden bereits berichtet (▶ Kap. 8.2.2). Eine Einschränkung betrifft im Grundschulalter die begrenzte Speicherkapazität des Arbeitsgedächtnisses, das sich erst im Verlauf der Grundschuljahre und im Jugendalter weiterentwickelt, so dass von einer effizienten Nutzung von Strategien erst im Jugendalter (14 bis 15 Jahre) auszugehen ist. Im jüngeren Alter lassen sich verschiedene Stadien der Entwicklung und noch so genannte *Defizite im Strategiegebrauch* ausmachen. Nach Lehmann und Hasselhorn (2009) beschreibt das Mediationsdefizit die fehlende Möglichkeit, eine Strategie nach Erklärung nachzumachen, aufgrund fehlender kognitiver Voraussetzungen (*Mediationsdefizit*). Das *Produktionsdefizit* ist dadurch gekennzeichnet, dass Lernende zwar nach einem konkreten Hinweis oder einer Aufforderung in der Lage sind, bestimmte Strategien zu nutzen, allerdings zeigen sie noch keinen spontanen Gebrauch von Strategien. Im weiteren Entwicklungsverlauf lässt sich dann der spontane Gebrauch von Strategien beobachten, allerdings wird sie nicht immer effektiv genutzt (*Nutzungsdefizit*). Das spricht grundsätzlich für die Möglichkeit des Trainings von Strategien, wobei in jungen Grundschuljahren davon auszugehen ist, dass eben nicht spontan von einem Strategiegebrauch auszugehen ist und eine frühzeitige Anbahnung und stärkere Unterstützung besonders zentral ist, damit die Schüler*innen lernen, ihren eigenen Lernprozess in die Hand zu nehmen. Bei Kindern mit Beeinträchtigungen in den exekutiven Funktionen kann die spontane Nutzung von Strategien eingeschränkt sein.

9.3.3 Diagnostik und Förderung

Die Diagnostik selbstregulierten Lernens, also die Überprüfung, wie und ob Grundschüler*innen bereits strategisches Wissen sinnvoll und effizient nutzen, ist nicht ganz unproblematisch. Insgesamt scheint es erhebliche Diskrepanzen zwischen dem selbst berichteten Verhalten im Gebrauch von Lernstrategien und dem tatsächlich gezeigten Lernverhalten zu geben (z. B. Spörer & Brunstein, 2006).

Um die Grundschüler*innen in die Lage zu versetzen, wirklich selbstständig und ohne fremde Hilfe lernen zu können, sollte ihnen das Wissen »Wie« (Wie kann ich etwas lernen?) und das »Was« (Was brauche ich dafür?) gezielt vermittelt und sie durch prozessbegleitende und rahmende konstruktive Unterstützung (▶ Kap. 11.3.3) in ihrer Fähigkeit gestärkt werden. Das bedeutet auch zu vermitteln, sich nicht entmutigen zu lassen, wenn das Lernen nicht so reibungslos verläuft wie erhofft (▶ Kap. 9.5.3). Misserfolge und Erfolge sollten produktiv (um)gedeutet werden können.

Für den Unterricht lassen sich zwei Wege der Förderung von Lernstrategien ausmachen: Entweder werden die Lehr-Lernumgebungen explizit so gestaltet, dass Lerner*innen auf eine Lernstrategie bewusst, spontan oder gezielt zurückgreifen, oder die Anwendung von Lernstrategien ist expliziter Bestandteil des Unterrichts und ein bewusster Umgang damit wird trainiert. Gerade für schwächere und jüngere Lerner*innen ist es wichtig, dass Strategien gezielt vermittelt werden und ein langfristiges Training ist notwendig (Mandl & Friedrich, 2006). In der Literatur werden fachübergreifende und fachspezifische Möglichkeiten des Trainings vorgeschlagen. In Bezug auf das Lesen kann ein solches Training beispielsweise in kooperativen Lernformen wie dem Reciprocal Teaching (gezieltes Trainieren kognitiver und metakognitiver Strategien) oder Lautlesetandems (kognitive Strategien als Sportler*in, metakognitive als Trainer*in) realisiert werden.

Theoretische Basis für eine Vermittlung von Lernstrategien bildet der Cognitive-Apprenticeship-Ansatz (Collins et al., 1987), auch bekannt unter dem Begriff *kognitive Meisterlehre*. Es handelt sich um eine Form »situierten, problemorientierten Lehrens« (Hasselhorn & Gold, 2009, S. 274), bei dem Schritte des Vormachens (durch den Lehrenden) und Nachmachens (durch den Lernenden) unter Anleitung zentraler Bestandteil des Lehr-Lernprozesses sind. Es werden üblicherweise vier Phasen unterschieden:

1. Modeling (Vorführen),
2. Scaffolding (unterstützte Eigentätigkeit),
3. Fading (Nachlassen der Unterstützung durch den Lehrer bei steigender Kompetenz der Lerner)
4. und Coaching (betreutes Beobachten).

Grundschulstudien, die sich das Prinzip zunutze machen (u. a. Munser-Kiefer, 2009), beschreiben klare Vorteile und Verbesserungen mit Blick auf die Verständnisfertigkeiten.

9.4 Sozial-emotionales Lernen

Eine angemessene soziale und emotionale Entwicklung der Schüler*innen ist nicht nur für den Schulalltag und das Klassenzusammenleben relevant, sondern auch für die Persönlichkeitsentwicklung der einzelnen Schüler*innen. Sozial-emotionales Lernen ist ein komplexes Konstrukt mit vielen Teilkompetenzen, in diesem Kapitel werden Hinweise auf Entwicklungen, Stolpersteine und Unterstützung gelingender Entwicklung gegeben.

9.4.1 Begriffsbestimmung

Soziale Kompetenzen und emotionale Kompetenzen hängen eng zusammen und beeinflussen sich in der Entwicklung interaktiv.

> Kanning (2002, S. 155) definiert sozial kompetentes Verhalten als »Verhalten einer Person, das in einer spezifischen Situation dazu beiträgt, die eigenen Ziele zu verwirklichen, wobei gleichzeitig die soziale Akzeptanz des Verhaltens gewahrt wird«.

Emotionale Kompetenz besteht laut Denham (1998) aus den drei Komponenten des Emotionsausdrucks, des Emotionsverständnisses und der Emotionsregulation. Die Emotionsregulation ist dafür verantwortlich, dass das Individuum es schafft, trotz eines hohen emotionalen Erregungszustands angemessen auf eine soziale Situation zu reagieren. Sie ist ein Prädiktor für die weitere Entwicklung (Lohaus & Vierhaus, 2013). »Bei der Emotionsregulation werden spezifische Strategien eingesetzt, um positive oder negative Emotionen zu regulieren. Eine solche Regulation kann external oder internal, willentlich oder automatisch stattfinden. Die Regulation erfolgt in Form von Initiierung, Beibehaltung, Hemmung oder Modulation einer Emotion und ihrer Begleiterscheinungen und kann auf jeden emotionalen Zustand bezogen stattfinden. Sie ist auf ein Ziel ausgerichtet und bezieht sich auf die Form, die Intensität, den Ausdruck oder die Dauer des emotionalen Zustandes« (Kullik & Petermann, 2012, S. 25). Ein allgemeines Ziel ist dabei immer, handlungsfähig zu bleiben.

Soziale Kompetenz und Emotionsregulation können Ressourcen für eine positive Entwicklung von Kindern sein, stehen aber in ungünstiger Ausprägung eng mit psychischen Störungen wie Angst und Depression (internalisierend) oder aggressivem Verhalten (externalisierend) in Verbindung. So sind diese Kompetenzen und deren Förderung für die positive Entwicklung der Kinder relevant, auch im Kontext der Prävention von Unterrichtsstörung. Gruppenförderung ist in diesem Kontext wirksamer als Einzelförderung, andererseits ist auch Klassenführung als Gestaltung bestmöglicher Rahmenbedingungen für alle Kinder (z. B. Vierbuchen, 2022) ein entscheidendes Puzzleteil in der Entwicklung dieser Kompetenzen und eignet sich zur Prävention von Unterrichtsstörungen.

Für die sozial-emotionalen Kompetenzen und das konkrete Verhalten in sozialen Situationen spielt die sozial-kognitive Informationsverarbeitung (Crick & Dodge, 1994; Lemerise & Arsenio, 2000) eine große Rolle. Dabei handelt es sich um einen unbewusst ablaufenden Prozess, der sowohl angemessenes Verhalten in sozialen Situationen als auch ein Scheitern an komplexen sozialen Situationen erklären kann.

9.4.2 Entwicklung

Das Modell der sozial-kognitiven Entwicklung (SKI) wurde von Crick und Dodge (1994) entwickelt und von Lemerise und Arsenio (2000) um emotionale Aspekte erweitert. Diese Theorie vereint soziale, emotionale und kognitive internale Verarbeitungsprozesse, die ablaufen, um in sozialen Situationen auf Reize zu reagieren.

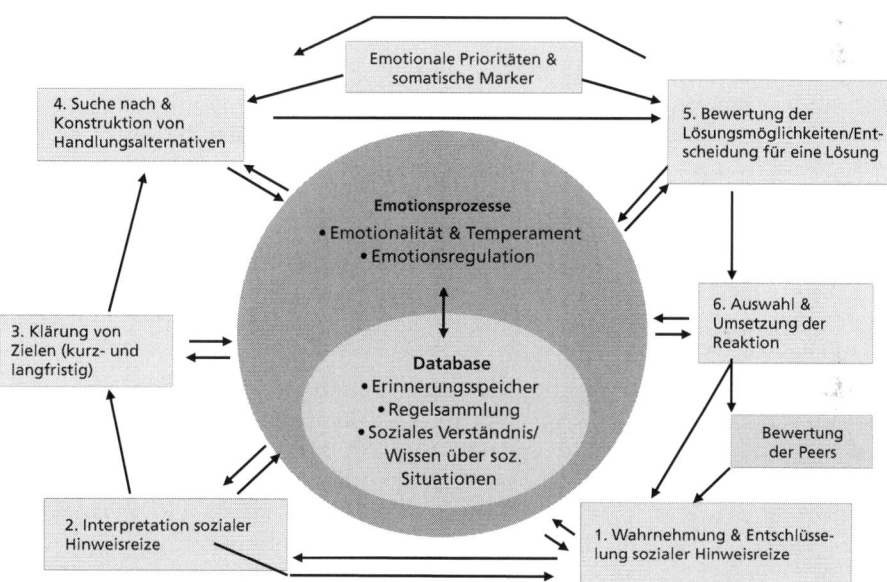

Abb. 18: Modell der sozial-kognitiven Informationsverarbeitung (nach Hillenbrand & Hennemann, 2006; Crick & Dodge, 1994; Lemerise & Arsenio, 2000)

Das Modell stellt einen Kreislauf mit verschiedenen Schritten dar (Abb. 18), der jeweils in Millisekunden durchlaufen wird. Der erste Schritt ist die Wahrnehmung und Entschlüsselung sozialer Hinweisreize einer sozialen Situation. Dabei findet eine selektive Wahrnehmung bestimmter Reize und dadurch bedingt ein Ausblenden anderer, als unwichtig klassifizierter Reize statt. Diese soziale Situation erlebt eine Person auf der Grundlage der Erfahrungen, die bisher gemacht wurden und der sozialen Regeln und Situationen, die gespeichert sind (Database). Diese gespeicherten Informationen oder Schemata beeinflussen alle Schritte dieses Prozesses. Die Interpretation der wahrgenommenen Reize ist der zweite Schritt, der eng mit dem ersten Schritt in Verbindung steht: Die Interpretation kann nur auf der Basis der vorher wahrgenommenen Reize stattfinden. Kausal- und Absichtsattributionen als Zuschreibung von Ursachen für Verhaltensweisen hinsichtlich der Motive, Emotionen und Gedanken prägen die Ausrichtung der Interpretation (Crick & Dodge, 1994). Die Interpretation ist abhängig von den gespeicherten Erfahrungsschemata im Langzeitgedächtnis. Im dritten Schritt findet die Zielklärung statt: Was ist am Ende der Situation wichtig, was soll erreicht werden? Hier können sowohl kurzfristige als auch langfristige Ziele formuliert werden. Während des vierten Schritts, der Suche und Konstruktion von Handlungsalternativen, werden aus dem gespeicherten Wissen der Database Verhaltensstrategien abgerufen oder neue konstruiert. Diese werden auf die Umsetzung der vorher formulierten Ziele ausgerichtet. Abhängig von den gesetzten Zielen und gefundenen Handlungsalternativen wird im fünften Schritt eine Bewertung der Handlungsmöglichkeiten und Entscheidung für eine Strategie umgesetzt. Die Handlungsalternative, aus der die Person sich nach Abwägung der antizipierten Konsequenzen den größten Erfolg für die Zielerreichung verspricht, wird ausgewählt. Findet diese Abwägung der Konsequenzen der Handlungsmöglichkeit keinen zufriedenstellenden Ausgang, so wird eine neue Handlungsmöglichkeit in Betracht gezogen. Die Schleife der Bewertung der einzelnen Handlungsalternativen wird so oft durchlaufen, bis das antizipierte Ergebnis zufriedenstellend erscheint. Im sechsten Schritt (Behavior Enactment) findet dann die Umsetzung der Reaktion statt. Durch dieses Handeln in der Interaktion sozialer Situationen werden erneut Reaktionen des Umfelds hervorgerufen, und der Prozess beginnt von neuem. Die Reaktionen des Umfelds tragen dazu bei, ob und wie die gerade durchlaufene soziale Situation und das ausgewählte Verhalten gespeichert wird und in Zukunft darauf zurückgegriffen werden wird.

Eine nicht adäquat ausgebildete sozial-kognitive Informationsverarbeitung (SKI) hängt eng mit Schwierigkeiten im Verhalten zusammen (ausführlich bei Vierbuchen, 2015). Stolpersteine liegen hier in allen Schritten des Prozesses (Crick & Dodge, 1994). Horsley et al. (2010) konnten erkennen, dass eine Problematik bereits in den frühen Schritten der SKI eine ungünstige Entwicklung aller weiteren Schritte nach sich zieht. Ist bereits die Interpretation von sozialen Reizen ungünstig und eher feindlich ausgefüllt, wie soll eine angemessene Zielfindung oder ein adäquates soziales Verhalten gefunden werden? Entscheidungen werden dann auf der Grundlage fehlerhafter Interpretationen getroffen. Im ersten Schritt des SKI-Modells fällt es Kindern und Jugendlichen oft schwer, die wichtigen Reize herauszufiltern (Fontaine, 2010). Der zweite Schritt beinhaltet die Interpretation der aufgenommenen sozialen Reize. Personen mit Verhaltensschwierigkeiten weisen übermäßig häufig einen feindseligen Attributionsstil auf (Coie et al., 1991), sie erwarten also von ihrem Gegenüber eine feindliche Absicht und kein sozial kompetentes und freundliches Verhalten. Das ist möglicherweise jedoch in ihren bisher erlebten sozialen Situationen begründet (Fontaine, 2010), Kinder mit Verhaltensschwierigkeiten leben häufig in Verhältnissen mit hoher Risikobelastung auf verschiedenen Ebenen, wie das Entwicklungsmodell in Abb. 21 darstellt. Das Finden von Zielen fällt anschließend schwer. Es werden eher kurzfristige und selbstbezogene Ziele gesetzt (Coie et al., 1991), zu deren Erreichung im vierten Schritt des SKI-Modells dann oft nur wenige und ungünstige Handlungsstrategien zur Verfügung stehen (Zelli et al., 1999). Die Auswahl der Handlungsstrategie findet im fünften Schritt dann eher aggressiv gefärbt statt, hier werden die Konsequenzen gewalttätigen Verhaltens oft massiv unterschätzt (ebd.). Im sechsten Schritt, der Umsetzung des Verhaltens kann die Person nicht auf erprobte Handlungsschemata zurückgreifen oder hat solche gespeichert, die für die aktuelle soziale Situation unangemessen sind. Diese Prozesse sind komplex, unterliegen den Erfahrungen der Kinder – auch bereits im Grundschulalter – und haben einen hohen prädiktiven Aussagewert für die weitere Entwicklung. Bedeutsam ist, dass an jedem einzelnen Schritt angesetzt, dieser bewusst gemacht, reflektiert und trainiert werden kann, wie es Trainingsprogramme zur sozial-kognitiven Informationsverarbeitung systematisch tun (z. B. *Lubo aus dem All*, Hillenbrand et al., 2015). Der stringente Aufbau sozialer und emotionaler Kompetenz kann hier sowohl zum positiven Klassenklima beitragen als auch die Entwicklung der Kinder entscheidend positiv beeinflussen.

> **Lernaktivität**
>
> Transferieren Sie den Prozess der SKI auf eine Alltagssituation für sich und reflektieren Sie alle Schritte. In einem weiteren Schritt: Reflektieren Sie Situationen aus der Arbeit mit Kindern: Für welche Stolpersteine haben Sie Beispiele vor Augen?

9.4.3 Diagnostik und Förderverfahren

Übergreifend lässt sich feststellen, dass eine universelle Prävention im Klassenverband mit einem positiven, unterstützenden Lernklima stattfinden sollte. Dabei sollen laut AWMF (2016) vor allem Maßnahmen umgesetzt werden, die

- die Wahrnehmung eigener Gefühle und denen der anderen fördern,
- die Selbstkontrolle von emotionaler Erregung und Verhalten unterstützen,
- ein positives Selbstkonzept und ebensolche Gleichaltrigenbeziehungen fördern und
- die sozial-kognitiven Problemlösefähigkeiten stärken.

Solche Maßnahmen befinden sich im Bereich der Prävention von Störungen des Sozialverhaltens und weiteren psychischen Störungen im Kindes- und Jugendalter sowie der Resilienzförderung.

Hier (wie in der Entwicklung aller anderen Bereiche auch) ist es sinnvoll, die Kompetenzen, Ressourcen und Risiken der Kinder vor Beginn einer unterstützenden Maßnahme einzuschätzen und diese Einschätzung nach Durchführung der Maßnahme zu wiederholen. Die vorgestellten diagnostischen Instrumente stellen Ratingverfahren dar, welche die Beobachtung des Verhaltens der Kinder durch die Lehrkraft erheben und dadurch bedeutsame Hinweise auf Ressourcen, aber auch Risikobereiche geben können.

Tab. 9: Auswahl an Diagnostikinstrumenten und Förderverfahren im Bereich sozial-emotionaler Entwicklung

Titel	Zielgruppe	Autor*innen	Entwicklungsbereiche	Vorgehen
Diagnostik				
Strength and Difficulties Questionnaire SDQ	4–16 Jahre	Goodman, 1997	• prosoziales Verhalten • emotionale Probleme • Verhaltensprobleme • Aufmerksamkeitsdefizit-/Hyperaktivitätsprobleme • Probleme mit Gleichaltrigen	• Screening • Fragebogen aus Lehrkraftperspektive • (Schülerversion ab 11 Jahren)
Lehrereinschätzliste für Sozial- und Lernverhalten LSL	6–19 Jahre	Petermann & Petermann, 2013	• Sozialverhalten: Kooperation, Selbstwahrnehmung, Selbstkontrolle, Einfühlungsvermögen und Hilfsbereitschaft, angemessene Selbstbehauptung, Sozialkontakt • Lernverhalten: Anstrengungsbereitschaft und Ausdauer, Konzentration, Selbstständigkeit beim Lernen, Sorgfalt beim Lernen	Screening Fragebogen aus Lehrkraftperspektive (Schülerversion ab 9 Jahre erhältlich)
Leipziger Kompetenzscreening für die Schule LKS	6–18 Jahre	Hartmann & Methner, 2022	• Sozial-emotionales Verhalten • Lern- und Arbeitsverhalten	• Screening • Fragebogen Lehrkräfte • Selbstbeurteilung (3.-4. Klasse)
Förderung				
Faustlos	1.–3. Klasse	Cierpka & Schick, 2014	• Soziale Kompetenz • kooperatives Problemlösen • Abbau aggressiven Verhaltens	• Rollenspiele • Gesprächsrunden • Feedback • Modelllernen
Verhaltenstraining für Schulanfänger	1.–2. Klasse	Petermann, et al., 2016	• Soziale Wahrnehmung • Selbstkontrolle • prosoziales Verhalten	• Motivation durch Handpuppe • Entspannungstechniken • Rollenspiele

Tab. 9: Auswahl an Diagnostikinstrumenten und Förderverfahren im Bereich sozial-emotionaler Entwicklung – Fortsetzung

Titel	Zielgruppe	Autor*innen	Entwicklungsbereiche	Vorgehen
			• Reduktion aggressiven und unaufmerksamen Verhaltens	
Friedensstifter Training	1.–4. Klasse	Gasteiger-Klicpera & Klein, 2016	• Konfliktlösekompetenz • prosoziales Verhalten • Emotionsregulation	• Rollenspiele • Anwenden von Regulationsstrategien • direkte Rückmeldung
Lubo aus dem All!	1.–2. Klasse	Hillenbrand et al., 2015	• Emotionswissen • Emotionsregulation • Problemlösekompetenz	• motivierende Rahmenhandlung durch Handpuppe • spielerische Methoden • Erarbeitung eines Problemlösekreislaufs
49 Handlungsmöglichkeiten bei Verhaltensauffälligkeiten	1.–4. Klasse	Hartke & Vrban, 2019	• Emotional-soziale Kompetenzen, darunter u. a. • Prosoziales Verhalten • Problemlösekompetenzen • Arbeitsverhalten	• Einüben positiver Selbstinstruktionen • Entspannungstechniken • Verhaltensverträge • Stopp-Technik • Klassenregeln
Prävention und Resilienzförderung in Grundschulen – PRiGS	1.–4. Klasse	Fröhlich-Gildhoff et al., 2012	• Selbst- und Fremdwahrnehmung • Selbststeuerung • Stressbewältigung • Selbstwirksamkeit • prosoziales Verhalten	• Spiralcurriculum • Wiederkehrende Inhalte • Geschichten und Fantasiereisen

9.5 Selbstkonzept und Motivation

Es existieren unzählige motivationstheoretische Ansätze, die alle verschiedene motivationale Aspekte, die für den Lernprozess wichtig sind, fokussieren: u. a. selbstreguliertes Lernen, Selbstwirksamkeit, Leistungsmotivation, Attribution (Ursachenzuschreibung) oder das akademische Selbstkonzept. Ein besonderer Fokus liegt im Grundschulalter auf der Entwicklung und Förderung selbstbezogener Kognitionen und dem Fähigkeitsselbstkonzept, weil das Selbst als ein zentraler Motor für motiviertes Handeln und schulische Lernprozesse gilt. Zudem können ein geringes Selbstkonzept, ein geringes Selbstwertgefühl und eine niedrige Selbstwirksamkeit risikoerhöhende Faktoren für eine ungünstige Entwicklung im Grundschulalter sein (Kammermeyer et al., 2006).

9.5.1 Begriffsbestimmung

Bei dem Selbstkonzept handelt es sich um das gesammelte Wissen einer Person über sich selbst, ihre Merkmale und ihre Fähigkeiten. Es ist die rein subjektive Perspektive, die widerspiegelt und ermöglicht zu beschreiben, was einen auszeichnet, was man an sich mag und wie man sich im Vergleich zu anderen Personen sieht. Studien belegten wiederholt die enge wechselseitige Beziehung von wahrgenommenen akademischen Leistungseinschätzungen und dem tatsächlichen Leistungsverhalten (z. B. Marsh, 2014).

> Das *Selbstkonzept* impliziert sowohl das Wissen über das eigene Selbst als auch die Wahrnehmung, die Bewertung und die Emotionen, die mit dem Wissen über die eigene Person einhergehen.

Begrifflich wird nicht immer trennscharf dargestellt, wie sich das Selbstkonzept von anderen, begriffsnahen Konzepten, wie der Selbstwirksamkeit, dem Selbstwertgefühl, dem Selbstvertrauen oder dem Selbstbewusstsein abhebt. Wenn vom Selbstkonzept die Rede ist, dann sind aber in der Regel die kognitiven Vorgänge gemeint, die eine Beschreibung und im weiteren Sinne auch eine Bewertung der eigenen Eigenschaften zulassen. Diese können affektive Konsequenzen haben, indem sie in einem hohen oder niedrigen Selbstwertgefühl münden. Arbeiten zum Selbstkonzept berufen sich meist auf die frühen Arbeiten des Philosophen William James (1890/1950) und die Arbeiten der Soziologen Charles Cooley (1902) und George Herbert Mead (1934). Die Grundannahme von James (1890) besteht darin, dass sich das Selbst aus einem *I* und einem *Me* zusammensetzt. Das *I* repräsentiert dabei den Teil des Selbst, der das Selbst strukturiert und das Wissen über die eigene Person organisiert und eine in jeder Situation bewusste, handlungsleitende bzw. -steuernde Funktion übernimmt (das Selbst als Subjekt). Das *Me* hingegen wird als der objektive Teil des Selbst beschrieben (das Selbst als Objekt), der sich aus den sozialen Erfahrungen einer Person mit der Umwelt entwickelt (›the self as known‹). Das *Me* erweist sich im Sinne des heutigen Erkenntnisstands der Selbstkonzept-Forschung als das Selbstkonzept, welches das deklarative Wissen einer Person über sich selbst beinhaltet und sich aus verschiedenen Dimensionen zusammensetzt (spirituelles Selbst, soziales Selbst, materielles Selbst). Diese Aufteilung des Selbst in verschiedene Subfacetten, wird in den meisten Arbeiten zum Selbstkonzept vertreten. Auch die vorgeschlagene hierarchische Struktur wurde von anderen Forscher*innen aufgegriffen. Als besonders einflussreich und als Prototyp zur Beschreibung und Erfassung von (Teil-)Selbstkonzepten in der schulischen Selbstkonzeptforschung gilt bis heute das in den späten 1970er Jahren entwickelte hierarchisch-mehrdimensionale Modell von Shavelson, Hubner und Stanton (1976) (vgl. Abb. 19).

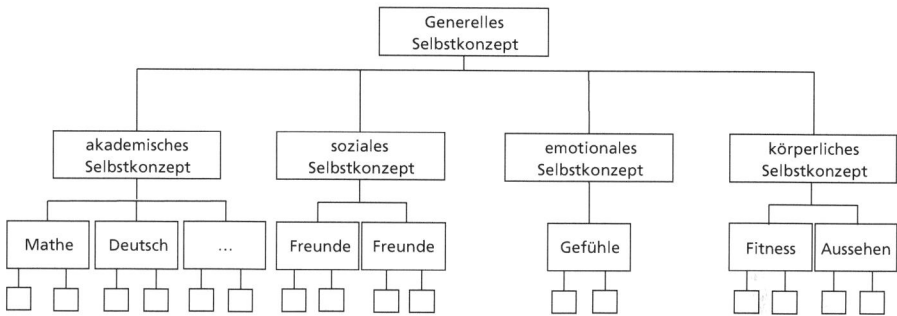

Abb. 19: Das hierarchisch-multidimensionale Selbstkonzeptmodell (in Anlehnung an Shavelson et al., 1976, S. 413; eigene Darstellung)

Danach erfolgt aus der Zusammenführung von bereichsspezifischen Selbstkonzepten, die sich aus hierarchieniedrigeren Informationen über Vorlieben und Fertigkeiten (z. B. Ich kann gut malen) entwickeln, ein generalisiertes Selbstkonzept. Dieses enthält verallgemeinerte Annahmen zu den verschiedenen Kompetenzen und Vorlieben, über verschiedene Bereiche hinweg (akademisch, sozial, körperbezogen etc.). Da Informationen in verschiedenen Kontexten gesammelt und bewertet werden, fallen die Einschätzungen eigener Fähigkeiten je nach Bereich zum Teil sehr unterschiedlich aus (z. B. Ich bin ein guter Musiker vs. Ich bin ein schlechter Sportler). Bestätigung für eine frühe Ausdifferenzierung in soziale, akademische und spielbezogene Selbstkonzepte fanden Cimeli et al. (2013) bereits am Ende der Kindergartenzeit. In dieser Studie und weiteren zeigen sich zudem enge Zusammenhänge zwischen den Fähigkeitsselbstkonzepten, bereichsspezifischen Kompetenzen (mathematisch/sprachlich), Leistungen (u. a. Arens et al., 2017) und anderen motivationalen Komponenten (u. a. intrinsische Lernmotivation, Anstrengungsverhalten, Lernziele, Attribution). Es existieren diverse theoretische Erklärungsmodelle, die Faktoren und mögliche Zusammenhänge zwischen den verschiedenen Komponenten erklären. Den Erwartungs-Wert-Modellen (u. a. Wigfield & Eccles, 2002) liegt die Annahme zugrunde, dass domänenspezifisches Lern- und Leistungsverhalten sowie die Wahl bestimmter Aufgaben von Schüler*innen von einer Vielzahl von Faktoren beeinflusst wird. Ausgehend vom tatsächlichen Lern- und Leistungsverhalten wird vermutet, dass dieses in erster Linie von den Erfolgserwartungen hinsichtlich der zu bewältigenden Aufgabe sowie dem subjektiven Anreizwert abhängt. Das heißt, Lernende wägen Kosten und Nutzen (Wert) auf der Basis einer antizipierten Erfolgswahrscheinlichkeit ab, die von den eigenen Erwartungen (Ich bin gut in Mathe) und Zielen gespeist wird. Der wünschenswerte Zielzustand kann von jedem Lernenden unterschiedlich beurteilt werden. Manche Lernende führen eine Handlung aus, weil sie sich von sich aus gerne mit der Sache beschäftigen oder einen Kompetenzzuwachs anstreben (Ich male gerne; *intrinsische Lernmotivation*), während andere eher daran interessiert sind, negative Konsequenzen (Sanktionen) zu vermeiden, das Produkt erreichen wollen oder anderen etwas zu beweisen (Ich möchte, dass meine Eltern stolz auf mich sind; *extrinsische Lernmotivation*). Lernende können fachspezifisch unterschiedliche und gleichzeitig auch mehrere Ziele im Unterricht verfolgen. Diese lassen sich zwei Kategorien mit verschiedenen Subkomponenten zuweisen (Spinath, 2009):

1. *Lernziele* (engl. learning goals): Das Ziel besteht in erster Linie im Wunsch, Fähigkeiten zu erweitern (Annäherungs-Lernziele), oder darin, einen zu geringen Lernzuwachs zu vermeiden (Vermeidungs-Lernziel);
2. *Leistungsziele* (engl. performance goals): Das Ziel liegt im Verbergen mangelnder Fähigkeiten (Vermeidungs-Leistungsziele) beziehungsweise der Demonstration hoher Fähigkeiten (Annäherungs-Leistungsziele).

Das Verfolgen von Annäherungs-Lernzielen wird als besonders günstig angesehen. Lernende, die Annäherungs-Lernziele verfolgen, verhalten sich produktiver im Umgang mit Misserfolgen und nutzen signifikant häufiger elaborierte Strategien (Meece et al., 2006).

> *Motivation* wird definiert als »aktivierende Ausrichtung des momentanen Lebensvollzugs auf einen positiv bewerteten Zielzustand« (Rheinberg & Vollmeyer, 2012, S. 15).

Auch die Selbstbestimmungstheorie (engl. self-determination theory) von Deci und Ryan (1993) – die in den Basisdimensionen von Unterrichtsqualität als theoretisches Fundament für die konstruktive Unterstützung dient (▶ Kap. 11.3) – versucht, intentionales (zielgerichtetes) Verhalten zu erklären. Deci und Ryan gehen davon aus, dass die Art und Höhe der Ausprägung motivierten Handelns mit der Erfüllung psychologischer Grundbedürfnisse erklärt werden kann. Dieser Auffassung zufolge beschreibt intrinsisch motiviertes Handeln, wenn man sich selbstbestimmt (Ich habe Lust dazu) und wirksam (Ich kann das) in der Auseinandersetzung mit einem Sachverhalt erlebt. Auf der anderen Seite des Kontinuums liegen fremdbestimmte Handlungen, die aufgrund von äußeren Einflüssen durchgeführt werden, etwa aufgrund zu erwartender Belohnungen (Geld, Anerkennung, Süßigkeiten) oder äußeren Einflüssen, wie sozialem Druck (Wettbewerbsorientierung, Konkurrenzdruck). Dominieren externe Faktoren, können diese die intrinsische Motivation langfristig unterminieren. Gestaltungsformen und lehrkraftseitige Handlungen, welche dazu beitragen, dass sich ein Kind als kompetent erlebt (u. a. positives, informatives Feedback) und das Gefühl der Kontrolle über die Situation hat, wirken sich positiv auf die intrinsische Motivation aus.

Für den Grundschulbereich finden sich Belege, dass mehr Freiheitsspielräume und eine individuelle Bezugsnormorientierung den Zusammenhang zwischen Leistung und Selbstkonzept abschwächen können (vgl. Kammermeyer & Martschinke, 2004). Es wird daher eine Lernumgebung empfohlen, die eher auf intrinsische Motivation und Unterstützung setzt und in der Konkurrenzdruck keine hohe Bedeutung hat (Meece et al., 2006).

9.5.2 Entwicklung und Einflussfaktoren

Es wird davon ausgegangen, dass Vorstellungen von Kindern über das eigene Selbst bereits im frühen Kindesalter sichtbar in Handlungen werden. Die Basis bilden entwicklungspsychologische Prozesse, die es ermöglichen, den Blick auf die eigenen inneren Zustände zu richten (Introspektion) und das Wissen über sich selbst zu nutzen. Vieles deutet darauf hin, dass sich zwischen dem Alter von 0 und 2 Jahren bei einem Kind die Erkenntnis entwickelt, dass das *Ich* getrennt von anderen existiert (existentielles Selbst) und dass es sich selbst Kategorien zuordnen kann (kategoriales Selbst; Lewis & Brooks-Gunn, 1979). Diese Entwicklung nimmt hinsichtlich der Entfaltung eines eigenen Selbst eine zentrale Rolle ein. Ein Meilenstein in der Entwicklung stellt die Erkenntnis dar, dass das Gegenüber eine eigene Ansicht vertreten kann (*theory of mind* (ToM); Sodian & Thoermer, 2006). Erst dadurch kann das Kind auch Überlegungen bezüglich des eigenen Selbst anstellen. Dieser Schritt vollzieht sich parallel mit der Entwicklung der Sprache, so dass Kinder zwischen 3 und 5 Jahren diese Selbsterkenntnisse auch verbalisieren können. Die Kinder beginnen sich erste Eigenschaften zuzuschreiben, z. B. Geschlechtszugehörigkeit, ›gut‹ vs. ›böse‹, wobei die Selbstbeschreibungen sich oft auf äußere sichtbare Merkmale oder Handlungen beziehen (u. a. Ich bin lieb, weil ich immer so ruhig spiele, sagt Mama.).

Akademische Fähigkeitsselbstkonzepte entwickeln sich erst, wenn Fächer und damit fachspezifische Fähigkeiten im schulischen Setting intensiv werden. Kinder verfügen bereits am Schulanfang über eine differenzierte, vielschichtige und auch geschlechterspezifisch unterschiedliche Wahrnehmung ihrer Fähigkeiten (Eccles et al., 1993). Meist erleben sie sich als kompetent und blicken positiv auf ihre Fähigkeiten. Geschlechterbezogen lässt sich beobachten, das in westlichen Gesellschaften Jungen sich bereits zum Schulstart bessere Fähigkeiten in mathematisch-naturwissenschaftlichen Bereichen attestieren, während Mädchen sich eher sprachlich gute Fähigkeiten zuschreiben.

Einer Phase hohen Optimismus folgt im Laufe der Grundschulzeit zunehmend eine Angleichung zwischen erbrachten Leistungen und dem Fähigkeitsselbstkonzept (Helmke, 1991). Kinder nehmen zunehmend wahr, wie das Umfeld auf ihre Leistungen und ihr Verhalten reagiert, ob dieses gewürdigt wird (etwa durch lobende, anerkennende Worte) oder negative Reaktionen folgen. Interaktionen mit den *significant others* (signifikante Andere), wie Eltern, Geschwister, Lehrkräfte, haben dabei erheblichen Einfluss auf die Selbstkonzeptgenese. Wichtige schulische Informationsquellen sind Noten und Verbalbeurteilungen (z. B. Wagner & Valtin, 2003), Bezugsnormorientierungen (Jerusalem, 1984) sowie Vergleichsprozesse, das heißt, der Vergleich der eigenen Fähigkeiten in zwei unterschiedlichen Fächern (Mathe vs. Deutsch) sowie der Vergleich der eigenen Fähigkeiten mit den Fähigkeiten anderer. Es zeigen sich dabei positive Zusammenhänge zwischen fachspezifischem positivem Fähigkeitsfeedback von Lehrkräften und positiven Fähigkeitsselbstkonzepten (u. a. Bartels, 2016), was auf einen hohen Einfluss von Lehrkraftrückmeldungen auf die Selbsteinschätzungen hindeutet. Im Kontext Schule werden insbesondere Leistungsvergleiche mit Mitschüler*innen für die Einschätzung eigener Kompetenz begünstigt, da *erstens* die Referenzgruppe meist ähnlich hohe Ausprägungen von Fähigkeiten aufweist und *zweitens* diese für Schüler*innen aufgrund des Leistungsvergleichs im Klassenkontext bedeutsam ist. Untersuchungen machen deutlich, dass zwei Schüler*innen mit identischen individuellen Leistungsvoraussetzungen in Klassen differierender Leistungsstärke zu unterschiedlichen Einschätzungen ihrer Fähigkeiten gelangen können (Marsh, 1987). Dieses Phänomen wird auch als *Big-Fish-Little-Pond-Effekt* bezeichnet (vgl. Abb. 20).

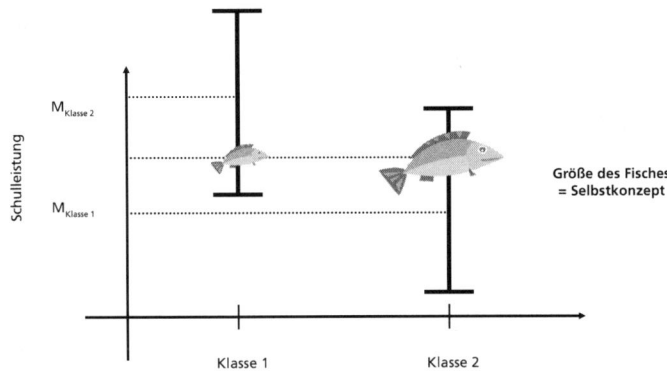

Abb. 20: Big-Fish-Little-Pond-Effekt (eigene Darstellung, nach Marsh, 1987)

Da Personen eher dazu tendieren, soziale Aufwärtsvergleiche vorzunehmen (Festinger, 1954), führt ein sozialer Aufwärtsvergleich eines Kindes in einer leistungsstarken Klasse eher zu einem niedrigen Selbstkonzept. Strebt hingegen dasselbe Kind einen sozialen Aufwärtsvergleich in einer weniger leistungsstarken Klasse an, resultiert daraus ein höheres Fähigkeitsselbstkonzept, da die vorgenommene Einschätzung der eigenen Leistung im Vergleich zu der gewählten Referenzgruppe deutlich positiver ausfällt. Es wird angenommen, dass dimensionale (Vergleich von Leistungen in verschiedenen Fächern) und temporale Vergleichsprozesse (Vergleich von früheren mit aktuellen Leistungen) im Grundschulalter noch nicht so bedeutsam für die Genese des Fähigkeitsselbstkonzepts sind (Dickhäuser & Galfe, 2004; Weidinger et al., 2019). Die Bedeutung des Klassenkontextes für die Entwicklung positiver akademischer Selbstkonzepte ist deshalb gerade im Zuge inklusiver Schulentwicklung nicht zu unterschätzen.

Eine Metaanalyse von Toste et al. (2020) zum Zusammenhang von Motivation und Lesen zeigt, dass sich viele motivationale Komponenten (Selbstkonzept, Zielorientierungen, Einstellungen) entwicklungsbedingt verändern und gegenseitig beeinflussen. Besonders relevant für den Grundschulunterricht ist der Befund, dass zu Beginn der Grundschulzeit das Fähigkeitsselbstkonzept stärker auf die Leistungen von Schüler*innen einwirkt, aber zum Ende der Grundschulzeit die Leistung einen größeren Einfluss auf das Selbstkonzept ausübt (Helmke, 1998; Kammermeyer & Martschinke, 2006). Es ist anzunehmen, dass ein Wechsel bezüglich des Zusammenhangs von Fähigkeitsselbstkonzept und schulischen Leistungen dem zunehmenden Einfluss der Schule und der kindlichen Entwicklung geschuldet ist. Eine Wende bezüglich der Wirkrichtung ist oft feststellbar, wenn Veränderungen in Lernkontexten von Schüler*innen stattfinden (z. B. Einführung von Noten, Rückmeldungen in Bezug auf erbrachte Leistungen, Übergangssituationen, Wechsel der Schulform) und soziale, dimensionale und temporale Vergleiche verstärkt Einfluss auf das Selbstkonzept ausüben. Es wird aber auch angenommen, dass ein Wechsel der Wirkrichtung durch die Stabilität der Leistung begünstigt wird. Da schulische Leistungen wesentlich stabiler sind als Fähigkeitsselbstkonzepte, wirkt sich das stark auf die Genese von akademischen Fähigkeitsselbstkonzepten aus (van Aken et al., 1997). Untersuchungen, die das Zusammenspiel von Lernzielen, intrinsischer Motivation, akademischem Selbstkonzept und der Leistung untersuchen, legen nahe, dass das akademische Selbstkonzept unter Einbezug aller genannten motivationalen Facetten als einziges eine wechselseitige Beziehung zur Leistung aufweist (Seaton et al., 2014), was seine hohe Bedeutung für das schulische Lernen untermauert.

9.5.3 Diagnostik und Förderung

Es gibt verschiedene Gründe zur gezielten und systematischen Erfassung des Selbstkonzepts von einzelnen Lernenden oder einer Gruppe von Lernenden. Am Schulanfang kann es hilfreich sein, mehr über die Perspektiven der Kinder zu erfahren, wie sie sich selbst einschätzen und beurteilen, innerhalb des Klassengefüges oder unabhängig davon. Notwendig wird eine Diagnostik, wenn Hinweise vorliegen, dass Selbstkonzepte an der Entstehung von Problemen in verschiedenen Entwicklungsbereichen im Schulkontext beteiligt sein könnten und eine Beratung und Förderung indiziert ist. Wie Untersuchungen zeigen, gibt es in jeder Einrichtung *Kinder mit hohem Risiko*, die besonderer Unterstützung bei der Entwicklung positiven Erlebens eigener Fähigkeiten bedürfen (Frank et al., 2010). Eine Stärkung des Selbstkonzepts kann die Entwicklung anderer motivationaler Komponenten günstig beeinflussen. Für den schulischen Kontext existieren verschiedene Instrumente (vgl. Tab. 10), die in Abhängigkeit der Altersstufe eingesetzt werden können, um globale und/oder fachspezifische Einschätzungen und andere motivationale und emotionale Komponenten zu erfassen.

Eine Förderung des Selbstkonzepts kann auf verschiedenen Ebenen, durch verschiedene unterrichtsintegrierte, organisatorische und unterrichtsergänzende Maßnahmen erfolgen. Zum einen durch qualitativ hochwertigen, chancengerechten Unterricht, der sich durch ein hohes Maß an Autonomie, sozialer Eingebundenheit und Mitbestimmungsmöglichkeiten auszeichnet (Kammermeyer

Tab. 10: Ausgewählte Instrumente zur Diagnose des Selbstkonzepts (und weiteren motivationalen, sozial-emotionalen Komponenten)

Titel	Zielgruppe	Autor*innen (Jahr)	Erhebungsbereiche	Vorgehen
Fragebogen zur Erfassung emotionaler und sozialer Schulerfahrungen von Grundschulkindern der ersten und zweiten Klassen (FEESS 1-2)	Klassenstufe 1–2	Rauer & Schuck (2004)	Soziale Integration (schüler*innenseitig); Klassenklima; Selbstkonzept der Schulfähigkeit; Schuleinstellung; Anstrengungsbereitschaft, Lernfreude; Gefühl des Angenommenseins (lehrkraftseitig)	mündliche Instruktion (Bilder)
Skalen zur Erfassung des schulischen Selbstkonzepts (SESSKO) & der Lern- und Leistungsmotivation – Einführung (SELMO)	Klassenstufe 3–10	Schöne et al. (2012); Spinath et al. (2012)	SESSKO: Wahrnehmungen eigener schulischer Fähigkeiten verglichen mit Mitschüler*innen (»sozial«), mit den Anforderungen (»kriterial«), mit früheren Zeitpunkten (»individuell«) sowie ohne Thematisierung einer Bezugsnorm (»absolut«); SELLMO: Zielorientierungen	schriftlich zu beantworten Einzel-/Gruppentestung
Perception of Inclusion Questionnaire (PIQ)	Klassenstufe 3–9	Venetz et al. (2015)	emotionales Wohlbefinden in der Schule; soziale Inklusion in der Klasse; akademisches Selbstkonzept.	aktuell in 24 Sprachen; 12 Items schriftlich zu beantworten; richtet sich an Eltern, Lehrkraft und Kind

& Martschinke, 2004). Das schließt kognitiv-konstruktive und sozial-emotionale Unterstützung (Feedback, Strukturierung) während des Lernprozesses ein (▶ Kap. 11.3.3). Eine recht niedrigschwellige Möglichkeit bietet konstruktives Feedback, das sowohl auf fachlich-inhaltlicher als auch sozial-emotionaler Ebene den Lernenden das Gefühl von Eingebundenheit, Anerkennung und Wertschätzung gibt (Vierbuchen & Bartels, 2019). Zum anderen kann über unterrichtsorganisatorische Konzepte, wie dem Jahrgangsübergreifenden Lernen, eine Möglichkeit geschaffen werden, die den Bedürfnissen von Grundschulkindern besonders nah kommt. Es gibt Belege dafür, dass sich das zumindest auf das soziale Selbstkonzept auswirkt (Beutel & Hinz, 2008).

Allerdings ist hier möglicherweise davon auszugehen, dass es die veränderten Bedingungen (Klassenführung, Konstruktive Unterstützung, Kognitive Aktivierung) des Unterrichts selbst sind, die einen Einfluss darauf haben, dass Kinder in altersgemischten Klassen, in denen bewusst und gezielt größtmögliche Heterogenität angestrebt wird, vergleichsweise günstigere Ausprägungen auch in sozialen Selbstkonzepten zeigen. Eine weitere Möglichkeit der Unterstützung bieten spezifische Förderprogramme. Es existieren allerdings bisher nur wenige Programme, in denen eine Förderung des Selbstkonzepts ein expliziter Baustein ist und die unterrichtsintegriert durchgeführt werden können. Durch die meisten Programme wird das Selbstkonzept eher beiläufig mittrainiert, wie bei *Lubo aus dem All*, das sozial-emotionale Kompetenzen fördert (Hillenbrand et al., 2015), oder bei *Mutig werden mit Til Tiger* (Ahrens-Eipper & Leplow, 2004), einem Trainingsprogramm für sozial unsichere Kinder, oder Stresspräventionsprogramme (z. B. *Fit und stark fürs Leben*, Burow & Aßhauer, 1998).

Ein Programm, das sich der unmittelbaren Förderung der Persönlichkeit am Schulanfang verschrieben hat, stellt das Trainingsprogramm *Eine starke Reise mit der Klasse: Starke Kinder in der Grundschule – ein Programm zur Persönlichkeitsförderung* dar (Martschinke & Frank, 2015). Die Interventionsmaßnahme besteht aus drei Phasen der Förderung (Kindergarten, Übergang, Anfangsunterricht), die auch unabhängig voneinander durchgeführt werden können. Die Bausteine der Unterrichtssequenz im Anfangsunterricht umfassen Maßnahmen zur Förderung der emotionalen, sozialen und Ich-bezogenen Kompetenz. Kinder erfahren etwas über ihre Stärken; warum jeder etwas Besonderes ist (*Reiselied; Halt in ICHing*), entwickeln Strategien zum Umgang mit schwierigen Situationen (Ich denke an eine Lösung; Ich glaube, dass ich das auch schaffen kann; Ich halte durch). Die Kinder lernen mit diesem Programm darüber hinaus Gefühle wahrzunehmen, negative Situationen zu bewältigen, Konflikte zu lösen und Hilfe von anderen anzunehmen. Es ist daher geeignet, auch weitere relevante Kompetenzen mit zu fördern, die für den Schulalltag und darüber hinaus wichtig für die Entwicklung sind.

9.6 Zusammenfassung

In diesem Kapitel wurde ein Einblick in fünf ausgewählte Kompetenzbereiche geboten: Schriftspracherwerb, mathematische Kompetenzen, Lernen lernen, sozial-emotionale Kompetenzen und Selbstkonzept und Motivation. Diese Bereiche sind komplex und ihre Entwicklungen beeinflussen sich gegenseitig. Alle diese Bereiche spielen im Unterricht der Grundschule eine Rolle. Dazu ist die Kenntnis über die Entwicklungen und Stolpersteine ebenso wie über diagnostische und Fördermöglichkeiten grundlegend. Neben strukturellen Bedingungen macht die Forschung auf den hohen Einfluss unterrichtlicher Aktivitäten und dem Lehrkrafthandeln aufmerksam. Dies ist insofern konsequenzenreich, als dass eine frühzeitige Unterstützung, etwa durch eine angemessene organisatorische Gestaltung (z. B. Jahrgangsmischung) und konstruktive Unterstützung, eine Spirale von Misserfolgen, Frustration und Ängsten präventiv verhindern kann. Wiederholt weisen

Forschungsergebnisse aber auch auf die Schwachstellen im deutschen Bildungssystem hin und besonders auf die strukturellen Barrieren (frühe Selektion und Zuweisung zu den weiterführenden Schulen, Notendruck), die einen günstigen Entwicklungsverlauf verhindern können. Dennoch haben Lehrkräfte innerhalb dieses Spektrums vielfältige Gestaltungsmöglichkeiten. Besonders an den Schnittstellen und Übergängen zwischen den Institutionen (vorschulischer Bereich und weiterführender Bereich) ist ein besonderes Augenmerk auf diese Kompetenzen zu legen, und es sind möglichst präventiv die Weichen zu stellen, damit insbesondere kritische Ereignisse in der Schullaufbahn nicht langfristig negative Konsequenzen haben. Gerade vor dem Hintergrund gestiegener Anforderungen an die Kinder und der Betonung ihrer Leistungsfähigkeit sollte es in der Grundschule noch stärker als bisher gelingen, sie in ihren sozialen, emotionalen, selbstregulativen und personalen Kompetenzen zu unterstützen.

> **Vertiefende Literatur**
>
> Schriftspracherwerb:
>
> - Dehn, M. (2021). *Zeit für die Schrift – Lesen und Schreiben im Anfangsunterricht* (4. Aufl.). Berlin: Cornelsen.
> - Schulte-Körne, G. & Galuschka, K. (2019). *Lese-/Rechtschreibstörungen (LRS). Leitfaden Kinder- und Jugendpsychotherapie*. Göttingen: Hogrefe.
>
> Mathematische Kompetenzen:
>
> - Schneider, W., Küspert, P. & Krajewski, K. (2016). *Die Entwicklung mathematischer Kompetenzen* (2. Aufl.). Paderborn: Schöningh.
> - Moser Opitz, E. (2007). *Rechenschwäche/Dyskalkulie. Theoretische Klärungen und empirische Studien an betroffenen Schülerinnen und Schülern*. Bern: Haupt.
> - Obersteiner, A., & Reiss, K. (2017). Interventionsstudien zur Förderung numerischer Basiskompetenzen rechenschwacher Kinder – ein Überblick über theoretische Grundlegungen und Föransätze. In A. Fritz, S. Schmidt & G. Ricken (Hrsg.), *Handbuch Rechenschwäche* (3. Aufl.) (S. 308–322).
>
> Lernstrategien:
>
> - Gold, A. (2018). *Lernschwierigkeiten: Ursachen, Diagnostik, Intervention*. Stuttgart: Kohlhammer
> - Hellmich, F. & Wernke, S. (2009). *Lernstrategien im Grundschulalter*. Stuttgart: Kohlhammer.
> - Mandl, H. & Friedrich, H. F. (2006). *Handbuch Lernstrategien*. Göttingen: Hogrefe.

Sozial-emotionale Entwicklung:

- Kullik, A. & Petermann, F. (2012a). *Emotionsregulation im Kindesalter*. Göttingen: Hogrefe.
- Blumenthal, Y., Casale, G., Hartke, B., Hennemann, T., Hillenbrand, C. & Vierbuchen, M.-C. (2020). *Kinder mit Verhaltensauffälligkeiten und emotional sozialen Entwicklungsstörungen – Förderung in inklusiven Schulklassen*. Stuttgart: Kohlhammer.
- Malti, T. & Perren, S. (2016, Hrsg.). *Soziale Kompetenz bei Kindern und Jugendlichen. Entwicklungsprozesse und Förderungsmöglichkeiten* (2. Aufl.). Stuttgart: Kohlhammer.

Selbstkonzept:

- Hellmich, F. (2011, Hrsg.). *Selbstkonzepte im Grundschulalter*. Stuttgart: Kohlhammer.

Test- und Förderverfahren:

- Im Bereich der Test- und Förderverfahren besteht eine stetige Weiterentwicklung und Aktualisierung. Eine Vielzahl ist auf den Seiten der Testzentrale des Hogrefeverlags (www.testzentrale.de) zu finden. Es ist stets zu prüfen, inwiefern Test- und Förderprogramme der Zielgruppe und Zielsetzung dienen und hilfreich für die Schüler*innen sind.
- Auf der Seite des AWMF (Arbeitsgemeinschaft der Wissenschaftlichen Medizinischen Fachgesellschaften e. V.) sind Leitlinien zur Diagnostik und evidenzbasierte Programme zur Förderung von Teilleistungsschwächen (Rechenstörung, Lese-Rechtschreibstörung) abrufbar (www.awmf.org).

10 (Sonder-)pädagogische Unterstützungsbedarfe

Der Begriff der Heterogenität zielt auf die Verschiedenheiten der Kinder ab. Diese Verschiedenheiten im Bereich der schulischen Anforderungen mit all ihren Facetten des Lernens und Verhaltens sollen möglichst wirksam durch den Unterricht erkannt, anerkannt und spezifisch gefördert werden. Stellvertretend wird in diesem Kapitel die heterogene Gruppe der Kinder mit verschiedenen sonderpädagogischen Unterstützungsbedarfen näher beleuchtet und zusätzlich ein Blick auf Hochbegabung geworfen. Natürlich sind weitere Diversitätsdimensionen relevant, z. B. Geschlecht, Migration und Flucht, Herkunft, sozioökonomischer Status. Diese Übersicht hat keinen Anspruch auf Vollständigkeit, es könnte wesentlich mehr geschrieben werden; es existiert jeweils eine Vielzahl an Büchern, Studiengängen und Forschungsbereichen dazu, die sich intensiv mit den Themen beschäftigen.

Passgenaue Unterrichtsgestaltung erfordert neben einer positiven Einstellung und der Verantwortungsübernahme für alle Kinder, Wissen über individualisierende, inklusive Didaktik und Methodik, aber auch eine angemessene Einschätzung der Lernvoraussetzungen und -prozesse. Um grundlegendes Wissen über verschiedene Bedarfe von Kindern auch in adäquate Strategien in Unterrichtsplanung und -gestaltung einbeziehen zu können, ist die Kenntnis der verschiedenen sonderpädagogischen Unterstützungsbedarfe und deren Konsequenzen für den Unterricht relevant.

Im Schuljahr 2019/2020 wurden insgesamt 246.303 Schüler*innen an deutschen allgemeinen Schulen (über alle Schulformen hinweg) sonderpädagogisch (über alle Förderschwerpunkte hinweg) gefördert (KMK, 2021b). Die Grundschule besuchten 95.656 Schüler*innen mit festgestelltem sonderpädagogischem Förderbedarf (ebd.). Dazu kommen diejenigen Schüler*innen, die Förderschulen besuchen (325.368 im Schuljahr 2019/2020, KMK, 2021c). Es handelt sich demnach um eine auch zahlenmäßig bedeutsame Gruppe, die das gleiche Recht auf effektive Bildung hat wie jedes andere Kind auch (United Nations, 2006) und aus diesem Grund hier innerhalb des Buches besondere Beachtung findet.

Im folgenden Kapitel werden die einzelnen Förderbedarfe kurz skizziert und Konsequenzen für den Schulalltag thematisiert. Diese sind individuell zu betrachten und anzupassen; es können keine allgemeingültigen Rezepte gegeben werden, denn die Heterogenität innerhalb der einzelnen Unterstützungsbedarfe ist enorm. Dennoch gibt es einige hilfreiche Hinweise. Dabei ist zu beachten, dass innerhalb der verschiedenen Bundesländer unterschiedliche Regelungen der Ressourcenzuweisung existieren. Teilweise werden die Kinder nach dem allgemeinen Curriculum unterrichtet, teilweise finden hier Differenzierungen statt. Es werden Schulassistenzen oder Schulbegleitungen ermöglicht. Der Nachteilsausgleich ist von einer Diagnose abhängig, und auch die Zuweisung von Sonderpädagogik-Stunden pro Schule und Klasse werden oft nur durch einen festgestellten (offiziell diagnostizierten und durch ein Gutachten bescheinigten) Unterstützungsbedarf legitimiert. So funktioniert aktuell unser Schulsystem, auch wenn eine stärker präventive Ausrichtung und ein flexiblerer Ressourceneinsatz (wie es z. B. das RtI-Modell ermöglichen würde, zumindest für die Kompetenzbereiche Lernen, Sprache und Verhalten) wünschenswert wären. Zudem ist einzubeziehen, dass es neben den verschiedenen diagnostizierten Unterstützungsbedarfen auch eine Vielzahl an Kindern gibt, die Schwierigkeiten z. B. im Lernen oder Verhalten aufweisen und auch spezifische Unterstützung im Unterricht benötigen, aber (noch) keinen diagnostizierten sonderpädagogischen Unterstützungsbedarf ausgewiesen haben. Im Zuge der selektiven Prävention ist also auch hier eine Ausrichtung auf frühestmögliche wirksame Unterstützung zu empfehlen.

Am Beispiel Niedersachsens lässt sich zeigen, dass mit dem am 20.03.2012 verabschiedeten Gesetz zur Einführung der inklusiven Schule (Nds. GVBl, S. 34) gesetzlich im Niedersächsischen Schulgesetz (§ 4) verankert wurde, dass Schüler*innen, »die wegen einer bestehenden oder drohenden Behinderung auf sonderpädagogische Unterstützung angewiesen sind«, durch wirksame individuell angepasste Interventionen unterstützt werden. Festgestellt wird der sonderpädagogische Unterstützungsbedarf durch die Schulbehörde. Die Art und das Ausmaß der Unterstützung erstreckt sich von individuellen Lösungen für Einzelne über Nachteilsausgleiche bis hin zu zugesicherten institutionellen Rahmenbedingungen (Barrierefreiheit), die eine Teilhabe ermöglichen. Regionale Netzwerke zwischen außerschulischen Partnern, wie Ärzten, Jugendhilfe, Sozialhilfe, Kinder- und Jugendpsychiatrie, Ambulanzen, Förderzentren etc. und die Unterstützung durch die Kommunen sind unverzichtbarer Bestandteil zur Umsetzung von gutem Unterricht für alle. Die Kinder und Jugendlichen sollen unterstützt werden und »ohne Diskriminierung und gleichberechtigt mit anderen Zugang zu allgemeiner Hochschulbildung, Berufsausbildung, Erwachsenenbildung und lebenslangem Lernen haben« (§ 24 Abs. 5, United Nations, 2006). Diese Ziele reichen natürlich weit über die Grundschule hinaus, aber schon hier werden absolut entscheidende Grundsteine gelegt und Chancen für eine bestmögliche Entwicklung und gerechte Zugänge genutzt oder ungenutzt gelassen.

Sonderpädagogische Unterstützungsbedarfe können in den folgenden Bereichen diagnostiziert werden:

- Lernen
- Emotional-soziale Entwicklung
- Geistige Entwicklung
- Autismus
- Körperlich-motorische Entwicklung
- Sprache
- Hören und Kommunikation
- Sehen

Mit diesen verschiedenen Bezeichnungen sind je unterschiedliche Beeinträchtigungen und Bedarfe verbunden. Neben diesen verschiedenen Ausrichtungen, für die in den meisten Fällen aktuell in den Bundesländern auch spezifische Förderschulformen existieren, gibt es auch noch die Schule für Kranke, die an Krankenhäusern, Rehabilitationseinrichtungen oder psychiatrischen Kliniken angesiedelt ist und dort einem breiten Spektrum an Schüler*innen jeweils spezifisch den Schulbesuch oder Ersatzunterricht und damit den Zugang zu Bildung während eines längeren stationären oder teilstationären Aufenthaltes ermöglicht. Diese Schulform ist zwar für die Grundschule relevant, denn wenn einzelne Schüler*innen betroffen sind, sollte hier eine enge Kooperation stattfinden, auch z. B. um die Rückkehr nach einer onkologischen Behandlung in die Grundschule so nahtlos wie möglich umsetzen zu können. Für den inklusiven Unterricht in der Grundschule ist diese Gruppe aber eher in Form der Gestaltung von Übergängen bedeutsam und nicht im Unterricht direkt handlungsrelevant und wird deswegen hier nicht spezifisch ausformuliert.

Auch bei der übergreifenden Benennung der oben aufgelisteten Schwerpunkte existieren je nach Aktualität der KMK-Empfehlungen oder Bundesland verschiedene Bezeichnungen: Unterstützungsbedarfe, Förderbedarfe, (Förder-)schwerpunkte.

> **Lernaktivität**
>
> Welche der genannten sonderpädagogischen Unterstützungsbedarfe kennen Sie? Was genau wissen Sie darüber?
>
> Suchen Sie sich eine Form aus und erstellen Sie eine Mindmap. Was wissen Sie über Merkmale und Bedarfe der Schüler*innen? Welche Schwierigkeiten haben diese Kinder konkret? Welche Handlungsstrategien für eine erfolgreiche Unterstützung im Unterricht kennen Sie vielleicht schon?

10.1 Lernen

Kinder und Jugendliche mit Lernbeeinträchtigungen sind die größte Gruppe der Kinder mit sonderpädagogischem Unterstützungsbedarf. Kürzlich hat die KMK die Empfehlungen zur schulischen Bildung, Beratung und Unterstützung von Kindern und Jugendlichen im sonderpädagogischen Schwerpunkt Lernen erneuert (KMK, 2019). Die Bildungsziele und Inhalte im Unterricht orientieren sich an denen der allgemeinen Schule und der Anspruch auf die mit dem diagnostizierten Schwerpunkt einhergehenden Ressourcen und Unterstützung ist regelmäßig zu überprüfen. Das bedeutet, dass der diagnostizierte Schwerpunkt und mit ihm die Ressourcen bei Veränderung wieder negiert werden können. Im Schuljahr 2019/2020 wurden in Deutschland 200.115 Schüler*innen mit dem

Förderschwerpunkt Lernen beschult, davon 114.147 in allgemeinen Schulen (KMK, 2021b). Damit ist der Förderschwerpunkt Lernen zahlenmäßig der am stärksten vertretene Förderbedarf in Deutschland.

Schüler*innen »mit erheblichen Schwierigkeiten im schulischen Lernen weisen in wesentlichen Grunderfahrungen und Grundvoraussetzungen zum Lernen (Vorerfahrungen, Interesse, Antrieb, Neugier, Durchhaltevermögen, Merkfähigkeit, Aufmerksamkeit, Motorik, sozial-emotionale Dispositionen etc.) sowie bei der Entwicklung von Kompetenzen und Lernstrategien Denk- und Lernmuster auf, die bei der Begegnung und Auseinandersetzung mit schulischen Lerngegenständen zu einer Irritation bzw. Desorientierung führen können, so dass durch Unterstützungs- und Fördermaßnahmen der allgemeinen Schule allein noch keine Basis für den Anschluss an schulisches Lernen gefunden werden kann« (KMK, 2019, S. 5). Die Definition zeigt, wie verschieden sich die Beeinträchtigungen in unterschiedlichsten Aspekten des Lernens ausdrücken können. Beeinträchtigungen des Lernens sind multikausal bedingt; es existiert kein einfacher Ursache-Wirkungs-Zusammenhang, sondern ein komplexes Gefüge an Bedingungsfaktoren bewirkt hier das Vorliegen von Lernstörungen. Aus diesem Grund sollte natürlich auch die Unterstützung in Schule und Unterricht auf die individuellen Bedarfe abgestimmt sein: Schüler*innen »mit diesen umfassenden Schwierigkeiten im schulischen Lernen bedürfen in basalen Bereichen kompensierender Erfahrungen und der Begleitung durch ein intensives, individuell passgenaues, abgestimmtes System zwischen allgemeiner Pädagogik und sonderpädagogischen Bildungsangeboten, sonderpädagogischer Beratung und Unterstützung. Dabei ist die Passung der Unterrichtsangebote mit den biografischen, sozialen und soziokulturellen Erfahrungen der Schülerinnen und Schüler unmittelbar bedeutsam« (KMK, 2019, S. 5).

Die Erkenntnis, dass Schüler*innen in ihrem Lernen beeinträchtigt sind, kommt meist erst in der Schule, wenn sie zum ersten Mal in einem formalen Lernsetting involviert sind. Hier kommt also der Grundschule eine hohe Verantwortung der frühzeitigen Identifizierung und Unterstützung zu. Die Schwierigkeiten können beim Schriftspracherwerb (Lesen und Schreiben) oder beim Rechnen (in den mathematischen Basiskompetenzen) auftreten, aber auch ganz allgemein beim Einsatz von Lernstrategien und metakognitiven Strategien, also beim Lernen generell und übergreifend. Je früher Lernschwierigkeiten erkannt und die Kinder unterstützt werden, desto geringer ist deren Auswirkung auch auf den weiteren Lernprozess, auf das Selbstkonzept und weitere motivationale Dimensionen. Scheitern Kinder über Jahre und merken, dass ihre Mitschüler*innen immer besser werden, so wird wertvolle Zeit verschwendet und es können sich weitere Probleme in der kindlichen Entwicklung manifestieren, die langfristige Folgen haben.

Die Klassifikation von Lernbeeinträchtigungen findet durch die ICD-10 der Weltgesundheitsorganisation (WHO) statt, um einheitliche Kommunikation in Wissenschaft und Praxis zu ermöglichen und zuverlässige, vergleichbare Kriterien aufzustellen (die ICD-11, also die revidierte internationale Fassung soll am 1. Januar 2022 in Kraft treten. Für die Einführung in Deutschland ist aktuell noch kein Zeitpunkt bekannt). Hier wird zwischen verschiedenen Formen der umschriebenen Entwicklungsstörungen schulischer Fertigkeiten unterschieden (nähere Informationen unter https://www.dimdi.de/static/de/klassifikationen/icd/icd-10-gm/kode-suche/htmlgm2020/block-f80-f89.htm), die bedeutsamsten Formen sind:

- Lese- und Rechtschreibstörung (F81.0)
- Isolierte Rechtschreibstörung (F81.1)
- Rechenstörung (F81.2)
- Kombinierte Störung schulischer Fertigkeiten (F81.3)

Die verschiedenen Arten von Lernschwierigkeiten lassen sich nach Klauer und Lauth (1997) einteilen (Tab. 11). Dabei wird die zeitliche Dauer (Persistenz) deutlich, aber auch das Ausmaß der betroffenen Lebens-/Lernbereiche oder Fächer. Dass eine Vielzahl an Lernbeeinträchtigungen eine hohe Persistenz (also Langfristigkeit und Stabilität) aufweist, bedeutet jedoch nicht, dass Unterstützung ausbleiben sollte. Denn mit wirksamer Förderung kann hier viel bewirkt werden, auch im Sinne der oben genannten langfristigen Ziele der Partizipation und gelingender lebenslanger Entwicklung.

Tab. 11: Arten von Lernschwierigkeiten (nach Klauer & Lauth, 1997)

	Spezifisch (partiell)	Allgemein (generell)
Vorübergehend (passager)	Lernrückstände in Einzelfächern	Schulschwierigkeiten Neurotische Störung
Überdauernd (persistierend)	Lese-Rechtschreibstörung Rechtschreibstörung Rechenstörung	Lernschwäche Lernbeeinträchtigung Lernbehinderung

Mit all diesen Kategorien, die hilfreich zur Zuweisung von Ressourcen sind, sind jeweils verschiedene Unterstützungsbedarfe verbunden. Aber wie viele Kinder sind von Lernschwierigkeiten betroffen? Fischbach et al. (2013) finden in ihrer Untersuchung, dass 23,3 % der Kinder von einer Lernschwäche in einem oder mehreren Bereichen betroffen sind. Die Prävalenz (Häufigkeit) von Lernschwächen liegt zwischen vier und sechs Prozent, die von Lernstörungen zwischen zwei und vier Prozent (ebd.). Der Unterschied zwischen einer Lernschwäche und einer Lernstörung ist der, dass eine Lernschwäche eine Diskrepanz zwischen der zu erwartenden durchschnittlichen Leistung im Rechnen, Schreiben oder Lesen laut Alter und Klassennorm aufweist, bei einer Lernstörung allerdings zusätzlich eine Diskrepanz der Leistung in Bezug auf die aufgrund der Intelligenz erwartbare Leistung besteht (doppeltes Diskrepanzkriterium) (tiefergehend erläutert z. B. bei Lenhard & Lenhard, 2020). Beiden Formen ist gleich, dass die Schüler*innen Unterstützung in den betroffenen Bereichen benötigen. Die Problematik der vorliegenden Beeinträchtigung wurde in einigen Metaanalysen als nicht voneinander unterscheidbar bescheinigt (Hoskyn & Swanson, 2000; Stuebing et al., 2002). Auch die Wirksamkeit der Interventionen unterscheidet sich nicht, egal ob es sich um eine Lernschwäche oder eine Lernstörung handelt (tiefergehend ist hier Mähler, 2020 zu empfehlen).

Übereinstimmend stellen Studien heraus, dass die Strukturierung von Unterricht und Lehrmaterial sowie das Identifizieren und Ansetzen an der Stelle im Entwicklungsprozess, die genau beeinträchtigt ist, bedeutsam ist (Hillenbrand & Melzer, 2018). Eine explizite Analyse des Lern- und Entwicklungsstandes und daran anschließend die dezidierte Förderung des identifizierten Lernbereichs oder der Kompetenz ist ein erfolgversprechendes Vorgehen (z. B. das Üben im Bereich der phonologischen Bewusstheit oder Training des Sichtwortschatzes je nach diagnostischen Ergebnissen). Eher strukturierte Vorgehensweisen und Methoden sind wichtig, um die Möglichkeiten der Partizipation am Unterricht für die betroffenen Schüler*innen zu stärken. Eine systematische Unterstützung und Verfolgung des Lernverlaufs (mitsamt bestenfalls mündlichem und visualisiertem Feedback zur Lernentwicklung) ist hier besonders wichtig.

Das Buch von Lauth et al. (2014) stellt sehr konkret und strukturiert die verschiedenen Formen von Lernschwierigkeiten und Handlungsstrategien dar. Heimlich (2020, S. 79) zeigt übersichtlich und übergreifend, welche Prinzipien bei Schüler*innen mit dem Unterstützungsbedarf Lernen hilfreich sein können (vgl. Tab. 12).

Tab. 12: Unterstützende Prinzipien bei Lernschwierigkeiten (nach Heimlich, 2020, S. 79)

Prinzip	Umsetzung
Differenzierung und Individualisierung	• angemessene Anzahl und überschaubarer Umfang der Aufgaben • Lernunterstützung durch Lehrkraft oder Peers • spezifische Lern- und Fördermaterialien
Handlungsorientierung	• Lernangebote auf der Handlungsebene (enaktive Ebene, vgl. EIS-Prinzip, ▶ Kap. 2.6) • längeres Verweilen auf enaktiver Ebene • behutsamer Abstrahierungsprozess über Modelle und zeichnerische Darstellungen (ikonische Ebene), bis hin zu Zeichen wie Buchstaben und Ziffern (symbolische Ebene)
Lernen mit vielen Sinnen	• vielfältige Zugänge zu Lernangeboten und Lernmaterialien (Sehen, Hören, Riechen, Tasten, Schmecken, Bewegen → Achtung: Nicht überfordern! Immer zielgerichtet) • Profit auch für Schüler*innen ohne gravierende Lernschwierigkeiten
Strukturierung	• haltgebende Strukturen, sicherer Rahmen und überschaubare Lernaufgaben wichtig • offene, selbstgesteuerte Lernsituationen und Lernprozesse nur bedingt hilfreich (nur, wenn die dafür erforderlichen Kompetenzen und Lernstrategien vorhanden sind) • gemeinsam mit allen Schüler*innen vereinbarte Regeln und Rituale (insgesamt ist gute Klassenführung sehr unterstützend)
Übung und Wiederholung	• häufige und abwechslungsreiche Übungsmöglichkeiten • Wiederholungsphasen • Ziel: Automatisierung zur Entlastung des Arbeitsgedächtnisses

Natürlich lassen sich fundierte Handlungsmöglichkeiten auch auf die einzelnen Fächer und Kompetenzen beziehen, fachübergreifend wirksam ist eine »gezielte, strukturierte und zugleich aktivierende Anleitung des Lernens« (Hillenbrand & Melzer, 2018, S. 101). Aspekte wie direkte Instruktion, peergestützte Verfahren und Strategieförderung unterstützen Schüler*innen mit Lernschwierigkeiten erfolgreich und können in allen Fächern eingesetzt werden.

10.2 Emotional-soziale Entwicklung

Schüler*innen mit dem sonderpädagogischen Unterstützungsbedarf Emotional-soziale Entwicklung können unterschiedliche Schwierigkeiten im Bereich des emotionalen Erlebens und des Sozialverhaltens aufweisen. Einen Überblick über Klassifizierungen gibt die folgende Tabelle (Tab. 13).

Tab. 13: Empirisch unterscheidbare Klassen von emotional-sozialen Störungen (nach Myschker, 2009)

Externalisierende Störungen	Aggressiv, überaktiv, impulsiv, exzessiv streitend, tyrannisierend, regelverletzend, kurze Aufmerksamkeitsspanne
Internalisierende Störungen	Ängstlich, traurig-depressiv, interesselos, zurückgezogen, freudlos, somatische Störungen (Bauchschmerzen, Übelkeit etc.), kränkelnd, Schlafstörungen, Minderwertigkeitsgefühl
Sozial unreifes Verhalten	Nicht altersentsprechendes Verhalten, leicht ermüdbar, konzentrationsschwach, leistungsschwach, Sprach- und Sprechstörungen
Sozialisiert delinquentes Verhalten	Gewalttätigkeit, Substanzmissbrauch, Schulschwänzen, verantwortungslos, reizbar, aggressiv-gewalttätig, leicht erregbar, leicht frustriert, reuelos, missachtet Normen, risikobereit, niedrige Hemmschwelle, Beziehungsstörungen

Dabei können zwischen den unterschiedlichen Störungsformen, wie z. B. externalisierender und internalisierender Ausprägung durchaus hohe Überlappungen vorliegen.

Zahlenmäßig ist der Förderschwerpunkt Emotional-soziale Entwicklung der zweithäufigste Schwerpunkt mit 99.769 Schüler*innen im Schuljahr 2019/2020 (Geistige Entwicklung liegt als dritthäufigster Schwerpunkt jedoch nur ca. 2.500 Schüler*innen darunter). Dabei werden 57.142 in allgemeinen Schulen und 42.627 in Förderschulen unterrichtet (KMK, 2021c). 19.237 Schüler*innen mit dem Förderschwerpunkt Sozial-emotionale Entwicklung besuchen die allgemeine Grundschule (KMK, 2021b). Die Belastung im inklusiven Setting wird von Lehrkräften stark wahrgenommen, sie haben kaum Handlungsstrategien und stehen Verhaltensschwierigkeiten hilflos gegenüber. Dabei lassen sich gerade im Kontext von Mehrebenenmodellen und Klassenführung eine Vielzahl an Handlungsstrategien auflisten (z. B. Vierbuchen & Bartels, 2020).

Die beeinflussenden Faktoren, die zu einer solchen Problematik der sozial-emotionalen Störungen führen können und diese aufrechterhalten, sind vielfältig, wie das Modell von Beelmann und Raabe (2007, Abb. 21) mit einer Auswahl an Risikofaktoren, die über die Lebensspanne wirken und sich gegenseitig beeinflussen, zeigt.

Die Förderung ist besonders auf die Entwicklung des emotionalen Erlebens und des sozialen Handelns ausgerichtet. »Beeinträchtigungen im Erleben und sozialen Handeln stellen keine feststehenden und situationsunabhängigen Tatsachen dar, sondern unterliegen Entwicklungsprozessen, die durch veränderbare außerindividuelle Gegebenheiten beeinflusst werden können. Sie sind nicht auf unveränderliche Eigenschaften der Persönlichkeit zurückzuführen, sondern als Folge einer inneren Erlebens- und Erfahrungswelt anzusehen, die sich in Interaktionsprozessen im persönlichen, familiären, schulischen und gesellschaftlichen Umfeld herausbildet. Pädagogische Interventionen sind deshalb in erster Linie auf die Bereitstellung von Möglichkeiten zur Veränderung innerer Verhaltensmuster und zur individuellen Anpassung an äußere Rahmenbedingungen sowie auf den Erwerb und die Stärkung emotionaler und sozialer Fähigkeiten gerichtet« (KMK, 2000c, S. 4). Wie sowohl das Zitat als auch das Entwicklungsmodell (Abb. 21) zeigen, stehen alle Einflussfaktoren in Wechselwirkungen. Hier ergeben sich in der kindlichen Entwicklung viele Handlungsmöglichkeiten – sowohl zur Prävention als auch zur Intervention. Neben dem Sozialverhalten sind weitere Variablen bei Kindern mit dem Förderbedarf Emotional-soziale Entwicklung ausschlaggebend und für den inklusiven Unterricht in der Grundschule genauer in den Blick zu nehmen: Emotionen und Emotionsregulation, Selbstkonzept, Leistungsfähigkeit, (Leistungs-)Motivation, Soziale Integration und Akzeptanz, Gruppenklima und der Einfluss auf andere Schüler*innen (Ellinger & Stein, 2012). Ein systematisches Monitoring, Regeln und alle weiteren Aspekte guter Klassenführung (▶ Kap. 12.3.1) gelten hier als eine der wirksamsten Möglichkeiten (Vierbuchen, 2022). Ein bedeutsames Ziel der Prävention und Intervention ist die Unterstützung der Ausbildung und Nutzung von personalen und sozialen Resilienzfaktoren (Werner, 1999). Resilienz bedeutet, dass sich Kinder trotz einer Vielzahl an Belastungen gesund entwickeln. Sie können die Ressourcen, die ihnen zur Verfügung stehen, gut nutzen und haben eine hohe Widerstandskraft. Dazu kann auch beitragen, dass mit der kompletten Klasse ein systematisches Training sozial-kognitiver Informationsverarbeitung stattfindet (z. B. Vierbuchen, 2015). Die »Voraussetzung für pädagogisches Handeln ist eine tragfähige Schüler-Lehrer-Beziehung. Sie zeichnet sich durch ein hohes Maß an Verständnis, durch besondere persönliche Zuwendung und pädagogisch-psychologische Unterstützung aus. Hierzu gehört auch, dass Grenzen gesetzt und Normen und Regeln vereinbart werden. Unterrichtliche und erzieherische Hilfen zur Orientierung im sozialen Umfeld und zur Selbststeuerung dienen der Verarbeitung von belastenden Lebenseindrücken und sollen zu einer individuell und gesellschaftlich akzeptierten Lebensführung beitragen« (KMK, 2000c, S. 14). In der Regel

10 (Sonder-)pädagogische Unterstützungsbedarfe

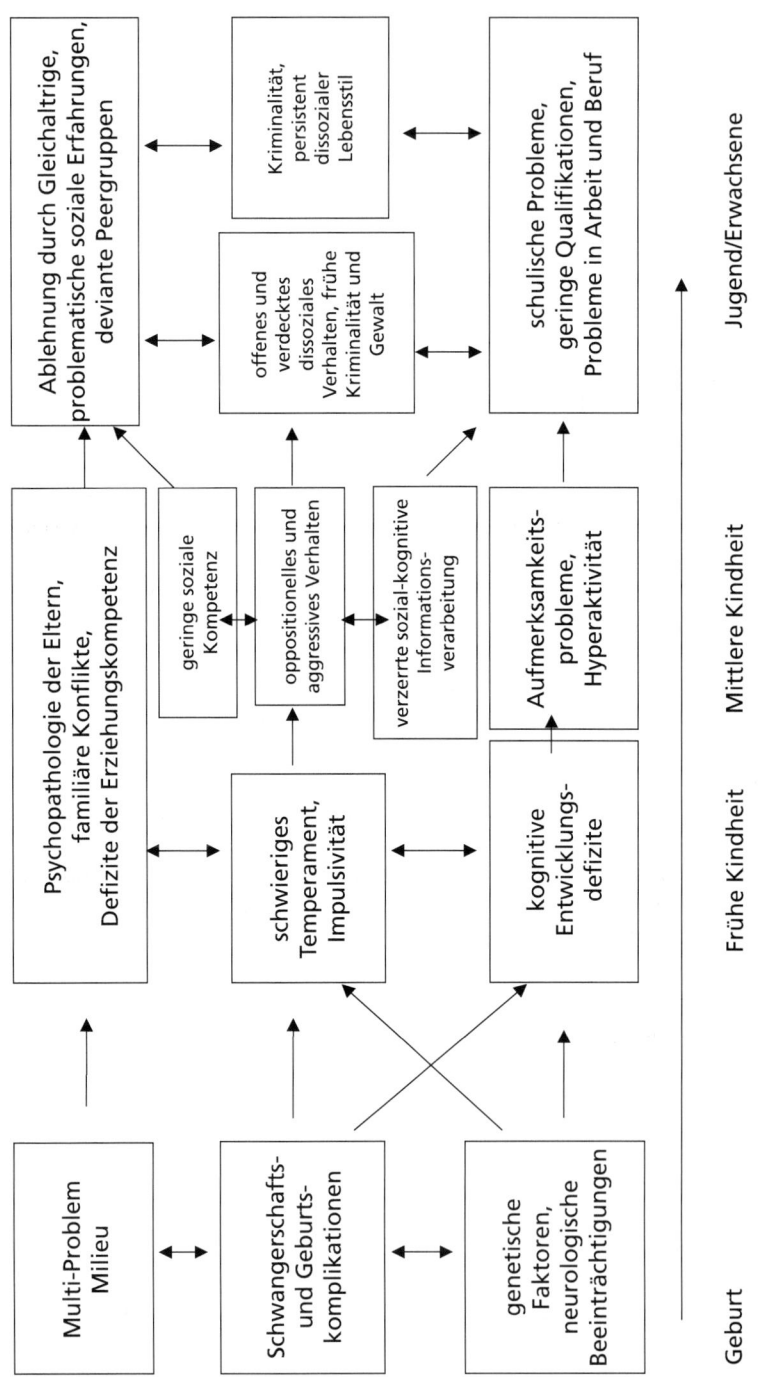

Abb. 21: Bio-psycho-soziales Entwicklungsmodell dissozialen Verhaltens (nach Lösel & Bender, 2003; Beelmann & Raabe, 2007, S. 111)

werden Schüler*innen mit dem Förderschwerpunkt Emotional-soziale Entwicklung nach dem Lehrplan der allgemeinen Schule unterrichtet. Hier bietet sich an, frühestmöglich eine enge Kooperation mit den unterstützenden Hilfen einzugehen (z. B. in Niedersachsen der Mobile Dienst oder entsprechende Förderzentren, Jugendhilfe).

10.3 Geistige Entwicklung

Beeinträchtigungen der geistigen Entwicklung werden beeinflusst von physiologischen, organischen, psychischen, erzieherischen sowie familiär-sozialen Faktoren. Diese Faktoren und ihre Ausprägungen stehen in Interaktion miteinander; so entstehen sehr individuelle Grade an Unterstützungsbedarf. Es geht hier um Unterstützung in kognitiver, kommunikativer, emotionaler, sozialer und motorischer Hinsicht, um die Persönlichkeitsentwicklung von Kindern mit Bedarf an sonderpädagogischer Unterstützung im Schwerpunkt Geistige Entwicklung zu stärken. Besondere Zielsetzung ist »insbesondere die Fähigkeit, sich und die Umwelt wahrnehmen zu können. Wesentliche Voraussetzung hierfür ist, die Handlungskompetenzen der einzelnen Schülerin bzw. des einzelnen Schülers zu erkennen und dazu beizutragen, dass sie bzw. er diese in realitätsnahen Lernsituationen systematisch erweitern kann. Dabei sind die Komplexität solcher Anforderungssituationen zu berücksichtigen sowie von der Schülerin bzw. dem Schüler ausgehende Entwicklungsimpulse sensibel aufzugreifen und pädagogisch zu verstärken« (KMK, 2021d, S. 6).

Schüler*innen mit Unterstützungsbedarf im Bereich Geistiger Entwicklung finden sich zahlenmäßig an dritter Stelle im Schuljahr 2019/2020 mit 97.181 Kindern und Jugendlichen; davon sind in allgemeinen Schulen 13.602 und in Förderschulen 83.579 Schüler*innen vertreten (KMK, 2021c). 86 % der Schüler*innenschaft dieses Schwerpunkts besuchen also trotz inklusiver Entwicklungen Förderschulen. In der allgemeinen Grundschule befanden sich im Schuljahr 2019/2020 7.351 Kinder mit dem Schwerpunkt Geistige Entwicklung (KMK, 2021b).

Geistige Behinderung kann unterschiedliche Ursachen haben: genetisch (z. B. Trisomie 21) oder cerebral (wie Schädigungen des Gehirns vor, während oder nach der Geburt, z. B. fetales Alkoholsyndrom). Es spielt jedoch immer eine besondere Rolle, wie weitere Faktoren im Leben eines Kindes wirken (z. B. Inanspruchnahme medizinischer Versorgung, soziale Einbindung). Nach der ICD-10 wird das Ausmaß der Behinderung nach dem Grad der Intelligenzminderung definiert. Deutlich ist jedoch, dass nicht der Grad der Intelligenzminderung die Beeinträchtigung darstellt, sondern immer zu betrachten ist, wie das Kind und seine Umwelt miteinander in Interaktion stehen. Auch das Verhalten des Kindes in seiner Umwelt spielt eine Rolle: »Schüler*innen im sonderpädagogischen Schwerpunkt Geistige Entwicklung zeigen unter Umständen sehr herausfordernde Verhaltensweisen aufgrund des teilweisen Nicht-Verstanden-Werdens und fehlender Anknüpfungspunkte an handlungsorientierte Lernaufgaben« (KMK, 2021d, S. 5). Eine hohe Komorbidität findet sich hier insbesondere mit psychischen Störungen im Bereich des Autismusspektrums, Phobien, Zwangsstörungen oder depressive Störungen.

Die zusätzlichen Bedarfe von Schüler*innen mit dem Förderschwerpunkt Geistige Entwicklung werden meist bereits vor dem Schuleintritt identifiziert, im Gegensatz zum Förderschwerpunkt Lernen beispielsweise, dessen Diagnostik oft erst im Kontakt mit den schulischen Anforderungen und der darauf folgenden Überforderung eines Kindes notwendig wird.

Unter dem Mantel des Begriffs des Förderschwerpunkts Geistige Entwicklung können sich eine Vielzahl an verschiedenen Syndromen verbergen, die je unterschiedliche komplexe genetische sowie physiologische und psychische Merkmale zusammenfassen (z. B. Down-Syndrom, Rett-Syndrom, Fetales Alkohol-Syndrom). »Das Wort Syndrom weist darauf hin, dass bei verschiedenen Menschen bestimmte Symptome, Auffälligkeiten oder Krankheitszeichen ähnlich oder gleich vorliegen« (Stöppler, 2014, S. 44).

Neben weiteren Differenzierungs- und Unterstützungsmöglichkeiten bietet sich oft auch die Unterstützte Kommunikation an. Hier ist allerdings als Lehrkraft eine Beratung und Begleitung durch spezifisch ausgebildete Personen hilfreich, denn es gibt unterschiedlichste Hilfsmittel, auch im digitalen Bereich, die jeweils gut eingeführt und dann im Unterricht konsequent umgesetzt werden sollten, um den Schüler*innen wirklich zuverlässig eine Ausdrucksmöglichkeit zu geben (z. B. durch Symbolsysteme oder Sprachausgabegeräte). Eine Voraussetzung hierfür ist, dass die Schüler*innen Sprachverständnis ausgebildet haben, sich jedoch nicht in angemessenem Maße ausdrücken können mit dem, was ihnen ohne Unterstützte Kommunikation zur Verfügung steht.

Im Unterricht und der Förderung von Schüler*innen mit Geistigen Behinderungen sollte unbedingt das EIS-Prinzip (▶ Kap. 2.6 Differenzierung) Anwendung finden und eine eher konkrete und handlungsorientierte Auseinandersetzung mit alltagsrelevanten Themen und Inhalten ermöglicht werden. Dabei ist trotz aller vermuteter Einschränkungen wichtig, die Schüler*innen zu fordern und hohe Erwartungen anzulegen, um die Schüler*innen zu ermutigen, möglichst selbstständig und aktiv am Unterricht teilnehmen und lernen zu können. Aus dem Verständnis der ICF (▶ Kap. 2.4 Inklusive Bildung) heraus stehen nicht die Defizite der Schüler*innen im Vordergrund, sondern die Frage, was das Kind benötigt, um eine möglichst gute Teilhabe erreichen zu können. Das Kind ist also spezifisch im individuellen Kontext zu betrachten um Handlungsstrategien zu entwickeln. Zur Unterstützung der Entwicklung ist in den meisten Fällen eine Schulbegleitung/Assistenz einzubinden: »Diese ermöglicht die Teilhabe am Unterricht und leistet praktische Hilfen zur Strukturierung und Bewältigung des Schulalltags. In Absprache mit den Lehrkräften unterstützt die Assistenzkraft die Schülerin und den Schüler. Das mittel- oder langfristige Ziel jeder Schulbegleitung ist es, die Schülerinnen und Schüler in der Entwicklung ihrer Selbstständigkeit und Selbstbestimmung soweit wie möglich zu unterstützen« (KMK, 2021d, S. 21).

Auch hier stehen der interdisziplinäre Austausch und die multiprofessionelle Teamarbeit im Fokus, um abgestimmte und erfolgreiche Förderung im Unterricht erreichen zu können, die den Schüler*innen auch eine gewisse Stabilität und Zuverlässigkeit im Sinne konstanter Regeln, Rituale und Formate bietet.

Schüler*innen mit dem Förderschwerpunkt Geistige Entwicklung werden zieldifferent unterrichtet, sie unterliegen nicht dem allgemeinen Lehrplan, sondern einem bildungsgangspezifischen Curriculum des Bereichs Geistige Entwicklung. »Die Kompetenzerwartungen nehmen individuelle Lernvoraussetzungen in den Blick und münden in individuellen Entwicklungsplänen« (KMK, 2021d, S. 13). Eine Verknüpfung mit den allgemeinen Lehrplänen findet statt, wann immer es möglich ist.

10.4 Autismus

Autismus wird durch die ICD-10 als tiefgreifende Entwicklungsstörung klassifiziert. Neuere Perspektiven interpretieren die Merkmale als dimensionales Geschehen auf einem Spektrum und sprechen von Autismus-Spektrum-Störungen. Das Spektrum verläuft dabei von spezifischen Inselbegabungen und Hochbegabung mit geringen Einschränkungen im Alltag bis hin zu komplexen körperlich-motorischen und geistigen Behinderungen. Für diesen Schwerpunkt existiert keine Förderschule (meist werden diejenigen Schulformen besucht, die in der individuellen Situation und vorherrschenden Beeinträchtigung am besten fördern können). Das kann die allgemeine Grundschule oder eine Förderschule in den Bereichen Geistige Entwicklung, Lernen, Emotional-soziale Entwicklung oder Körperlich-motorische Entwicklung sein, es sollte regelmäßig eine Überprüfung des sonderpädagogischen Unterstützungsbedarfs stattfinden. Autismus wurde trotz des Fehlens einer spezifischen Förderschulform als eigener Schwerpunkt von der KMK anerkannt und Wissen und Kompetenzen hierzu sind für den inklusiven Unterricht handlungsrelevant. »Die Förderung soll anknüpfend an die individuellen Voraussetzungen zu einer selbstbestimmten Gestaltung des Lebens und zur individuellen Entfaltung in der Gemeinschaft sowie zur Wahrnehmung von Rechten und zur Erfüllung von Pflichten in der Gesellschaft beitragen« (KMK, 2000b, S. 5).

Häufige Schwierigkeiten von Kindern mit Autismus-Spektrum-Störungen betreffen:

- Soziale Interaktionen: Blickkontakt, Mimik oder Gestik werden oft nicht wahrgenommen und können deswegen auch nicht entsprechend interpretiert und beantwortet werden: Hier können wichtige Hilfestellungen im Unterricht in Bezug auf Selbst- und Fremdwahrnehmung gegeben und trainiert werden;
- Soziale Beziehungen: diese sind für Kinder mit Autismusspektrumstörungen oft undurchschaubar und unberechenbar; sozial-emotionale Reaktionen, Inter-

essen und gemeinsame Tätigkeiten sind nicht selbstverständlich; soziale Kontakte sollten möglichst durchschaubar gestaltet werden;
- Entwicklung der gesprochenen Sprache: häufig stereotypische und repetitive Verwendung von Wörtern bis hin zu Sprachentwicklungsstörungen, vor allem oft Schwierigkeiten bei kommunikativem sprachlichem Ausdruck;
- Interessen und Rituale: oft sind spezielle Interessen und Hobbies vorhanden, die auch im Unterricht herangezogen werden können; hilfreich sind ein stark strukturierter und wenig flexibler, gut berechenbarer Tagesablauf und das Gefühl, die Kontrolle zu behalten; eingeführte Rituale können hier Ruhe und Sicherheit vermitteln;
- Stereotypische motorische Manierismen: sich wiederholende, teils zwanghafte Handlungen, die keine offensichtliche Funktion erfüllen, aber deren Unterdrückung starken Stress für die betroffene Person bedeutet, z. B. Kopfschütteln, Fingerschlagen, Schulterzucken;
- Fokus auf Teilobjekte und nicht auf den Gesamtkontext: fehlende ›Theory of Mind‹: Statt einzelne Informationen zu einem großen Ganzen zusammenzufügen und gemeinsam im Kontext zu interpretieren liegt der Fokus auf Einzelinformationen, die dann missverstanden oder fehlinterpretiert werden.

Alle diese Aspekte haben natürlich einen großen Einfluss auf das Verhalten und Lernen. Der Lehrplan orientiert sich am jeweils festgelegten Bildungsgang. Eine Ausrichtung der Vermittlung der Inhalte an den individuellen Lernausgangslagen und dem Entwicklungsstand ist dringend notwendig. Kinder mit diesem Schwerpunkt zeigen oft sehr herausfordernde Verhaltensweisen. Hier ist es wichtig, dass die Lehrkraft nicht einfach unangemessenes Verhalten unterbindet, sondern immer Strukturierung und Sicherheit ermöglicht, indem angemessene Verhaltensweisen und zuverlässige Absprachen angeboten und verstärkt werden. Seit Jahren gibt es einige Personen aus dem Autismus-Spektrum, die es sich zur Mission gemacht haben, anderen Personen ihre individuellen Perspektiven verstehbar zu machen, so z. B. Marlies Hübner (in ihrem Blog www.robotinabox.de). Außerdem z. B. Axel Brauns (2004) oder Nicole Schuster (2006), die mit ihren Büchern wertvolle Einblicke geben.

Prinzipien und Handlungsmöglichkeiten im Kontext Autismus sind beispielsweise:

- TEACCH-Ansatz (›Treatment and Education of Autistic and related Communication handicapped Children‹): Dieses Programm aus den USA bietet eine Vielzahl an Handlungsstrategien, die es Menschen aus dem Autismus-Spektrum und ihren Eltern sowie Lehrkräften ermöglicht, aktiv miteinander umzugehen, gegenseitiges Verständnis und Respekt vor dem Anderssein aufzubauen, ganzheitliche Persönlichkeitsbildung anzugehen, Orientierung zu geben und individuelle Diagnostik und Förderung sehr spezifisch auf den Autismus und kompetenzorientiert aus die individuelle Ausprägung auszurichten (Häußler, 2005).
- Positive Verhaltensunterstützung: Systematisch geplante und umgesetzte Verstärkung auf drei Ebenen (Institution, Gruppe und individuell), die den Kon-

text einbezieht und Rahmenbedingungen reflektiert. Dabei werden alle Bezugspersonen und direkt am Leben der Schüler*in beteiligten Personen einbezogen (Theunissen, 2021).
- Check-In-Check-Out-Prinzip: Strukturierte Maßnahme aus dem Positive Behavior Support; Kind checkt bei Lehrkraft vor Schulbeginn ein, bei Bedarf vor und nach jeder Unterrichtsstunde ein und aus und am Ende des Schultages checkt es aus. Bei den Eltern zu Hause checkt es wieder ein. Mit einem Check in oder out ist jeweils ein kurzes Gespräch über Ziele und Erreichtes verbunden, was zudem auf einer Karte schriftlich festgehalten wird (Hintz et al., 2016).
- Rituale, Stabilität und Struktur: Wichtig ist, dass abgesprochene Abläufe auch tatsächlich zuverlässig genauso umgesetzt werden, da sie Halt und Sicherheit bieten.
- Transparenz: Sowohl den betroffenen Schüler*innen gegenüber als auch der Klasse gegenüber, was den Autismus und die besonderen Bedarfe und damit verbundenen spezifischen Verhaltensweisen angeht.
- Besondere Interessen einbinden
- Rückzugsmöglichkeit/Schutzraum schaffen und Absprachen bezüglich seiner Nutzung, bzw. der Kommunikation darüber treffen
- Einbindung eines multiprofessionellen Teams

Je nach individueller Ausprägung der Autismus-Spektrum-Störung kann es sinnvoll sein, eine Schulbegleitung/Integrationshilfe einzubinden. Das wird aus dem Gutachten ersichtlich; wichtig ist dann, wie immer im Einsatz von zusätzlichen Kräften im Unterricht, wie die Einbindung stattfindet. Auch wenn diese zusätzliche Kraft nur für das einzelne Kind da ist, sollte trotzdem abgesprochen werden, welche Aufgaben und Strategien sinnvoll sind, damit das Kind tatsächlich unterstützt werden kann, aber trotzdem nicht von der Klasse abgeschirmt wird.

Die Stabilität, die eine Grundschule bieten kann, wie z. B. feste Gruppen, ein Klassenraum, eine Klassenlehrkraft, die eine stabile und zuverlässige Beziehung aufbauen kann, sowie klare Strukturen, zeigen sich gerade zu Beginn der Schulzeit als sehr förderlich. Gleichzeitig sollte jedoch eine Steigerung der Flexibilität ein Ziel sein, an das jedoch langsam herangeführt werden muss (Kamp-Becker, 2016). »So viel Normalität wie möglich und so viel Unterstützung wie nötig. Um die soziale Integration der Schülerinnen und Schüler zu ermöglichen, ist eine hohe interdisziplinäre Zusammenarbeit notwendig, die in die verhaltenstherapeutischen Interventionen eingebettet sein sollten« (ebd., S. 82).

10.5 Körperlich-motorische Entwicklung

Der sonderpädagogische Förderschwerpunkt Körperlich-motorische Entwicklung schließt Kinder ein, »wenn das schulische Lernen dauerhaft und umfänglich beeinträchtigt ist auf Grund erheblicher Funktionsstörungen des Stütz- und Bewegungssystems, Schädigungen von Gehirn, Rückenmark, Muskulatur oder Knochengerüst, Fehlfunktion von Organen oder schwerwiegenden psychischen Belastungen infolge andersartigen Aussehens« (Ministerium des Inneren des Landes Nordrhein-Westfalen, 2005, S. 1). Die Empfehlungen der Kultusministerkonferenz zum Förderschwerpunkt Körperlich-motorische Entwicklung stammen noch aus dem Jahr 1998. Sie definieren den Bedarf der Schüler*innen als sehr heterogen (»Ausprägung und Grad der körperlichen und motorischen Beeinträchtigungen sowie deren weitere Auswirkungen, die Ergebnisse der bisherigen Förderung, weitere Beeinträchtigungen und nicht zuletzt die Gegebenheiten des Umfeldes bestimmen den individuellen Förderbedarf«) und benennen die »elementaren Entwicklungsbereiche der Motorik, Sensorik, Emotionalität, Kognition, kommunikativsprachlichen und sozialen Kompetenz« als relevant in diesem Kontext (KMK, 1998a, S. 6).

Im Jahr 2019/2020 werden in Deutschland 37.790 Schüler*innen mit dem Schwerpunkt Körperlich-motorische Entwicklung unterrichtet, wovon 23.748 (62,8 %) eine Förderschule besuchen (KMK, 2021c). An Grundschulen in Deutschland sind es 5.921 Kinder (KMK, 2021b).

Innerhalb dieses Förderschwerpunkts gilt der allgemeine Lehrplan, es sei denn, komorbide Beeinträchtigungen sind so schwerwiegend, dass hier Anpassungen zu den Curricula anderer Förderschulen (z. B. Lernen oder Geistige Entwicklung) vorgenommen werden müssen.

Es wird zwischen drei Formen von Schädigungen unterschieden (Leyendecker, 2005): Schädigungen von Gehirn und Rückenmark, Schädigungen von Muskulatur und Knochengerüst, Schädigungen durch chronische Krankheit und Fehlfunktion von Organen.

Die Art der Schädigung sagt jedoch noch nichts über die Leistungsfähigkeit im Lernen und in der Konzentration aus: »Die Lernleistungen körperbehinderter Kinder bewegen sich zwischen Normalbegabung und geistiger Behinderung« (Boenisch, 2016, S. 57).

Als wichtige Teilgruppe innerhalb dieses Schwerpunkts wird hier die Gruppe der Schüler*innen mit progredienten (fortschreitenden) Erkrankungen genannt: »Die besondere Lebenssituation von Schülerinnen und Schülern mit fortschreitenden Erkrankungen und mit begrenzter Lebenserwartung erfordert eine intensive pädagogische Begleitung auf der Suche nach Möglichkeiten einer sinnvollen Lebensgestaltung und der Befriedigung der aktuellen Bedürfnisse« (KMK, 1998a, S. 7). Hier ist besonders sensibel zu überlegen, wie die Thematik mit dem Schüler/der Schülerin und ebenso der Klasse besprochen wird und wie offen die Themen Sterben und Tod thematisiert werden. Sind Lehrkräfte allgemeiner Schulen mit dieser Thematik konfrontiert, lohnt sich sofort eine Beratung in einem Förderzentrum und weiteren unterstützenden Institutionen, denn hier sind nicht nur körperliche Einschränkungen, sondern auch massive psychische Belastungen auf allen Ebenen und für alle Beteiligten absehbar, was die Komplexität des Schulalltags erhöht und dynamischen Entwicklungen unterliegt.

Auch das Thema Pflege ist in der inklusiven Grundschule für Kinder mit dem Schwerpunkt Körperlich-motorische Entwicklung vor allem bei schweren Mehrfachbehinderungen ein wichtiger zu beachtender Punkt. Toilettengang, Nah-

10.5 Körperlich-motorische Entwicklung

rungsaufnahme etc. sind zu bedenken und nicht nur die physiologische/bauliche Barrierefreiheit.

Weiterhin sind auch diejenigen Erkrankungen besonders in den Blick zu nehmen, die nicht von außen offensichtlich zu erkennen sind (Diabetes, Epilepsie etc.). Auch hier ist es wichtig, die Klasse sensibel einzubeziehen und Transparenz und Normalität zu schaffen, ebenso spielt der Kontakt und ggf. Einbezug der Eltern eine wichtige Rolle.

Lelgemann (2016) legt eine Liste (hier leicht modifiziert) vor, welche Aspekte zu klären sind, bevor ein Kind mit dem Schwerpunkt Körperlich-motorische Entwicklung in die inklusive Grundschule kommt:

- vorhandene medizinische Diagnosen und deren Bedeutung für das schulische Lernen und Verhalten;
- notwendige Medikamente und ggf. Verhalten in Notsituationen (z. B. bei Epilepsien);
- physio- und ergotherapeutische Erfahrungen und resultierende Erfordernisse für das schulische Lernen und Verhalten (z. B. Sitzposition, notwendige Lageveränderung im Verlaufe des Schultages und mehr);
- Kontaktmöglichkeiten/Erreichbarkeit der Erziehungsberechtigten oder naher Angehöriger während des Schultages;
- lebens- bzw. alltagspraktische Fragen der Selbstständigkeit, Mobilität, der Nahrungsaufnahme, der Möglichkeiten der unterrichtlichen Mitarbeit, ggf. der Kommunikation;
- Fragen der Pflege und der hygienischen Versorgung (z. B. bei Ausfall einer professionellen Fachkraft);
- Beförderung bzw. Schulweg (auch bei schlechtem Wetter);
- ggf. Fragen einer Schulbegleitung/Integrationshelfer*in/Schulassistenz;
- bereits bekannte, evtl. lernerschwerende Bedingungen des Kindes, die ein Nachteilsausgleich kompensieren könnte;
- besondere Verhaltensdispositionen des Kindes, deren Kenntnis für die Schule von Bedeutung sein könnte;
- ggf. Notwendigkeit eines Differenzierungsraums oder einer ruhigen Ecke zum Rückzug bei Bedarf;
- Überlegungen zur Sicherung der Unterrichtsinhalte für längere Krankheitsphasen (z. B. durch Operationen und anschließend längere Aufenthalte im Elternhaus).

Im inklusiven Unterricht sind mit dem Wissen um die Bedarfe und Voraussetzungen der Schüler*innen zahlreiche Differenzierungen und Hilfsmittel möglich und auch notwendig. Oft spielt auch die zeitliche Dimension eine Rolle, denn Einschränkungen in der Bewegung und häufig in der Kommunikation verlangen kompensierende technische Hilfsmittel, deren Einsatz wiederum Zeit benötigt (z. B. Unterstützte Kommunikation). Für Schüler*innen mit Wahrnehmungsproblemen ist die Strukturierung der (digitalen) Arbeitsblätter und Tafelbilder wichtig. Durch digitale Medien werden viele Möglichkeiten des Heranzoomens und Vergrößerns nutzbar, ebenso Steuerungen, die an die Bedarfe angepasst sind und weniger empfindlich reagieren und so trotz motorischer Einschränkungen präzise Ansteuerung auf einem Bildschirm ermöglichen.

Die Frage nach einer Integrationshilfe/Schulassistenz sollte möglichst schnell geklärt werden. Daran anschließend ergeben sich einige Unterstützungsmöglichkeiten, die auch die Lehrkraft entlasten können. Jedoch ist es wichtig zu überlegen, wie man diese Fachkraft in das Unterrichtsgeschehen einbinden kann, wie man Absprachen trifft, was ihre Aufgaben und Möglichkeiten sind, damit die Schüler*innen unterstützt, aber auf keinen Fall sozial isoliert werden.

10.6 Sprache

»Sonderpädagogischer Förderbedarf im sprachlichen Handeln ist bei Schülerinnen und Schülern *anzunehmen*, die in ihren Bildungs-, Lern- und Entwicklungsmöglichkeiten hinsichtlich des Spracherwerbs, des sinnhaften Sprachgebrauchs und der Sprechtätigkeit so beeinträchtigt sind, daß [sic] sie im Unterricht der allgemeinen Schule ohne sonderpädagogische Unterstützung nicht hinreichend gefördert werden können. Sonderpädagogische Förderung muß [sic] *rechtzeitig* einsetzen, denn in der Schule ist Sprache nicht nur ein herausragender Lerngegenstand, sondern schulisches Lernen ist vor allem sprachlich vermitteltes Lernen. Sprache ist ein zentrales Medium schulischen Lernens« (KMK, 1998c, S. 5). Da Sprache im Unterricht in jedem Fach eine absolut relevante Rolle spielt, ist eine Einschränkung ihrer Nutzung natürlich eine weitreichende Beeinträchtigung, die im inklusiven Unterricht an allen Stellen deutlich wird. Grundsätzlich gilt der allgemeine Lehrplan für Kinder mit dem Förderschwerpunkt Sprache.

Sprach- und Sprechstörungen gehen häufig auch mit anderen Beeinträchtigungen einher bzw. sind »Sekundärsymptome bei motorischen, sensorischen und kognitiven Beeinträchtigungen (z. B. cerebrale Bewegungsstörungen, Hörstörungen, Down-Syndrom etc.)« (Mayer & Motsch, 2016, S. 28), treten jedoch auch ohne ersichtlichen Grund auf. Dementsprechend häufig treten sie auf. 15.863 Schüler*innen mit dem Förderschwerpunkt Sprache besuchten im Schuljahr 2019/2020 die Grundschule in Deutschland (KMK, 2021b). Insgesamt waren in diesem Schuljahr 57.178 Schüler*innen dieses Förderschwerpunkts im Schulsystem in Deutschland, 29.023 (50,85 %) besuchten Förderschulen (KMK, 2021c). Auch erwähnenswert an diesem Punkt ist, dass 20.086 Schüler*innen zusätzlich in Förderschulen unterrichtet wurden, die die Kombination der Förderschwerpunkte Lernen, Sprache und Emotional-soziale Entwicklung (LSE) aufweisen (KMK, 2021c).

Sprachliche Beeinträchtigungen sind beispielsweise Selektiver Mutismus (Kinder schweigen in bestimmten sozialen Situationen, obwohl sie eigentlich über ausreichende Sprachfähigkeiten verfügen: Das ist allerdings keine freiwillige Entscheidung oder Trotz! (Druck bringt hier keine Verbesserung), Stottern (Redeflussstörung) oder spezifische Spracherwerbsstörungen (das linguistische Regel-

system wird nur erschwert oder nicht erlernt, ohne dass dafür ein offensichtlicher Grund erkennbar ist; Kannengieser, 2015).
Ebenen, auf denen sich Beeinträchtigungen zeigen können, sind:

- Pragmatik: Die Kinder sind nicht in der Lage, ihre kommunikativen Bedürfnisse mitzuteilen; sie stellen keine Fragen, äußern keine Bitten, können alltägliche Handlungssituationen nicht verbalisieren, sprechen nicht adressatenbezogen;
- Semantik: Es existiert ein reduzierter Wortschatz, der im Laufe der Zeit kaum erweitert wird. Kinder fragen wenig nach; greifen eher auf nonverbale Kommunikationsformen zurück; Wortfindungsstörungen sind häufig;
- Grammatik: Auslassung von Wortarten (Du Eis essen), fehlerhafte Verbstellung (Hund Futter fressen), mangelnde Subjekt-Verb-Kongruenz (Wie du noch mal heißen?), fehlende Auflösung zusammengesetzter Verben (komisch aussehen), Artikel-Kasus-Probleme (Du haben roten Tonne);
- Aussprache: Phonetisch-phonologische Fähigkeiten: Sprachlaute werden nicht oder nicht korrekt gebildet, z. B. beim Schetismus und Sigmatismus, oder t statt k (›Keller‹ wie ›Teller‹, drün);
- Metasprachliche Fähigkeiten: über Sprache nachdenken: unbekannte Begriffe werden kaum nachgefragt, eigene Sprache kann nicht verändert werden (nur Wiederholung, keine Umformulierung bei Nachfragen), korrigieren sich und andere nicht, kein Interesse an Sprachspielen, finden keine Reime (was eigentlich bereits im Kindergarten auffallen müsste);
- Schriftspracherwerb (Lese-Rechtschreib-Schwäche).

Mit dem Schwerpunkt Sprache sind weitere Risikobereiche der kindlichen Entwicklung verbunden: sozial-emotionale und kognitive Kompetenzen. Die Entwicklung dieser Bereiche findet zu einem nicht unerheblichen Teil anhand von sprachlichen Auseinandersetzungen statt. Beeinträchtigungen der Sprache sind deswegen oft mit weiteren Entwicklungsbeeinträchtigungen verbunden.
Um eine hochqualifizierte Förderung gewährleisten zu können, beschreibt Knebel (2014) zehn Qualitätsmerkmale sprachbehindertenpädagogischer Professionalität, die hier kurz zusammengefasst werden:

- Sprachwissenschaftliche Kompetenz: orientiert an den linguistischen Strukturebenen phonetischer, phonologischer, morphologischer, syntaktischer, semantischer sowie lexikalischer Aspekte
- Sprachdiagnostische Kompetenz: konzeptionelle Grundlagen und methodisches Handlungswissen
- Sprachentwicklungsorientierung: Kompetenzen zu spezifischen Sprachentwicklungstheorien sowie Beobachtung und Analyse individueller Sprachentwicklungsverläufe
- Methodische Kompetenz: Methode der Sprachförderung muss dem Kind und dem Lerngegenstand angepasst sein
- Handlungs- und Lebensweltorientierung: Einbettung der Sprachförderung in subjektiv bedeutsame Sprachhandlungen

- Didaktische Strukturierung: Planungsentscheidungen; Auswahl und Begründung von Sprachförderzielen, sprachlichen Lerngegenständen, Handlungsinhalten, Methoden und Medien
- Bildungszielorientierung: Fokus nicht auf Sprachsymptomatik, sondern auf kultureller und gesellschaftlicher Teilhabe
- Erziehungstheoretische Gestaltung von Sprachfördersituationen: z. B. Grad der selbstständigen Gestaltung
- Institutionelle Passung: Gestaltung der organisatorischen Rahmenbedingungen zur Umsetzung verschiedener Sprachförderszenarien;
- Beratungskompetenz: zielgruppen- und gegenstandsangemessene Orientierung.

Was hier exemplarisch für den Förderschwerpunkt Sprache deutlich wird, ist, dass sonderpädagogische Expertise eine hohe Relevanz hat. Lehrkräfte in der Grundschule können in allen Bereichen unterstützen und sind ein wichtiges Puzzlestück im Kontext inklusiver Bildung, sie können jedoch sonderpädagogische Expertise nicht ersetzen – hier ist Kooperation gefragt.

Mayer (2020) gibt Handlungsempfehlungen für Lehrkräfte im inklusiven Kontext. Ein Schritt ist die Bewusstmachung der Bedeutsamkeit von Sprache und das Schüler*innen sowohl in der Sprachproduktion als auch im Verstehen beeinträchtigt sein können. Dadurch, dass Sprache im Unterrichtsalltag eine grundlegende Rolle spielt, ist die Beeinträchtigung weitreichend und ein unterstützendes Lehrkräftehandeln relevant für die Entwicklung. Eine spezifisch akzentuierte Sprache der Lehrkraft ist zentral: bewusste Sprechpausen, um das Gehörte verarbeiten zu können, Veränderung von Stimmlage, Lautstärke, Tempo und Betonung, um auf wesentliche Inhalte aufmerksam zu machen, leicht verlangsamtes, deutliche artikuliertes Sprechen, unterstützende Mimik und handlungsbegleitende Gesten sowie Visualisierung schulischer Inhalte. Weiterhin betont Mayer (ebd.), dass eine sprachlich optimierte Vermittlung von Unterrichtsinhalten keine Komplexitätsreduktion beinhaltet. Ziel ist also nicht die Vereinfachung, sondern eine gezielte Vermittlung der Inhalte. Auch Lesetexte können sprachlich optimiert werden, indem beispielsweise komplexe hypotaktische Satzgefüge (verschachtelte Haupt- und Nebensätze) ebenso wie reversible Passivsätze vermieden werden sollten; Handlungsabläufe sollten besser in chronologischer Reihenfolge abgebildet werden. Eine weitere Unterstützungsmöglichkeit ist die Wortschatzarbeit, indem neue oder schwierige Wörter jeweils proaktiv eingebracht und geübt werden und die Schüler*innen lernen, aktiv nach ihnen zu fragen. Eine solche Vorgehensweise unterstützt alle Schüler*innen, besonders jedoch die mit dem Förderschwerpunkt Sprache. Da Sprache ein wichtiges Instrument einer Lehrkraft ist, ist eine Reflektion deren Art und Weise der Nutzung immer wieder angebracht.

10.7 Hören und Kommunikation

Die KMK-Empfehlungen des Förderschwerpunkts Hören sind von 1996 und demnach überarbeitungsbedürftig. Das Ziel sonderpädagogischer Förderung in diesem Bereich ist jedoch weiterhin aktuell: »Sonderpädagogische Förderung soll das Recht der Kinder und Jugendlichen mit Förderbedarf im Bereich des Hörens, der auditiven Wahrnehmung, des Spracherwerbs, der Kommunikation sowie des Umgehen-Könnens mit einer Hörschädigung auf eine ihren persönlichen Möglichkeiten entsprechende schulische Bildung und Erziehung verwirklichen« (KMK, 1996, S. 3). Hier wird erneut deutlich, wie heterogen die Gruppen der verschiedenen Förderschwerpunkte auch innerhalb der einzelnen Förderschwerpunkte charakterisiert sind, geht man davon aus, dass sich jeder der hier aufgelisteten Aspekte als ein Spektrum mit individuellen Ausprägungen und Konstellationen darstellt.

Die Anzahl der Kinder im Förderschwerpunkt Hören und Kommunikation im deutschen Schulsystem betrug im Schuljahr 2029/2020 22.035 Schüler*innen (KMK, 2021b). Davon besuchten 11.493, also 52,2 % eine allgemeine Schule (ebd.) und 3.700 Schüler*innen eine Grundschule (KMK, 2021c).

In der Regel ist der Lehrplan der allgemeinen Schule hier geltend, je nach Komorbiditäten und Bedarfen können jedoch auch die Lehrpläne des Bereichs Lernen oder Geistige Entwicklung relevant sein (je nach Bundesland sind die Bezeichnungen verschieden), dies gilt es im Bedarfsfall individuell abzuklären.

Folgende Aspekte sind bedeutsame Faktoren der Beeinflussung der Entwicklung und auch bei der Einschätzung der Folgen der Hörschädigung zu betrachten:

- »Beginn der Hörschädigung,
- Art und Grad der Hörschädigung,
- Beginn und Art der durchgeführten Fördermaßnahmen,
- Versorgung mit technischen Hilfen,
- Kommunikation und Spracherfahrung,
- Lern- und Leistungsverhalten,
- Einstellung und Verhalten von Bezugspersonen und Umwelt« (KMK, 1996, S. 4).

Schüler*innen mit dem Förderschwerpunkt Hören und Kommunikation können eine periphere (a–f) oder zentrale (g) Hörbeeinträchtigung aufweisen (QUA-LiS NRW, 2018):

a) Schallleitungsschwerhörigkeit
b) Schallempfindungsschwerhörigkeit
c) Eine aus diesen beiden kombinierte Schwerhörigkeit
d) Gehörlosigkeit
e) Ertaubung
f) Einseitige Schwerhörigkeit
g) Auditive Verarbeitungs- und Wahrnehmungsschwerhörigkeit

Innerhalb dieser Formen wird vom Grad der Hörbeeinträchtigung zwischen leicht, mittel oder hochgradiger Ausprägung (mit Übergang in die Gehörlosigkeit) unterschieden. Dabei ist für die unterrichtliche Unterstützung wichtig, dass, je höher der Grad der Ausprägung, desto gravierender die Konsequenzen für die Sprachentwicklung und das Sprachverstehen. »Dies kann Auswirkungen auf den Wortschatz, die Syntax, das Textverstehen und den weiteren Wissenserwerb haben und damit die Gesamtentwicklung des Kindes nachhaltig beeinträchtigen« (QUA-LiS NRW, 2018, S. 2). Hier ist es besonders wichtig, eine frühzeitige Diagnostik zur Abklärung und Differenzierung der notwendigen Unterstützung zu erwirken. Je früher Kompensation (Hörgeräte, Cochlear-Implantate, Gebärden) implementiert werden kann, desto erfolgreicher kann eine Sprachentwicklungsverzögerung beeinflusst werden. Technische Systeme und digitale Tools bieten hier vielerlei Möglichkeiten der kompensierenden Unterstützung, um Partizipation am Unterrichtsgeschehen der inklusiven Grundschule zu vertiefen. Jedoch können auch technische Hörhilfen die Hörbeeinträchtigung nicht komplett ausgleichen: Kommunikation bleibt eine Herausforderung. Wichtig ist hier, auf die spezifischen Bedarfe des Kindes im Unterricht und die technischen Anforderungen zu achten. Die Lehrkraft muss handlungssicher mit z. B. der FM-Anlage (drahtlose Signalübertragungsanlage für frequenzmodulierte Funksignale) umgehen können und die Mitschüler*innen werden bestenfalls aktiv in die Nutzung eingebunden.

Folgende unterrichtliche Prinzipien erleichtern Kindern mit Hörschädigungen das Hören und ermöglichen die Partizipation im inklusiven Klassenverband (vgl. Berufsverband deutscher Hörgeschädigtenpädagogen, 2015; Kaul & Leonhardt, 2016); unterstützend kann hier immer der Kontakt zur Sonderpädagogik im Bereich Hören und Kommunikation sowie der zuständigen Schule/dem zuständigen Förderzentrum angefragt werden:

Optimaler Einsatz der Hörtechnik:

- individuelle Hörhilfe,
- Kommunikationsanlage,
- Schüler*innenmikrofone,
- Klassenlautsprecher,
- ggf. Gebärden- Schriftsprachendolmetscher*in.

Optimale räumliche Konditionen:

- gute Sichtverhältnisse (freie Sicht zur Lehrkraft, zur Tafel und allen Schüler*innen; optimal: U-Form),
- natürliche Lichtquelle im Rücken,
- Klassenräume mit geringer Beeinträchtigung von Nebengeräuschen, Vermeidung von Hintergrundgeräuschen,
- reizarme Umgebung, da Kinder mit Hörbeeinträchtigung oft durch visuelle Wahrnehmung leichter ablenkbar sind (nicht an Straße, nicht zum Pausenhof, nicht an lauten und von Durchgangsverkehr betroffenen Räumen und Fluren).

Klasse (Raum und Personen):

- Raumakustikdecken, Wandabsorber, abgehängte Decken, Teppich,
- offene Regale, Vorhänge, Filzgleiter,
- angemessene Gruppengröße,
- Berücksichtigung der Klassenzusammensetzung,
- Klassenraumprinzip (wenige räumliche Wechsel),
- Sitzplatz in der Nähe der Lehrkraft.

Einsatz visualisierender Hilfsmittel:

- didaktisch-methodische Grundbedingungen,
- Einhaltung von Gesprächsregeln (nacheinander sprechen, nicht durcheinander),
- Konsequenter Einsatz von Kommunikationsanlage und Schüler*innenmikrofonen,
- Zuwendung zur Schüler*in mit Hörschädigung,
- schriftliche Sicherung des Kommunikationsflusses (Hausaufgaben, Terminatafel),
- Einrichtung eines Tutor*innendienstes,
- Planung von Hörpausen, Sprechen in normaler Lautstärke, deutlich und nicht zu schnell, natürliche Lippenbewegungen,
- vermehrte Aufnahme von Blickkontakt,
- Einsatz von Körpersprache, unterstützende Mimik und Gestik.

Zusätzlich kann der Einsatz eines individuellen Nachteilsausgleich entlastend sein. Im Unterricht vermutlich nicht umsetzbar, aber ein wichtiger Aspekt für die Identitätsentwicklung eines Kindes mit Hörbeeinträchtigung stellt der Kontakt auch zu gleichaltrigen Kindern mit Hörschädigung dar.

Bedeutsam im Kontext Inklusion ist nicht nur die Partizipation von Schüler*innen mit bereits festgestellten Hörschädigungen, sondern auch die aufmerksame Beobachtung von Schüler*innen, deren evtl. vorhandene Hörproblematik bisher noch nicht entdeckt wurde.

Dafür sollten folgende Anzeichen aufmerksam machen (nach Bernitzke, 2019):

- fehlende Reaktion auf Geräusche,
- angespannte Aufmerksamkeitshaltung akustischen Reizen gegenüber,
- Lokalisationsprobleme bei der Identifikation von Hörreizen (Kopf- und Augenbewegungen),
- Sprache: undeutlich, verwaschen, unmelodisch, unpassende Lautstärke,
- scheint unaufmerksam, desinteressiert, beantwortet Fragen nicht bzw. erst nach deutlicherer Ansprache im Blickfeld oder Körperkontakt zur Aufmerksamkeitsausrichtung.

Werden die zur Verfügung stehenden Mittel nicht erfolgreich genutzt, so kann es für Kinder mit Hörbeeinträchtigungen enorm belastend sein, wenn sie immer wieder nachfragen müssen, ständig Missverständnisse entstehen und sie sich abgehängt fühlen. Das kann zu weiteren, ohnehin hohen komorbiden Schwierigkeiten auch im emotional-sozialen Bereich führen. Insgesamt können hier, wie so oft, mit einigen geringen Mitteln, wie oben aufgeführt, viele Möglichkeiten zu einer verbesserten Beteiligung am Unterricht geschaffen werden. Es lohnt sich, die Mitschüler*innen einzubeziehen und mit den Anforderungen, ob nun technisch-digitaler, räumlicher oder gesprächs-/verhaltensbezogener Art, transparent umzugehen und eine Atmosphäre gegenseitiger Achtsamkeit zu implementieren.

10.8 Sehen

In den Empfehlungen zum Förderschwerpunkt Sehen definiert die KMK (1998b, S. 4) für diejenigen Schüler*innen einen sonderpädagogischen Förderbedarf im Sehen, »die aufgrund einer Sehschädigung in ihren Entwicklungs-, Lern- und Bildungsmöglichkeiten so eingeschränkt sind, daß [sic] sie im Unterricht der allgemeinen Schule ohne sonderpädagogische Unterstützung nicht hinreichend gefördert werden können. Dabei können medizinisch-therapeutische, pflegerische, technische, psychologische, soziale Maßnahmen in oder außerhalb der Schule notwendig sein.« Auch hier wird deutlich, wie komplex dieser Förderbedarf und die damit einhergehenden Anforderungen an die Umsetzung von Partizipation im inklusiven Unterricht sein kann. Es sind nicht nur didaktische Aspekte zu beachten. Bernitzke (2019, S. 179) formuliert ergänzend zur Konkretisierung der Zielgruppe: »Eine Person ist sehbehindert, wenn trotz Korrekturgläsern die Sehschärfe unter einem Drittel der Sehschärfe eines Normalsichtigen liegt oder trotz besseren Sehvermögens das Gesichtsfeld massiv eingeschränkt ist.« Begrifflich hat sich in Deutschland die Bezeichnung Sehschädigung durchgesetzt, das Ausmaß dieser kann von einer Sehbehinderung über eine hochgradige Sehbehinderung bis zu Blindheit reichen.

Häufige komorbide (also zeitgleich auftretende) Störungen sind geistige Behinderungen, körperlich-motorische Behinderungen, Hörbeeinträchtigungen und Probleme im sozial-emotionalen Bereich.

Schüler*innen mit Sehbeeinträchtigung unterliegen in der Regel dem allgemeinen Lehrplan (KMK, 1998b). Die Geltung anderer Curricula sind individuell abzuklären.

9.616 Kinder mit Sehbeeinträchtigungen besuchten im Schuljahr 2019/2020 Schulen in Deutschland, 1.613 davon gingen in Grundschulen (KMK, 2021b). Zahlenmäßig ist dieser Schwerpunkt demnach derjenige, der am geringsten ausgeprägt ist. Aber mit 51,7 %, also 4.976 Schüler*innen besuchen viele von ihnen allgemeine Schulen.

Die Sehbeeinträchtigung kann weitreichende Konsequenzen für die Entwicklung eines Kindes haben, denn der Sprachaufbau kann sich verzögern, sozial-emotionale Probleme können vermehrt auftreten, es können Konzentrationsprobleme vorliegen und insgesamt verlangsamte Lernprozesse sowie eine verlangsamte motorische Entwicklung auftreten. All diese Faktoren können daraus entstehen, dass ein Kind mit Sehbeeinträchtigung sich in einer stark visuell geprägten Umwelt wenig orientieren kann und auch wichtige Aspekte des Modelllernens, z. B. im sozialen Miteinander, durch Beobachtung kaum erlernen kann. In der Unterrichtsgestaltung gilt es nicht nur, zusätzlich etwas für den Schüler oder die Schülerin mit Sehschädigung quasi ›on Top‹ einzufügen, vielmehr sollte die Lehrkraft reflektieren und versuchen, »den visuellen Charakter der räumlichen und didaktischen Angebote offenzulegen und damit die (potenziellen) Barrieren, die im »klassischen«, allgemeinen Setting (und auch in Willkommen-heißenden inklusiven Settings) enthalten sind«, zu identifizieren (Degenhardt & Walthes, 2016, S. 71).

Wie bereits beim Förderschwerpunkt Hören erwähnt, gibt es auch hier einige spezifische Anzeichen, die Lehrkräfte aufmerksam machen sollten, wenn sie diese im Unterricht bei Schüler*innen feststellen, die bisher keine Überprüfung auf Sehschädigung hin durchlaufen haben (vgl. Bernitzke, 2019; Walthes, 2003):

- Schwierigkeiten beim Sehen in der Ferne,
- Lichtempfindlichkeit,
- Schiefhaltung des Kopfes,
- geringer Abstand zwischen Buch/Bildschirm und Augen,
- Übersehen offensichtlicher Gegenstände,
- Äußerungen über unscharfes Sehen oder ungünstige Lichtverhältnisse,
- Kopfschmerzen nach visuellen Anforderungen wie Lesen und Fernsehen,
- Blickauffälligkeiten (Augen wirken verschlafen, häufiges Blinzeln, Augentränen, -rötungen),
- häufiges Augenreiben,
- Abdeckung/Schließen eines Auges beim Lesen,
- motorische Probleme/›Ungeschicklichkeit‹ im Alltag.

Es existieren unterstützende und kompensierende Aspekte für den inklusiven Unterricht, die je nach Sehschädigung und nach Ressourcen einzusetzen und anzupassen sind:

- Punktschrift (Braille-Schrift) – Punktschriftmaschine und -drucker,
- Langstock,
- Führhund/Assistenzhund,
- Lesegeräte,
- Computer/Tablet (Vergrößerungen),
- Notebook mit Braillezeile und Sprachausgabe,
- spezifische Farbgebung/Kontraste.

Wichtig ist auch hier, dass die Lehrkraft mit den Hilfsmitteln kompetent und handlungssicher ist und die Mitschüler*innen im besten Falle eingebunden und informiert sind. Es erweist sich als unabdingbar, dass die Bedingungen im Klassenraum möglichst gleich bleiben, damit sich Schüler*innen zuverlässig orientieren können (z. B. fester Platz in der Klasse, gleichbleibender Standort für Arbeitsmaterial, fester Platz für den Rucksack). Diese Orientierung sollte auch geübt werden; Wege können gemeinsam abgegangen werden und Kommentare an neuralgischen Punkten zur Orientierung gegeben werden. Barrieren im Raum sollten vermieden werden. Insgesamt kann natürlich bei der Gestaltung des Schulgeländes hilfreich sein (sollte sich diese Gelegenheit ergeben, hier umzugestalten oder zu modifizieren), eine gewisse Struktur mitzudenken, die gut nachvollziehbar ist und Orientierung ermöglicht. Leitsysteme, die auch mit dem Stock gut spürbar sind, sind hier eine von vielen Möglichkeiten. Insgesamt gibt es optische, mechanische und elektronische Hilfsmittel sowie visuelle, taktile und akustische Medien. Die Möglichkeiten sind im Zuge der Digitalisierung enorm gestiegen und der Aufwand der Umsetzung einer möglichst großen Barrierefreiheit kann damit langfristig gesenkt werden. Alle diese Aspekte gehören zur gelingenden Gestaltung der Rahmenbedingungen und somit einer erfolgreichen Unterstützung des Lern- und Entwicklungsprozesses.

10.9 Hochbegabung

Hochbegabung ist ein komplexes Konstrukt, dem mehr als eine überdurchschnittliche Intelligenz zugrunde liegt. Aufgrund einer Hochbegabung liegt kein sonderpädagogischer, wohl aber ein pädagogischer Förderbedarf vor.

Eine zuverlässige Definition des Konstrukts Hochbegabung erweist sich als sehr schwer, da kaum präzise Begriffsbestimmungen existieren und unterschiedliche Konventionen umgesetzt werden. Den Begriff der Begabung zu bestimmen, ist umfassend und müsste differenziert erfolgen, würde an dieser Stelle jedoch zu weit führen. Häufig spricht man dann von einer vorliegenden Hochbegabung oder besonderen Begabung, wenn der IQ-Wert mindestens 130 beträgt (Rost, 2008). Abgegrenzt werden häufig hochleistende Kinder und Jugendliche, die zwar überdurchschnittlich intelligent sind, jedoch im Mittel einen IQ von 116 aufweisen (ebd.) und somit nicht als hochbegabt gelten.

Die Unterscheidung von Kompetenz (als intellektuelles Potential und latente Variable) und Performanz (als gezeigte Leistung, manifeste Variable) ist hier bedeutsam, auch um die Komplexität der diagnostischen Erfassung zu verdeutlichen. Denn alleine ein Intelligenztest wäre hier nicht aussagekräftig genug, um auch Aussagen über die Performanz zu ermöglichen. »Jeder Leistung liegt ein entsprechendes Potential zugrunde, die Umsetzung eines Potentials in aktuelle Leistungen hängt aber von zahlreichen Drittvariablen ab (Leistungswille, Motivation, Interesse etc.)« (ebd., S. 61).

Wie stellt man also eine Hochbegabung fest? Die kognitive Leistungsfähigkeit wird mit einem Intelligenztest gemessen. Damit misst man das latente Konstrukt der Kompetenz. Flankierend ist es jedoch wichtig, auch Aspekte der Performanz zu erheben. Wie gut kann jemand etwas? Wie kreativ ist jemand? Welche Schulleistungen werden tatsächlich gezeigt?

Es gibt in der Gruppe der Hochbegabten einige Schüler*innen, deren Hochbegabung nicht erkannt wird und die deswegen nicht oder nicht ausreichend gefördert werden. Diese Schüler*innen können zu Underachievern werden, was mit einer sogenannten Inneren Kündigung aufgrund von ständiger Unterforderung und Langeweile einhergeht. Es liegt also eine Diskrepanz zwischen der Intelligenzleistung und der tatsächlich gezeigten Schulleistung vor. Hier kann es zu starken schulischen Problemen bis hin zum Schulversagen mitsamt Problemen im emotional-sozialen Entwicklungsbereich (Selbstkonzept, Leistungsmotivation, Anstrengungsbereitschaft etc.) kommen. Diese Schüler*innengruppe ist spezifisch in den Blick zu nehmen, denn hier muss frühzeitig interveniert werden und spezifische Förderung ist unbedingt angezeigt. Dass Kinder mit Hochbegabung stärker emotional-sozial gefährdet seien wie andere Kinder, ist ein weit verbreiteter Irrtum, es gibt dazu keine Evidenz (z. B. Rost, 2009; Holling et al., 2015). Mit einer Hochbegabung geht demnach kein höheres Risiko für emotionale oder andere Störungen einher.

Als schulische Ansätze der Förderung unterscheidet man zwischen Akzeleration (Verkürzung der Unterrichtszeit durch D-Zug, Parallelbesuch von zwei Klassen etc.), Enrichment (Anreicherung und dadurch Vertiefung der Inhalte des Lehrplans, z. B. durch zusätzliche Leistungskurse) und Individualisierung und Differenzierung (Anpassung an die Interessen und Fähigkeiten). Zudem werden oft außerschulische Angebote wie Sommerakademien etc. genutzt.

Bei der Förderung in der Grundschule ist es wichtig, dass Kinder gefordert werden. Hier ist eine Beratung durch Expert*innen ebenso hilfreich wie bei anderen spezifischen Unterstützungen. Da es kaum wissenschaftliche Aussagen zur Wirksamkeit von Interventionen im deutschen Schulsystem gibt, greift Rost (2008) in seinem Marburger Hochbegabtenprojekt auf Einschätzungen von Eltern, Lehrkräften und Jugendlichen zurück: »Fördermaßnahmen, die auf einer außerschulischen Anreicherung und auf eine Differenzierung zielen, wurden gewünscht. Segregationsmaßnahmen, insbesondere Überspringen, Sonderklassen und besondere Schulen für Hochbegabte sah man dagegen skeptischer« (ebd., S. 74), was übergreifend für Grundschulkinder als auch Jugendliche gilt.

In Bezug auf Underachiever empfiehlt Rost (2006) eine individualisierte Vorgehensweise und merkt folgende Aspekte (hier leicht modifiziert) an:

- Verbesserung des Selbstwerts (z. B. angemessene Erwartungen bezüglich der eigenen Fortschritte und Erfolge; Angebote und Aufgaben entsprechen den persönlichen Stärken der Schüler*innen; Erfolgserlebnisse ermöglichen und die angemessene Attribuierung dieser fördern);
- Steigerung der Motivation (differenzierte Lernangebote in der Schule; an Lern- und Wissensstand orientierte [Zusatz-]Aufgaben);
- Schaffung ergänzender Anreize (ggf. auch materielle Belohnungen [Token-Systeme]);
- Differenzierung der Hausaufgaben in zentralen Fächern (zeitnahes lernwirksames Feedback zu den Hausaufgaben geben);

- Sicherstellung gelingender Kooperation von Elternhaus und Schule (regelmäßiger Austausch: »runder Tisch«);
- Reduzierung evtl. vorhandener Defizite im Lern- und Arbeitsverhalten (Vermittlung fachspezifischer – nicht allgemeiner! – Lern- und Arbeitstechniken/-strategien, auch mit Hilfe von Quellen, die vom Kind selbständig bearbeitet werden können);
- Schließen von Wissenslücken (individueller Förderplan; gut strukturierte und qualitativ hochwertige Nachhilfe);
- Einbindung verschiedener Professionen zur Unterstützung (Lerncoaching, Lerntherapeut*in, Lerntrainings etc.);
- Fokussierung sozialer Probleme (evtl. zusätzliche Projekte/Training in (Klein-)Gruppen; außerunterrichtliche bzw. außerschulische soziale Angebote anregen).

Man kann also zusammenfassend sagen, dass die Identifizierung und Förderung von Kindern mit Hochbegabung wichtige Aufgaben im Unterricht sind, dass sie jedoch nicht übermäßig im Risikobereich der Entwicklung von schulischen und psychosozialen Auffälligkeiten liegen. Jedoch existieren Underachiever, die besondere Unterstützung und spezifische Förderung benötigen. Es kann sich die Erstellung eines Förderplans, den man sonst eher aus dem sonderpädagogischen Bereich kennt, lohnen und dieser kann wertvoll zur spezifischen Förderung eines Kindes mit Hochbegabung beitragen. »Die schulischen Möglichkeiten hochbegabter Kinder unterscheiden sich von denen Gleichaltriger, gleichzeitig suchen sie jedoch den Kontakt zu diesen und sind keine kleinen Erwachsenen« (Popp et al., 2017, S. 33). Es muss in diesem Förderplan also nicht nur um akademische Leistungen gehen. Auch der Einbezug und die Kooperation mit den Eltern sollte ein relevanter Handlungsaspekt für die Lehrkraft sein, ebenso wie das Kind selbst, angepasst an seinen Entwicklungsstand, in die Planung und Umsetzung der Förderung einbezogen werden sollte.

> **Lernaktivität**
>
> Nehmen Sie Ihre anfangs erstellte Mindmap zur Hand und ergänzen Sie sie für den ausgewählten Unterstützungsbedarf. Wussten Sie bereits viel? Was war neu für Sie? Entstehen Fragen, die Sie recherchieren möchten?

10.10 Zusammenfassung

In diesem Kapitel ist einmal mehr deutlich geworden, wie verschieden Kinder in der Grundschule sein können und warum es so bedeutsam ist, die Unterschiedlichkeiten auch in den Blick zu nehmen und potentielle Bedarfe zu erkennen.

Der Förderschwerpunkt Lernen ist deutlich am stärksten vertreten, auch in der inklusiven Grundschule, während die Förderschwerpunkte Hören und Sehen im Vergleich eher seltener vorkommen. Viele der aufgeführten Maßnahmen, die für die jeweiligen spezifischen Schwerpunkte Unterstützung bieten, können für alle Kinder einer Klasse eingesetzt werden. Die Vorbereitung und Umsetzung inklusiven Unterrichts bilden ein komplexes Unterfangen, was dieses Kapitel vielleicht besonders deutlich hervorheben konnte, da die individuellen Bedarfe und Kompetenzen der Kinder jeweils einbezogen werden müssen und sehr unterschiedlich ausgeprägt sein können. Von kognitiv starker Beeinträchtigung bis hin zu Hochbegabung, von angepasstem, internalisierendem bis hin zu externalisierendem Verhalten im Unterricht – das Spektrum ist groß. Lehrkräfte haben viele Handlungsmöglichkeiten zur Prävention und Intervention, sie müssen jedoch Wissen über die Bedarfe haben und Strategien der Differenzierung nutzen können.

Vertiefende Literatur

- Heimlich, U. & Kiel, E. (Hrsg.). *Studienbuch Inklusion*. Regensburg: Klinkhardt.
- Ministerium für Schule und Weiterbildung des Landes Nordrhein-Westfalen (Hrsg.). *Sonderpädagogische Förderschwerpunkte in NRW. Ein Blick aus der Wissenschaft in die Praxis*. Düsseldorf: Düssel-Druck.

11 Gestaltung inklusiven Unterrichts

Guter Unterricht ist wichtig und trägt zur positiven Entwicklung aller Kinder bei. Dabei kommt es stark darauf an, wie die Lehrkraft den Unterricht gestaltet und welche Strategien und Methoden sie umsetzt. Da sich Klassen in Grundschulen sehr heterogen zusammensetzen, ist ein gutes Know-how zu verschiedenen Themen innerhalb dieses Kontextes hilfreich. Neben den Basisdimensionen des Unterrichts (Klassenführung, Kognitive Aktivierung und konstruktive Unterstützung) kommen weitere Aspekte zum Tragen. Abwechslungsreiche Unterrichtsmethoden, ohne zu überfordern, sind das Ziel. Dabei wechseln sich Phasen von lehrkraftzentriertem und schüler*innenzentriertem Unterricht ab, ebenso wie stark gesteuert und eher offen und selbstentdeckend, individuelle und kooperative Phasen. Die übergreifende Frage lautet: Was ist wirksam?

Spätestens seit der Publikation der Meta-Analyse von Hattie (2009) ist die Bedeutsamkeit des Einflusses von Lehrkräften auf Schüler*innen ein Dauerthema. Lernen zu initiieren und sichtbar zu machen, zu prüfen, ob und inwiefern Lernen stattfindet, ist das Kerngeschäft der Lehrkräfte. Nach Hattie (2013) geht es darum, als Lehrkraft die eigene Wirkung, den Einfluss auf die Schüler*innen zu erkennen, ihn zu evaluieren und zu reflektieren (›Kenne deinen Einfluss!‹). Unter Berücksichtigung der individuellen Lerner*innenvoraussetzungen (u. a. Vorwissen, Motivation, familiärer Hintergrund) ist zentral, dass Lehrkräfte ein optimales Lernangebot unterbreiten und entsprechende Bedingungen schaffen können. Die Unterrichtsforschung benennt in Anlehnung an Gold (2015) folgende Aktivitäten:

- zum (Nach-)Denken anregen;
- individuelle Lerner*innenvoraussetzungen erkennen und diese bewerten;
- die Klasse pädagogisch effizient führen;
- verschiedene Lehrmethoden sinnvoll und passgenau für die Lerner*innen einsetzen.

Um zielgerichtet Unterricht mit einer hohen Passung zwischen dem, was geboten wird, und dem, was benötigt wird, gestalten zu können, benötigt die Lehrkraft einen guten Überblick über die Bedarfe der Klasse und ein gutes Wissen über effektive Methoden und Strategien. Die Gestaltung der Lehr-Lernumgebung zur Umsetzung von lernwirksamem Unterricht unter Beachtung der Basisdimensionen guten Unterrichts werden in den folgenden Unterkapiteln vertieft.

11.1 Gestaltung von Lehr-Lernumgebungen

Lernen ist nicht auf das Klassenzimmer begrenzt und nicht notwendigerweise auf Anleitung angewiesen. Gelernt wird oft eher beiläufig (inzidentell). Im Kontext von Schule und Unterricht ist es aber die Aufgabe der Lehrkraft, absichtsvoll darauf hinzuwirken, dass Lernen stattfinden kann (▶ Kap. 8.3.1).

> *Lernen* gilt als das Ergebnis von Erfahrungen, die zur Veränderung von Verhalten oder Verhaltenspotenzialen führen, die überdauernd verfügbar sein müssen, also in unterschiedlichen Situationen sichtbar werden können, aber nicht zwangsläufig müssen (Koch & Stahl, 2017).

Dadurch, dass dieser Gang der Gestaltung etwas Intentionales aufweist und durch ein planvolles, systematisches Vorgehen charakterisiert ist, wird auch vom *Lehren* gesprochen. Wie die Lernsituationen im Unterricht konkret ausgestaltet werden, welche Methoden, Mittel (u. a. Arbeitsblätter, Mikroskop) und Unterrichtsarrangements genutzt werden, um Lernen zu ermöglichen (u. a. Stillarbeit, Frontalunterricht, Experimentieren), basiert auf den Zielen des Unterrichts und mit welchen Aktivitäten und Mitteln man diese am besten erreichen kann.

> Eine Lernumgebung beschreibt die gezielte Gestaltung von Lernsituationen, in denen die verschiedenen Bedingungen, die das Lernen beeinflussen können, berücksichtigt werden, und Aktivitäten, die zur Initiierung und Aufrechterhaltung von Lernprozessen notwendig sind, systematisch und sinnvoll aufeinander bezogen und geplant werden.

Eine gut durchdachte Kombination von Medien und Methoden berücksichtigt

- das Ziel des Lernprozesses (z. B. Vokabeln beherrschen, musizieren);
- den Lernenden und seine individuellen Voraussetzungen (u. a. kognitiv, emotional, sozial, Vorwissen);
- die Klasse und den situativen Kontext, in dem Lernen stattfindet.

Für die Gestaltung von Lernumgebungen kann auf verschiedene wissenschaftstheoretische Grundpositionen zum Lehren und Lernen zurückgegriffen werden, welche unterschiedliche Erklärungsansätze für das Lernen bereitstellen. Jeder dieser Ansätze ist von Bedeutung für die Gestaltung von Unterricht, weil er unterschiedliche Perspektiven auf das Lernen und damit die Kinder als Lernende, die Rolle der Lehrkraft und den Einsatz von Medien sowie den Grad an Selbstständigkeit und Eigenverantwortung der Kinder anbietet. Einzelne Methoden lassen sich nicht immer eindeutig einer Theorie zuordnen.

11.1.1 Lernen und Lehren im Behaviorismus

Im Behaviorismus wird Lernen verstanden als Verhaltensänderung, als eine Assoziation von Reiz und Reaktion (vgl. Abb. 22). Eine Verhaltensänderung wird unmittelbar auf zugeführte Eingangsinformationen zurückgeführt bzw. wird davon ausgegangen, dass sich Verhalten (und Emotionen) durch einen Reiz vorhersagen lässt (*Lernen als Verhaltensänderung*). Die Abläufe und Vorgänge, die zur Verhaltensänderung beitragen, spielen in behavioristischen Ansätzen eine untergeordnete Rolle. Die Anfänge des Behaviorismus lassen sich etwa auf den Anfang des 20. Jahrhunderts datieren. Einer der wichtigsten Vertreter war der US-amerikanische Psychologe John Watson (1878–1949), der auch als der Namensgeber gilt, da er seiner eigenen Verhaltenstheorie den Namen *Behaviorism* gab. In den 1920er Jahren wurden verschiedene Verhaltenstheorien in den wissenschaftlichen Diskurs eingeführt. Prominent geworden sind besonders zwei Theorien. Die Theorie der *klassischen* und die der *operanten Konditionierung*. Für die *klassische Konditionierung* steht der Name Ivan Pawlow (1849–1936) und die Konditionierung angeborener Reaktionen (z. B. Speichelfluss, Saugen). Als Vater der *operanten Konditionierung* gilt Burrhus F. Skinner (1904–1990). In beiden Theorien wird Lernen als beobachtbare Verhaltensänderung betrachtet, die zustande kommt, weil ein Signal (Reiz) mit einer Reaktion verknüpft wird (assoziatives Lernen). Der wesentliche Unterschied zwischen den beiden Ansätzen besteht darin, dass bei der operanten Konditionierung die gezeigte Reaktion Aufmerksamkeit erhält. Es wird sozusagen *gelernt*, dass ein bestimmtes Verhalten belohnt wird. Man unterscheidet zwischen positiver Verstärkung (ein angemessenes Verhalten wird belohnt), negativer Verstärkung (ein unangenehmer Reiz wird bei angemessenem Verhalten entfernt) und Bestrafung (nach unangemessenem Verhalten wird ein angenehmer Reiz entfernt oder ein unangenehmer Reiz gesetzt).

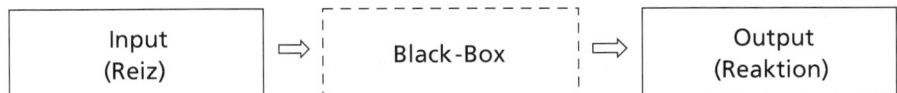

Abb. 22: Lernen im Behavioristischen Paradigma (*Lernen als Verhaltensänderung*)

Lehr-Lernkonzepte, die auf behavioristischen Prinzipien beruhen, fanden auch Eingang in den schulischen Alltag. Im Lehren nach Prinzipien operanter Konditionierung sind der Prozess und die Abläufe strikt organisiert. Lerngegenstände werden aufbereitet und in kleinschrittigen Unterweisungen durch die Lehrkraft vermittelt. Erfolgreiches Handeln wird belohnt und falsches Handeln unmittelbar korrigiert. Elemente operanten Konditionierens fließen in verschiedenen methodischen Settings ein, unter anderem bei der Direkten Instruktion (▶ Kap. 11.4.1), die sich als besonders effektive Methode für Schüler*innen mit Lernschwierigkeiten erwiesen hat (Hattie, 2009), aber auch in Unterrichtssequenzen, die ein effizientes Voranschreiten durch zügige Vermittlung erfordern und eine schematische Wissensvermittlung (Faktenwissen, Vokabeln) sinnvoll erscheinen lässt. Deutliche Kritik an diesem Lehr-Lernansatz wurde wiederholt an der Passivität des Lernenden geübt und an der Neigung von Vertreter*innen dieses Ansatzes, innerpsychische Vorgänge während des Lernprozesses weitgehend auszuklammern. Operantes Konditionieren liegt auch wesentlich den Verhaltensmanagementsystemen zugrunde. Besonders in der sonderpädagogischen Tradition werden sie als proaktives Mittel zur Herstellung lernförderlicher Lernumgebungen und ein möglicher Bestandteil von Klassenführung empfohlen (Hennemann & Hillenbrand, 2008; ▶ Kap. 11.3.1).

Der Einsatz von Verhaltensmanagementsystemen und Strategien bei Schüler*innen mit Schwierigkeiten im Bereich Verhalten und Lernen kann sinnvoll sein. Für sie ist Strukturierung und Stringenz eine wertvolle Orientierung und kann wirkungsvoll die Entwicklung unterstützen. Das Treffen von Absprachen mit Schüler*innen, die Entwicklung von Verhaltensverträgen und die Kopplung von Absprachen an Verstärkerpläne mit Verhaltens- und Lernfeedback tragen verbindlich zum Schul- und Entwicklungserfolg von Schüler*innen bei. Die Wirkung von Ampel-, Sticker- oder Smileysystemen ist hingegen nicht erforscht. Daher muss genau geprüft werden, was für die individuelle Entwicklung eines Kindes unterstützend wirken kann und was hemmen oder schädigen könnte.

11.1.2 Lernen und Lehren im Kognitiven Paradigma

Im Zuge der kognitiven Wende (1960er Jahre) wurde der Fokus auf die Verarbeitung und Speicherung von Wissen gelenkt. Auch Emotionen und Überzeugungen wurde mehr Beachtung geschenkt. Albert Bandura (1925–2021) brachte innerhalb des kognitionspsychologischen Paradigmas beispielsweise in seiner sozial-kognitiven Lerntheorie Überlegungen zur Bedeutung von selbstbezogenen Überzeugungen über die eigene Wirksamkeit (self-efficacy) und das Modelllernen ein. Er lieferte wichtige Hinweise darauf, dass Handeln, Zielsetzungen und der Umgang mit Erfolgen oder Misserfolgen von Überzeugungen über die eigene Wirksamkeit geleitet wird und dass menschliches Verhalten auch durch Beobachtung und Imitation anderer erklärbar ist.

Das Gedächtnis als die »Fähigkeit, des Gehirns, Informationen zu speichern und wieder abzurufen« (Schneider & Berger, 2014, S. 202), wurde zum zentralen Gegenstand des Interesses (vgl. Abb. 23). Häufig wird die Technologie-Metapher bemüht und Vergleiche zum Menschen als Maschine bzw. Computer gezogen, weil Parallelen zwischen Informationsverarbeitungsmodellen (z. B. Atkinson & Shiffrin, 1968) und Computern erkennbar sind.

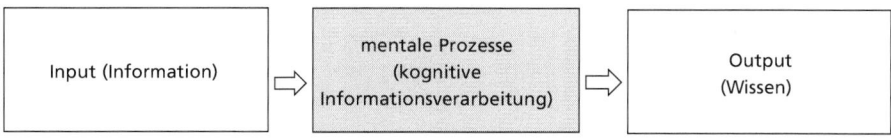

Abb. 23: Lernen im Kognitiven Paradigma (*Wissen durch Instruktion*)

Lernen wird danach als Fluss von Informationen zwischen dem *sensorischen Register (SR)*, dem (Prozessor) *Kurzzeitgedächtnis bzw. Arbeitsgedächtnis (AG)* und dem *Langzeitgedächtnis (LZG) (als Festplatte)* verstanden (Hasselhorn & Gold, 2009, S. 50) (Abb. 26).

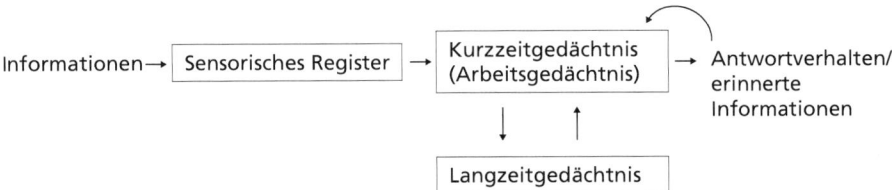

Abb. 24: Modales Modell der menschlichen Informationsverarbeitung (in Anlehnung an Hasselhorn & Gold, 2009, S. 50; eigene Darstellung)

Der Kreislauf wird wie folgt beschrieben: Sind Informationen, die auf das sensorische Register treffen, attraktiv und ziehen die Aufmerksamkeit des Lernenden auf sich, werden im AG so genannte Gedächtnisrepräsentationen aktiviert und zur Bearbeitung verfügbar gemacht. Im Kontext von Forschung, die auf dem Drei-Komponenten-Modell des Arbeitsgedächtnisses von Baddeley und Hitch (1974) basiert, zeigt sich, dass das Kurzzeitgedächtnis (bzw. Arbeitsgedächtnis) nur ein geringes Fassungsvermögen hat und Informationen nur kurz zwischengespeichert werden (max. 1,5 bis 2 Sekunden; Ahnert, 2014). Das Arbeitsgedächtnis wird immer benötigt, wenn kognitive Leistungen, u. a. Problemlösen, strategisches Denken, Erinnerungsleistungen, Sprachverstehen, erforderlich sind. Das Arbeitsgedächtnis gilt als bester Prädiktor für das komplexe Problemlösen und kommt auch dann ins Spiel, wenn Teilleistungsschwächen (z. B. Rechenstörung) erklärt werden sollen (▶ Kap. 8.2.2 Bereichsspezifische Vorläuferfertigkeiten).

Das AG *spricht* mit den Informationen, die im Langzeitgedächtnis gespeichert sind, und manipuliert dort lagernde Informationen. Der Wissenserwerb war erfolgreich, wenn neue Sachverhalte, neue Informationen aufgenommen und im Langzeitgedächtnis abgespeichert wurden. Im Langzeitgedächtnis werden die Informationen in zwei (bzw. drei) Arten von Wissen gelagert. Im *deklarativen Gedächtnis* wird das ›Weltwissen‹ einer Person gespeichert (semantisches Gedächtnis). Dabei handelt es sich um Faktenwissen (z. B. Beginn und Ende der Weltkriege, Überwinterungsstrategien) oder Regeln (z. B. Grammatik, Rechenprozeduren), die erlernt, organisiert und miteinander vernetzt sind (*deklaratives Wissen*). Darüber hinaus werden im deklarativen Gedächtnis auch Erinnerungen an Erlebnisse, wie eine Reise, Besuche, Kindheitserfahrungen, schulische Situationen, abgespeichert (*episodisches Gedächtnis*); also alle Erinnerungen, die mit uns selbst verknüpft sind (autobiographisch). Schon bei 2- bis 3-Jährigen wurde beobachtet, dass sie sich an länger zurückliegende Ereignisse erinnern können (Fivush et al., 1987). Das *prozedurale Gedächtnis* speichert hingegen Wissen über Abläufe. Es handelt sich um Wissen darüber, wie man etwas tut oder ausführt. Es wird daher auch mit *Können* oder *Fertigkeiten* (*skills*) gleichgesetzt. Dazu gehören z. B. das Fahrradfahren oder andere Bewegungsabläufe (handwerkliche Tätigkeiten, Umgang mit dem Controller einer Spielekonsole etc.). Im prozeduralen Gedächtnis werden aber auch konditionierte Tätigkeiten abgespeichert, z. B. wenn das Pausenklingeln ertönt, verlassen alle Schüler*innen das Klassenzimmer oder sie stellen sich auf, um das Klassenzimmer geordnet zu betreten.

> **Lernaktivität**
>
> Versuchen Sie, mindestens zwei Beispiele für Inhalte verschiedener Fächer zu finden, in denen das Arbeitsgedächtnis von Grundschüler*innen besonders gefordert ist (Sachunterricht, Mathematik, Deutsch, Musik, Sport).

Nach Hasselhorn und Gold (2009, S. 51) gilt es im kognitionspsychologischen Paradigma vier Grundprinzipien bei der Gestaltung von Lehr-Lernumgebungen zu beherzigen, damit Wissen erfolgreich langfristig verfügbar gemacht wird.

1. Der Information muss Beachtung geschenkt werden (AG aktivieren).
2. Die Information muss wiederholt präsentiert bzw. geübt werden (regelmäßig aktivieren).
3. Die neue Information muss mit vorhandenen Informationen abgeglichen werden (Vorwissen aktivieren).
4. Das erworbene Wissen muss konsolidiert werden (Übung und Konsolidierung).

Ersteres bedeutet: Die Aufmerksamkeit muss auf den Lerngegenstand gerichtet sein, damit Lernen stattfinden kann. Kinder müssen im Vergleich zu Erwachsenen darüber hinaus Informationen häufiger präsentiert bekommen, um sie abzuspeichern. Je mehr schon über eine Sache bekannt ist (Vorwissen), umso einfacher kann die neue Information in das Langzeitgedächtnis gelangen und an die bekannten Informationen andocken. Eine Analogie wäre ein Fischernetz und das Fischen im Meer. Ein Netz mit breiten Maschen (wenig Vorwissen) kann nur die ganz großen Fische (Informationen) auffangen. In einem Netz mit engen Maschen (viel Vorwissen) bleiben viele Fische (also viele Informationen) hängen.

Als wichtige Techniken zum Üben und Festigen neu erworbenen Wissens werden verschiedene Möglichkeiten wie lautes Aufsagen (Rezitieren), Enkodiertechniken (z. B. Eselsbrücken) oder das Überlernen (immer wieder bereits Erlerntes durcharbeiten) angeführt. Dazu zählen etwa Merksätze, welche die Einprägung von Faktenwissen unterstützen (z. B. Himmelsrichtungen: Nie Ohne Seife Waschen).

Innerhalb des kognitionspsychologischen Ansatzes wird eine regelgeleitete, an dem Lerngegenstand ausgerichtete Form der Vermittlung präferiert (gegenstandszentrierte Lernumgebung). Die Lehrkraft agiert im kognitionspsychologisch orientierten Unterricht im Sinne eines *didactic leader* und ist diejenige, die durch das Unterrichtsgeschehen leitet und eine steuernde, aktive Rolle übernimmt, wohingegen der Lernende eine eher rezeptiv-passive Position im Lehr-

Lerngeschehen übernimmt. Unterricht findet in diesem Sinne als Anleiten, Darbieten und Erklären statt (*Wissen durch Instruktion*). Wichtige Lehrtheorien und Konzeptionen, die innerhalb des kognitionspsychologischen Paradigmas entwickelt wurden, sind Gagnés *Instructional Design Ansatz* (Gagné, 1965), Ausubels *Advance Organizer* (Ausubel, 1968), John B. Carrolls *Mastery-Learning* (Carroll, 1989) und Blooms Entwicklung von *Lernzieltaxonomien* (Bloom et al., 1956), die später von Anderson und Kratwohl (2001) weiterentwickelt wurden. In diesen Lehrkonzepten werden Zielorientierungen (vgl. curriculare Didaktik der 1970er Jahre), die Maximierung von Lernzeit und die Aktivierung von Vorwissen als wichtig für den Wissenserwerb eingestuft. Lehr-Lernumgebungen, die im Sinne des Instructional Design gestaltet werden, zeichnen sich durch kumulativen Kompetenzaufbau (vom Einfachen zum Schwierigen) aus, sind gekennzeichnet durch Lehr-Lernsequenzen, die rational und kleinschrittig zerlegt und aufbereitet werden, so dass Wissen von Lernenden strukturiert erworben werden kann. Dabei spielt das Anknüpfen an Vorwissen, z. B. durch geeignete Strukturierungshilfen, eine zentrale Rolle. Im Kontext heterogener Lerngruppen und der Gestaltung adaptiven Unterrichts brachte die ATI-Forschung (Aptitude-Treatment-Interaction) in den 1960er Jahren wichtige Erkenntnisse zum Zusammenhang von Lehrmethode und Lerner*innenvoraussetzung. Es wurde offensichtlich, dass es nicht die eine passende Lehrmethode (Treatment) für eine besondere Lerner*innenvoraussetzung (Aptitude) gibt, was unterrichtspraktisch insofern von Relevanz war, als dass daraus geschlussfolgert werden konnte, dass keine Methode per se einer anderen überlegen ist. Eine für inklusionsorientierte Ansätze bedeutsame Erkenntnis aus diesen Studien legt aber auch nahe, dass Kinder mit geringerer kognitiver Leistungsfähigkeit mehr von einem kleinschrittigen Vorgehen und einer stärkeren Anleitung profitieren (Snow & Swanson, 1992). Kritisiert wurde an den Instructional Design-Modellen der ersten Generation insbesondere das strenge, lineare und reduktionistische Vorgehen und die fehlende Berücksichtigung individueller Konstruktionsleistungen der Lernenden.

11.1.3 Lernen und Lehren im Konstruktivistischen Paradigma

Im konstruktivistischen Paradigma gilt der Lernende als zentraler Akteur und Gestalter seiner eigenen (Lern-)Umwelt. Vertreter*innen dieser Position gehen von einer individuellen, aktiven Konstruktionsleistung von Wissen aus (*Wissen durch Konstruktion*). Lernen wird als situiert anerkannt, wonach nachhaltige Konstruktion erst durch Erfahrungen und authentische Problemstellungen erfahrbar wird. Eine Grundannahme besteht darin, dass es keine objektive Realität gibt, sondern jede Realität rein subjektive Interpretation ist (vgl. Abb. 25).

Es wird davon ausgegangen, dass nicht nur Lerngegenstände, sondern auch Interaktionen mit anderen Schüler*innen und Lehrkräften unterschiedliche Wirkungen auf das Kind entfalten können – je nach Wahrnehmung und Interpretation der Situation. Für die Gestaltung von Unterricht bringt diese Annahme einen fundamentalen Wechsel mit Blick auf die Aufgaben für Lehrende und Lernende mit sich. Eine konstruktivistische Lernumgebung zeichnet sich durch eine

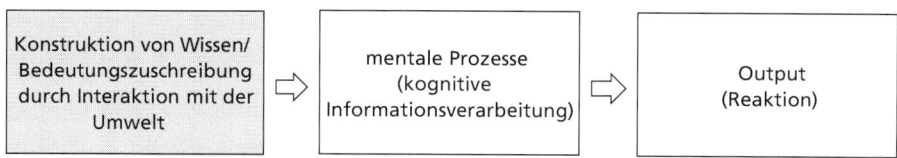

Abb. 25: Lernen im Konstruktivistischen Paradigma (*Wissen durch Konstruktion*)

starke Schüler*innenorientierung aus, in welcher der Lernende aktiv, überwiegend selbstbestimmt und selbstgesteuert agiert. Der Lehrende hingegen übernimmt eine eher reaktive Position. Er wird zur unterstützenden, anregenden und beratenden Lernbegleitung im Prozess. Die Verwendung des Begriffs Lehren (in seiner Bedeutung jemanden zu unterweisen) wäre unter Einnahme einer radikal konstruktivistischen Position streng genommen nicht zulässig.

Prägende Vertreter*innen dieser Denkschule sind Jean Piaget (1896–1980), Lev Vygotski (1896–1934; auf Deutsch auch: Wygotski), Jerome Bruner (1915–2016) und Hans Aebli (1923–1990). Viele lerntheoretische Überlegungen, wie sie Piaget in seiner Theorie zur Entwicklung kindlichen Denkens entworfen hat, bilden die Grundlage von Lehrtheorien, wie sie von Bruner und Aebli später entwickelt wurden. In seiner strukturgenetischen Erkenntnistheorie beschreibt Piaget Wissen als Eigenleistung des Kindes, das durch die aktive Auseinandersetzung mit der Umwelt konstruiert wird (Kind als Wissenschaftler*in). Fundamental für Piagets Theorie ist der Begriff des Schemas. Als *Schemata* werden geistige Strukturen bezeichnet, die verschiedene Operationen, Verhaltensmuster und Gedanken enthalten. Diese werden vom Kind zur Interpretation von Ereignissen genutzt. Die (kindliche) Entwicklung des Denkens vollzieht sich in vier Stadien der Entwicklung (sensumotorisches, präoperationales, konkret-operationales und formaloperationales Stadium), wobei einzelne Stadien nicht übersprungen werden können. Die stufenförmige Entwicklung konnte allerdings ebenso empirisch entkräftet werden wie die Tatsache, dass die Phasen von allen gleichförmig durchlaufen werden (vgl. Pinquart et al., 2011). Piaget formuliert die Annahme, dass sich neue Schemata ausbilden, wenn ein Kind mit neuen Informationen in seiner Umwelt konfrontiert wird und diese erst im Sinne bereits vorhandener Schemata angepasst werden müssen (*Assimilation*). Je größer der Unterschied zwischen den Schemata und unbekannten Informationen, umso notwendiger wird eine Veränderung bisheriger Schemata (*Akkomodation*). Der kognitive Konflikt, wenn Erwartungen nicht mit Erfahrungen übereinstimmen, nimmt eine wichtige Rolle in naturwissenschaftlichen Unterrichtskonzepten ein. Durch die Herstellung entsprechender Lernumgebungen soll ein Wandel und eine Erweiterung von Begriffen, (Prä)Konzepten und Schüler*innenvorstellungen (*conceptual-change*) über naturwissenschaftliche Phänomene und Sachverhalte angeregt werden (z. B. Möller, 2010). Mit der Person Jerome Bruner (z. B. 1973) wird sowohl der Begriff des Entdeckungslernens, das Spiralcurriculum als auch das EIS-Prinzip (enaktiv, ikonisch, symbolisch; ▶ Kap. 2.6) verknüpft. Ihn interessierten (wie auch Piaget) die Verstehensprozesse, aber er ging nicht von einer stufenhaften kindlichen Entwicklung aus. Bruner ging in ähnlicher Weise wie Comenius (▶ Kap. 3.1) davon aus, dass einem Kind alles zu vermitteln (lehren) sei, nur eben angepasst an den Entwicklungsstand des Kindes.

Das EIS-Prinzip (▶ Kap. 2.6) hat sich als wichtiges didaktisches Prinzip in der Primarstufe etabliert. Auch Aebli orientiert sich in seinem Werk *Zwölf Grundformen des Lehrens* (Aebli, 1983/2019) sowohl an den lerntheoretischen Auffassungen von Piaget als auch an Überlegungen von Herbarts Formalstufentheorie. Er beschreibt »vier Grundformen des Lehrens, denen *vier Schritte des Lernprozesses* entsprechen: das problemlösende *Aufbauen* einer Struktur, das *Durcharbeiten* derselben, das *Üben und Wiederholen* zum Zwecke ihrer Konsolidierung und das *Anwenden* in neuen Problemsituationen« (ebd., S. 24). Die Lehrtätigkeit erfolgt in Schritten, wonach zunächst die Darbietung eines Problems durch die Lehrkraft ermöglicht wird und der Erwerb von Begriffen, Handlungsschemata, Operationen am Ende des Lernprozesses steht.

Vygotski (1987) geht auch von einer Konstruktion von Wissen aus, allerdings greift er den sozialen Kontext und die Austauschprozesse (Interaktion) mit anderen auf. Danach ist beim Lehren der Blick auf die zukünftige und mögliche, nächsthöhere Entwicklungszone des Kindes (*Zone der nächsten Entwicklung* oder *Zone der proximalen Entwicklung*) zu richten. Was das Kind imstande ist, selbstständig zu tun, zu können oder umzusetzen, lerne es dabei unter Anleitung und Mithilfe eines Erwachsenen, der bereits über das Wissen auf dieser Erfahrungsstufe verfügt. Für die Gestaltung von Lern-Lernumgebungen ist diese Annahme insofern konsequenzenreich, als dass Lehrkräfte den Prozess der Entwicklung und Hervorbringung von Fähigkeiten unterstützen können und für den Lernprozess sowohl kooperative Settings als auch authentische Situationen an Bedeutung gewinnen.

Mittlerweile besteht weitgehend Konsens in der Forschung, dass Instruktion und Konstruktion gleichermaßen von Bedeutung für das schulische Lernen sind. Im *gemäßigten Konstruktivismus* wird eine verbindende Position eingenommen. Danach kommt Unterricht und Lernen nicht ohne Anleitung, Erklärung und Unterweisung und den sozialen Austausch mit anderen aus. Ebenso wenig wird abgesprochen, dass Lernen ein aktiver, situativer und eigentätiger Prozess ist und die Bedeutungszuschreibung, die Wahrnehmung und Interpretation von Ereignissen, die Deutung und die Sichtweise auf die Welt immer höchst subjektiv ist (u. a. Reinmann-Rothmeier & Mandl, 1999).

> *Gemäßigter Konstruktivismus*
> Lernen wird verstanden als aktiv selbstgesteuerter, konstruktiver, situativer und sozialer Prozess zwischen Lehrendem und Lernenden (ebd., 1999).

In dem Ansatz wird berücksichtigt, dass jedes Kind anders lernt und andere Bedürfnisse hat. Die Lehrkraft übernimmt im moderat-konstruktivistischen Verständnis deshalb eine steuernde Rolle, weil sie die Gestaltungsfrage der Lehr-Lernumgebung verantwortet und Lernen durch Lehren ermöglicht. Lehren und Lernen werden als im Unterricht parallel ablaufende Aktivitäten aufgefasst, bei denen die Lehrkraft mal mehr und mal weniger stark eingreift. Die Gestaltungsfrage berücksichtigt auch die individuellen Bedarfe und Lerner*innenvoraussetzungen (Motivation, Selbstkonzept, Emotion, kognitive Voraussetzungen) und deren Diagnostik, um den Lernprozess zu begleiten und gezielt zu unterstützen. Phasen der Freiräume und Eigenaktivität wechseln sich mit Phasen zügiger Vermittlung ab. Je nach Wissens- und Erkenntnisstand, nach Motivation, Interesse und Ziel der Unterrichtsstunde ist die Beschäftigung mit dem Lerngegenstand alleine oder in einem kooperativen Prozess sinnvoll. Als visionäres und primäres Ziel ist anvisiert, den Lernenden nicht nur das Überleben im schulischen Alltag zu sichern, sondern ihnen die Kenntnisse und Fertigkeiten zu vermitteln, die ihnen dazu verhelfen, in praktischen Alltagsbezügen handeln zu können (anwendungsfähiges Wissen) und ihr Handeln kritisch zu reflektieren. Deshalb, so Reinmann-Rothmeier und Mandl (1999, S. 20), gilt: »Wer als Lehrender Ergebnisse dieser Art erreichen will, muss dafür sorgen, dass die Lernenden das, womit sie sich beschäftigen, auch verstehen und sinnvoll in ihr Vorwissen einbauen, dass sie Zusammenhänge zwischen verschiedenen Wissensinhalten herstellen, dass sie das Gelernte in realen Situationen anwenden und dass sie sich letztlich zu Personen entwickeln, die selbständig sowohl allein als auch zusammen mit anderen Probleme lösen können.«

11.2 Lernwirksamer Unterricht – Perspektiven der Allgemeinen Didaktik und Lehr-Lernforschung

Was macht lernförderlichen und qualitativ hochwertigen Unterricht aus? Mit dieser Frage beschäftigen sich Forscher*innen unterschiedlicher Disziplinen seit Jahrzehnten. Theoretische Rahmungen für die Praxis und wissenschaftliche Untersuchungen, in der Unterscheidung von ›gutem‹ (normativ) und ›effektivem‹ (erfolgreichem, im Sinne zielerreichenden Lernens) Unterricht, wie sie etwa Berliner (2005) vornimmt, liefern Modelle aus der Allgemeinen Didaktik, die sich auf bildungstheoretische Konzeptionen stützen, und Modellierungen aus der empirischen Lehr-Lernforschung, die sich eher an der Psychologie und ihren Theorien orientiert (vgl. hierzu die lesenswerte Betrachtung des Verhältnisses von Lehr-Lernforschung und Allgemeiner Didaktik: Terhart, 2002). Die Grundschulpädagogik als wissenschaftliche Disziplin und als Profession, die Handlungswissen für die Lehrkräfte bereitstellt, stützt sich sowohl auf die bildungstheoretischen Konzeptionen zur Analyse, Planung und Gestaltung von Unterricht als auch auf die Erkenntnisse aus der empirischen Lehr-Lernforschung.

11.2.1 Die Allgemeine Didaktik

Die Allgemeine Didaktik (altgriechisch διδάσκειν didáskein = lehren, einen anderen lernen machen) wird auch als Berufswissenschaft von Lehrkräften bezeichnet

(Arnold, 2006). Laut Terhart (2008) reklamiert sie für sich den umfassenden Anspruch, »derjenige Teil der Erziehungswissenschaft zu sein, der sich mit den theoretischen und praktischen Problemen des Lehrens und Lernens auf allen Stufen und in allen Inhaltsbereichen des Bildungssystems beschäftigt« (ebd., S. 13). Die allgemeindidaktischen Planungsmodelle stellen eine Art Rahmentheorie dar, die das Planungsobjekt Unterricht fokussieren. Sie zeichnen sich durch präskriptive Annahmen (wie etwas sein soll) aus und »bieten einen Rahmen, um Entscheidungen über Ziele und Inhalte einer Unterrichtsstunde(-einheit) zu treffen bzw. entsprechende curriculare Vorgaben zu begründen und Unterrichtsstundenplanung zu betreiben« (Arnold & Lindner-Müller, 2019, S. 40). Sie helfen Fragen nach dem »Warum, was, zu welchem Zweck und wie gelernt werden soll« zu beantworten. Sie übernehmen damit neben einer Orientierungsfunktion auch eine Begründungsfunktion für den Unterricht. Es existiert mittlerweile eine Vielzahl theoretischer Strömungen zum Planungsobjekt Unterricht mit verschiedenen inhaltlichen Ausdifferenzierungen. Einen grundlegenden Überblick zu den allgemeindidaktischen Modellierungen findet man u. a. bei Terhart (2019) oder Peterßen (2001). Zu den bekanntesten Planungsmodellen zählen die bildungstheoretische (später kritisch-konstruktive) Didaktik von Klafki (1963; 2007) und die lerntheoretische Didaktik (Berliner Modell) nach Heimann (1962) und Heimann, Otto und Schulz (1965), die primär zu Ausbildungszwecken in der Lehrerbildung entwickelt wurden. Letztere mit dem Ziel, die Analyse und Planung von Unterricht auf der Basis von wissenschaftlich abgesicherten Informationen zu ermöglichen. Während in Klafkis Ansatz stärker der *Inhalt* im Fokus der Unterrichtsplanung steht (Was sollen Schüler*innen eigentlich im Unterricht lernen und warum? ▶ Kap. 2.1: Grundlegende Bildung), rückten im Berliner Modell die *Lernprozesse* in den Fokus. Das Berliner Modell basiert auf der Annahme, dass jeder Unterricht formal eine konstante Struktur aufweist. Es gründet auf der Auffassung, »dass alle unterscheidbaren Strukturmomente des Unterrichts in einem wechselseitigen Abhängigkeitsverhältnis stehen und ein genereller Wirkprimat eines dieser Momente nicht angenommen werden darf« (Peterßen, 2000, S. 94). Jeder Unterricht hat demnach einen immer gleichen Bauplan, bei dem alle identifizierbaren Elemente gleichermaßen wichtig sind und sich wechselseitig beeinflussen. Unterschieden werden *vier Entscheidungsfelder* (Inhalt, Ziele, Methoden, Medien) und *zwei Bedingungsfaktoren* (anthropogene und soziokulturelle). Es gab viel Kritik an den allgemeindidaktischen Modellen, weil sie als wenig praxistauglich beurteilt wurden, dennoch haben sie an ihrer Gültigkeit in der Lehrer*innenbildung wenig eingebüßt.

11.2.2 Lehr-Lernforschung

Eine andere Annäherung an den Gegenstand Unterricht wählt die pragmatisch orientierte Lehr-Lernforschung. Sie interessiert sich eher für Fragen des Zustandekommens des Produkts von Lehr-Lernprozessen und orientiert sich an psychologischen Theorien. Auch hier haben sich zahlreiche Ansätze ausdifferenziert, die stärker auf Theorien zum Lehren (Strukturparadigma) oder Theorien des Lernens (Prozessparadigma) rekurrieren (Seidel, 2014). Einen Wendepunkt in der Lehr-Lernforschung markierte die Abwendung von einer instruktionistischen Sichtweise auf das Lehren und Lernen (Behaviorismus), die bis in die 1970er Jahre in der Unterrichtsforschung dominierte. Seitdem wurden zahlreiche Modelle vorgelegt, in denen die unterrichtlichen Bedingungen, Merkmale des Kontextes, der Lehrenden und Lernenden, Prozesse, Strukturen und Ergebnisse stärker in die Betrachtung der Wirkweise von Unterricht einbezogen werden (Seidel et al., 2014).

Zu einer besonderen Akzeptanz und Reichweite zur Beschreibung der Wirkweise von Unterricht brachten es im deutschsprachigen Raum die Angebots-Nutzungs-Modelle der Wirkweise von Unterricht, die sich dadurch auszeichnen, dass sie verschiedene Denktraditionen integrativ vereinen, wenngleich auch diese Ansätze kritisch gesehen werden (u. a. Einsiedler, 2000; Gruschka, 2007). Bei den Angebots-Nutzungs-Modellen handelt es sich um keine Theorie. Es ist ein »Ordnungsrahmen, der die wechselseitige Verknüpfung verschiedener Variablenblöcke zur Erklärung der Unterrichtswirksamkeit illustrieren soll« (Helmke et al., 2007, S. 17). Helmut Fend brachte das Modell Anfang der 1980er Jahre im Zusammenhang mit der Gesamtschulentwicklung und Fragen zu Durchlässigkeit und Chancengleichheit in den Diskurs, als er auf der Suche nach einem erweiterten Rahmen für die Bedingungen war, mit denen die Entwicklung von Wissen und Kompetenzen von Schüler*innen erklärt werden kann (Fend, 2019). Eine Sichtung der Erklärungsmodelle für schulische Leistungen, die in Tradition des damals dominierenden Prozess-Produkt-Paradigmas (Gage, 1978) entwickelt worden waren, ergab einen Mangel an systematischer Verknüpfung von Kontextmerkmalen (z. B. administrative Vorgaben, gesellschaftlich-kultureller Kontext), dem Unterrichts*angebot* (Unterrichtsqualität und Lehrkraftseite) sowie den Eingangsvoraussetzungen von Schüler*innen, welche dieses Angebot nutzen (können). Fend (2019) beschreibt es rückblickend als ein *in die Pflicht nehmen* aller Beteiligten, mit dem das Zustandekommen von Schüler*innenleistungen erklärt werden kann. Die Angebots-Nutzungs-Modelle basieren im Kern auf der Annahme, dass Unterricht ein *Angebot* darstellt, das von der Lehrkraft auf der Basis ihres Professionswissens sowie ihrer pädagogischen Orientierung und dem Ziel etc. gestaltet wird, das aber nicht notwendigerweise zum intendierten Ertrag (Wirkungen) führen muss, weil die Nutzung, das heißt die Lernaktivitäten auf Schüler*innenseite, von einer Vielzahl weiterer Faktoren (u. a. individuellem Lerner*innenpotenzial), dem familiären und außerschulischen Kontext beeinflusst und durch die Wahrnehmung und Interpretation mediiert wird (vgl. Abb. 26).

Unterschieden werden können proximale von distalen Bedingungsfaktoren schulischer Leistungen, wonach davon ausgegangen wird, dass es einige Aspekte gibt, die näher (proximaler) an den schulischen Leistungen liegen und kausal einen höheren Erklärungswert haben als andere Faktoren. Zu ersteren zählen die individuellen Bedingungen des Wissenserwerbs (u. a. Intelligenz, Motivation, Vorwissen). Zu letzteren zählen Faktoren, die zwar nicht minder auf die Leistungsentwicklung einwirken, aber weiter entfernt liegen (distaler), wie der familiäre Kontext. Seit der Einführung des Modells gab es zahlreiche Erweiterungen, die auf einer Integration empirischer Forschungsdaten zum komplexen Gefüge

11 Gestaltung inklusiven Unterrichts

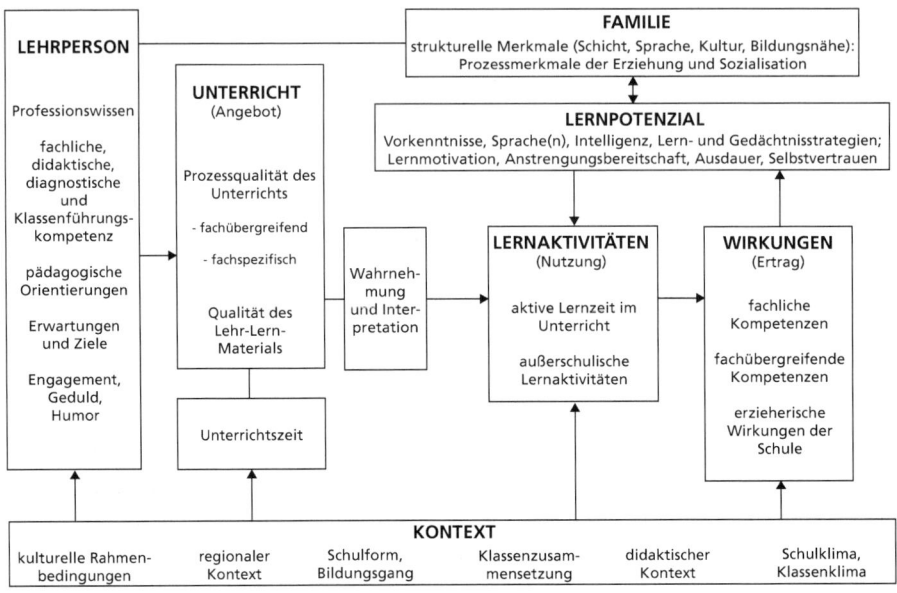

Abb. 26: Ein Angebots-Nutzungs-Modell (Helmke, 2014, S. 71)

von Bedingungen und Auswirkungen von Unterricht basieren (vgl. im Überblick Vieluf et al., 2020). Um auf eine so komplexe Frage nach lernförderlichem Unterricht eine Antwort geben zu können, hat sich in der Wissenschaft die Unterscheidung zwischen *Sichtstrukturen* und pädagogischen *Tiefenstrukturen* etabliert (Oser & Baerswyl, 2001). Äußere und sichtbare Merkmale von Unterricht, wie Organisationsform (Klassenunterricht, Jahrgangsübergreifendes Lernen), Sozialform (Einzel-, Partner- oder Gruppenarbeit) oder Unterrichtsmethode (direkte Instruktion, offener Unterricht, Wochenplanarbeit) sagen nicht viel über die Qualität des Unterrichts aus. Bedeutsamer sind diejenigen unterrichtlichen Maßnahmen, die ein fachlich-inhaltlich tieferes Verständnis und Einsichten auf Seiten der Schüler*innen ermöglichen (Tiefenstrukturen). Weitgehend anerkannt als Merkmale lernwirksamen Unterrichts sind die durch die Unterrichtsqualitätsforschung vorgelegten drei Basisdimensionen der Unterrichtsqualität (u. a. Klieme et al., 2006; Pianta & Hamre, 2009).

11.3 Basisdimensionen der Unterrichtsqualität

Das Modell der Basisdimensionen von Unterrichtsqualität stützt sich auf empirische Studien, in denen faktorenanalytisch verschiedene Einzelmerkmale, die positiv mit dem Lernzuwachs von Schüler*innen korrelieren, zu drei übergeordneten Faktoren zusammengefasst wurden: »Unterrichts- und Klassenführung«, »Schüler[*innen]orientierung« und »kognitive Aktivierung« (Klieme et al., 2001, S. 51). Mittlerweile besteht breite Verständigung darüber, dass lernwirksamer Unterricht

- die bestmöglichen Rahmenbedingungen schafft, damit Lernen stattfinden kann und soziale Eingebundenheit ermöglicht wird (Klassenführung),
- kognitiv anregend ist (d. h. zum Nachdenken und Durchdenken anregt) und
- unterstützend (sozial-emotional, fachlich konstruktiv) wirkt.

11.3.1 Klassenführung

Ein einzelnes Kind zu unterrichten oder es zu unterweisen mag noch keine große Herausforderung darstellen. Für viele Kinder gleichzeitig da zu sein, mehrere Sachen parallel zu händeln, jeden einzelnen nicht aus dem Blick zu verlieren, die Aufmerksamkeit aller zu binden, sie in ihrem Lernprozess und ihrer Entwicklung zu unterstützen, das stellt schon ganz andere Anforderungen an die Lehrkraft. Die Führung einer Klasse im pädagogischen Sinne, das heißt sie zu erziehen, sie fachlich anzuleiten und sich für sie verantwortlich zu fühlen, ist mitunter die größte Herausforderung und wichtigste Kompetenz, über die eine Lehrkraft verfügen muss.

> *Klassenführung* umfasst alle Aktivitäten von Lehrkräften, die sie zur Gestaltung einer Umgebung umsetzen, die akademisches und sozial-emotionales Lernen unterstützt und anregt (Evertson & Weinstein, 2006).

Angehende Lehrkräfte befürchten oft (nicht ganz zu Unrecht), bei herausfordernden Situationen mit Schüler*innen nicht angemessen reagieren zu können. Sie möchten wissen, wie sie mit schwierigen Schüler*innen umgehen, wie sie auf Unterrichtsstörungen angemessen reagieren oder mit Regelverstößen umgehen können. Gut zu wissen, dass es bereits viele (empirisch fundierte) Erkenntnisse zu proaktiven und reaktiven Maßnahmen gibt, die aufzeigen, wie Lernen für alle Beteiligten im Klassenzimmer ermöglicht werden kann. Effiziente Klassenführung umfasst auf Seiten der Lehrkraft vielfältiges Wissen über die Unterrichtsorganisation und Prozesse des Lehrens und Lernens sowie die Fähigkeit, dieses in konkreten Maßnahmen umzusetzen: das Klassenzimmer zu organisieren, Abläufe zu strukturieren, Lehr-Lernprozesse zu initiieren und aufrechtzuerhalten und sozial-emotionale Unterstützung anzubieten. Der Klassenraum und das Lernen sind für die Kinder vorhersehbar, klar strukturiert und effektiv zu organisieren. Eine ansprechende, aber übersichtliche und funktionale Gestaltung des Klassenraums (Hennemann & Hillenbrand, 2010) und ebenso eine hohe Strukturierung und Klarheit, eine gute Präsenz im Klassenraum und Lernprozess (Allgegenwärtigkeit), kognitive Mobilisierung der gesamten Lerngruppe und fließende Übergänge zwischen den Unterrichtsphasen und Sozialformen (Reibungslosigkeit und Schwung) beeinflussen positiv die Aktivierung der Lernenden (vgl. Kounin, 1976/2006). In Klassen, in denen Lehrkräfte sehr strukturiert arbeiten und ein gutes Zeitmanagement besitzen, sind bspw. seltener Zwischenrufe zu beobachten (z. B. Evertson & Emmer, 2012).

Klassenführung agiert somit auf einer Metaebene und besteht aus vielen Strategien, die eine wirksame Umsetzung guten Unterrichts bedingen (Martenstein & Hillenbrand, 2013; Hennemann & Hillenbrand, 2010). Störungen des Lernprozesses sind dabei ein natürlicher Bestandteil von Unterricht. Viele Ereignisse finden im Unterricht gleichzeitig statt, verlangen die Aufmerksamkeit der Lehrkraft, sind miteinander verzahnt und beeinflussen sich gegenseitig (Doyle, 1986). Das Alter der Lernenden und die jeweilige Lerngruppe kann an Lehrkräfte dabei ganz unterschiedliche Herausforderungen stellen. Kinder im Anfangsunterricht benötigen beispielsweise in noch viel stärkerem Maße Hilfestellungen und klare Strukturen als ältere Schüler*innen. Dazu zählt die Formulierung und frühzeitige Einführung von Regeln und Routinen. Routinen helfen gerade im Anfangsunterricht, sich schnell an den Schulalltag zu gewöhnen. Sie bieten Entlastung und Freiraum für das Lernen und ermöglichen die Konzentration auf den Gegenstand. Die Einhaltung von Regeln hängt unmittelbar davon ab, ob sie adressat*innengerecht und mit den Schüler*innen gemeinsam erarbeitet wurde (Helmke, 2009).

Das Fundament effizienter Klassenführung stellt ein vertrauensvolles Miteinander und ein wertschätzender Umgang untereinander dar. Nicht ohne Grund heißt es: *Beziehung kommt vor Erziehung* (z. B. Hillenbrand, 1999). Eine sichere Beziehung zur Lehrkraft drückt sich darin aus, dass auch in emotional belastenden Situationen die Hilfe der Lehrkraft gesucht wird (vgl. Julius, 2010). Wenn Schüler*innen eine vertrauensvolle Beziehung zu ihrer Lehrkraft aufbauen können, sind sie zugänglich und offener für Lernerfahrungen. Schüler*innen lernen dabei viel aus der Beobachtung von Interaktionen zwischen Lehrkraft und anderen Schüler*innen. Schüler*innen, die von der Lehrkraft wertschätzend behandelt werden, werden auch von den anderen Kindern der Lerngruppe positiver wahrgenommen (Huber, 2019).

Als niedrigschwelligste Maßnahme für die Initiierung und Gestaltung einer positiven Lehrkraft-Schüler*in-Beziehung gilt der Einsatz verhaltensspezifischen Lobs (behavior-specific praise), das als *low-intensity*-Strategie für jedes Kind im Unterricht eingesetzt werden kann. Hierbei handelt es sich in erster Linie um Formen anerkennender, positiver Rückmeldungen, die sich auf das Sozialverhalten beziehen (z. B. »Toll, dass ihr euch bereits hingesetzt habt«). Sie haben sich gerade für Kinder, die herausforderndes Verhalten zeigen, als wirksames Mittel erwiesen, um sie gezielt in der Entwicklung positiver Verhaltensweisen zu bestärken (Floress et al., 2017). Kinder, gerade im Anfangsunterricht, möchten gerne gelobt werden. Sie freuen sich über positive Rückmeldungen über die Einhaltung von Regeln, die Anerkennung guter Mitarbeit und dass sie sich anderen gegenüber gut und hilfsbereit verhalten (Burnett & Mandel, 2010). Grundschulkinder führen viele Handlungen aus, weil ihnen wichtig ist, was die Lehrkraft von ihnen denkt (Bartels, 2015). Damit die Entwicklung eines tiefergehenden Verständnisses über positives Sozialverhalten stattfinden kann, sind wertfreie (valenzfreie) Äußerungen zum Verhalten (z. B. »Peter, wenn Du sofort eine Frage stellst, wenn Du etwas nicht verstehst, fällt es Dir sicher leichter, dich bis zum Ende der Stunde zu konzentrieren«) aber vorzuziehen (Huber, 2019). Es kann die Entwicklung sozialer Kompetenzen begünstigen und zur sozialen Eingebundenheit in inklusiven Klassen beitragen (ebd.).

Lob und Belohnungen (Anreize) sind auch zentraler Bestandteil schulweiter mehrstufiger Systeme (▶ Kap. 5.4.2). Durch die proaktive Bereitstellung einer entwicklungsfördernden Umgebung für alle Schüler*innen sollen reaktive Maßnahmen auf herausforderndes Verhalten auf ein Minimum reduziert werden (Sugai & Horner, 2009). Ein gut erforschtes unterrichtsimmanentes Gruppenkontingenzverfahren, das die Einhaltung von Regeln durch Belohnungen fördert und auf ethisch begründeten Prinzipien der Anerkennung fundiert, ist das KlasseKinderSpiel (Tab. 14), im angloamerikanischen Raum als GoodBehaviorGame bekannt und eine der besterforschtesten Interventionen. Es kann dazu genutzt werden, die Bedingungen für alle Schüler*innen zu einem angemessenen Lernklima zu entwickeln und reibungsloseren Unterricht zu ermöglichen. Dabei wird die Einhaltung von gemeinsam in der Klasse entwickelten Regeln für eine bestimmte Spielzeit verstärkt. Positive Effekte finden sich auf die Selbststeuerung und die Motivation der Schüler*innen sowie das Klassenklima. Das KlasseKinderSpiel wird aufgrund seiner einfachen Ein- und Durchführung gut akzeptiert von Lehrkräften und bereitet den Schüler*innen Spaß an der Regeleinhaltung. Damit gilt es als eine positive Möglichkeit der Umsetzung guter Klassenführung fachunabhängig und -übergreifend während der gesamten Grundschulzeit (und darüber hinaus).

Tab. 14: Anleitung zur Durchführung des KlasseKinderSpiels (nach Hillenbrand & Pütz, 2008; Vierbuchen, 2022)

1. *Vorüberlegungen zum Spiel* Aspekte: Beginn, Dauer, geeignete Unterrichtsphase Meist lohnt sich das Spiel gerade zur Einführung eher zu Tagesbeginn, wenn die Konzentration noch gut ist und so Erfolgserlebnisse wahrscheinlicher sind. Die Spieldauer sollte so gewählt werden, dass es auch Schüler*innen mit Lern- und Verhaltensschwierigkeiten mit ein wenig Ansporn und Anstrengung schaffen können, sich an die Regeln zu halten (zu Beginn max. 10 Minuten, später bis zu 20 Minuten). Zu Beginn sollte das Spiel in ruhigen und gut überschaubaren Unterrichtsphasen umgesetzt werden, um es für die Lehrkraft als Schiedsrichter*in und die Klasse möglichst einfach zu gestalten. Steigerungen im Anforderungsniveau in komplexeren und dynamischeren Unterrichtsphasen können später angegangen werden. Wichtig ist, dass in dieser Planungsphase und der Umsetzung die Schüler*innen gut eingeschätzt werden, damit die Bedingungen des Spiels (Dauer, Regeln etc.) so passend wie möglich gestaltet werden können.
2. *Erhebung der Ausgangslage* Aspekte: Zielverhalten & Problembereiche Eine Beobachtung des Verhaltens der Klasse und evtl. spezifisch einzelner Schüler*innen während verschiedener Unterrichtsphasen kann Aufschluss geben, auf welches Verhalten sich zuerst fokussiert werden sollte, und ermöglicht langfristig einen Vergleich über die Entwicklung hinweg. Von systematischer Unterrichtsbeobachtung mit Strichliste über das Auftreten von Unterrichtsstörungen bis hin zu weniger

Tab. 14: Anleitung zur Durchführung des KlasseKinderSpiels (nach Hillenbrand & Pütz, 2008; Vierbuchen, 2022) – Fortsetzung

systematischer Beobachtung mit Notizen zu Auffälligkeiten und möglichen Regeln ist alles möglich. Empfohlen wird die erste Variante, um später den Erfolg besser sichtbar zu machen und dies auch der Klasse rückmelden zu können.

3. *Auswahl der Verstärkung*
Aspekt: möglichst starke Motivation
Anfangs lohnen sich materielle Verstärker, etwas, das die Kinder zeigen können, später kann zu sozialen oder Aktivitätsverstärkern übergegangen werden. Hier lohnt sich eine gewisse Kreativität – erlaubt ist, was zur Regeleinhaltung motiviert. Zu Beginn sollte nach jedem einzelnen Spiel ein Verstärker vergeben werden, langfristig ist das Küren von Wochensiegerteams möglich. Lob und Feedback finden konsequent immer nach jedem Spiel statt.

4. *Einführung des Spiels in der Klasse und Regeldefinition*
Aspekte: Erklärung des Vorgehens, Regelbestimmung
Die Lehrkraft berichtet, wie in Zukunft das Spiel gespielt wird (z. B. einmal täglich 10 Minuten). Ziel des Spiels (gut gemeinsam in der Klasse Lernen können) und Vorgehen (Regeln und Fouls) werden transparent gemacht und gemeinsam diskutiert. Daraus werden ca. drei möglichst konkrete Verhaltensregeln abgeleitet. Verstöße gegen die aufgestellten Regeln werden während der Spielzeit als Fouls gezählt. Die Regeln müssen immer sichtbar sein (z. B. Plakat, Signalkarten auf dem Tisch). Dann werden Teams gebildet (meist bieten sich pro Klasse drei oder vier Teams an), die von der Lehrkraft gut auseinandergehalten werden können: Fähnchen oder Klammern können hier helfen. Das Team, welches am Ende der Spielzeit die wenigsten Fouls hat, sich also am besten an die Regeln gehalten hat, gewinnt und erhält die Verstärkung und deutliches Lob (Variante für später: Belohnung für die gesamte Klasse, wenn alle Teams unter einer bestimmten Anzahl an Fouls bleiben).

5. *Durchführung*
Aspekte: transparente Spielzeit, Fouls zählen
Nun kann das Spiel beginnen. Gerade am Anfang ist es wichtig, dass die Schüler*innen genau wissen, wie lange sie die Anstrengung, sich konzentriert an die Regeln halten zu müssen, durchhalten müssen. Das Spiel ist unterrichtsimmanent, der Unterricht findet wie gewohnt statt, nur werden die Gruppennamen bei Fouls genannt und die Anzahl der Fouls als Strichliste an der Tafel festgehalten. Nach Ende der Spielzeit werden die Sieger gekürt. Absprachen mit Kolleg*innen sollten spätestens an diesem Punkt durchgeführt werden, falls mehrere Kolleg*innen in der Klasse unterrichten. Es ist wichtig, dass auf keinen Fall das Spiel mehrfach oder sogar unterschiedlich gespielt wird.

6. *Evaluation und Modifikation*
Aspekte: Veränderungen des Spiels, Wirkung außerhalb der Spielzeit
Wenn es der Klasse immer leichter fällt, sich an die bisher aufgestellten Regeln in der Unterrichtsphase zu halten, so sollte das Spiel in andere, komplexere Unterrichtsphasen transferiert werden. Ggf. sind hier neue Regeln notwendig (z. B. in kooperativen Phasen, wenn vorher eine Regel Ruhe beinhaltete), auch die Gruppenzusammensetzung kann immer wieder (nicht zu schnell, also nicht innerhalb von Tagen) gewechselt werden. Außerdem sollte nach einigen Wochen genauer beobachtet werden, ob eine Veränderung des Verhaltens in der Klasse stattgefunden hat. Innerhalb der Spielzeit sollte eine deutlich positive Entwicklung erkennbar sein, relevant ist aber, ob sich diese auf außerhalb der Spielzeit überträgt. Das kann jedoch einige Zeit dauern und geschieht eher, wenn Modifizierungen des Spiels stattfinden. An diesem Punkt greift die Lehrkraft auf die Beobachtungen aus Schritt 2 zurück und vergleicht diese mit der aktuellen Situation in der Klasse.

Zweifelhaft sind hingegen Ampelsysteme oder Murmelsysteme, bei denen Regelverletzungen oft sichtbar für alle Kinder im Klassenraum dargestellt werden. Die Wirkungen auf Schüler*innen sind nicht hinlänglich erforscht. Sie sollten im Schulalltag ohne Begründung und theoretisches Hintergrundwissen über mögliche schädigende Wirkungen nicht eingesetzt werden. Auch wenn diese Systeme sich erhöhter Beliebtheit erfreuen, zeigen Untersuchungen, dass sie bei Schüler*innen Angst auslösen können, eine Abhängigkeit von Belohnungen produzieren und die Schüler*innenpersönlichkeit unterdrücken (Kowalski & Froiland, 2020). Sie widersprechen einer auf menschenrechtlichen Grundsätzen beruhenden Gestaltung pädagogischer Beziehungen (vgl. hierzu *Reckahner Reflexionen*; Prengel et al., 2017; mehr zum Projekt https://paedagogische-beziehungen.eu/).

Studien zeigen, dass häufig dieselben Kinder von Verletzungen und Missachtung betroffen sind und die bereits mit anderen Erwachsenen gemachten negativen Erfahrungen die Beziehungsgestaltung zwischen Lehrkräften und Kind erheblich beeinflussen können. Julius (2010) berichtet, dass im Falle von psychisch misshandelten Kindern diese auch von ihren Lehrkräften oftmals negatives Verhalten erwarten, und geht davon aus, dass sich negative Muster verfestigen, wenn Lehrkräfte bereits internalisierte Bindungsmuster indirekt bestätigen (u. a. durch Bestrafung, Schimpfen oder Anschreien). »Kommt es nicht dazu, provoziert ein Großteil dieser Kinder solche Misshandlungen durch z. B. Beleidigungen und Beschimpfungen oder durch physische Angriffe auf die Lehrkraft. Andere Kinder provozieren Lehrerinnen und Lehrer, indem sie sich hartnäckig allen Forderungen widersetzen« (ebd., S. 287–288). Aufgebrochen werden können diese Muster laut Julius (2010) durch *Diskontinuitätserfahrungen*, das heißt Erfahrungen, die für ein Kind einem widersprüchlichen Bindungsmuster (z. B. sorgend, feinfühlig, zuverlässig) entsprechen. Er schlägt zwei mögliche Strategien vor, um Diskontinuitätserfahrungen zu ermöglichen. Eine zielt unmittelbar auf die emotionale Ebene (Bindungsverhalten) und eine auf die sachorientierte Ebene (Sachkompetenz). Für erstere eignen sich bei jüngeren Kindern dyadische Spielsituationen, die in Freiarbeitsphasen oder im Offenen Unterricht eine intensive Beschäftigung mit einem einzelnen Kind zulassen und in denen die Lehrkraft responsive, feinfühlige Muster zeigen kann. Zweitere zielt auf die Herstellung einer sachorientierten Beziehung, welche durch die gemeinsame, interessengeleitete Auseinandersetzung an einem Gegenstand dem Kind die Möglichkeit eröffnet, sich als selbstwirksam und kompetent zu erleben. Allerdings gilt es, in beiden Fällen die Angebote zu machen, aber dabei die Distanzbedürfnisse des Kindes zu berücksichtigen und das Kind darüber entscheiden zu lassen, wann es die Angebote annimmt.

11.3.2 Kognitive Aktivierung

Ein kognitiv aktivierender Unterricht ist, salopp ausgedrückt, darum bemüht, die Lernenden mental da abzuholen, wo sie stehen, daran anzuknüpfen und ihre (geistigen) Fähigkeiten zur weiteren Entfaltung zu bringen. Er sollte nicht dazu ermuntern, in eingeschliffenen Bahnen zu denken.

> *Kognitive Aktivierung* beschreibt die aktive, intensive gedankliche Auseinandersetzung mit einem Lerngegenstand und zeichnet sich durch die Verknüpfung von neuen Wissenselementen mit alten Strukturen aus.

In der Literatur werden verschiedene fachspezifische und fachübergreifende Möglichkeiten der kognitiven Aktivierung diskutiert (vgl. vertiefend Fauth & Leuders, 2018). Eine Möglichkeit zur Aktivierung ergibt sich durch das Stellen geeigneter Lehrkraftfragen, mit dem die Grundschüler*innen zum Nachdenken, Durchdenken und Mitmachen angeregt werden. Das dialogische Moment, das Lehrkraftfragen innewohnt, sollte dabei nicht unterminiert werden. Werden Fragen von Lehrkräften eher geschlossen als offen gestellt (z. B. »Ist ein Schwein ein Nutztier, Wildtier oder Haustier?«), eröffnet das wenig Spielraum zum Sprechen und der kognitive Anregungsgehalt ist äußerst gering. Offene Fragen hingegen (z. B. »Was weißt du schon über …?«) ermuntern zum Sprechen, zum Erzählen und können dazu eingesetzt werden, das Vorwissen zu aktivieren oder sich über Gelerntes auszutauschen.

Aufgaben sind ein unverzichtbarer Bestandteil des kognitiv aktivierenden Lernangebots. Sie sollten die Lernenden fordern, ohne zu überfordern und die Möglichkeit enthalten, eigene Ideen und Erklärungen zu entwickeln, über Lösungsansätze zu kommunizieren und Begründungen einzufordern (vgl. zu *Aufgaben* Kleinknecht, 2019). Im mathematischen und naturwissenschaftlichen Unterricht spielt der kognitive Konflikt als Auslöser für Lernprozesse eine wichtige Rolle (▶ Kap. 11.1.3 Lernen und Lehren im Konstruktivismus; Piaget). Das Vorwissen der Grundschüler*innen ist bei Gestaltungsfragen einzubeziehen, um die gestellten Herausforderungen passgenau am Entwicklungsstand zu orientieren. Angeregt wird dabei von Dehn (2021) – hier aus fachdidaktischer Perspektive Deutsch – der Maxime »vom Unvollkommenen zum Vollkommenen« (ebd., S. 13) zu folgen und bspw. Schreibanfänger*innen, die alle sehr unterschiedliche Vorerfahrungen mitbringen, in ihrem Lernprozess durch entwicklungsstimulierende Lernumgebungen zu unterstützen, in denen Fehler zulässig sind und die nicht durch zu leichte (Text-)Anforderungen zu routiniertem Denken anstiften. Sie sollten zudem eine Möglichkeit der Differenzierung enthalten. Häufig wird der Anspruch an differenzierendes Material nicht hinreichend eingelöst, insbesondere hinsichtlich seines kognitiven Anspruchs an die Lernenden. Entscheidendes Kriterium für kognitiv anspruchsvolles Material ist eine qualitative Differenzierung, die sich nicht nur, aber auch in Form unterschiedlich starker Verstehensunterstützung an einem bestimmten Aufgabenmaterial manifestiert.

Hausaufgaben sind in dem Zusammenhang ein besonderes Aufgabenformat. Sie werden im schulischen Setting erteilt und sind im häuslichen Lernumfeld verbindlich vom Lernenden zu bearbeiten. Ihnen wird eine überfachliche (Selbstständigkeit, Eigenverantwortung) als auch fachliche Funktion (Übung, Vertiefung, Wiederholung, Anwendung) zugeschrieben. Sie sollen dazu dienen, Kinder zu Selbständigkeit zu erziehen, und sind zugleich ein didaktisches Mittel, um Unterrichtsinhalte vor- und nachzubereiten (Niggli et al., 2010). Für Eltern haben Hausaufgaben einen überwiegend informierenden Gehalt. Sie erhalten dadurch

Einblicke in die schulischen Themen und zu bearbeitenden Inhalte. Nicht erst seit der Covid-19 Pandemie werden jedoch Aufgaben, die nicht im schulischen Setting erarbeitet werden können, kritisch gesehen. Insbesondere die Erkenntnisse von Forschung mit Grundschulkindern lassen darauf schließen, dass der oft damit verbundene leistungssteigernde Effekt nicht eintritt (Hattie, 2009). Auch ohne Distanzlernen war festzustellen, dass die Leistungsentwicklung davon abhängig ist, wie häufig und gut Eltern ihre Kinder im Grundschulalter bei der Bewältigung von Hausaufgaben unterstützen können (Patall et al., 2008), wie die Qualität der Aufgaben ist, das heißt ihre kognitiven Aktivierungsmöglichkeiten (Lipowsky, 2007) und ob sie inhaltlich nachbesprochen werden (Lipowsky, 2004). Eine berechtigte Sorge im Kontext inklusiven Unterrichts ist, dass Kinder ohne kompetente häusliche Unterstützung noch weiter abgehängt werden und von all den antizipierten positiven Wirkungen der Hausaufgaben überhaupt nicht profitieren, obwohl sie diese viel mehr benötigen würden als andere Kinder.

Sind Hausaufgaben vorgesehen, sollte sich die Hausaufgabenvergabe in der Grundschule daher an folgenden Grundsätzen orientieren: Hausaufgaben

- sollen selbstständig erledigt werden können;
- sollen didaktisch-methodisch eingebunden und zur Nachbereitung (Einübung, Vertiefung und Anwendung) bzw. zur Vorbereitung von Unterricht genutzt werden;
- dürfen nicht zur Disziplinierung eingesetzt werden;
- sollen motivierend sein;
- sollen partizipativ sein;
- sind nicht nur zu kontrollieren, sondern zu besprechen;
- sind nicht zu bewerten;
- müssen altersgerecht sein und der Leistungsfähigkeit entsprechen;
- sollen ein bestimmtes Zeitmaß nicht überschreiten.

Unter Berücksichtigung aktueller inklusionsorientierter Bestrebungen sollte bereits bei den Planungen von Unterricht der Auswahl von Hausaufgaben und dem Aspekt der Differenzierung deutlich höhere Aufmerksamkeit zuteil werden. Die inklusionsorientierte Sichtweise bezieht sich dabei auf alle Aspekte von Heterogenität und zielt nicht nur auf eine Differenzierung nach Leistung.

> **Lernaktivität**
>
> Recherchieren Sie in den Schulgesetzen Ihres Bundeslands die gesetzlichen Regelungen zum Umgang mit Hausaufgaben in der Grundschule.

11.3.3 Konstruktive Unterstützung

Die Dimension konstruktive Unterstützung wird gelegentlich auch als unterstützendes Unterrichtsklima oder Schüler*innenorientierung bezeichnet (Praetorius et al., 2020).

> *Konstruktive Unterstützung* lässt sich definieren als ein adaptiver und geduldiger Umgang mit Verständnisproblemen von Lernenden (Voss et al., 2014), was besonders bedeutsam für die motivationale Entwicklung der Lernenden ist.

Die Selbstbestimmungstheorie von Deci und Ryan (1993) wird als theoretische Grundlage für die Basisdimension konstruktive Unterstützung benannt (▶ Kap. 9.5 Selbstkonzept und Motivation). Hohe konstruktive Unterstützung zeichnet sich lehrkraftseitig dadurch aus, dass die Lehrkraft den Lernenden hilft, sich als kompetent zu erleben, autonom und selbstbestimmt handeln zu dürfen und sich sozial eingebunden zu fühlen. Zwei Ebenen der konstruktiven Unterstützung werden in der Literatur unterschieden: die sozial-emotionale und die kognitiv-konstruktive Unterstützung (z. B. Kleickmann et al., 2020). Erstere Ebene beschreibt eine entwicklungsförderliche Lernumgebung, die sich durch Wertschätzung, Fürsorglichkeit und wahrnehmbare Herzlichkeit auszeichnet. In einer Lernumgebung, in der Fehler im Lernprozess positiv wertgeschätzt und als Anlass zur Unterstützung genommen werden, lernen Schüler*innen besser. Ein Indikator für eine *sozial-emotionale Unterstützung* ist ein positives Fehlerklima und toleranter Umgang mit Fehlern. Der positive Umgang mit Fehlern drückt sich in emotionaler Hinsicht durch die Abwesenheit negativer Reaktionen auf Fehler aus (lächerlich machen, Bloßstellen) und die gezielte Unterbindung von negativen Schüler*innenreaktionen (Auslachen, Verspotten; vgl. z. B. Spychiger et al., 1998). Es lässt sich aber auch an der Gestaltung von Unterricht erkennen. Ein häufig berichtetes Phänomen, das eher ein ungünstiges Fehlerklima zeigt, ist nach Steuer und Dresel (2019) die Bermuda-Dreieck-Situation im Frontalunterricht, bei der die Lehrkraft eine Frage stellt und bei falscher Antwort diese nicht produktiv verwertet, um sie zur Fehleranalyse zu nutzen, sondern weitere Mitschüler*innen aufruft, bis sie die richtige Antwort erhält. Hier geht die Lernchance verloren. Offene Lernsituationen, die bewusst auch als solche und nicht als Leistungssituationen gekennzeichnet sind, erweisen sich für Schüler*innen als Raum, in dem Fehler gemacht werden können und in der die Lehrkraft bei Bedarf gezielt unterstützen kann. Eine gute konstruktive Unterstützung zeigt sich daher auch anhand einer Unterstützung kognitiver Prozesse.

Die *kognitiv-konstruktive Unterstützung* zeichnet sich durch die Anwendung von Strategien aus, die den Lernenden hilft, durch geeignete Unterstützung in die nächsthöhere Zone der Entwicklung (Vygotsky, 1963) zu gelangen. Die Sprache ist hier ein wichtiges Medium im Unterricht. Das Sprachniveau sollte leicht über dem der Schüler*innen liegen. Sprechgeschwindigkeit, Komplexität der Satzkonstruktion und Intonation der Schüler*innengruppe sollten angepasst werden. Vereinfachte Sätze helfen, Inhalte und Aufgaben besser zu verstehen und zu verarbeiten. Entwicklungen können auch gezielt durch den lehrkraftseitigen Aufbau eines Lerngerüsts angestoßen werden (*Scaffolding*; vgl. Cognitive Apprenticeship ▶ Kap. 11.1.3). Das Lerngerüst wird idealerweise im Lernprozess sukzessive wieder abgebaut, nämlich dann, wenn der Lernende den zu erfassenden Lerngegenstand durchdrungen hat (Fading). Das Prinzip des Scaffolding spielt beim Erwerb von metakognitiven Strategien eine Schlüsselrolle und kann sowohl im fachlichen Sinne im Spracherwerbsprozess (z. B. beim Erwerb von Lesestrategien) oder beim mathematischen Lernen eine wichtige Rolle bei den Aneignungsprozessen spielen.

Zur kognitiv-konstruktiven Unterstützung zählt auch die Unterstützung durch Feedback. Zu unterscheiden sind drei Formen von Feedback: (1) Feedback, das zur Herstellung von Aufmerksamkeit für das Lernen eingesetzt wird, (2) Feedback, das im Sinne der sozial-emotionalen konstruktiven Unterstützung den Lernprozess motivationsförderlich flankiert, und (3) Feedback, das zum besseren Verständnis von fachlich-inhaltlichen Aspekten eingesetzt wird. Ersteres wurde im Rahmen von effizienter Klassenführung erläutert und umfasst insbesondere Ebenen von Lob und valenzfreien Äußerungen, die sich auf das Sozialverhalten beziehen. Die zweite Dimension betrifft den adaptiven Umgang mit Fehlern, der Lernenden das Gefühl von Kompetenz und Vertrauen in die Entwicklung der Fähigkeiten und deren Veränderbarkeit bzw. Kontrollierbarkeit gibt. Die dritte Dimension lässt sich sowohl der Ebene der kognitiven Aktivierung als auch der kognitiv-konstruktiven Unterstützung zuordnen, da es in beiden Fällen um Formen von Rückmeldungen geht, die auf die Verbesserung des fachlich-inhaltlichen Verständnisses in der Auseinandersetzung mit einem Lerngegenstand abzielen. Das multidimensionale Feedbackmodell, das von Hattie und Timperley (2007) eingeführt wurde, ist derzeit im deutschsprachigen Raum das wohl prominenteste und am häufigsten rezipierte Modell, welches Rückmeldungen zur Optimierung des fachlichen Lernens thematisiert. Die höchste Wirksamkeit entfaltet Feedback demgemäß, wenn die Schüler*innen den Lehrkräften Informationen über ihren aktuellen fachlichen Lernstand und Bedarfe rückmelden. Den Ausgangspunkt, damit Feedback im Sinne der genannten Funktion wirksam wird, bilden drei Fragen, die aus Schüler*innensicht beantwortet werden müssen: Wo komme ich her? Wo will ich hin? Was ist als Nächstes zu tun? (vgl. Abb. 27).

Die Perspektiven können sich auf mehrere Ebenen beziehen: die Aufgabe, den Prozess und die selbstregulative Ebene. Korrigierendes Feedback, das sich auf die Aufgabe bezieht, kann durchaus nützlich sein, da es dabei hilft, Fehlerquellen zu identifizieren, und davor schützen kann, den gleichen Fehler zu wiederholen (Fyfe et al., 2012), wobei das Vorwissen von Lernenden eine wichtige Rolle spielt. Je weniger ein Kind über einen Sachverhalt weiß, umso wichtiger scheint korrektives Feedback zu sein, wohingegen Schüler*innen, die schon etwas über den Lerngegenstand wissen, weniger davon profitieren. Auch kann es dazu führen, dass Lernende sich auf Feedback verlassen und sich selbst weniger zutrauen (Fyfe & Rittle-Johnson, 2017). Den prozessbezogenen Rückmeldungen wird höhere Wirksamkeit attestiert, da sie den Fortschritt in den Blick nehmen. Feedback, das die selbstregulativen Strategien einbezieht, zeigt auf, welche Strategien dazu verholfen haben, diesen Fortschritt zu erzielen. Rückmeldungen, welche die Fähigkeiten betonen, werden als nicht lernrelevant im inhaltlichen Sinne für die Entwicklung eines tiefergehenden Verständnisses betrachtet. Lob, das in positiver Hinsicht bestärkend den Fortschritt anerkennt, ist ein wesentlicher Bestandteil des Lernprozesses und signalisiert Zugewandtheit und emotionale Unterstützung.

11 Gestaltung inklusiven Unterrichts

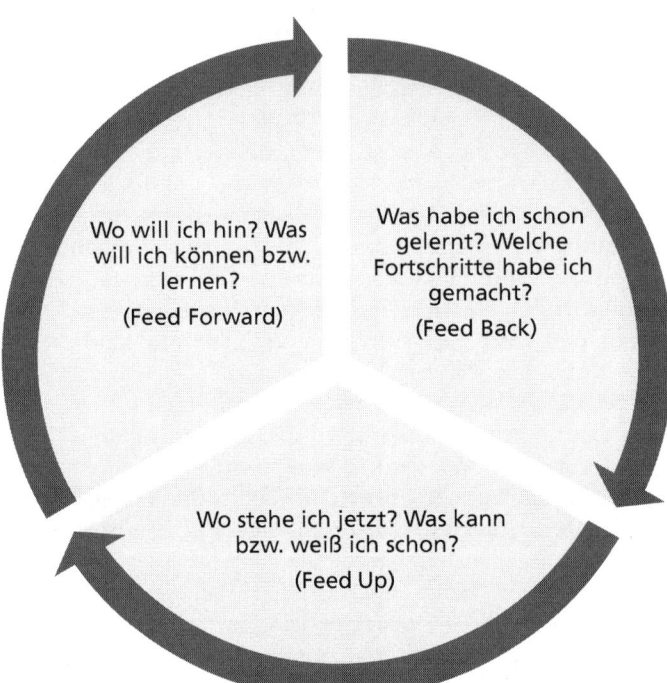

Abb. 27: Perspektiven des Feedbacks (eigene Darstellung in Anlehnung an Hattie & Timperley, 2016)

Verständnisorientierte Rückmeldungen spielen auch in mehrstufigen Verfahren wie dem Response-to-Intervention–Modell (▶ Kap. 5.4.1) eine Rolle, wo mithilfe eines präventiven stufenweise individualisierenden, engmaschigen Feedbacksystems in Form von curriculumbasierten Messverfahren sowohl hinsichtlich akademischer als auch sozialer Entwicklungsverläufe datenbasierte individuelle Rückmeldungen über Erfolge von eingeleiteten Maßnahmen im Unterricht möglich werden. Rückmeldungen werden hier als entwicklungsfördernde Rahmenstruktur von Lernprozessen konkretisiert und auf individueller Ebene spezifiziert (Vierbuchen & Bartels, 2020). Zu vermeiden ist stets, dem Kind den Eindruck zu vermitteln, dass Erfolge stark von bestehenden Fähigkeiten abhängig sind.

11.4 Methoden

Für Lehrkräfte ist die Entscheidung, welche der unendlich vielen Methoden die Passende ist, nicht immer einfach und unter verschiedenen Gesichtspunkten abzuwägen. Methoden und auch Sozialformen, welche die äußere Form der Zusammenarbeit beschreiben, sollten immer adaptiv zu den Zielen des Unterrichts und den Möglichkeiten der Lerner*innen, dem sozial-situativen Kontext und den schulischen Rahmenbedingungen ausgewählt werden. Sozialformen (Einzel-, Partner- oder Gruppenarbeit) können unterschiedliche Funktionen im Lernprozess übernehmen. Unterricht, der eher lehrkraftgesteuert stattfindet, eignet sich etwa in Unterrichtseinstiegsphasen, in denen zügig etwas vermittelt wird. Die *Einzel- und Partnerarbeit* kann gut in Phasen der Erarbeitung, Vertiefung oder Ergebnissicherung eingesetzt werden. *Gruppenarbeiten* sind bei Lehrkräften beliebt und gut geeignet für die Vertiefung von Wissen oder zur eigenständigen Erarbeitung eines Themas im sozialen Austausch.

11.4.1 Direkte Instruktion

Direkte Instruktion ist eine wirksame Vorgehensweise, die sowohl auf behavioristischen als auch kognitionspsychologischen Vorstellungen vom Lehren und Lernen basiert. Die Eigenständigkeit des Lernenden wird dabei nur insofern eingeschränkt, als dass der Lehrende den Lernprozess vorbereitet und eng begleitet durch Vormachen, Erklären und Strukturieren des Lernstoffes. Ein bestimmter Sachverhalt wird kleinschrittig, systematisch und unter Anleitung der Lehrkraft den Lernenden unter Berücksichtigung der Schüler*innenvoraussetzungen dargeboten.

Die Unterrichtsmethode erfordert eine gute Vorbereitung, um zielgerichtet eingesetzt zu werden. Sie ist nicht mit Frontalunterricht gleichzusetzen, sie ist »adaptiver, schülerorientierter Unterricht, der sich am Anfang, in der Mitte oder am Ende einer Lektion ganz unterschiedlicher Methoden bedient« (Wellenreuther, 2014, S. 8). Insbesondere für die Unterstützung von Kindern mit Lernschwierigkeiten bietet sich die Vorgehensweise der Direkten Instruktion an (vgl. Tab. 16). Dabei ist sie auch mit größeren Gruppen durchführbar.

Eine Lehrkraftzentrierung in einzelnen Phasen ist gewünscht. Die Lehrkraft trägt die Verantwortung für den Lernprozess und -erfolg der Schüler*innen. Zunächst wird der neue Inhalt (z. B. eine neue Strategie) eingeführt, modelliert, dann von den Schüler*innen erprobt bis hin zu Anwendung und Transfer. Der Ablauf der Direkten Instruktion zeigt, dass unterschiedliche Phasen aufeinander aufbauen, deren Dauer jeweils sehr unterschiedlich von wenigen Minuten (z. B. Phase 2, 3 und 4) bis hin zu Stunden (vor allem Phase 6) dauern kann. Phase 1 geschieht vor dem Unterricht, Phase 7 dient der Überprüfung und Anpassung und die Phasen 2 bis 6 sind der Kern der Direkten Instruktion im Unterricht.

Der Einsatz dieser Methode ist nur hilfreich, wenn alle Phasen durchlaufen werden. In einigen Phasen findet eine Engführung (aber trotzdem Schüler*innenorientierung) durch die Lehrkraft statt und in anderen, wie der unabhängigen Praxis, kann stark differenziert werden mit unterschiedlichen Zielen und Methoden: Während der eine Schüler noch sehr eng am gezeigten Beispiel der angeleiteten Praxis alleine übt, sitzt eine Kleingruppe etwas abseits und arbeitet peergestützt bereits am Transfer auf andere Kontexte. Besonders unterstützend kann hier der Einsatz von Co-Teaching in verschiedenen Modellen (▶ Kap. 6.2.3) sein.

Tab. 15: Phasen der Direkten Instruktion (in Anlehnung an Wember, 2007)

1. *Vorbereitung*: Die Lehrkraft analysiert den Lerninhalt und teilt ihn in sehr kleine einzelne Lernschritte auf.
2. *Einführung*: Das Thema und Ziel der Einheit werden von der Lehrkraft explizit verdeutlicht.
3. *Entwicklung*: Die Lehrkraft demonstriert den Schüler*innen die einzelnen Lernschritte (die Modellierung findet detailliert, strukturiert und mit positiven, eindeutigen Beispielen statt, evtl. kann zusätzlich auch ein Beispiel durch einen kompetenten Lernenden dargestellt werden)
4. *Angeleitete Praxis*: Alle Schüler*innen führen nach und nach genau die Lernschritte aus, die die Lehrkraft einzeln vormacht (Lernschritt 1: Lehrkraft, Lernschritt 1: Klasse, Lernschritt 2: Lehrkraft, Lernschritt 2: Klasse...); die Lehrkraft überprüft, ob alle die Schritte nachvollziehen können und gibt ggf. gezielt Hilfestellung.
5. *Zusammenfassung*: Die Lehrkraft fasst abschließend den gelernten Inhalt zusammen und hebt das Ziel hervor.
6. *Unabhängige Praxis*: Die Schüler*innen üben und vertiefen mit verschiedenen Methoden und anhand verschiedener Schwierigkeitsniveaus das Gelernte.
7. *Evaluation*: Haben alle Schüler*innen von der Lernphase profitiert? In dieser Phase spielt wirksames Feedback eine wichtige Rolle, ebenso wie Lernverlaufsdiagnostik, z. B. curriculumbasierte Messungen.

Durch die starke Strukturierung einiger Phasen und die stringente Vorgehensweise der Lehrkraft können die Schüler*innen die Kapazität ihres Arbeitsgedächtnisses besser ausschöpfen; das ist besonders relevant für Schüler*innen mit Schwierigkeiten im Lernen. Es kommt bei adäquatem Einsatz nicht zu Überforderung, selbst wenn Prozesse noch nicht automatisiert sind. Es ermöglicht eine Automatisierung und Verankerung im Langzeitgedächtnis, worauf dann langfristig auch für die Verarbeitung im Arbeitsgedächtnis zurückgegriffen werden kann (▶ Kap. 9.3). Der komplexe Prozess der Direkten Instruktion beinhaltet also sowohl eine intensive Instruktion durch die Lehrkraft als auch eine konstruktive Auseinandersetzung mit dem Inhalt durch die Schüler*innen.

Zur Wirksamkeit der Direkten Instruktion existieren sehr viele positive Forschungsergebnisse. Sie ist geeignet zur Vermittlung von Inhalten (Fachwissen), zur Entwicklung kognitiver Fähigkeiten (z. B. Lernstrategien) und zur Bildung und Sicherung von Routinen (Köller & Möller, 2012). Besonders Schüler*innen mit Lernschwierigkeiten profitieren von Direkter Instruktion (Grünke, 2006). Komplexe Problemlöseprozesse können dann anschließend unter Einsatz der erlernten Strategien und Inhalte wesentlich besser gelingen. Daher sollte Direkte Instruktion als evidenzbasierte Methode einen festen Platz im Methodenkoffer von Lehrkräften haben.

11.4.2 Kooperatives Lernen

Der Einsatz kooperativen Lernens kann erfolgreich Lernprozesse in heterogenen Gruppen initiieren und Schüler*innen im Unterricht auf verschiedenen Ebenen unterstützen (Hasselhorn & Gold, 2017): Es dient der Erreichung kognitiver, motivationaler und emotionaler Lernziele. Die Qualität der Auseinandersetzung und Anwendbarkeit des erworbenen Wissens soll gesteigert werden. Zudem soll das Klassenklima verbessert und eine verstärkte soziale Integration erfolgen. Der Anspruch an kooperative Lernformen ist demnach hoch, allerdings müssen einige Voraussetzungen erfüllt sein, um diesen Ansprüchen gerecht werden zu können.

Positive Interdependenz (gegenseitige Abhängigkeit) und individuelle Verantwortlichkeit werden dabei als wichtigste Basiselemente benannt (Borsch, 2019). Johnson und Johnson (1998) unterscheiden insgesamt fünf Basiselemente:

Positive Interdependenz: Die Ziele sind nur gemeinsam erreichbar, der individuelle Erfolg ist abhängig vom Verhalten der anderen. Es existieren verschiedene Arten der positiven Interdependenz, wie z. B. die Rolleninterdependenz (komplementäre Rollen werden verteilt), Zielinterdependenz (jede Person muss im Anschluss das Gruppenergebnis vorstellen können), Belohnungsinterdependenz (alle erhalten die gleiche Bewertung).

Individuelle Verantwortlichkeit: Jedes Mitglied einer Gruppe ist für deren Erfolg verantwortlich, bestenfalls sind die einzelnen Beiträge nachvollziehbar und dadurch verbindlich. Kleinere Gruppen, gegenseitige Bewertungen und die zufällige Auswahl desjenigen, der das Ergebnis präsentiert, steigern diese Verbindlichkeit.

Direkte Kommunikation und gegenseitige Unterstützung: Es findet eine direkte Interaktion statt, in der gegenseitige Inspiration und Motivation einen bedeutsamen Stellenwert einnehmen. Die gemeinsame Bearbeitung einer Aufgabe statt individueller Bearbeitung einzelner Aufgabenteile bringt einen Aushandlungsprozess mit sich, der auf wechselseitiger Unterstützung basiert.

Interpersonale Kompetenzen: Kooperation benötigt soziale Fertigkeiten, fördert sie gleichzeitig jedoch auch. Der Aushandlungsprozess, der zu einem gemeinsamen Ergebnis, zu einem kooperativen Lösen der Aufgabe führt, fordert Aspekte wie Kommunikationsfähigkeit, Impulskontrolle, Konfliktbewältigung und Empathie. Dies geschieht jedoch nicht selbstverständlich, sondern sollte eingeübt und reflektiert werden.

Reflexive Gruppenprozesse: Neben den fachlichen Anforderungen, die erfüllt werden sollen, ist es für die Kooperation eine Grundlage, die Zusammenarbeit rückblickend zu bewerten und dann auf die zukünftige Kooperation auszurichten: Wer hat was beigetragen? Was kann so bleiben? Was wollen wir verändern? Zur erfolgreichen Umsetzung dieses Basiselements sind metakognitive Kompetenzen erforderlich, damit die fachlichen und sozialen Lern- und Arbeitsprozesse reflektiert und weiterentwickelt werden können.

Die Gruppenkonstellationen in heterogenen Klassen können per Zufall oder stark gesteuert zusammenfinden. Gerade im inklusiven Unterricht und mit dem Einsatz kooperativer Formen wird jedoch angestrebt, die Kleingruppen oder Tandems heterogen zusammenzusetzen: »Leistungsfähigere Schülerinnen und Schüler sollen schwächeren Lernern durch unterstützende Verhaltensweisen (z. B. Feedback auf Aufgabenlösungen, Modellverhalten bei der Bearbeitung einer Aufgabe, Erläuterung komplexer Sachverhalte, Ermutigung bei Misserfolgen etc.) helfen, schulische Anforderungen zu bewältigen, die sie alleine nicht bewältigen könnten« (Büttner et al., 2012, o. S.).

Im inklusiven Unterricht der Grundschule ist besonders wichtig, dass die jeweilige Methode sehr strukturiert eingeführt wird, so dass jedes Kind das Vorgehen verstanden hat. Für verschiedene Methoden sind Schritt-für-Schritt-Anleitungen am Platz sehr hilfreich, die die Arbeitsgedächtniskapazität einzelner Kinder entlasten können. Auch die während der Umsetzung geltenden Regeln sollten klar sein, hier unterstützen Signalkarten und klare Absprachen. Es ist darauf zu achten, dass gerade Kinder mit kognitiven Einschränkungen oder Lernschwierigkeiten hier evtl. weniger komplexen Anforderungen gegenüberstehen und weniger umfangreiche oder komplexitätsreduzierende Teilaufgaben erhalten (Schniedewind & Davidson, 2000). Die Lernausgangslagen sind besonders in den Blick zu nehmen, damit die Kooperation für alle Kinder ein sozial-emotionaler wie fachlicher Gewinn sein kann.

Drei Methoden werden exemplarisch dargestellt: Mathekonferenz, Lautlesetandems und Reciprocal Teaching.

Die *Mathekonferenz* oder auch Rechenkonferenz setzt das klassische Think, Pair, Share kooperativer Prozesse um, wie es beispielsweise das Gruppenpuzzle fachübergreifend tut. Schüler*innen kommen über mathematische Probleme in den Austausch und mathematisieren spannende und herausfordernde (Schätz-) Aufgaben gemeinsam.

Vorgehen: Die Schüler*innen starten in einer individuellen Phase, in der sie sich der Lösung einer Aufgabe widmen (Think). Sie setzen sich mit der Lösung der Aufgabe auseinander und schreiben auf, was wichtig ist, so dass sie ihren Lösungsansatz später wieder nachvollziehen können. Die zweite Phase findet in einer Kleingruppe statt (Pair), in der jedes Mitglied den eigenen Lösungsansatz berichtet und den der anderen nachvollzieht und Rückmeldung gibt. Am Ende dieser Phase wird sich auf eine gemeinsame Lösung geeinigt, indem alle Lösungen zusammengeführt und Fehler gemeinsam korrigiert werden. In der dritten Phase (Share) finden die Präsentationen statt. Alle Kleingruppen stellen ihre Lösungen vor. Nähere Beschreibungen und Materialien finden sich beispielsweise bei PIKAS (Deutsches Zentrum für Lehrerbildung Mathematik, www.pikas.dzlm.de), wo die Phasen der Kooperation in ›Ich – Du – Wir‹ eingeteilt und der Einsatz von strukturierten *Forschermitteln* als Differenzierung angeregt wird. Für die Phase in den Kleingruppen können verschiedene Rollen vergeben werden, welche die Phase stärker strukturieren (Zeitwächter*in, Protokollführer*in, Moderator*in). Voraussetzung der Mathekonferenz sind Aufgaben, die mehr als einen Lösungsweg zulassen, z. B. Modellierungs- oder Fermi-Aufgaben. Durch die Komplexität und Offenheit der Aufgaben sind Differenzierungen möglich und notwendig, damit der Problemlöseprozess erfolgreich bewältigt werden kann.

Die Methode der *Lautlesetandems* ist eine sehr strukturierte Form des peergestützten Lernens, in der ein*e leistungsstarke*r Tutor*in als Modell mit einem leistungsschwächeren Tutee zusammen einen Text laut liest und die Vorgehensweise und Korrektheit kontrolliert und rückmeldet. Ziel ist die systematische Steigerung der Leseflüssigkeit (Dekodiergenauigkeit, Automatisierung der Dekodierprozesse und Lesegeschwindigkeit) sowie der Intonation beim lauten Lesen und dadurch indirekt des Textverständnisses. Die Vorgehensweise folgt genauen Regeln und ist in einem Algorithmus festgehalten. Rosebrock et al. (2010) identifizieren die Wirksamkeit besonders für Kinder mit Schwierigkeiten im Lesen. Lauer-Schmalz et al. (2014) finden signifikante kleine Effekte in der Grundschule.

Vorgehen: Nachdem die Klasse in Tandems eingeteilt wurde, lesen die Tandems jeweils einen Textabschnitt halblaut und synchron. Der/die Tutor*in fährt mit einem Stift oder dem Finger die Zeilen nach, der/die Tutee bestimmt die Lesegeschwindigkeit. Wenn ein*e Tutee einen Lesefehler macht, gibt der/die Tutor*in ein Zeichen, woraufhin der/die Tutee vier Sekunden Zeit für eine Korrektur hat, bevor der/die Tutor*in erneut auf das betreffende Wort zeigt und es korrekt vorliest. Anschließend wird wieder am Satzanfang gestartet. Der Textabschnitt wird mindestens viermal wiederholt, bis er flüssig gelesen werden kann. Eine weitere wichtige Aufgabe des Tutors ist das Loben des Tutees. Allen sollte klar sein, dass Fehler Lerngelegenheiten bieten und im Lernprozess normal sind. Sollten Wortbedeutungen unklar sein, so erklärt der Tutor das Wort oder es wird im Lexikon (oder Internet) nachgeschlagen. Fühlt sich der/die Tutee sicher im Lesen, kann er dem/der Tutor*in ein Signal geben und alleine weiterlesen. Der/die Tutor*in fährt weiter mit dem Finger entlang der Zeilen. Eine Selbstkorrektur ist weiterhin möglich, wird diese nicht nach vier Sekunden ausgeführt, so beginnt wieder das Synchronlesen. Der/die Tutor*in unterstreicht die Fehler und zählt die Anzahl der Lesedurchläufe. Weniger Fehler pro Durchlauf ergeben weiteres positives Feedback (vgl. Rosebrock et al., 2011).

Reciprocal Teaching oder reziprokes Lehren setzt als Lesestrategietraining im Lesekompetenzerwerb später an als die Lautlesetandems; hier wird das Leseverständnis durch den Einsatz von Lesestrategien fokussiert.

Vorgehen: Die Klasse wird in Kleingruppen (ca. vier Schüler*innen) eingeteilt, nachdem die Methode eingeführt wurde. Jede Kleingruppe liest gemeinsam einen Textabschnitt. Pro Textabschnitt übernimmt ein Kind die Lehrkraftrolle und steuert so das Gespräch, in dem vier Strategien eingesetzt werden. Diese vier Strategien (Demmrich & Brunstein, 2004) sind:

- Klären: Wörter oder Sätze, die unklar sind, werden besprochen.
- Fragen: Verständnisorientierte Fragen an den Text, die im Textabschnitt beantwortet werden, werden gestellt.
- Zusammenfassen: Die wichtigsten Informationen aus dem Text werden in eigenen Worten wiedergegeben.
- Vorhersagen: Die Kinder überlegen, was im folgenden Textabschnitt behandelt werden wird.

Damit ist die Lehrkraftrolle sehr komplex, sie beinhaltet den Aufruf zum Strategieeinsatz und das Geben von Feedback. Die Komplexität kann reduziert werden, wenn die Lehrkraftrolle auf vier Personen aufgeteilt wird und jede Person für die Durchführung einer einzelnen Strategie zuständig ist. Pro Textabschnitt können die Strategien (z. B. anhand von Strategiekarten) dann im Kreis die Zuständigkeit wechseln. Weitere Differenzierungsmöglichkeiten bestehen in Satzfängen (z. B. für das Feedbackgeben) und Beispielfragen oder Schritt-für-Schritt-Anleitungen.

Nach der Einführung ist diese Methode fachübergreifend einsetzbar, um Texte gemeinsam zu erlesen und das Leseverständnis und die Kommunikation über das Gelesene zu fokussieren.

Vierbuchen und Hagen (2013) bieten hier einen differenzierten Überblick über die Methode, die Möglichkeiten zur Unterstützung durch die Lehrkraft sowie Hinweise und Materialien der Hilfestellungen für Schüler*innen mit sonderpädagogischem Förderbedarf. Hagen et al. (2014) nehmen die Methode insbesondere für Schüler*innen mit herausforderndem Verhalten in den Blick.

Wirksamkeit kooperativen Lernens: Zu den einzelnen Methoden existieren jeweils Untersuchungen, in diesem Kapitel soll jedoch ein übergreifender Fokus auf die Wirksamkeit kooperativer Lernformen geworfen werden. In Deutschland besteht bezüglich des Einsatzes im inklusiven Unterricht derzeit noch ein Desiderat, wünschenswert wären mehr längsschnittliche Analysen, die sowohl fachliche (z. B. fachliche Auseinandersetzung und Behaltensaspekte) als auch sozial-emotionale Aspekte (z. B. soziale Kompetenz, Problemlösefähigkeiten, Selbstkonzept, Wohlbefinden, Motivation) des Einsatzes für die verschiedenen Schüler*innen betrachten. Die vorhandenen Befunde sind heterogen (Büttner et al., 2012), werden insgesamt jedoch als vielversprechend eingeschätzt. Eine Metaanalyse von Johnson et al. (2000) findet acht kooperative Lernformen, die einen signifikanten positiven Einfluss auf die Leistung der Schüler*innen besitzen. Weber und Huber (2020) finden in ihrem Review positive Effekte auf die soziale Integration der Schüler*innen mit sonderpädagogischem Förderbedarf, was im inklusiven Kontext besondere Betrachtung verdient. Insgesamt zeigen die Ergebnisse, dass kooperative Lernformen keine Selbstläufer sind, sondern gut eingeführt und begleitet werden sollten. Zudem bieten sie eine wichtige, aber eben auch nur eine Möglichkeit im breiten Feld der einsetzbaren Methoden und sollten gut kombiniert werden. Vertiefend dazu im Bereich des Lesens beispielsweise Brügelmann (2020) oder Reiske und Bode-Kirchhoff (2020).

11.4.3 Offener Unterricht

Offener Unterricht bietet viele Chancen für den Unterricht mit heterogenen Lerngruppen. Er kann als Prinzip, Organisationsform und Methode gelten (Werner, 2020). Unter den Oberbegriff des offenen Unterrichts fallen beispielsweise Freie Arbeit, Wochenplanunterricht, Projektorientiertes Lernen, Werkstattunterricht oder Stationenlernen. Ein bedeutsamer Aspekt ist die Entwicklung des Unterrichts hin zu freieren, stärker geöffneten Formen. Ziel ist, die Schüler*innen zu mehr Autonomie im Lernen anzuregen. »Die Verbesserung schulischen Lernens hängt wesentlich davon ab, wie weit es gelingt, Schüler/-innen in die Lage zu versetzen, ihr Lernen selbst in die Hand zu nehmen. Unterricht kann immer nur ein Angebot inhaltlicher und methodisch-medialer Art machen, Lernen müssen Lerner selbst!« (Bönsch, 2009, S. 272).

Der Offene Unterricht verbindet verschiedene Reformansätze (z. B. John Dewey) hinsichtlich der Öffnung von Unterricht (Peschel, 2002; Wallrabenstein, 1994):

- *Organisatorische Öffnung*: Veränderung der Organisationsformen und Unterrichtsabläufe (z. B. Sozialformen, Zeit, Raum) hin zu einer stärkeren aktiven Mitgestaltung durch die Kinder.
- *Methodische Öffnung*: Einsatz neuer Lernformen, der Lernweg wird stärker durch das Kind bestimmt.
- *Inhaltliche Öffnung*: Themen und Erfahrungen der Kinder erhalten einen höheren Stellenwert, der Unterricht ist stärker lebensweltorientiert innerhalb der Lehrplanvorgaben.
- *Soziale Öffnung*: Die Bestimmung von Aspekten der Klassenführung (Regeln und Rahmenbedingungen), der langfristigen Unterrichtsplanung, der Unterrichtsabläufe, des sozialen Miteinanders etc. liegen nicht mehr alleine bei der Lehrkraft.
- *Persönliche Öffnung*: stärkere Fokussierung der Beziehung zwischen Lehrkraft und Schüler*innen und den Kindern untereinander.

Im Fokus stehen hierbei Selbstbestimmung, Eigenaktivität, Entwicklung der Autonomie und Selbstständigkeit in der Auseinandersetzung mit der Umwelt, Verantwortungsübernahme ebenso wie Kommunikations- und Problemlösefertigkeiten. Adaptivität und die Passung zwischen den Angeboten und den Kompetenzen der Lernenden spielen eine bestimmende Rolle in der Auswahl der Umsetzung, es gilt das *Passungsprinzip* (Jürgens, 2018). »Im adaptiven sensu Offenen Unterricht wird auf Heterogenität durch die Ermöglichung ›inklusiven‹ Settings reagiert, die sich im Spannungsfeld von Instruktion und Konstruktion realisieren« (ebd., S. 474). Das Agieren im Spannungsfeld zwischen Instruktion und Konstruktion benötigt eine hohe Kompetenz der Lehrkräfte, damit passende Medien, Materialien und Formen angeboten werden und alle Schüler*innen profitieren können. Innerhalb aller Freiheit muss eine kompetente Vorbereitung und Begleitung möglich sein. »Die Inhalte können zwar bei den meisten Arbeitsformen in der konkreten Arbeitssituation ›frei gewählt‹ werden, stammen aber durchweg doch aus einer klar vom Lehrer vorgegebenen Auswahl. Diese kann – wie z. B. oft bei der Freien Arbeit – der gesamte Arbeitsmittelfundus der Klasse sein, oder aber eingeschränkter nur die vom Lehrer vorbereiteten Stations-, Werkstatt- oder Projektangebote, bis hin zu den in einem Wochenplan ganz konkret vorgegebenen Aufgaben« (Peschel, 2002, S. 160).

Wallrabenstein (1994) erklärt u. a. folgende Merkmale als charakteristisch:

- Die Lernumwelt ist anregend und besitzt einen gewissen Wettbewerbscharakter.
- Die Lernorganisation ist flexibel und frei mit geringem Anteil an frontalen Phasen (Wochenpläne; Projektlernen, Morgenkreis, Abschlusskreis, Klassenrat).
- Die Lernmethoden sind kreativ, selbsttätig und entdeckend.
- Die Lernatmosphäre ist von der Akzeptanz individueller Lernvoraussetzungen geprägt, von einer vertrauensvollen Atmosphäre und gegenseitiger Offenheit.
- Die Lernergebnisse werden im Klassenraum dokumentiert (Bilder, Geschichten, Wandzeitungen, Pläne, Tabellen, Berichte, Briefe, Werkprodukte).

- Die Lerntätigkeiten sind praktische Arbeiten. Das gemeinsame Vorgehen wird abgestimmt, es wird experimentiert und recherchiert und dokumentiert.

Diese Charakteristiken und die oben genannten Aspekte der Öffnung beinhalten unter anderem eine veränderte Rolle der Lehrkraft. Sie ist weniger für die Instruktion zuständig als für die zurückhaltende Begleitung. Sie ist Ansprechpartner*in und Coach, eher in beobachtender und lernbegleitender Funktion. Dies ist unter anderem begründet darin, dass sich der Lernbegriff mit Entwicklung des Offenen Unterrichts verändert hat (▶ Kap. 11.3.3 Lernen und Lehren im Konstruktivismus).

Im Folgenden werden exemplarisch zwei ausgewählte Konzeptionen skizziert.

Wochenplanarbeit: Die Schüler*innen erhalten einen Plan, mit dem sie innerhalb einer Woche arbeiten. Dieser Plan enthält verschiedene Aufgaben und Aufgabenformate aus einem oder mehreren Fächern, die den Schüler*innen eine Auswahl gestatten. Sie können die Reihenfolge, die zeitlichen Dimensionen, den Bearbeitungsmodus und den Kooperationsmodus, also ob sie alleine, im Tandem oder in einer Gruppe arbeiten möchten, selbst bestimmen (Bönsch, 2009). Ein Wochenplan enthält Pflicht- und Wahlaufgaben, so dass ein Grundstock an Aufgaben gesichert erfüllt werden muss, allerdings in eigenem Tempo und zum selbst gewählten Zeitpunkt. Die Ergebnisse werden durch Selbstkontrollmethoden oder Fremdkontrolle (Peers oder Lehrkraft) geprüft. Es stehen für die Schüler*innen Hilfen, Medien und Aufgabenblätter zur Verfügung, die je nach Bedarf genutzt werden können. Hierbei kann eine starke Differenzierung durch die Auswahl der Aufgaben und Materialien, aber auch durch die zur Verfügung gestellten Hilfestellungen (Schritt-für-Schritt-Anleitungen, anregende Fragen …) stattfinden.

Projektunterricht: Eine weit verbreitete Form des Offenen Unterrichts ist das Lernen in Projekten. In Abgrenzung zu anderen Formen Offenen Unterrichts findet hier zu Beginn eine gemeinsame Projektplanungsphase statt. Lehrende und Lernende entwickeln gemeinsam das Thema des Unterrichts. Frey (2002) skizziert einen Ablauf der Projektmethode:

1. Projektinitiative (ausgehend von einem Mitglied der Projektgruppe),
2. Auseinandersetzung mit der Initiative mit dem Ergebnis einer Projektskizze,
3. Gemeinsame Entwicklung des Betätigungsfelds mit der Erstellung eines Projektplans,
4. Aktivitäten: Durchführung des Projekts,
5. Beendigung durch bewussten Abschluss, Rückkopplung auf Projektinitiative oder Auslaufenlassen.
6. Fixpunkte,
7. Metainteraktionen.

Dabei kann das Projekt sich über einen abgesprochenen Zeitraum von einer Unterrichtsstunde bis über Wochen erstrecken. Nach den Schritten 2 und 3 kann die Projektgruppe jeweils entscheiden, das Projekt nicht weiter zu verfolgen und den Prozess abschließen. Komponente 6 und 7 können immer wieder im Prozess stattfinden und sind zeitlich nicht am Ende positioniert. An Fixpunkten wird inhaltlich das bereits Geschehene und Abgesprochene geprüft und angepasst. Bei Metainteraktionen geht es vordringlich um im Arbeitsprozess auftretende Konflikte und deren Klärung.

Jürgens (2018, S. 476) bezeichnet die *Forschungslage zu Offenem Unterricht* als »unübersichtlich und sowohl qualitativ als auch quantitativ unbefriedigend«. Gerade durch den hohen Grad der Öffnung ist systematische Forschung und das Operationalisieren dessen, was genau untersucht wird, erschwert. Zusammenfassend scheint der Offene Unterricht sein Ziel der Selbstständigkeit zu erreichen. Schüler*innen mit Lern- und Konzentrationsschwierigkeiten benötigen allerdings mehr Unterstützung, um die Vorteile der Öffnung nutzen zu können (Bohl & Kucharz, 2010). Hier gilt es besonders darauf zu achten, dass die Lernvoraussetzungen vorhanden sind, die für den jeweiligen Grad der Öffnung notwendig sind. Ob Schüler*innen über Lernstrategien und metakognitive Strategien verfügen, dürfte hier eine entscheidende Voraussetzung für den Erfolg und das Erleben von Selbstwirksamkeit und Erfolgserlebnissen sein. Zudem spielt das Lern- und Klassenklima und die Einstellungen der Schüler*innen zur Methode eine bedeutsame Rolle.

11.5 Medien

Neben der Auseinandersetzung mit verschiedenen Methoden ist auch die Betrachtung von Medien, deren Bedeutung und Rahmung sowie Potentiale für den Lernprozess unabdingbar.

11.5.1 Begriffsklärung und Einordnung

Die Verwendung des Begriffs Medium, bzw. der gängigen pluralen Verwendungsform Medien, ist vielfältig konnotiert. Es bleibt in der wissenschaftlichen Literatur oft relativ unklar, in welchem Verwendungszusammenhang der Begriff steht. Aus traditionell allgemeindidaktischer Perspektive ist ein Medium im Unterricht ein Mittel, um Wissenskonstruktion zu ermöglichen bzw. um eine Auseinandersetzung mit einem Lerngegenstand zu erleichtern (*Lernmittel*). Bereits Comenius (▶ Kap. 3.1 Von der Volksschule zur Weimarer Grundschule) stellte Überlegungen dazu an, wie das Lernen erleichtert werden kann. Er kam zu der Überzeugung, dass die Kombination verschiedener Hilfsmittel, die gleichzeitig verschiedene Sinnesmodalitäten (riechen, schmecken, fühlen, hören, sehen) ansprechen, eine sinnvolle Stütze sein könnte, um dem Gedächtnis dazu zu verhelfen, sich Wissen anzueignen und zu behalten. Im Lehr-Lernprozess kann vieles als Medium fungieren: Sprache, Tafel, Tablet, Interaktives Whiteboard, Text, Bild, Film, Musik, Hilfs- und Arbeitsmittel (z. B. Geodreieck). Die meisten Medien sind grundsätzlich geeignet, um unter multikriterialen Gesichtspunkten mehrere Ziele (fachliche und überfachliche) im Unterricht zu erreichen und zu verschiedenen Zwecken und Funktionen eingesetzt zu werden. Sie können als technisches Mittel (z. B. Tablet, Smartphone) einen barrierefreien und niedrigschwelligen Zugang zu Informationen ermöglichen oder in analoger Form genutzt werden, um produktiv tätig zu werden (z. B. Rechenoperationen auszuführen). Sie können u. a. den Verständnisprozess unterstützen, kognitive Herausforderungen stellen, aber ebenso der affektiven, sozialen und personalen Entwicklung dienen. Mit Medien können emotionale Erfahrungen erlebbar gemacht werden. Sie können den Erwerb von neuem Wissen erleichtern, indem die Informationen sowohl in verbaler als auch in visueller Form präsentiert werden (Salomon, 1979). Sie können Sachverhalte in ihrer Komplexität reduzieren und abstrakte Informationen durch Visualisierungen verständlicher werden lassen. Eine Meta-Analyse von Schroeder und Cenkci (2020) legt nah, dass es bspw. das Lernen erheblich unterstützt, wenn im Lernmaterial Wörter und Bilder räumlich nah beieinander liegen. Auch Gebärden können das Lernen sinnvoll unterstützen, etwa beim Schriftspracherwerb. Bei Kindern mit Beeinträchtigungen sind es beispielsweise assistive Arbeitsmittel wie die FM-Anlage (▶ Kap. 10.7 Hören und Kommunikation) oder die Braille-Tastatur, welche die Auseinandersetzung mit Informationen möglich machen.

Zu den zentralen klassischen, vortechnischen Medien und Hilfsmitteln zählt im Unterricht die Tafel, der Stift und das Heft. Die Tafel erfreut sich nach wie vor hoher Beliebtheit, wenngleich sie an vielen Schulen vom interaktiven Whiteboard ersetzt wurde. Die Tafel kann eingesetzt werden, um im gemeinsamen Austausch von Lehrenden und Lernenden Tafelbilder zu erstellen, Mindmaps zu kreieren, Themen zu strukturieren oder zu clustern. Das Lernprodukt kann lehrkraftgesteuert und lerner*innenzentriert interaktiv entstehen, ist sichtbar im Klassenraum zugänglich, so dass sich zahlreiche kommunikative und visuelle Möglichkeiten der individuellen Auseinandersetzung ergeben. Allerdings ist das Produkt an der Tafel nicht dauerhaft verfügbar und es besteht die Gefahr, dass die Lehrkraft sehr aktiv und die Schüler*innen eher passiv sind. Das interaktive Whiteboard ist hinsichtlich der Verfügbarkeit und Zugänglichkeit zu Informationen und der Möglichkeiten der Darstellungsweisen der Tafel überlegen (im Sinne des SAMR-Modells wäre dies je nach Nutzung ein Beispiel für eine *Erweiterung*, siehe unten). Es erlaubt räumlich-analoge und symbolische Darstellungen, ermöglicht die Entwicklung komplexer Tafelbilder und hat den Vorteil der Vermeidung medialer Brüche (Weiß et al., 2015). Inwiefern die Whiteboards tatsächlich zu einer Qualitätsverbesserung und erhöhtem Lernerfolg beitragen, ist bisher noch nicht hinlänglich geklärt.

Werden Medien zur *Wissensvermittlung* eingesetzt, basiert dies auf eher instruktionalen Theorien (kognitionspsychologisch orientiert; Issing, 2002). Diese Form des Einsatzes findet sich zum Beispiel im Kontext von direktiv orientiertem Unterricht. Medien werden hier als Ressource genutzt, um Interesse zu wecken, Aspekte und Zusammenhänge zu veranschaulichen, Wissen zu strukturieren oder zu erweitern. Dieser Ansatz ist eher lehrkraftzentriert und stark lernzielorientiert. In eher offenen Unterrichtssituationen wird aus konstruktivistischer Perspektive

(*Konstruktion von Wissen*) eine stärker aktive, autonome und selbstbestimmte Auseinandersetzung mit Medien fokussiert. Unter dieser Perspektive wird die Frage relevant, welche Art von Medien genutzt oder hergestellt werden kann, damit Lerner*innen eigenständig, kollaborativ, interaktiv oder entdeckend eine fachliche oder überfachliche Auseinandersetzung mit dem Lerngegenstand anstreben können. Diese Betrachtungsweise zeigt sich, wenn »Medien in Lernumgebungen bzw. Lernarrangements integriert werden oder in Form von produktiven Übungsphasen, Selbstlerneinheiten und Erkundungsaufgaben an Bedeutung gewinnen« (Schmidt-Thieme & Weigand, 2015, S. 463). Selbst erstellte Materialien, Arbeitsmittel oder Lernmittel sind besonders wertvoll, weil sie das Engagement und Interesse der Kinder ansprechen, bei Gemeinschaftsprojekten die soziale Interaktion und individuelles Lernen fördern. Dies ist jedoch nicht voraussetzungslos und es sind dabei unbedingt die Kompetenzen der Kinder und die tatsächlichen Partizipationsmöglichkeiten in den Blick zu nehmen.

Aus Sicht der Rezipient*innen ist die Nutzung von Medien »eine Form der Erfahrung […], durch die etwas gelernt werden kann« (Tulodziecki, 2011, S. 402). Nach Tulodziecki (ebd.) können vier Formen der Erfahrung unterschieden werden:

1. *unmittelbare Form*: Erfahrungen, die ein Kind in quasi realer Begegnung mit einer Sache oder einer Person macht (z. B. selbst in einem Geschäft einkaufen gehen).
2. *modellhafte Form*: Erfahrungen, die ein Kind im szenischen Spiel macht oder die am Modell erprobt werden (z. B. einkaufen spielen mit einem Kaufladen mit Spielzeugprodukten).
3. *abbildhafte Form*: Erfahrungen, die man mit dem Lerngegenstand durch die Auseinandersetzung mit einer schematischen Darstellung von Situationen oder Handlungen macht (z. B. Betrachtung eines Schulbuchs, in dem die Einkaufssituation abgebildet wird) oder objektgetreuen Nachbildung von Gegenständen.
4. *symbolische Form*: Erfahrungen, die ein Kind durch die mündliche oder schriftliche Begegnung mit der Sache, Situation oder Handlung macht (z. B. Gespräche oder Geschichten über das Einkaufen).

Jede Form der Erfahrung wirkt sich auf unterschiedliche Weise darauf aus, wie ein Grundschulkind sich an diesen Lerngegenstand erinnert bzw. wie die Wirklichkeit konstruiert wird. Auch wenn die Abstufung suggeriert, dass die unmittelbare Form der Begegnung mit dem Lerngegenstand (z. B. die Milchproduktion) die bestmögliche Erfahrung ist, ist dies keineswegs der Fall. Kein Medium ist per se einem anderen überlegen. Welches Medium der Erfahrung dient, ist nach Lerner*innenvoraussetzung, Klassenkontext, Ausstattung, zeitlichen Ressourcen, Thema und Methode mal mehr, mal weniger nützlich und umsetzbar. Es muss daher wohlüberlegt sein, wann welches Medium in welcher Form dem Lernen und dem Kind wirklich dient oder neue Lernbarrieren aufbaut.

11.5.2 Digitale Medien und Medienkompetenz

Im Zeitalter von Informations- und Kommunikationstechnologien wird der Begriff Medium oft mit neuen oder aktueller digitalen Medien gleichgesetzt. Die Dominanz dieser Begriffsverwendung lässt sich schnell mit der Omnipräsenz von Informations- und Kommunikationstechnologien, u. a. Aktivitäten in und Beeinflussung durch Soziale Medien, dem Internet und den Endgeräten (u. a. Smartphones, Tablets) erklären. Die Auseinandersetzung mit digitalen Medien findet deshalb zwangsläufig in Schule und Unterricht auch unter der Betrachtung ihrer Gefahren und Potenziale (Medienkritik) statt. Das bildungspolitische Ziel der *Vermittlung von digitalen Kompetenzen* ist es, bereits dem Grundschulkind einen sachgerechten und kritischen Umgang mit digitalen Medien zu ermöglichen, um den »Anforderungen der digitalen Welt zu genügen« (KMK, 2016, S. 5). Seit den COVID-19-bedingten Schulschließungen sind digitale Medien und technische Mittel in der Grundschule nicht mehr nur eine Möglichkeit zur Unterstützung von Bildungsangeboten im Unterricht. Um Kontakt zu den Schüler*innen und ihren Familien zu halten, das Lehren und Lernen auch in Distanz weiterzuführen, wurde die Verwendung technischer Kommunikationsmittel um viele Aspekte erweitert.

> *Digitale Medien* lassen sich definieren als »computerbasierte Technologien, die Inhalte präsentieren oder eine Interaktion mit diesen oder über diese Inhalte ermöglichen« (Stegmann et al., 2018, S. 968).

In Anlehnung an Schulz (2018), Luder (2003) sowie Kamin und Hester (2015) lassen sich die Potenziale von digitalen Medien auf verschiedenen Ebenen identifizieren (vgl. Abb. 28): Für Grundschüler*innen können digitale Medien zur Unterstützung des Lernprozesses (Medien als Lernmittel) eingesetzt werden oder damit das Grundschulkind hinreichend Zugang zu Bildungsangeboten erhält (Medien als assistive Unterstützung). Lehrkräfte hingegen können digitale Medien nutzen, um ihren Unterricht zu gestalten und zu organisieren (Lehren durch Medien). Sie können z. B. die Technologien für adaptive, passgenaue Bildungsangebote oder die Kommunikation mit Eltern über Lern- und Leistungsentwicklung nutzen. Eine gemeinsame Schnittmenge von Lehrkraft und Schüler*innen bildet der Erwerb digitaler Kompetenzen, um einerseits hochwertige Angebote unterbreiten zu können und schüler*innenzentriert, diese auch nutzen und kritisch bewerten zu können (Lernen über digitale Medien).

Um dies leisten zu können, ist die Medienkompetenz der Akteur*innen grundlegend: Sowohl bei Lehrkräften, damit sie digitale Medien sinnvoll und zielgerichtet einsetzen können, als auch bei Schüler*innen, damit sie die digitalen Angebote in Schule und Unterricht erfolgreich nutzen können. Die Medienkompetenz der Lehrkräfte hängt eng mit der der Schüler*innen zusammen. Dabei geht das Verständnis von Medienkompetenz weit über die pure Nutzung digitaler Medien im Unterricht hinaus (vgl. hierzu Europäische Kommission, 2019).

11.5 Medien

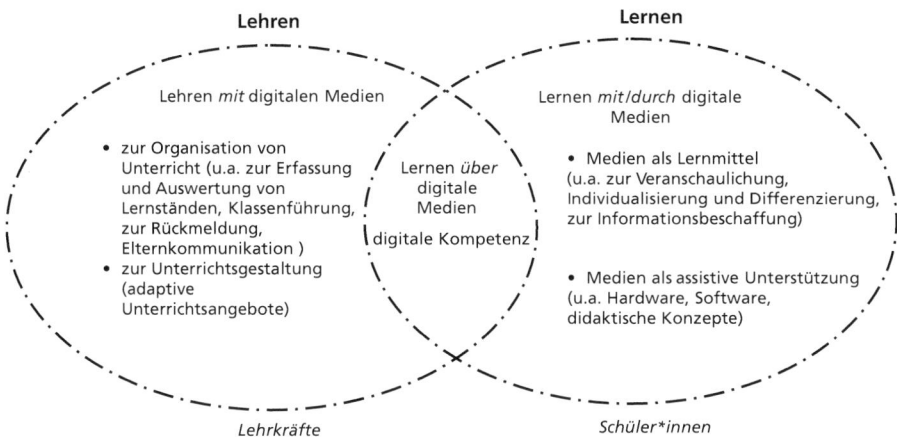

Abb. 28: Digitale Medien im Schulalltag

Zu beachten ist in diesem Kontext, dass der Einsatz digitaler Medien immer in einen interaktiven didaktischen Prozess eingebunden ist: Digitale Medien werden also nicht unabhängig von einer Rahmung eingesetzt. Diese ist durch die Lehrkraft zu gestalten und kann gerade im inklusiven Kontext einen wichtigen Aspekt der Senkung von Barrieren und Steigerung der Zugänglichkeit für das Lernen der Kinder darstellen. Digitale Medien können der Erhöhung der Passung des Angebots des Unterrichts an die Möglichkeiten und Bedarfe der Kinder dienen (▶ Kap. 11.2 Lernwirksamer Unterricht).

Im inklusiven Unterrichtsalltag der Grundschule sind viele Entscheidungen bezüglich der Auswahl von geeigneten Medien und deren Einsatz zu treffen, die jeweils auf der Basis der eigenen Medienkompetenzen getroffen werden. Eine grundlegende Frage, die hier auftreten kann, betrifft die Wahl zwischen analogen oder digitalen Medien.

Ein Modell, welches eine Einschätzung erlaubt, ist das SAMR-Modell (Puentedura, 2006). Es umfasst die vier Ebenen Substitution, Augmentation, Modification und Redefinition (Ersetzung, Änderung, Erweiterung und Neudefinition; vgl. Tab. 16). Das Modell erklärt, wie die Gestaltung von Aufgaben durch technische Medien umgesetzt und verbessert werden kann und zeigt auf, wie stark ein Wandel durch den Einsatz digitaler Medien möglich ist.

Häufig wird eine hierarchische Struktur suggeriert: Je höher die Ebene, desto wertvoller sei der Einsatz für den Unterricht. Jedoch kann formuliert werden, dass die Auswahl der Ebene jeweils auf das zu erreichende Ziel, die zu erlernende Kompetenz und auch die Voraussetzungen der Schüler*innenschaft abgestimmt werden muss und in diesem Fall die hierarchische Struktur ad absurdum geführt wird, wenn immer die Ebene der Neudefinition angestrebt wird. Zudem hängt die Einordnung konkreter Aufgaben(beispiele) auch stark von der didaktischen Einbettung ab. In Tabelle 16 wird eine Zuordnung von Beispielen vorgenommen, diese kann jedoch nur als provisorisch angesehen werden.

Tab. 16: SAMR-Modell mit konkreten Beispielen für den Unterricht

Umgestaltung	*Neubelegung* Die Erstellung neuartiger Aufgaben wird ermöglicht durch den Einsatz digitaler Medien.	Digitale Anwendungen, die durch mehrschrittige, komplexe Anforderungen (z. B. Schreiben einer Erzählung) führen und Feedback ermöglichen; digitales Storytelling; Nutzung von Videos zur Prozessdokumentation und Reflektion kollaborativen Arbeitens; Interaktives iBook; Konzept des Flipped Classrooms
	Änderung Die Neugestaltung von Aufgaben wird durch den Einsatz digitaler Repräsentationen ermöglicht.	Tabellenkalkulationen; Nutzung von Werkzeugen zur Erstellung von Grafiken (in Powerpoint etc.); Erstellung eigener Videos zur Dokumentation eines Projektergebnisses
Verbesserung	*Erweiterung* Direkter Ersatz der analogen Arbeitsmittel durch digitale mit funktionaler Verbesserung.	Assistive Nutzung von Word (Rechtschreibprüfung, Synonymwörterbuch Thesaurus, …); Erstellung digitaler Lernkarten; gemeinsames Schreiben an einem geteilten Dokument
	Ersetzung Direkter Ersatz der analogen Arbeitsmittel durch digitale ohne funktionale Verbesserung	Texte auf dem Tablet lesen, Tippen auf der Tastatur oder Nutzung eines digitalen Stifts auf dem Tablet statt Schreiben mit dem Stift auf Papier; Video mit Demonstration (Modellierung und Verbalisierung) zur Einführung einer neuen Strategie

11.6 Schulleistungen

Der Begriff der *Leistung* ist eng assoziiert mit den Zielen von Unterricht. Schüler*innen haben in der Schule etwas zu leisten, was von anderen und unter bestimmten Bedingungen bewertet wird. Art, Inhalt und Bedingungen werden durch äußere Rahmungen (u. a. Bildungspläne, Kerncurricula) definiert. Der Institution Grundschule kommt aus Schüler*innen- und Elternsicht eine besondere Rolle aufgrund ihrer Position im Bildungswesen zu, da sie hier erstmals mit dem formalen Aspekt der Bewertung und Beurteilung konfrontiert werden. Spätestens seit der Teilnahme an internationalen Vergleichsstudien stehen Schüler*innenleistungen auch im Mittelpunkt des öffentlichen Interesses. In Auseinandersetzungen mit dem Begriff Leistung in der Grundschule offenbart sich ein besonderes Spannungsverhältnis zwischen pädagogischer und empirischer Orientierung. Eine Verortung ist folgenreich, hat sie doch erhebliche Konsequenzen für die Gestaltung des Unterrichts. Leistung lässt sich auf einer übergeordneten Ebene über verschiedene Schulen, Schulformen und Bundesländer hinweg betrachten (Makroebene) und auf einer Mikroebene innerhalb des Unterrichts selbst verorten. Im Folgenden werden die Ebenen näher betrachtet.

11.6.1 Makroebene

Auf Makroebene des Vergleichs von Schulen und Bildungssystemen hat die Erhebung und Evaluation von Schüler*innenleistung seit der empirischen Wende ab dem Jahr 2000 besondere Aufmerksamkeit erfahren. Eine wesentliche Folge des PISA-Schocks (▶ Kap. 3.5) war die Einführung und Durchführung von Vergleichsarbeiten als Teil der Gesamtstrategie zur Überwachung und Steuerung des deutschen Bildungswesens. Als deutlich wurde, wie der Kompetenzstand der Schüler*innen in Deutschland ist und dass das deutsche Schulsystem im internationalen Vergleich wenig leistungsfähig abschneidet, wurde ein verstärkter Fokus auf die Qualitätsentwicklung von Schule gelegt. Der Output von Schule geriet in den Blickpunkt: Was können Schüler*innen zu bestimmten Zeitpunkten? Welche schulischen Entwicklungsstände finden sich? Dabei trifft dieser Output Aussagen über die Qualität der Bildung in der Grundschule. Diese bildungspolitischen Reformen hatten somit auch unmittelbare Konsequenzen für den schulischen Alltag und lösten unter Wissenschaftler*innen, Schulpraktiker*innen und der Bildungspolitik eine Debatte über die Gestaltung des Unterrichts aus. Wie schon so oft in der Geschichte des Schulwesens wurde eine *neue Lernkultur* gefordert. Wenngleich es keine einheitliche Verwendung des Begriffs Lernkultur gibt, wird er immer im Zusammenhang mit veränderten Vorstellungen und normativen Grundsätzen der Unterrichtsgestaltung im Sinne einer Kultur als künstliche Gestaltung von Lehr-Lernprozessen beschrieben.

Vergleichsstudien

Nachfolgend werden die bedeutsamsten Vergleichsstudien vorgestellt und eingeordnet. Im Internet sind immer die aktuellsten Ergebnisse zu finden, z. B. auf der Seite des Bundesministeriums für Bildung und Forschung (www.bmbf.de; Suche: internationale Vergleichsstudien) oder der Kultusministerkonferenz (https://www.kmk.org; Suche: Bildungsmonitoring), aber auch auf den jeweiligen Seiten der Institute oder Verlage sind Berichte oder Zusammenfassungen zu finden. International verantwortlich für die Untersuchungen PIRLS/IGLU und TIMSS ist die Forschungsorganisation IEA (International Association for the Evaluation of Educational Achievement). Neben den internationalen Vergleichsstudien existieren auch nationale, wie z. B. der IQB-Bildungstrend zur Überprüfung der Erreichung der Bildungsstandards in den Bereichen Deutsch und Mathematik in der Primarstufe (und in der Sekundarstufe, hier nicht thematisiert) und Lernstandserhebungen wie z. B. VERA. Alle Untersuchungen haben unterschiedliche Ziele und Herangehensweisen (vgl. Tab. 17).

Tab. 17: Unterschiede von stichprobenbasierten Schulleistungsstudien und Vergleichserhebungen/Lernstandserhebungen (nach https://www.iqb.hu-berlin.de/vera)

Untersuchung	Internationale Schulleistungsstudien (PISA, PIRLS/IGLU, TIMSS)	Nationale Schulleistungsstudien (KMK-Ländervergleich bzw. Bildungstrend)	Vergleichsarbeiten/ Lernstandserhebungen (VERA-3 und VERA-8)
Design	Stichprobenerhebung	Stichprobenerhebung	Vollerhebung: Alle Schüler*innen einer Jahrgangsstufe
Häufigkeit	alle 3–5 Jahre	alle 5 (Grundschule, bzw. 3 (Sekundarstufe) Jahre	jährlich
Hauptziel	Systemmonitoring	Systemmonitoring	Unterrichts-/Schulentwicklung
Evaluationsebene	Staaten	Länder der Bundesrepublik Deutschland	Schulen, Lerngruppen bzw. Klassen
durchführende Personen	externe Testleiter*innen	externe Testleiter*innen	in der Regel Lehrkräfte
Auswertung	zentral	zentral	Lehrkräfte dezentral sowie Landesinstitute
Ergebnisrückmeldung	nach ca. 3 Jahren	nach ca. 1 Jahr	Sofortrückmeldungen im Anschluss an die Dateneingabe; differenzierte Rückmeldungen mit multiplen Vergleichswerten nach wenigen Wochen

Die wiederkehrenden Erhebungen in einem bestimmten zeitlichen Abstand und einer bestimmten Klassenstufe ermöglichen die Analyse von Trends über die Zeit und Veränderung der Kompetenzstände hinweg.

Die internationale Vergleichsstudie *Internationale Grundschul-Lese-Untersuchung (IGLU)/Progress in International Reading Literacy Study (PIRLS)* ist Teil des Bildungsmonitorings des Bundesministeriums für Bildung und Forschung (BMBF) und der Ständigen Konferenz der Kultusminister der Länder in der Bundesrepublik Deutschland (KMK) und findet in der vierten Klasse alle fünf Jahre statt. Deutschland nahm 2001, 2006, 2011, 2016 und 2021 als ein Land von 47 Staaten und 10 Regionen an den Erhebungen teil (Hußmann et al., 2017). Ziel ist die Analyse der Leseleistungen und der Aufdeckung von Zusammenhängen mit weiteren Merkmalen (z. B. Lesemotivation, Unterrichtsstrategie, Halb-/Ganztag, familiärer Hintergrund). Getestet wird auf verschiedene Kompetenzstufen (I bis V) hin. Einerseits werden literarische Texte wie Kurzgeschichten eingesetzt, andererseits informierende Texte wie kleine, altersgerecht gestaltete Lexikonartikel, also Sachtexte. Zudem werden Fragen zu Lesegewohnheiten und -vorlieben gestellt.

Seit der ersten Erhebung in 2001 bis heute sind die erreichten durchschnittlichen Punktzahlen im gleichen Bereich geblieben. Aber während der letzten Jahre verbesserten sich andere Länder und zogen an uns vorbei. 2001 lagen wir auf Platz 5 im internationalen Vergleich, 2016 sind bereits 20 Staaten vor uns in der Liste.

Elf Prozent der Schüler*innen in vierten Klassen befinden sich im Lesen auf der höchsten Kompetenzstufe V. Einige unserer europäischen Nachbarländer weisen hier 20 % und mehr auf. Auf der untersten Kompetenzstufe I befinden sich knapp sechs Prozent der Schüler*innen. Nur 19 % erreichen nicht die Kompetenzstufe III, was bedeutet, dass ein erhöhtes Risiko für die weitere Entwicklung im Lesen und damit fächerübergreifend vorliegt, wenn keine spezifische Förderung stattfindet.

Positiv zu bewerten ist, dass der Unterschied in den Lesekompetenzen zwischen Mädchen und Jungen im internationalen Vergleich in Deutschland mit durchschnittlich elf Punkten eher klein ist. Ungünstig zeigt sich, dass der sozialbedingte Leistungsunterschied in Deutschland sehr groß ist. Das Bildungsmilieu des Elternhauses und die Lesekompetenzen sind ungünstigerweise sehr eng verbunden. Zudem sind migrationsbedingte Unterschiede in den Lesekompetenzen immer noch sehr stark.

Daraus folgt, dass Sprachförderung und Bildungsgerechtigkeit weiter zu verstärken sind. Gerade die zunehmende Heterogenität in den Klassen innerhalb des Prozesses inklusiver Bildung zieht die Konsequenz nach sich, dass Lehrkräfte auch in der Grundschule eine höhere Kompetenz in Diagnostik und Förderung benötigen, um hier zielgerichtet und erfolgreich spezifische Unterstützung der Lesekompetenz bieten zu können. Eine weitere Konsequenz aus diesen Ergebnissen ist, dass Elternarbeit auch in Bezug auf das Lesen intensiviert werden könnte. Stehen dem Kind zu Hause altersgemäße Bücher zur Verfügung? Wird gemeinsam gelesen? Vorgelesen? Wird das Lesen als wichtig erachtet?

Die Vergleichsuntersuchung *Trends in Mathematics and Science Study (TIMSS)* erhebt mathematisches und naturwissenschaftliches Grundverständnis. Ebenso wie PIRLS/IGLU werden Schüler*innen der vierten Klasse getestet. TIMSS findet alle vier Jahre statt, bisher 2007, 2011, 2015 und 2019.

Mit einem Leistungsmittelwert von 521 Punkten liegt Deutschland bei der Erhebung 2019 über dem internationalen Mittelwert von 501 Punkten (Selter et al., 2020) und wie 2015 mit 522 Punkten im Mittelfeld des internationalen Vergleichs in Mathematik (Selter et al., 2016). 2007 und 2011 lag Deutschland noch im oberen Drittel. Vier Prozent der Schüler*innen der vierten Klasse liegen mit den Leistungen auf der untersten Kompetenzstufe I, sechs Prozent auf der obersten, die Spanne ist groß. Ungefähr ein Viertel der Schüler*innen erreicht am Ende der vierten Klasse nur die erste oder zweite Kompetenzstufe. Das bedeutet, sie haben in der vierten Klasse nur sehr geringes, als rudimentär zu bezeichnendes mathematisches Wissen. Hier wäre ein wichtiger Entwicklungsbereich ausgemacht: Wie können die Schüler*innen mit den schwächsten Mathematikleistungen besonders unterstützt werden? Immerhin werden diese Schüler*innen wahrscheinlich im Übergang zur Sekundarstufe und in der weiteren Entwicklung ernstzunehmende Schwierigkeiten in Mathematik haben. Die Leistungsspitze in Mathematik in Deutschland in der vierten Klasse mit Kompetenzstufe V belegt mit den sechs

Prozent im internationalen Vergleich nur eine sehr kleine Gruppe an Schüler*innen. Diese Kinder wären in der Lage vergleichsweise anspruchsvolle, komplexe mathematische Aufgaben zu lösen.

Die naturwissenschaftliche Kompetenz der Schüler*innen in Deutschland liegt bei 518 Punkten (in den Erhebungen bis 2015 noch stabil bei 528) und damit in der oberen Hälfte im internationalen Vergleich und geringfügig unter dem EU-Durchschnitt von 522 Punkten (über die EU hinaus beträgt der Durchschnitt 491 Punkte) (Steffensky et al., 2020). Sieben Prozent der Schüler*innen liegen auf Kompetenzstufe I und verfügen damit nicht über elementares naturwissenschaftliches Faktenwissen. 20 % liegen auf Kompetenzstufen II und besitzen damit elementares Faktenwissen, aber kein grundlegendes naturwissenschaftliches Verständnis und sind nicht gerüstet für den weiterführenden, komplexeren Unterricht. 37 % der Schüler*innen liegen mit den Kompetenzstufe IV und V am oberen Leistungsspektrum. Deutschland war es immerhin gelungen, über die Erhebungen 2007, 2011 und 2015 den Durchschnitt in den naturwissenschaftlichen Kompetenzen gleich zu halten (Steffensky et al., 2016). Im oberen Bereich konnte Deutschland diese Stabilität auch 2019 erhalten, aber mehr Schüler*innen liegen im unteren Bereich (Steffensky et al., 2020).

Weiterhin stellt auch TIMSS 2019 (Schwippert et al., 2020) erneut heraus, dass der sozioökonomische Status und die Leistung der Kinder eng zusammenhängen. Hier haben in den letzten Jahren keine signifikanten Veränderungen stattgefunden, die sich in TIMSS messen lassen würden.

Aus der TIMSS-Untersuchung lässt sich folgern, dass es eine relevante Entwicklungsaufgabe für das deutsche Bildungssystem ist, die Heterogenität der Schüler*innen aufzugreifen und spezifisch je nach Leistungsstand bestmöglich zu fördern. Bedenkt man, dass Vorwissen sowohl in Mathematik als auch im Sachunterricht eine wichtige Voraussetzung ist, um neues Wissen zu generieren, so könnte hier auch für die Vorschulzeit, spätestens jedoch die Grundschule deutliches Potenzial gesehen werden.

IQB steht für Institut für Qualitätsentwicklung im Bildungswesen der Humboldt-Universität Berlin. Das IQB überprüft die Erreichung der Bildungsstandards in den Bundesländern anhand von repräsentativen Stichproben in den vierten Klassen. Ziel ist die Qualitätssicherung und -entwicklung auf Ebene des Schulsystems in Deutschland. Die *IQB-Bildungstrends* waren früher unter dem Namen *Ländervergleichsstudien* bekannt.

Die Erhebungen werden in der Primarstufe alle fünf Jahre in den Fächern Mathematik und Deutsch durchgeführt. In der Sekundarstufe finden alle drei Jahre Erhebungen mit wechselndem Schwerpunkt statt.

2016 fand die letzte Erhebung in der Primarstufe statt, 2011 die vorhergehende, so dass Vergleiche beider Zeitpunkte zumindest zum Teil möglich sind. Das gilt zum Beispiel nicht für Förderschulen, da diese erst 2016 in die Erhebung integriert wurden und noch nicht 2011. In die Untersuchung des IQB-Bildungstrends 2016 wurden 29.259 Schüler*innen der vierten Jahrgangsstufe in 1.508 Grund- und Förderschulen aus allen 16 Ländern einbezogen. Die kommende Erhebung findet 2021 (Berichterstattung geplant im Herbst 2022) erneut in der Primarstufe statt und wird gerade im Angesicht der Coronapandemie sowie im

Kontext der vorherigen Erhebungen wichtige Aussagen zulassen und deutliche Entwicklungsaufgaben für das Bildungssystem in den kommenden Jahren aufzeigen können.

Die wichtigsten Ergebnisse aus 2016 lassen sich folgendermaßen zusammenfassen (Stanat et al., 2017): Im Bereich Lesen sind trotz der Veränderung der Zusammensetzung der Klassen zu starker Heterogenität die Ergebnisse stabil geblieben. In den Bereichen Zuhören, Orthografie und Mathematik bestehen zwischen den Bundesländern große Unterschiede und die Gesamtergebnisse sind schlechter ausgeprägt als noch 2011. Die geschlechtsspezifischen Unterschiede sind weiterhin vorhanden: Mädchen erreichen durchschnittlich bessere Kompetenzstände im Fach Deutsch, Jungen im Fach Mathematik. Zudem schätzen Mädchen ihre Kompetenzen im Fach Mathematik schlechter ein als Jungen mit dem gleichen Kompetenzstand. Auch die Zusammenhänge zwischen sozialer Herkunft und Kompetenzstand sind immer noch vorhanden. Immerhin kam ungefähr ein Drittel der entweder in Deutsch oder in Mathematik als leistungsstark identifizierten Schüler*innen aus einem Elternhaus ohne Abitur. Und die Ergebnisse zu motivationalen Aspekten bei leistungsstarken Schüler*innen zeigen, dass diese im Fachunterricht sehr gut ausgeprägt sind, stärker als bei ihren weniger leistungsstarken Mitschüler*innen.

Die bildungspolitische Aufgabe, das Bildungssystem besser aufzustellen, um alle Kinder zu unterstützen, sowohl die leistungsstarken Kinder als auch die mit schwach ausgeprägten Leistungen, bleibt für alle Bundesländer bestehen. Es existieren jedoch signifikante Unterschiede zwischen den verschiedenen Bundesländern je nach Fach.

Lernaktivität

Recherchieren Sie im letzten IQB-Bildungstrendbericht, wie Ihr Herkunftsbundesland abschneidet und wo es im Vergleich mit den anderen Bundesländern in den verschiedenen Kompetenzen steht.

Während der IQB-Bildungstrend auf der Ebene des Schulsystems untersucht, liegt das Ziel der Erhebung der *Vergleichsarbeiten (z. B. VERA)* auf der Ebene der einzelnen Schulen und Klassen. Die Erhebungen sollen flächendeckend jährlich in den dritten Klassen (VERA 3) laufen und könnten damit nicht nur wertvolle Ergebnisse über die Bundesländer hinweg ermöglichen, sondern auch direkte Rückmeldungen der konkreten Ergebnisse der Schüler*innen der Klasse für die Lehrkräfte. Die Rückmeldungen sowie fachdidaktische Hinweise besitzen damit einen hohen pädagogischen Wert. Die Erhebung wird auf der Makroebene organisiert, soll aber die Mikroebene beeinflussen. Der Fokus ist die Stärkung der Kompetenzorientierung in unserem Bildungssystem.

Einige Bundesländer schätzen diese Bedeutung allerdings anders ein bzw. sehen den zeitlich-kapazitären Aufwand der Erhebung gegenüber dem Gewinn an Rückmeldung nicht gerechtfertigt und legten, wie z. B. Niedersachsen bereits im Schuljahr 2018/2019, die Entscheidung über eine Teilnahme in die Verantwortung der einzelnen Lehrkraft und führen im Schuljahr 2019/2020 keine Vergleichsarbeiten mehr durch. Entsprechend geht dieses Potenzial der flächendeckenden und zugleich spezifischen Rückmeldung und zur systematischen Unterrichtsentwicklung verloren. Anders z. B. NRW, hier sind die Erhebungen weiterhin verbindlich festgesetzt, außer auf freiwilliger Basis für Schüler*innen, die kürzer als ein Jahr eine Schule in Deutschland besuchen oder sonderpädagogischen Unterstützungsbedarf haben.

> **Lernaktivität**
>
> Recherchieren Sie für Ihr Bundesland: Wird VERA 3 durchgeführt? Wenn ja, was sagen die Ergebnisse aus? Wenn nein, finden Sie Hinweise auf ein alternatives Engagement auf Bundeslandebene zur systematischen Qualitätsentwicklung der einzelnen Schulen?

Der Vorteil der Durchführung der Erhebung in der dritten Klasse ist, dass die Rückmeldungen zu den Kompetenzständen der Schüler*innen genutzt werden können, um ein Jahr vor dem Übergang in die Sekundarstufe zu sehen, in welchen Bereichen Risiken und Ressourcen liegen. Die Ergebnisse der VERA-Erhebung ersetzen keine Klassenarbeit und gehen nicht in die Notengebung ein. Auch lassen sich die Ergebnisse nicht auf einzelne Schüler*innen zurückführen, sind also keine individuelle Diagnostik, sondern werden auf Klassenebene im Portal hinterlegt. So ist die Klasse und deren Kompetenzen einsehbar, die Kompetenzstufen abhängig von weiteren Merkmalen wie dem Geschlecht, die dominant genutzte Sprache und der Standorttyp (fairer Vergleich, in den das soziale Umfeld der Schule einbezogen wird).

Als Fazit dieses Kapitels ist festzuhalten, dass solche Erhebungen nicht nur der Einordnung oder Kategorisierung dienen, sondern vor allem der Überprüfung, ob unser Bildungssystem gerecht ist und sich weiterentwickelt: Benachteiligt es systematisch Kinder und bestimmte Gruppen? Wo liegen Risikofaktoren, die noch besser in den Blick genommen müssen? Wie kann das Schulsystem sich besser aufstellen? Das alles sind wichtige Fragen für den schulischen, aber auch bildungspolitischen Alltag mit dem Ziel der Qualitätssicherung. Hier werden Stellschrauben identifiziert, die der Weiterentwicklung eines für alle Kinder geeigneten Schulsystems dienen. Deutlich durch die genannten Untersuchungen wurde z. B., dass unser Bildungssystem sehr stark die Schere zwischen bestimmten Gruppen auseinander gehen lässt: In den meisten Ländern ist der Zusammenhang zwischen Bildungserfolg und sozioökonomischem Hintergrund wesentlich geringer als in Deutschland: In Deutschland spielt es für den Erfolg im Bildungssystem eine große Rolle, ob das Elternhaus reich oder arm ist, welchen Beruf die Eltern haben, in welcher Gegend man aufwächst usw. (vgl. Autorengruppe Bildungsberichterstattung, 2018). Im Zuge von inklusiver Bildung und einer Grundschule für alle ist es jedoch absolut bedeutsam, dass faire Chancen unabhängig von der Herkunft bestehen. Kinder sollten die Möglichkeit zum Lernen und zum Sammeln von Erfahrungen und Erlebnissen haben, unabhängig von ihrem Hintergrund. Das macht ein gerechtes, faires und qualitativ hochwertiges Bildungssystem aus.

11.6.2 Mikroebene

Auf der Mikroebene des Unterrichts sind Schüler*innenleistungen und die Beurteilung durch Lehrkräfte sowie damit verbundenes pädagogisch-didaktisches Handeln wichtiger Bestandteil des Unterrichts. Die Erfassung von Leistung kann *formativ* (Erfassung im Verlauf des Lehr-Lernprozesses) und *summativ* (Erfassung z. B. am Ende einer Unterrichtseinheit zur Überprüfung des anvisierten Kompetenzerwerbs) erfolgen. Beides ist Teil des Schulalltags, aber ersteres ist hilfreich für das Kind, um sich erfolgreich entwickeln zu können.

Ein formatives Monitoring des Lernprozesses findet immer anhand mehrfacher Erfassung, beispielsweise durch sogenannte Lernzielkontrollen, Tests oder Aufgaben statt. Dies ermöglicht eine unmittelbare Rückmeldung während des Lernprozesses. Der Vorteil zeigt sich in der Möglichkeit der flexiblen Anpassung der Unterstützung im Lernprozess an die individuellen Schüler*innenvoraussetzungen, was z. B. mit der Erfassung des Könnens am Ende eines Lernprozesses nicht mehr möglich wäre. Zur formativen Unterstützung des Lernprozesses dienen zum einen Selbstbeurteilungen von Lernenden, die ihren eigenen Fortschritt unter verschiedenen Gesichtspunkten bewerten können. Zum anderen zählen hierzu Lehrkraftrückmeldungen, die während des Lernprozesses einen unmittelbaren Abgleich von Ist- und Soll-Zustand ermöglichen und dem Kind Auskunft darüber geben können, ob es auf dem richtigen Weg ist oder ob eine Aufgabe korrekt gelöst wurde (▶ Kap. 11.3.3 Konstruktive Unterstützung). Den Lehrkräften gibt diese Form der Beurteilung zugleich einen Einblick in den jeweiligen Lernstand des einzelnen Kindes, so dass die entsprechenden Bedingungen des Lernens bei Bedarf angepasst werden können. Dem Lernenden hilft die Reflexion über den Lernprozess, um Entwicklungen einschätzen und bewerten zu können. Selbstbeurteilungen sind ein Instrument der Entwicklung selbstregulierten Lernens. Formatives Assessment stellt in dem Zusammenhang ein Beispiel für eine zielgerichtete, individuelle Beurteilungspraktik während des Lernprozesses dar. Dabei werden Schüler*innenleistungen zunächst erhoben (Diagnostik), die Erkenntnisse für individuelle Rückmeldung (Feedback) genutzt und gezielt Maßnahmen eingeleitet, die den Lernprozess unterstützen (Förderung).

Summative Formen der Leistungserfassung beschreiben hingegen die Beurteilung von Leistungen am Ende eines Lernprozesses. Zu den traditionellen Formen der Leistungsbewertung zählen Klassenarbeiten und Tests, die oft traditionell mit Ziffernnoten bewertet werden. An Noten sind verschiedene Erwartungen geknüpft. Nach Brügelmann (2006, S. 20) sind das u. a.:

- Förderung des Lernens durch Motivations-, Disziplinierungs- und Sozialisationseffekte,
- Rückmeldung an die Schüler*innen und Eltern über den Erfolg individueller Lernprozesse und des Unterrichts insgesamt und

- Ausweis von Leistungen für Selektionsentscheidungen.

Der Vorteil von Ziffernnoten liegt in dem geringen Zeitaufwand ihrer Erstellung und Auswertung für die Lehrkraft und der hohen Vergleichbarkeit der erreichten Leistung zwischen den Kindern. Allerdings weisen sie viele Schwachstellen auf (vgl. Tab. 18). Lehrkrafturteile sind selten objektiv (personenunabhängig), besitzen eine begrenzte Gültigkeit (Validität) und sind wenig verlässlich (Reliabilität).

Tab. 18: Vor- und Nachteile von Ziffernbewertung

Vorteile	Nachteile
- universelles Verständnis über die Auslegung/Bedeutung der einzelnen Noten - zeitliche Ressourcen werden deutlich geringer beeinflusst als bei ausführlichen qualitativen Beschreibungen von Leistungen - Praktikabilität bei der Verrechnung von Leistungen am Ende eines Jahres oder am Ende der Schulzeit	- unterschiedliche Lehrkräfte kommen zu unterschiedlichen Einschätzungen - gleiche Leistung kann zu unterschiedlichen Zeitpunkten von derselben Lehrkraft anders benotet werden - Niveau der Klasse beeinflusst die Leistungsbewertung (vgl. soziale Bezugsnorm) - Noten können keine inhaltlichen Entwicklungsfortschritte aufzeigen (vgl. individuelle Bezugsnorm) - Noten verstärken Stress und Prüfungsängste - Kinder fokussieren sich auf Noten

Neben den traditionellen Formen der Bewertung haben deshalb in den vergangenen Jahrzehnten zunehmend ›neue‹ Formen der Leistungsbewertungen wie das Portfolio, Lernkontrakte oder Lerntagebücher ihren Eingang in den Grundschulalltag gefunden. Diese Formen der Leistungsbeurteilungen helfen Lehrkräften nicht nur bei der Dokumentation der Fortschritte, sondern auch bei der Wahrnehmung und Würdigung positiver Entwicklungen. Sie sind allerdings wesentlich zeitaufwändiger in der Auswertung, und es müssen auch hier entsprechende Beurteilungskriterien für die Fremd- und Selbstbewertung festgelegt werden.

Der Grundschulverband hat sich früh zu einer *pädagogischen Leistungskultur* bekannt und in den 2000er Jahren eine Vorstellung skizziert, die sich jenseits von traditionellen Vorstellungen von Schule bewegt: keine Noten, keine Diktate, keine Notenspiegel und Zensuren, keine Klassenarbeiten, kein Sitzenbleiben und kein Selektieren (Bartnitzky, 2019). Vier grundlegende Aspekte gehören nach Bartnitzky (ebd., S. 539) zur pädagogischen Leistungskultur:

- Leistungen wahrnehmen: Lernstände feststellen (Arbeitsdokumente der Kinder, Beobachtungsbogen der Lehrkraft, Mathe-Pass der Kinder, Stolperwörter-Lesetest (STOLLE, o. J.), Hamburger Schreibprobe (HSP, May et al., 2018)
- Leistungen würdigen: Lernentwicklungen bestätigen (Mathe-Pass zu einem Teilbereich, Urkunden, Veröffentlichungen, Selbsteinschätzung, auch mit Portfolio, Kinder-Sprechstunde)

- Kinder individuell fördern: Lerngespräche führen (Schreibkonferenzen, Mathe-Konferenzen, Rechtschreibgespräche, Kinder-Sprechstunde, individuelle Lerngespräche)
- Lernwege öffnen: Eigene Lernwege beschreiben (Lerntagebuch, Lesetagebuch, Forscherheft, Portfolio, Präsentation, Lernplakate, Selbstzeugnis).

In der Leistungsbeurteilung der Kinder und der Klasse macht die *Bezugsnormorientierung* der Lehrkräfte einen Unterschied, nicht nur für die Bewertung, sondern auch für die Rückmeldungen durch die Lehrkraft an die Kinder. Es werden drei Bezugsnormen unterschieden:

- *soziale Bezugsnorm*: Bezug der Leistung eines Kindes auf eine soziale Vergleichsgruppe, im Kontext der Grundschule meist die Klasse (z. B. das Kind, das eine Erzählung mit 60 Wörtern geschrieben hat, liegt damit im Durchschnitt der Klasse). Dabei wird nur die aktuelle Leistung zu einem bestimmten Zeitpunkt betrachtet und das Abschneiden im Vergleich zu Klasse bei überdurchschnittlichem Ergebnis als positiv, bei durchschnittlichem Ergebnis als neutral und bei unterdurchschnittlichen Ergebnissen als negativ bewertet.
- *kriteriale, curriculare* oder *sachliche Bezugsnorm*: Bezug zu einem Standard (z. B. das Kind kann ein Experiment im Sachunterricht erfolgreich nachbauen). Wurde der Standard, das Ziel oder eine vorher festgelegte Punktzahl erreicht, wird die Leistung positiv bewertet; bei Nichterreichung findet eine negative Bewertung statt.
- *individuelle Bezugsnorm*: Bezug zur Entwicklung eines Kindes; Beurteilung einer Veränderung über verschiedene Leistungsmessungen des gleichen Kindes hinweg (z. B. das Kind hat kann jetzt mehr Aufgaben rechnen als vor zwei Wochen). Dabei wird unabhängig vom Niveau der Ausgangsleistung eine Steigerung immer positiv bewertet, eine Stagnierung neutral und eine Verringerung negativ.

Aus der Bezugsnormorientierung der Lehrkraft resultieren demnach konkrete Konsequenzen für die Beurteilung, aber auch für das pädagogische Verhalten im Unterricht: Welches Begabungskonzept (statisch oder dynamisch) liegt der Orientierung zugrunde? Wann, an wen und wie werden Lob und Kritik verteilt? Welche Hilfestellungen werden bereitgehalten? Unter diesen Gesichtspunkten beeinflusst die Bezugsnormorientierung der Lehrkraft auch die Leistungen der Kinder, denn das daran orientierte Feedback hat Auswirkungen auf die Lern- und Leistungsmotivation. Befinden sie sich ständig im sozialen Vergleich durch die Rückmeldungen der Lehrkraft, so wirkt sich gerade bei Kindern mit weniger Erfolg in den schulischen Leistungen der Big-Fish-Little-Pond-Effekt (▶ Kap. 9.5.3 Selbstkonzept und Motivation) negativ aus. Während soziale Vergleiche sich also sehr ungünstig auf die Motivation auswirken, können im Gegensatz dazu individuelle Vergleiche der Entwicklung über mehrere Zeitpunkte hinweg positive Auswirkungen haben. Konkret heißt das: Gerade bei Schüler*innen mit Leistungsschwierigkeiten sollte die individuelle Bezugsnorm gezielt eingesetzt und motivierende Rückmeldungen gegeben werden. Ein enger Zusammenhang von Leistungsrückmeldungen, Leistungsmotivation und Schulleistung gilt als empirisch bestätigt. Allerdings haben alle drei Bezugsnormorientierungen ihren Wert und sollten genutzt werden, denn sie erfüllen jeweils unterschiedliche Ziele und ermöglichen verschiedene Informationen.

Wilbert und Gerdes (2009) zeigen auf, dass angehende Lehrkräfte hier große Unterschiede aufweisen und sich demnach eine Selbstbeobachtung und -reflektion lohnt.

Konsequenzen und Bedeutungen für die inklusive Grundschule:

- Eigene Bezugsnormorientierung als Lehrkraft reflektieren.
- Je nach Ziel unterschiedliche Bezugsnormen differenziert einsetzen.
- Rückmeldungen eher auf Grundlage individueller Bezugsnorm.

Ein relevanter Aspekt im Kontext der Mikroebene der Leistungsbeurteilung, der ebenfalls seit Jahrzehnten unter kritischer Beobachtung der Forschung steht, stellen *Zeugnisse* dar, die gerade in der Grundschule eine hohe Relevanz besitzen, sind sie doch ein Selektionsinstrument, das über den weiteren Bildungsweg eines Kindes maßgeblich entscheidet. In den meisten Grundschulen sind Berichtszeugnisse mindestens in den ersten beiden Schuljahren obligatorisch. Inhaltlich müssen sie Lehrplaninhalte und Kompetenzbereiche (Deutsch, Mathematik) abdecken. Zudem werden wieder Kopfnoten (Bewertung des Sozial- und Arbeitsverhaltens) verteilt, ursprünglich mit dem Ziel, Schüler*innen die weniger erfolgreich im akademischen Bereich sind, die Chance auf positive Bewertungen in überfachlichen Bereichen zu geben. Allerdings hat sich das als Trugschluss herausgestellt, da enge Zusammenhänge zwischen den Bewertungen des Sozial-, Arbeitsverhaltens und den Leistungen feststellbar sind.

Das Ziel von Berichtszeugnissen war: Leistungsdruck verringern, Chancengleichheit herstellen, ein individualistisches Leistungsverständnis verhindern, konkurrenzorientierte Motivation, ein produktorientiertes Leistungsverständnis und pauschalierende Urteile vermeiden (Bartnitzky & Christiani, 1977, S. 16). Forschung dazu verdeutlicht, dass in der Realität die damit verbundenen Erwartungen bisher nicht in Gänze eingelöst wurden. Unter anderem zeigt sich, dass Lernentwicklungen oft nicht ausreichend dokumentiert werden, Förderhinweise zu unspezifisch bleiben und sich nicht die erhofften starken, positiven Effekte auf die Lernfreude oder das Fähigkeitsselbstkonzept einstellen (z. B. Rosenfeld & Valtin, 1997). Auch Eltern sind bisher nicht überzeugt, auch wenn sie Verbalbeurteilungen durchaus etwas Positives abgewinnen können und wissen, dass Noten bei Kindern Leistungsängstlichkeit auslösen können (Valtin et al., 2005, S. 203). Sie wünschen sich Noten als Information, mit der sie die Leistungen ihres Kindes nachvollziehen und einordnen können (u. a. Rosenfeld & Valtin, 1997). Gesellschaftlich scheint eine notenfreie Praxis, wie sie in vielen skandinavischen Ländern üblich ist, in der Breite noch nicht hinreichend akzeptiert. Dabei sind Zeugnisse, Ziffernnoten und deren Relevanz gerade im Kontext von inklusiver Bildung weiter kritisch zu diskutieren. Die Gründe dafür liegen in den bisher skizzierten Aspekten: Wie gerecht sind diese Bewertungen? Wie hoch ist deren Aussagekraft (spezifisch unter der Betrachtung von lernzieldifferentem Unterricht)? Welche Bezugsnormorientierung liegt den Bewertungen zugrunde?

11.7 Zusammenfassung

Die Gestaltung von inklusivem Unterricht muss vielfältige Aspekte berücksichtigen, die alle eine Berechtigung auf verschiedensten Ebenen besitzen und nicht intuitiv erfasst und umgesetzt werden können. Die Berücksichtigung wissenschaftstheoretischer Grundpositionen zum Lehren und Lernen (Behaviorismus, Kognitivismus, Konstruktivismus) ist ebenso relevant wie der Einbezug verschiedener allgemein- und fachdidaktischer Perspektiven.

Die Forschung legt nahe, dass besondere Qualitätsmerkmale wie Klassenführung, kognitive Aktivierung und konstruktive Unterstützung wirksame Basisdimensionen für einen lernwirksamen Unterricht für alle Kinder sind. Wie die Lehrkraft im Unterricht agiert, wie sie die Rahmenbedingungen gestaltet, wirkt sich auf den Bildungserfolg jedes einzelnen Kindes aus.

Unter Abwägung von Voraussetzungen und Möglichkeiten sind in einem passgenauen Verhältnis Methoden, Medien, Zielsetzungen und Inhalte zur Vermittlung Grundlegender Bildung auszuwählen. In den einzelnen Kapiteln wurden Beispiele dargestellt, die zum Verständnis beitragen und zur Umsetzung inspirieren sollen. Der Umfang und die Vielseitigkeit dieses Kapitels zeigen deutlich, wie groß die Verantwortung der Lehrkraft ist, wie dynamisch sich Anforderungen und Entwicklungen im Laufe der Zeit zeigen und wie komplex unter diesen Aspekten der Lehrberuf ist.

Vertiefende Literatur

- Bartnitzky, H. (2019). *Auf dem Weg zur kindergerechten Grundschule. 50 Jahre Grundschulreform. 50 Jahre Grundschulverband.* Frankfurt a. M.: Grundschulverband e. V.
- Eickelmann, B. (2010). *Digitale Medien in Schule und Unterricht erfolgreich implementieren. Eine empirische Analyse aus Sicht der Schulentwicklungsforschung.* Münster: Waxmann.
- Everston, C. M. & Emmer, E. T. (2012). *Classroom management for elementary teachers* (9. Ed.). New York: Addison Wesley.
- Gold, A. (2015). *Guter Unterricht: Was wir wirklich darüber wissen.* Göttingen: Vandenhoeck & Ruprecht.
- Hasselhorn, M. & Gold, A. (2017). *Pädagogische Psychologie. Erfolgreiches Lernen und Lehren* (4. Aufl.). Stuttgart: Kohlhammer.
- Helmke, A. (2014). *Unterrichtsqualität und Lehrerprofessionalität. Diagnose, Evaluation und Verbesserung des Unterrichts* (5. Aufl.). Seelze: Klett-Kallmeyer.

- Klieme, E. (2019). Unterrichtsqualität. In M. Harring, C. Rohlfs & M. Gläser-Zikuda (Hrsg.), *Handbuch Schulpädagogik* (S. 393–408). Münster: Waxmann.
- Walter, J. & Wember, F. B. (Hrsg.). *Sonderpädagogik des Lernens*. Hogrefe: Göttingen.
- KIM-Studie, Langzeitstudie zu Digitalisierung, Mediennutzung und Medienkonsum: spannende Einblicke in den Stellenwert von Medien im Alltag von Kindern zwischen 6 und 13 Jahren (Medienpädagogischer Forschungsverbund Südwest (2020): www.mpfs.de)
- Übersicht Vergleichsstudien: Bundesministerium für Bildung und Forschung (www.bmbf.de; Suche: internationale Vergleichsstudien) oder Kultusministerkonferenz (https://www.kmk.org; Suche: Bildungsmonitoring)

12 Der Übergang von der Grundschule zur Sekundarstufe

Die deutsche Grundschule in ihrer überwiegend vierjährigen organisatorischen Konzeption (mit Ausnahme der sechsjährigen Grundschulzeit in Brandenburg und Berlin) lässt sich mit Blick auf die Herstellung von Anschlussfähigkeit in zwei Phasen gliedern. In einer ersten Phase geht es aus institutioneller Sicht primär um die Herstellung von Anschlussfähigkeit nach *unten*. In dieser Phase werden die Kinder behutsam auf den Wechsel vom Kindergartenkind zum Schulkind vorbereitet und in der Grundschule sukzessive in das systematische, fachliche Lernen eingeführt. Sie werden sozusagen schulisch sozialisiert. Zwei Jahre vor dem Wechsel in die Sekundarstufe I setzt eine zweite Phase ein, welche die Herstellung von Anschlussfähigkeit nach *oben* konturiert. Es werden dabei verschiedene Prozesse für den Übergang zu den weiterführenden Schulformen eingeleitet. Die meisten Kinder freuen sich auf den Übergang (Chedzoy & Burden, 2005). An dieser Gelenkstelle des deutschen Schulsystems treten jedoch auch Problemlagen zutage.

12.1 Bedingungen und Aufgaben

Das deutsche Schulsystem sieht im Vergleich zu anderen Ländern eine frühe Verteilung von Kindern nach Leistung auf die verschiedenen Schulformen der Sekundarstufe I vor, die sich hinsichtlich ihrer Dauer und Abschlussmöglichkeit voneinander unterscheiden.

Für Grundschullehrkräfte, Kind und Familie geht die Phase des Übergangs von der Grundschule zur Sekundarschule mit unterschiedlichen Verpflichtungen und Anpassungsleistungen einher. Speziell das Kind und seine Familie sind zum einen – wie schon beim Schuleintritt in die Grundschule – durch bestimmte Entwicklungsaufgaben gefordert. Den meisten Kindern gelingt der Übergang gut. Für einige bedeutet der Wechsel aber auch erhöhter Stress und Unsicherheiten (Evangelou et al., 2008). Vieles strömt gleichzeitig unter dem Eindruck des Wechsels (u. a. Freundschaften, Klassenzusammensetzung, Lehrkräfte, Fächer) auf unterschiedlichen Ebenen auf das Kind ein, weshalb der Übergang auch als (mögliches) kritisches Lebensereignis betrachtet wird. Auch hier bietet das entwicklungspsychologische Transitionsmodell von Griebel und Niesel (2004; ▶ Kap. 4), einen sinnvollen Erklärungsrahmen, um kognitive, soziale und emotionale Aufgaben

(Ditton & Maaz, 2011) zu identifizieren, welche beim Übertritt vom Kind und der Familie zu bewältigen sind. Und auch hier ist die erfolgreiche Bewältigung des Übertritts nicht alleinige Bringschuld des Kindes, sondern aus ökosystemischer Sicht ein ko-konstruktiver Prozess von Grundschullehrkräften, Sekundarschullehrkräften, Familie und Kind. In Anlehnung an die Darstellung von Ophuysen und Hazard (2011, S. 4) können die Dimensionen der notwendigen Anpassungen auf drei Ebenen bezogen werden: die schulischen Rahmenbedingungen (kontextuell), den Leistungsbereich (individuell) und den sozialen Bereich (Beziehungen).

Schulische Bedingungen: In *methodisch-didaktischer* Hinsicht ist feststellbar, dass die Schnittmenge zwischen der Gestaltung von Lehr-Lernprozessen an den Grundschulen und den weiterführenden Schulzweigen eher gering ist. Während sich an den Grundschulen Lehr-Lernszenarien etabliert haben, die in Anlehnung an sozio-konstruktivistische Positionen des Lehrens und Lernens stark schüler*innenorientiert sind und Varianten offenen Unterrichts präferiert werden, wird an weiterführenden Schulen oft eine mehr oder weniger stark an kognitivistischen Theorien ausgerichtete Lehr-Lernpraxis bevorzugt. Lehrkräfte an weiterführenden Schulen haben auch andere Erwartungen als Grundschullehrkräfte (McGee et al., 2004). Auch in *zeitlicher und räumlicher* Hinsicht verändert sich für das Kind einiges. Während in Grundschulen die Kinder in der Regel von wenigen Fachlehrkräften in einer überschaubaren Anzahl an Fächern unterrichtet werden, sind es an den weiterführenden Schulen mehr Fächer und mehr Lehrkräfte. Zudem verlängert sich die Unterrichtszeit und die Lerngruppen sind deutlich größer als in der Grundschule (> 30 Schüler*innen). Auch Hausaufgaben haben in der Sekundarstufe einen anderen Stellenwert, nehmen einen größeren zeitlichen Raum ein und haben damit Konsequenzen für den Freizeitbereich.

Leistungsbereich: Durch die gezielte Herstellung von Homogenität und Gruppierung der Lerner*innen nach Leistungen entstehen leistungshomogenere Gruppen, in denen der soziale Vergleich besonders ungünstige Folgen für das Selbstkonzept haben kann (▶ Kap. 9.5 Selbstkonzept; Big-Fish-little-Pond-Effekt). Unterschiede manifestieren sich auch in den Formen von Leistungsbeurteilungen und Formen von Leistungskontrollen, wie sich exemplarisch an Vokabeltests und Diktaten darlegen lässt. So zählen etwa Vokabeltests im Englischunterricht und Diktate im Deutschunterricht zu den gängigen Lernstandskontrollen in der Sekundarstufe, während erstere nicht im Grundschulunterricht vorgesehen sind und Diktate mittlerweile in einigen Grundschulen eine untergeordnete Rolle spielen. Auch werden bestimmte Fähigkeiten und Fertigkeiten vorausgesetzt wie die Schreibschrift. Schreibdidaktisch werden in Grundschulen aber unterschiedliche Erstschreibschriftkonzepte teils rechtlich verbindlich (u. a. Schulausgangsschrift, Grundschrift, vereinfachte Ausgangsschrift) umgesetzt, so dass die Ausgangslage am Übergang äußerst divers ist.

Sozialer Bereich: Aufgrund häufig weitreichender Einzugsgebiete treffen viele neue Kinder aus unterschiedlichen Regionen zusammen. Während neue Kontakte geknüpft werden, müssen wie auch schon beim Übertritt vom Kindergarten gefestigte Freundschaften und Strukturen aufgegeben werden. Das birgt einerseits das Potenzial, sich neu zu erfinden, aber auch die Gefahr, nicht ausreichend Anschluss zu finden.

Während einige der skizzierten Unterschiede womöglich weniger starke Auswirkungen auf den überwiegenden Anteil der Kinder hat (die zeitlichen und räumlichen Veränderungen sind bspw. für die meisten Kinder angemessen zu bewältigen), wiegen fachliche und didaktisch-methodische Unterschiede sicherlich schwerer. Insbesondere das ›Nachlernen‹ bestimmter Fertigkeiten wird zur Herausforderung, wenn parallel dazu der neue Lernstoff erarbeitet werden muss.

Die Eltern sind beim Übertritt primär hinsichtlich der Schulwahl involviert. Sie treffen eine weitreichende Entscheidung für das Kind, die in verschiedener Hinsicht konsequenzenreich ist. Ob die Schulwahlentscheidung richtig ist, können Eltern aber nicht hinreichend beurteilen, weil sie kaum valide einschätzen können, inwieweit Fähigkeiten und Können ihres Kindes den kommenden Ansprüchen gerecht werden.

Für Grundschullehrkräfte, die den Wechsel pädagogisch vorbereiten und begleiten, gilt es, in dieser Hinsicht verschiedene Aufgaben wahrzunehmen, um den Wechsel einzuleiten, die Kinder gut vorzubereiten und zu begleiten. Dazu zählen drei Aspekte:

Die *inhaltliche und curriculare Vorbereitung (1)* des Übertritts beinhaltet zum einen Kenntnisse über Bildungsaufträge der jeweiligen Schulformen der Sekundarstufe I sowie mögliche didaktisch-methodische Unterschiede. Unter diesem Gesichtspunkt gilt es, kritisch und realitätsangemessen zu prüfen, inwieweit Bildungsprozesse anschlussfähig sind. Zum anderen sind systematische Abstimmungsprozesse zwischen Grundschulen und weiterführenden Schulformen erforderlich. Das schließt die Etablierung von Kooperationsstrukturen ein, durch welche Lehrkräfte der Grundschule und der weiterführenden Schulformen die Gelegenheit erhalten, sich systematisch über die Bedingungen des Lehrens und Lernens an den jeweiligen Schulformen auszutauschen und zumindest regional Netzwerke zu bilden, in denen gelingende Kooperation möglich ist.

(2) Übergangsempfehlungen: Laut der Empfehlungen des Sekretariats der Ständigen Konferenz der Kultusminister der Länder (Übergang von der Grundschule in Schulen des Sekundarbereichs I und Förderung, Beobachtung und Orientierung in den Jahrgangsstufen 5 und 6 (sog. Orientierungsstufe), i. d. F. vom 10.02.2015) sind – sofern verbindlich geregelt – von Lehrkräften in sorgfältiger Abwägung Bildungsgangentscheidungen zu treffen. Die Sorgfalt ist deswegen so zu betonen, weil nur wenige Eltern von den Empfehlungen der Lehrkräfte abweichen, und einmal getroffene Bildungsgangentscheidungen werden trotz hoher Durchlässigkeit oft nicht rückgängig gemacht. Nur selten wird später ein Wechsel auf eine anspruchsvollere Schulform vollzogen (Henz, 1997). Mit Bildungsgangempfehlungen geht somit eine hohe Verantwortung seitens der Lehrkräfte einher, besonders aber in den Bundesländern, in denen die Übertrittsempfehlung verbindlich ist (u. a. Bayern). Die Regelungen dazu variieren allerdings – wie auch in den anderen schulbezogenen Vorgaben – erheblich von Bundesland zu Bundesland. Die regionalen Unterschiede betreffen u. a. die Rechte und Beteiligung von Eltern an dem Verfahren, die Verbindlichkeit der Übertrittsempfehlungen und mögliche Konsequenzen bei einem bestehenden Dissens

zwischen Elternwille und Lehrkrafturteil. In einigen Bundesländern (z. B. Bremen) wird aktuell vollständig auf eine Empfehlung verzichtet. In den Bundesländern, die Empfehlungen aussprechen, ist als ›hartes‹ Kriterium der allgemeine Notendurchschnitt in den Hauptfächern ausschlaggebend, wobei auch hier deutliche Abweichungen etwa für eine Gymnasialempfehlung vorliegen (Bayern Durchschnitt = 2,33 und Rheinland-Pfalz = 3,0). Bei abweichenden Einschätzungen von Lehrkraft und Eltern sind in einigen Bundesländern Prüfungen oder eine Probezeit an den weiterführenden Schulformen vorgesehen (z. B. Mecklenburg-Vorpommern).

(3) *Beratung und Unterstützung von Eltern und Kind*: Den Prozess für die Familien und das Kind individuell und angemessen zu begleiten, erfordert eine gute Kommunikation mit den Eltern (▶ Kap. 6.1 Eltern). Jedes Bundesland sieht hinsichtlich der Häufigkeit und des Zeitpunkts unterschiedliche Regelungen vor (KMK, 2015). Die Grundschulen bzw. Lehrkräfte sind jedoch in fast allen Bundesländern dazu verpflichtet, den Eltern mindestens ein Beratungsangebot im Jahr vor dem Übertritt zu unterbreiten. In diesen Beratungsgesprächen sind die jahrgangsübergreifenden Lernentwicklungen und Leistungen, Sozial- und Arbeitsverhalten und (vermutete) Lernpotenziale Gegenstand des Gesprächs. Grundlage des Gesprächs bilden über Jahre hinweg kontinuierlich dokumentierte Leistungen und Entwicklungen. Es liegen in der Regel an den Kompetenzen des Lehrplans ausgerichtete Bewertungshilfen vor, etwa zur mündlichen Mitarbeit. Eltern können ihr Kind beim Übergang besser unterstützen, wenn frühzeitig Informationen zu den Erwartungen und Anforderungen an den weiterführenden Schulformen bekannt sind. Dabei sollten Eltern als Partner und nicht als Laien betrachtet werden, denen abgesprochen wird, Urteile über die Entwicklung und Potenziale ihres Kindes treffen zu können.

Um das Kind für den Übertritt fit zu machen, gilt es insbesondere, den Blick auf die personale Entwicklung zu lenken. Für das Kind ist eine Stärkung von Selbstwirksamkeitserwartungen, ein positives Bild der eigenen Fähigkeiten (Selbstkonzept) und positive Erwartungen gerade vor dem Hintergrund steigender Anforderungen an das Leistungsverhalten wichtig. Dies kann gelingen, indem die Lernenden früh die Gelegenheit erhalten, auf hohem Niveau zu lernen und zugleich in einem geschützten Raum positive, gelingende Erfahrungen mit Misserfolgen und Niederlagen machen können. Vor dem Hintergrund der altersspezifischen Entwicklungsmöglichkeiten ist es notwendig, den Grundschulkindern gezielte Strategien zu vermitteln. Selbstreguliertes Lernen, eine hohe Selbstständigkeit wird an den weiterführenden Schulen zum dominierenden Prinzip, das frühzeitig unterstützt werden sollte.

12.2 Empirische Befunde

Die Forschung weist beim Übertritt von der Grundschule in die weiterführenden Schulzweige auf Problemlagen hin, die zum einen unter entwicklungspsychologischen Gesichtspunkten die kindliche Entwicklung im Allgemeinen betreffen, zum anderen die institutionellen und familiären Entwicklungschancen, die das Kind erhält. Bezogen auf das Kind sind zentrale Entwicklungsprozesse im Alter von zehn Jahren noch nicht abgeschlossen (vgl. Koch, 2006), so dass eine Zuweisung nach Leistung auf die verschiedenen Schulzweige, wie es das deutsche Schulsystem zu diesem Zeitpunkt vorsieht (mit Ausnahme der Grundschulen in Berlin und Brandenburg), einem potenziellen Entwicklungsverlauf vorgreift. Das wiegt insofern schwer, als dass die verschiedenen Schulumwelten der Sekundarschulformen als sogenannte differenzielle Lern- und Entwicklungsmilieus an der weiteren Leistungs- und Lernentwicklung maßgeblich mitwirken. Damit »ist gemeint, dass junge Menschen unabhängig von und zusätzlich zu ihren unterschiedlichen persönlichen, intellektuellen, kulturellen, sozialen und ökonomischen Ressourcen je nach besuchter Schulform differenzielle Entwicklungschancen erhalten, die schulmilieubedingt sind und sowohl durch den Verteilungsprozess als auch durch die institutionellen Arbeits- und Lernbedingungen und die schulformspezifischen pädagogisch-didaktischen Traditionen erzeugt werden« (Baumert et al., 2006, S. 99). Heißt, wenn ein Kind die Chance auf den Besuch eines höheren Schulzweigs hat, ist damit höheres Anregungspotential der schulischen Lernumwelt (u. a. Klassenzusammensetzung, pädagogisch-didaktische Unterstützung) verbunden, das sich positiv auf die Entwicklung auswirkt. Studien belegen, dass unter Kontrolle individueller Fähigkeiten und der Zusammensetzung der Klasse Schüler*innen auf dem Gymnasium bereits in den ersten beiden Schuljahren an der weiterführenden Schule signifikant bessere Kompetenzen entwickeln als Schüler*innen an weniger anspruchsvollen Schulformen (Gröhlich et al., 2009).

Die strukturelle Homogenisierungsmaßnahme, die mit der Zuweisung zu unterschiedlichen Schulformen verbunden ist, fußt wissenschaftshistorisch betrachtet auf begabungstheoretischen Annahmen, wonach das Lernen in unterschiedlichen Schulformen mit den unterschiedlichen Fähigkeiten von Kindern begründet wird, verknüpft mit der Annahme, den heterogenen Ansprüchen der Kinder in den unterschiedlichen Schulformen besser gerecht werden zu können. Aus der Zuweisung entstehen zwar relativ betrachtet homogene Leistungsgruppen, es muss aber immer noch von einer großen Leistungsheterogenität zwischen den Schulformen ausgegangen werden (z. B. Prenzel et al., 2008). Das Gymnasium weist in Analysen sogar die größte Leistungsheterogenität von allen Schulformen auf (Gröhlich et al., 2009). Daraus kann zunächst geschlussfolgert werden, dass bei der Schulwahlentscheidung in der Regel nicht alleine das individuelle Leistungspotenzial ausschlaggebend ist, sondern auch andere Faktoren in die Übertrittsentscheidung einfließen.

Unter der Perspektive der Übertrittsempfehlungen von Lehrkräften und dem Schulwahlverhalten der Eltern zeigt sich, dass besonders Kinder aus sozioökonomisch schwachen Familien und mit Zuwanderungshintergrund seltener eine Empfehlung für einen anspruchsvollen Schulzweig erhalten als Kinder aus bildungsnahen Familien und ohne Zuwanderungshintergrund, auch wenn Testleistungen und Intelligenzniveau vergleichbar sind (Hußmann et al., 2017). Auch Ditton und Krüsken (2011) stellen fest, dass die Chance für eine Übertrittsempfehlung für Kinder aus einer höheren Statusgruppe 3,7-fach höher ist als für ein Kind einer mittleren Statusgruppe. Im Allgemeinen lässt sich zwar feststellen, dass Eltern verschiedener Statusgruppen in den vergangenen Jahren insgesamt gesteigerte Bildungsaspirationen haben und anspruchsvolle Schulformen für ihr Kind präferieren, da sie dort die besten beruflichen Optionen für ihr Kind vermuten (ebd.). Eltern mit Zuwanderungshintergrund haben sogar im Vergleich besonders hohe Bildungsaspirationen. Doch nicht allen Eltern ist es scheinbar gleichermaßen möglich, ihr Kind auf einer entsprechenden Schulform unterzubringen (Ditton & Maaz, 2011).

Zum einen lässt sich das mit den Chancen auf eine positive Kompetenzentwicklung erklären, die in unmittelbarem Zusammenhang zur Herkunft steht (van Ackeren & Klemm, 2019). Der sozioökonomische Status, das Bildungsniveau, Migrationsstatus können mit erklären, inwieweit Eltern zu Hause überhaupt aktuelle Förderung leisten können. Eltern aus sozioökonomisch benachteiligten Schichten gelingt es trotz eines hohen Bildungsanspruchs oft nicht in ausreichendem Maße, ihr Kind entsprechend zu fördern und zu unterstützen (Baumert et al., 2006). Die Kompetenzunterschiede, die sich somit schon bei Schuleintritt zeigen, können bedauerlicherweise über die Dauer der Grundschulzeit nicht aufgefangen werden. Die Schere hinsichtlich der Leistungsentwicklung driftet während der Grundschulzeit weiter auseinander. Das dramatische Ausmaß zeigt sich persistent in den IGLU-Studien. So lässt sich der Unterschied zwischen Kindern aus sozioökonomisch starken und schwächeren Familien bzgl. der Leseleistungen am Ende der Grundschulzeit auf etwa ein ganzes Lernjahr bestimmen (Hußmann et al., 2017).

Eine weitere Ursache für die Kopplung von sozioökonomischer Herkunft und Übertrittsentscheidung liegt in den elterlichen Überzeugungen. Zwar folgen die meisten Eltern der Grundschulempfehlung, aber es lässt sich auch beobachten, dass Eltern schichtspezifisch entscheiden. Ein Modell, das zur Erklärung und Analyse dieser Reproduktion von Bildungsungleichheiten am Übertritt zugrunde gelegt wird, ist das Modell von Boudon (1974), das *primäre* und *sekundäre Herkunftseffekte* unterscheidet. Erstere beschreiben die Effekte auf die Entscheidung, die sich über die schulischen Leistungen ergeben. Hier werden also die Leistungen als Erklärung für die Übertrittsentscheidungen angeführt, die wiederum mit der Herkunft gekoppelt sind, das heißt u. a. die elterlichen Erwartungen, Einstellungen, Werte und das elterliche Unterstützungsverhalten bzw. die kindliche Lernumwelt. Der sekundäre Effekt beschreibt die Kosten-Nutzenabwägung, die Eltern auch abhängig von ihrem schichtspezifischen Status mit Blick auf die weiterführenden Schulen betreiben. Damit wird angenommen, dass die elterliche Entscheidung für die eine oder andere Schulform von dem eigenen Status und dem Wunsch nach Statuserhalt abhängt sowie von Überlegungen, inwieweit ein Kind auf den weiterführenden Schulen unterstützt werden kann (Maaz et al.,

2006). Diese Überlegungen, das legen Studien nahe, fließen überdies auch bei den Lehrkräften in die Übergangsempfehlungen ein.

Durch diese komplexe Gemengelage am Übertritt werden somit vielen Kindern mit hohen Potenzialen Hürden in den Weg gelegt. Sie kommen aus Verhältnissen, die ihnen keine anregende Umgebung bieten, was sich zunehmend in der schulischen Leistungsbeurteilung und Kompetenzentwicklung niederschlagen kann, und ihnen wird auch noch weniger zugetraut, so dass sie am Übergang eher keine Empfehlung für einen anspruchsvollen Bildungsweg erhalten.

12.3 Zusammenfassung

Der Übergang ist eine wichtige Passage im bildungsbiographischen Lebenslauf eines Kindes. Umso bedeutsamer sind die Entscheidungen, die hinsichtlich der Schulwahl getroffen werden und umso mehr lohnt sich der Blick auf die verschiedenen Chancen, die ein Kind erhält, auf einen anspruchsvollen Lernzweig zu gelangen. Das deutsche Schulsystem weist mit seinen vielgliedrigen Möglichkeiten eine Form der äußeren Differenzierung auf, die nach wie vor scheinbar ein unabänderliches Selektionsinstrument ist. Es handelt es sich um eine Problemlage, die sich im deutschen Schulsystem traditionell verfestigt hat und bis heute nicht zufriedenstellend gelöst wurde. Wie sich anhand von Studien belegen lässt, sind viele Entscheidungen, die am Übergang getroffen werden, retrospektiv als möglicherweise falsch zu beurteilen. Gerade mit Blick auf die Schullaufbahnempfehlungen (alternativ auch Übertrittsempfehlungen, Bildungsgangempfehlungen) ist daher besonders aus Sicht des pädagogischen Personals eine verantwortungsvolle Abwägung zu treffen, da ihre Leistungsbeurteilungen die Bildungsbiographie eines Menschen maßgeblich mitbestimmen. Mit Fokus auf die lehrkraftseitige Vorbereitung des Übergangs sind zudem aus Perspektive des Kindes stets die methodisch-didaktischen und inhaltlichen Entscheidungen zu Gestaltungsprinzipien des Grundschulunterrichts nicht isoliert, sondern im Gesamtzusammenhang der Bildungsbiographie des Kindes zu denken. Kindgemäßheit beinhaltet auch die Aufgabe, sich zu vergewissern, dass Kinder die Möglichkeit der Vorbereitung auf die weiterführenden Bildungswege erhalten, um die späteren Anforderungen erfüllen zu können. Die Didaktik der Grundschule hat sich daher im Sinne anschlussfähigen Lernens auch immer zu vergewissern, dass sie anschlussfähige Bildung gewährleisten kann.

Vertiefende Literatur:

- Baumert, J., Maaz, K. & Trautwein, U. (Hrsg.) (2009). Bildungsentscheidungen. Sonderheft 12. *Zeitschrift für Erziehungswissenschaft*. Wiesbaden: VS.
- Baumert, J., Stanat, P. & Watermann, R. (2006). *Herkunftsbedingte Disparitäten im Bildungswesen.* Wiesbaden: VS.
- Maaz, K., Hausen, C., McElvany, N. & Baumert, J. (2006). Stichwort: Übergänge im Bildungssystem. *Zeitschrift für Erziehungswissenschaft, 9*, 299–327.

13 Konklusion

Dieses Buch hat eine Vielzahl von Aspekten einführend dargestellt, zu allen gäbe es mehr und Vertiefendes zu schreiben. Es wurde versucht, mehrere Perspektiven zusammenzubringen und sowohl wissenschaftlich als auch praxisrelevant zu argumentieren. Abschließend lassen sich einige wichtige Aspekte in Thesenform zusammenfassen:

- Die Grundschulzeit ist ein bedeutsamer Lebensabschnitt für alle Schüler*innen.
- Schon vor Schulbeginn lassen sich wichtige Schritte gehen, so dass der Eintritt in die Grundschule möglichst reibungslos verläuft.
- Das Schulkonzept spielt eine wichtige Rolle: Wie gut das Kollegium und die Schulleitung zusammenarbeiten, wie gut alle wissen, welche Absprachen getroffen wurden und wie in speziellen Fällen zu handeln ist, ist ebenso wichtig, wie ein positives Menschenbild und eine gemeinsame Vision für die Schule zu haben.
- Ein positives Schul- und Klassenklima heißt, dass alle Beteiligten gern zur Schule kommen und sich gut und sicher entwickeln können.
- Lehrkräfte haben eine hohe Verantwortung, benötigen viel Wissen und eine hohe Handlungskompetenz, denn sie haben einen enormen Einfluss auf jede einzelne Schülerin und jeden einzelnen Schüler.
- Diese Verantwortung und diese umfassende Kompetenz muss keine Lehrkraft alleine ausüben, aber sie muss wissen, an wen sie sich wenden kann und zur Kooperation bereit sein.
- Die Schulleitung nimmt eine Schlüsselposition für eine gute Grundschule ein.
- Das Selbstverständnis und das Lehren in der Grundschule hat sich stark gewandelt im Laufe der Zeit.
- Viele Aspekte und deren Wirkzusammenhänge sind bereits erforscht worden und viele Erkenntnisse haben bereits Einzug in die Praxis gehalten, es existieren jedoch auch noch Desiderata, die verschiedene Disziplinen der Forschung und Praxis gemeinsam erforschen sollten.

Zum Abschluss ein Zitat, welches als absolut bedeutsam empfunden wird und eine Haltung ausdrückt, die für Lehrkräfte und alle weiteren Akteur*innen nicht nur, aber eben auch in der Grundschule handlungsleitend sein sollte:

»The central message is simple: every learner matters and matters equally« (UNESCO, 2017b, S. 12).

14 Literatur

Adick, C. (2008). Vergleichende Erziehungswissenschaft. Grundriss der Pädagogik/Erziehungswissenschaft. Stuttgart: Kohlhammer.
Aebli, H. (1983/2019). Zwölf Grundformen des Lehrens. Eine Allgemeine Didaktik auf psychologischer Grundlage (15. Aufl.). Stuttgart: Klett-Cotta.
Ahnert, L. (2014). Theorien in der Entwicklungspsychologie. Wiesbaden: Springer VS.
Ahrens-Eipper, S. & Leplow, B. (2004). Mutig werden mit Til Tiger: ein Trainingsprogramm für sozial unsichere Kinder. Göttingen: Hogrefe.
Ainscow, M. (2020). Promoting inclusion and equity in education: lessons from international experiences. Nordic Journal of Studies in Educational Policy, 6(1), 7–16.
Alanen L. (2005). Kindheit als generationales Konzept. In H. Hengst & H. Zeiher (Hrsg.), Kindheit soziologisch (S. 65–82). Wiesbaden: Springer VS.
Anders, Y. (2013). Stichwort: Auswirkungen frühkindlicher institutioneller Betreuung und Bildung. Zeitschrift für Erziehungswissenschaft, 16, 237–275.
Anders, Y. & Roßbach H. (2013). Frühkindliche Bildungsforschung in Deutschland. In M. Stamm & D. Edelmann (Hrsg.), Handbuch frühkindliche Bildungsforschung (S. 183–195). Wiesbaden: Springer VS.
Anderson, L. W. & Krathwohl, D. R. (2001). A Taxonomy for Learning, Teaching, and Assessing: A Revision of Bloom's Taxonomy of Educational Objectives. New York: Longman.
Arens, A. K., Marsh, H. W., Pekrun, R., Lichtenfeld, S., Murayama, K. & vom Hofe, R. (2017). Math self-concept, grades, and achievement test scores. Long-term reciprocal effects across five waves and three achievement tracks. Journal of Educational Psychology, 109(5), 621–634.
Arndt, A.-K. & Werning, R. (2016). Unterrichtsbezogene Kooperation von Regelschullehrkräften und Sonderpädagog/innen im Kontext inklusiver Schulentwicklung. Implikationen für die Professionalisierung. In V. Moser & B. Lütje-Klose (Hrsg.), Schulische Inklusion (S. 160–174). Weinheim: Beltz Juventa.
Arndt, A.-K. (2016). Zwischen (Unterrichts-)Alltag und fortwährender Entwicklung Kooperation von Lehrkräften an inklusiven Schulen. In A. Kreis, J. Wick & K. C. Labhart (Hrsg.), Kooperation im Kontext schulischer Heterogenität (S. 127–141). Münster: Waxmann.
Arnold, K.-H. (2006). Unterricht als zentrales Konzept der didaktischen Theoriebildung und der Lehr-Lern-Forschung. In K.-H. Arnold, U. Sandfuchs & J. Wiechmann (Hrsg.), Handbuch Unterricht (S. 17–26). Bad Heilbrunn: Klinkhardt.
Arnold, K.-H. & Lindner-Müller, C. (2016). Die Lern- und Lehrtheoretische Didaktik. Zur Entwicklung und Nutzung des Berliner (Heimann & Schulz) und Hamburger Modelles (Schulz) der Unterrichtsplanung. In R. Porsch (Hrsg.), Einführung in die Allgemeine Didaktik (S. 133–155). Münster: Waxmann.
Atkinson, R. C. & Shiffrin, R. M. (1968). Human memory: a proposed system and its control processes. In K. W. Spence & J. T. Spence (Eds.), The psychology of learning and motivation (Vol. 2, pp. 89–195). Orlando: Academic.
Ausubel, D. P. (1968). Educational Psychology: a cognitive view. New York: Holt, Rineheart and Winston.
Autorengruppe Bildungsberichterstattung (2018). Bildungsbericht 2018 – Ein indikatorengestützter Bericht mit einer Analyse zu Wirkungen und Erträgen von Bildung. Bielefeld: DIPF.

Autorengruppe Bildungsberichterstattung (2020). Bildung in Deutschland 2020. Ein indikatorengestützter Bericht mit einer Analyse zu Bildung in einer digitalisierten Welt. Bielefeld: wbv Media.
AWMF (2016). Leitlinie Störungen des Sozialverhaltens: Behandlung und Versorgung. S3_SSV_Langfassung_11.9.2018 (awmf.org) [04.01.2022].
AWMF (2018). Leitlinie »Diagnostik und Behandlung der Rechenstörung«. 028-046l_S3_Rechenstörung-2018-03_1.pdf (awmf.org) [04.01.2022].
Baddeley, A. D. & Hitch J. G. (1974). Working memory. In G. H. Bower (ed.), The psychology of learning and motivation: Advances in research and theory (vol. 8, p. 47–89). New York: Academic Press.
Baeten, M. & Simons, M. (2014). Student teachers' team teaching: models, effects and conditions for implementation. Teaching and Teacher Education, 41, 92–110.
Bandura, A. (1991). Sozial-kognitive Lerntheorie. Stuttgart: Klett-Cotta.
Bartels, F. (2015). Implizite Fähigkeitstheorien im Grundschulalter. Bedingungen und Auswirkungen auf die Lernmotivation, das Bewältigungsverhalten und die Leistung. Bad Heilbrunn: Klinkhardt Forschung.
Bartels, F. (2016). Geschlechtsunterschiede in der Wahrnehmung von Rückmeldungen im Mathematikunterricht der Grundschule – Konsequenzen für das Fähigkeitsselbstkonzept von Mädchen und Jungen. In J. Halberstadt, L. Hilmers & T. Kubes (Hrsg.), (Un)typisch Gender Studies – neue interdisziplinäre Forschungsfragen (S. 192–212). Opladen: Budrich UniPress.
Bartels, F., Pieper, V. & Busch, J. (2019). Feedback und Geschlecht- Effekte tröstender Rückmeldungen auf das Fähigkeitsselbstkonzept von Jungen und Mädchen. In A. Holzinger et al. (Hrsg.), Fokus Grundschule Band 1. Forschungsperspektiven und Entwicklungslinien (S. 87–96). Münster: Waxmann.
Bartnitzky, H. (2019). Auf dem Weg zur kindergerechten Grundschule. 50 Jahre Grundschulreform. 50 Jahre Grundschulverband. Frankfurt am Main: Grundschulverband.
Bartnitzky, H. & Christiani, R. (1977). Zeugnis ohne Zensuren. Hilfen für die Praxis des Zeugnisschreibens. Düsseldorf: August Bagel.
Baumert, J. & Kunter, M. (2006). Stichwort: Professionelle Kompetenz von Lehrkräften, Zeitschrift für Erziehungswissenschaft, 9(4), 469–520.
Baumert J., Stanat P. & Watermann R. (2006). Schulstruktur und die Entstehung differenzieller Lern- und Entwicklungsmilieus. In J. Baumert, P. Stanat & R. Watermann (Hrsg.), Herkunftsbedingte Disparitäten im Bildungswesen: Differenzielle Bildungsprozesse und Probleme der Verteilungsgerechtigkeit (S. 95–188). Wiesbaden: Springer VS.
Baumert, J., Maaz, K. & Trautwein, U. (2009). Bildungsentscheidungen. Sonderheft 12. Zeitschrift für Erziehungswissenschaft. Wiesbaden: Springer VS.
Bäuerlin, K., Beinicke, A., Berger, N., Faust, G., Jost, M. & Schneider, W. (2012). FIPS. Fähigkeitsindikatoren Primarschule. Ein computerbasiertes Diagnoseinstrument zur Erfassung der Lernausgangslage und Lernentwicklung von Schulanfängern. Göttingen: Hogrefe.
Beckmann, V. (2016). Studien- und Berufswahlmotive am Anfang des Lehramtsstudiums. In A. Boeger (Hrsg.), Eignung für den Lehrerberuf (S. 115–135). Wiesbaden: VS Springer.
Beelmann, A. & Raabe, T. (2007). Dissoziales Verhalten von Kindern und Jugendlichen. Göttingen: Hogrefe.
Benner, G. J., Nelson, J. R., Sanders, E. A. & Ralston, N. C. (2012). Behavior Intervention for Students with Externalizing Behavior Problems: Primary-Level Standard Protocol. Exceptional Children, 78(2), 181–198.
Bennöhr, J., Berger, C., Büchner, I., Halatschev, N., Hildenbrand, C., Kinze, J., May, P. & Ricken, G. (2013). KEKS. Kompetenzerfassung in Kindergarten und Schule von Vorschule/Kita bis zum 4. Schuljahr. Handbuch. Konzept, theoretische Grundlagen und Normierung. Freiburg: Cornelsen.
Bentolila, J. (2010). Secondary School Inclusion Rates: The Relationship Between the Training and Beliefs of School Site Principals and the Implementation of Inclusion. Dissertation. Miami: Florida International University.

Berliner, D. C. (2005). The near impossibility of testing for teacher quality. Journal of Teacher Education, 56, 205–213.
Bernier, A., Carlson, S. M., Deschênes, M., & Matte-Gagné, C. (2012). Social factors in the development of early executive functioning: a closer look at the caregiving environment. Developmental science, 15(1), 12–24.
Bernitzke, F. (2019). Heil- und Sonderpädagogik: Inklusive Pädagogik. Köln: Bildungsverlag EINS.
Berufsverband deutscher Hörgeschädigtenpädagogen (2015). Schulische Inklusion für Kinder und Jugendliche mit dem Förderbedarf Hören und Kommunikation – Qualitätsstandards. o. V.
Betz, T. & Eßer, F. (2016). Kinder als Akteure – Forschungsbezogene Implikationen des erfolgreichen Agency-Konzepts. Diskurs Kindheits- und Jugendforschung, 3, 301–314.
Beutel, S.-I. & Hinz, R. (2008). Schulanfang im Wandel: Selbstkonzepte der Kinder als pädagogische Aufgabe. Berlin: Lit.
Biewer, G. & Schütz, S. (2016). Inklusion. In I. Hedderich, G. Biewer, J. Hollenweger & R. Markowetz (Hrsg.), Handbuch Inklusion und Sonderpädagogik (S. 123–131). Bad Heilbrunn: Klinkhardt.
Bildungsserver Berlin Brandenburg (o. J.). ILeA- Individuelle Lernstandsanalysen.
Blair, C. (2002). School Readiness: Integrating Cognition and Emotion in a Neurobiological Conceptualization of Children's Functioning at School Entry. American Psychologist, 57, 111–127.
Blair, C. (2016). Developmental Science and Executive Function. Current Directions in Psychological Science, 25(1), 3–7.
Blatter, K., Faust, V., Jäger, D., Schöppe, D., Artelt, C. & Schneider, W. (2013). Vorschulische Förderung der phonologischen Bewusstheit und der Buchstaben-Laut-Zuordnung: Profitieren auch Kinder nichtdeutscher Herkunftssprache? In A. Redder (Hrsg.), Sprachförderung und Sprachdiagnostik. Interdisziplinäre Perspektiven (S. 218–239). Münster: Waxmann.
Bleidick, U., Myschker, N. & Rath, W. (1977). Einführung in die Behindertenpädagogik. Stuttgart: Kohlhammer.
Bloom, B. S., Engelhart, M. D., Furst, E. J., Hill, W. H. & Krathwohl, D. R. (1956). Taxonomy of Educational Objectives. The Classification of Educational Goals, Handbook I: Cognitive Domain. New York: David McKay Company.
Blossfeld, H.-P., Roßbach, H.-G. & von Maurice, J. (2011). Education as a lifelong process. The German National Educational Panel Study (NEPS). Wiesbaden: Springer VS.
Bölling, R. (1975). Volksschullehrer und Politik. Der Deutsche Lehrerverein 1918–1933. Kritische Studien zur Geschichtswissenschaft, Band 32. Göttingen: Vandenhoeck & Ruprecht.
Boekaerts, M. (1999). Self-regulated learning: Where we are today – Theory, research, and practice. International Journal of Educational Research, 31(6), 445–457.
Bohl, T. & Kucharz, D. (2010). Offener Unterricht heute. Konzeptionelle und didaktische Weiterentwicklung. Weinheim: Beltz.
Booth, T. & Ainscow, M. (2002). Index for Inclusion: Developing Learning and Participation in Schools. Centre for Studies on Inclusive Education. United Kingdom: o. V.
Borsch, F. (2019). Kooperatives Lernen: Theorie – Anwendung – Wirksamkeit. Stuttgart: Kohlhammer.
Bourdieu, P. (1982). Die feinen Unterschiede. Kritik der gesellschaftlichen Urteilskraft. Frankfurt a. M.: Suhrkamp.
Bos, W., Lankes, E.-M., Prenzel, M., Schwippert, K., Walther, G. & Valtin, R. (2003). Erste Ergebnisse aus IGLU. Schülerleistungen am Ende der vierten Jahrgangsstufe im internationalen Vergleich. Münster: Waxmann.
Bos, W., Hornberg, S., Arnold, K.-H., Faust, G., Fried, L., Lankes, E.-M., Schwippert, K. & Valtin, R. (2007). IGLU 2006. Lesekompetenzen von Grundschulkindern in Deutschland im internationalen Vergleich. Münster: Waxmann.
Brauns, A. (2004). Buntschatten und Fledermäuse, mein Leben in einer anderen Welt. München: Goldmann.

Bronfenbrenner, U. (1981). Die Ökologie der menschlichen Entwicklung: Natürliche und geplante Experimente. Frankfurt a. M.: Fischer.
Bronfenbrenner, U. (1989). Ecological system theory. Annals of Child Development, 6, 187–249.
Bruner, J. S. (1973). Der Prozeß der Erziehung (3. Aufl.). Berlin: Berlin Verlag.
Brügelmann, H. (2006). Sind Noten nützlich – und nötig? Ziffernzensuren und ihre Alternativen im empirischen Vergleich. Eine Expertise der Arbeitsgruppe Primarstufe an der Universität Siegen im Auftrag des Grundschulverbands e. V., Frankfurt (Kurzfassung). In H. Bartnitzky et al. (Hrsg.), Pädagogische Leistungskultur (S. 17–46). Frankfurt a. M.: Grundschulverband – Arbeitskreis Grundschule e. V.
Brügelmann, H. (2020). Leises und funktionales Lesen stärken! Empirische Studien zeigen: Leseförderung lebt von einem reichen, didaktisch strukturierten Methoden-Repertoire – braucht aber auch eine klare pädagogische Haltung. o. V.
Bryant Davis, K. E., Dieker, L., Pearl, C. & Kirkpatrick, R. M. (2012). Planning in the Middle: Co-Planning between General and Special Education. Journal of Educational & Psychological Consultation, 22(3), 208–226.
Budde, H. (2007). Die Entwicklung regionaler Schulstrukturen in peripheren ländlichen Räumen unter dem Paradigma demografischer Schrumpfung. Das Beispiel zweier Landkreise des Landes Brandenburg. Zeitschrift für Pädagogik, 53, 314–325.
Burnett, P. C. & Mandel, V. (2010). Praise and Feedback in the Primary Classroom: Teachers' and Students' Perspectives. Australian Journal of Educational & Developmental Psychology, 10(1), 145–154.
Burow, F. & Aßhauer, M. (1998). Fit und stark fürs Leben. Persönlichkeitsförderung zur Prävention von Aggression, Rauchen und Sucht: Fit und stark fürs Leben, 1. und 2. Schuljahr. Hannover: Klett.
Boenisch, J. (2016). Körperliche und motorische Entwicklung-Pädagogische Grundlagen. In Ministerium für Schule und Weiterbildung des Landes Nordrhein-Westfalen (Hrsg.), Sonderpädagogische Förderschwerpunkte in NRW. Ein Blick aus der Wissenschaft in die Praxis. Düsseldorf: Düsseldruck.
Bolz, T. (2021). Beziehung als Grundlage der Pädagogik bei Verhaltensstörungen?!. In H. Ricking et al. (Hrsg.), Prävention und Intervention bei Verhaltensstörungen. Gestufte Hilfen in der schulischen Inklusion (S. 128–143). Stuttgart: Kohlhammer.
Bönsch, M. (2009). Praxis Pädagogik: Erfolgreicheres Lernen durch Differenzierung im Unterricht: Schulartübergreifend Fachübergreifend. Braunschweig: Westermann.
Bönsch, M. (2009). Selbstgesteuertes Lernen. Zu einer sehr aktuellen Entwicklungsaufgabe im Unterricht heute. PÄD-Forum: unterrichten erziehen, 37/28(6), 272–274.
Boudon, R. (1974). Education, opportunity, and social inequality: Changing prospects in western society. New York: Wiley.
Burow O.A., Plümpe C. & Bornemann S. (2020). Schulentwicklung. In P. Bollweg et al. (eds), Handbuch Ganztagsbildung (S. 1163–1176). Wiesbaden: Springer VS.
Bush, T. (2016). Preparation for school principals. Rationale and practice. Educational Management Administration and Leadership, 44(4), 537–539.
Büttner, G., Warwas, J. & Adl-Amini, K. (2012). Kooperatives Lernen und Peer Tutoring im inklusiven Unterricht. Zeitschrift für Inklusion, 1–2.
Carle U. & Wenzel-Langer D. (2014). Frühkindliche Bildung – Basisbaustein der Bildungskarriere. In C. Rohlfs, M. Harring & C. Palentien (Hrsg.), Kompetenz-Bildung (S. 153–170). Wiesbaden: Springer VS.
Carr, E. C., Dunlap, G., Horner, R. H., Koegel, R. L., Turnbull, A. P., Sailor, W., Anderson, J., Albin, R. W., Koegel, L. K. & Fox, L. (2002). Positive Behavior Support: Evolution of an Applied Science. Journal of Positive Behavior Interventions, 4(1), 4–16.
Carroll, J. B. (1989). The Carroll Model: A 25-Year Retrospective and Prospective View. Educational Researcher, 18(1), 26–31.
Chedzoy, S. & Burden, R. (2005). Making the move: Assessing student attitudes to primary–secondary school transfer. Research in Education, 74, 22–35.
Cierpka, M. & Schick, A. (2014). Faustlos – Grundschule. Ein Curriculum zur Förderung sozial-emotionaler Kompetenzen und zur Gewaltprävention. Göttingen: Hogrefe.

Cimeli, P., Neuenschwander, R., Röthlisberger, M. & Roebers, C. M. (2013). Das Selbstkonzept von Kindern in der Schuleingangphase. Ausprägung und Struktur sowie Zusammenhängen mit frühen kognitiven Leistungsindikatoren. Zeitschrift für Entwicklungspsychologie und Pädagogische Psychologie, 45, 1–13.
Clausen-Suhr, K. (2009). Mit Baldur ordnen, zählen, messen. Oberursel: Finken.
Coie, J. D., Dodge, K. A., Terry, R. & Wright, V. (1991). The role of aggression in peer relations: An analysis of aggression episodes in boys' play groups. Child Development, 62, 812–826.
Collins, A., Brown, J. S. & Newman, S. E. (1987). Cognitive Apprenticeship: Teaching the craft of reading, writing and mathematics. BBN Laboratories, Centre for the Study of Reading (Technical Report No. 403).
Coltheart, M. & Rastle, K. (1994). Serial processing in reading aloud: Evidence for dual-route models of reading. Journal of Experimental Psychology, Human Perception and Performance, 20, 1197–1211.
Comenius, J. A. (1657/2007). Große Didaktik. Die vollständige Kunst alle Menschen alles zu lehren. (Übers. und Hrsg. A. Flitner) (10. Aufl.). Stuttgart: Klett-Cotta.
Cook, S. C., McDuffie-Landrum, K. A., Oshita, L. & Cook, B. G. (2017). Co-teaching for students with disabilities: A critical and updated analysis of the empirical literature. In J. M. Kauffman, D. P. Hallahan & P. C. P. C. Pullen (Eds.), The handbook of special education (pp. 233–248). New York: Routledge.
Cooley, C. H. (1902). Human nature and social order. New York: Scribners.
Cortina, K. (2016). Kompetenz, Bildung und Literalität. Anmerkungen zum Unbehagen der Pädagogik mit zentralen Konzepten der empirischen Bildungsforschung. In S. Blömeke et al. (Hrsg.), Traditionen und Zukünfte: Beiträge zum 24. Kongress der Deutschen Gesellschaft für Erziehungswissenschaft (S. 29–42). Opladen: Budrich.
Cosier, M., Causton-Theoharis, J. & Theoharis, G. (2013). Does Access Matter? Time in General Education and Achievement for Students with Disabilities. Remedial and Special Education, 34, 323–332.
Cramer, C. (2012). Entwicklung von Professionalität in der Lehrerbildung. Empirische Befunde zu Eingangsbedingungen, Prozessmerkmalen und Ausbildungserfahrungen Lehramtsstudierender. Bad Heilbrunn: Klinkhardt.
Crick, N. R. & Dodge, K. A. (1994). A review and reformulation of social information-processing mechanisms in children's social adjustment. Psychological Bulletin, 115, 74–101.
Crozier, G. & Davies, J. (2007). Hard to reach parents or hard to reach schools? A discussion of home–school relations, with particular reference to Bangladeshi and Pakistani parents. British Educational research Journal, 33(3), 295–313.
Deci, E. L. & Ryan, R. M. (1993). Die Selbstbestimmungstheorie der Motivation und ihre Bedeutung für die Pädagogik. Zeitschrift für Pädagogik, 39(2), 223–238.
Decristan, J., Fauth, B., Kunter, M., Büttner, G. & Klieme, E. (2017). The interplay between class heterogeneity and teaching quality in primary school. International Journal of Educational Research, 86, 109–121.
Degenhardt, S. & Walthes, R. (2016). Förderschwerpunkt Sehen – Blindheit. In Ministerium für Schule und Weiterbildung des Landes Nordrhein-Westfalen (Hrsg.), Sonderpädagogische Förderschwerpunkte in NRW. Ein Blick aus der Wissenschaft in die Praxis (S. 71–74). Düsseldorf: Düssel-Druck.
Delors, J. (1998). Learning, the treasure within; report to the UNESCO of the Internationale Commission on Education for the Twenty-First Century. OECD Publishing: Paris.
Demmrich, A. & Brunstein, J. C. (2004). Förderung sinnverstehenden Lesens durch »Reziprokes Lehren«. In G. W. Lauth, M. Grünke & J. C. Brunstein (Hrsg.), Interventionen bei Lernstörungen. Förderung, Training und Therapie in der Praxis (S. 279–290). Göttingen: Hogrefe.
Denham, S. A. (1998). Emotional Development in Young Children. New York: The Guilford Press.
Deutsche UNESCO-Kommission (2009). Inklusion: Leitlinien für die Bildungspolitik. Bonn: Deutsche UNESCO-Kommission e. V.
Deutsches Zentrum für Lehrerbildung Mathematik (o. J.) www.pikas.dzlm.de [11.12.2021]

Deutsches Institut für Medizinische Dokumentation und Information: https://www.dimdi.de/static/de/klassifikationen/icd/icd-10-gm/kode-suche/htmlgm2020/block-f80-f89.htm [16.06.2021]

Diamond, A. (2006). The early development of Executive Functions. In E. Bialystok & F. I. M. Craik (eds.), Lifespan Cognition: Mechanisms of Change (pp. 70–95). New York: Oxford University Press.

Dickhäuser, O. & Galfe, E. (2004). Besser als…, schlechter als…. Leistungsbezogene Vergleichsprozesse in der Grundschule. Zeitschrift für Entwicklungspsychologie und Pädagogische Psychologie, 36(1), 1–9.

Diehl, K. (2010). Lesen- und Schreibenlernen. In B. Hartke, K. Koch & K. Diehl (Hrsg.), Förderung in der schulischen Eingangsstufe (S. 55–90). Stuttgart: Kohlhammer.

Diehl, K. & Hartke, B. (2012). IEL-1 Inventar zur Erfassung der Lesekompetenz im 1. Schuljahr. Ein curriculumbasiertes Verfahren zur Abbildung des Lernfortschritts. Göttingen: Hogrefe.

Dignath, C. & Buettner, G. (2008). Components of fostering self-regulated learning among students. A meta-analysis on intervention studies at primary and secondary level. Metacognition and Learning, 3, 231–264.

Diehm, I. (2008). Kindergarten und Grundschule – Zur Strukturdifferenz zweier Erziehungs- und Bildungsinstitutionen. In W. Helsper & J. Böhme (Hrsg.), Handbuch der Schulforschung (S. 529–547). Wiesbaden: Springer VS.

Dietze, T. (2019). Die Entwicklung des Sonderschulwesens in den westdeutschen Ländern. Empfehlungen und Organisationsbedingungen. Bad Heilbrunn: Klinkhardt.

Ditton, H. (2000). Elemente eines Systems der Qualitätssicherung im schulischen Bereich. In H. Weishaupt (Hrsg.), Qualitätssicherung im Bildungswesen. Erfurter Studien zur Entwicklung des Bildungswesens Bd. 13 (S. 13–35). Erfurt: Pädagogische Hochschule.

Ditton, H. & Krüsken, J. (2006). Der Übergang von der Grundschule in die Sekundarstufe, Zeitschrift für Erziehungswissenschaft, 9, 348–372.

Ditton, H., Krüsken, J. & Schauenberg, M. (2005). Bildungsungleichheit – der Beitrag von Familie und Schule. Zeitschrift für Erziehungswissenschaft, 8, 285–303.

Ditton, H. & Maaz, K. (2011). Sozioökonomischer Status und soziale Ungleichheit. In H. Reinders et al. (Hrsg.), Empirische Bildungsforschung (S. 193–208). Wiesbaden: VS Springer.

Doyle, W. (1986). Classroom organization and management. In M. C. Wittrock (Ed.), Handbook on research on teaching (3 ed., pp. 392–431). New York: Macmillan.

Dummer-Schmoch L. & Hackethal, R. (2016). Kieler Leseaufbau. Handbuch (9. Aufl.). Kiel: veris.

Dummer-Schmoch L. & Hackethal, R. (2019). Kieler Rechtschreibaufbau. Handbuch (5. Aufl.). Kiel: veris.

Dühlmeier, B. & Sandfuchs, U. (Hrsg.) (2019). 100 Jahre Grundschule. Geschichte – aktuelle Entwicklungen – Perspektiven. Bad Heilbrunn: Klinkhardt.

Durlak, J. A., Weissberg, R. P., Dymnicki, A. B., Taylor, R. D. & Schellinger, K. B. (2011). The Impact of Enhancing Students' Social and Emotional Learning: A Meta-Analysis of School-Based Universal Interventions. Child Development, 82(1), 405–432.

Drake, D. D. (2000). Parents and Families as Partners in the Education Process: Collaboration for the Success of Students in Public Schools. ERS Spectrum, 18(2), 34–39.

Dybuster AG (o. J.). Dybuster Calcularis. Zürich: Dybuster AG.

Eccles, J. S., Wigfield, A. Harold, R. D. & Blumenfeld, P. (1993). Age and gender differences in children's self- and task perception during elementary school. Child Development, 64, 830–847.

Eckermann, T. & Kabel, S. (2019). Allen anderes anders – Grundlegende Bildung im Widerspruch? Zeitschrift für Grundschulforschung, 12, 259–273.

Ehri, L. C. (1992). Reconceptualizing the Development of Sight Word Reading and Ist Relationship to Recording. In P. B. Gough, L. C. Ehri & R. Treimann (eds.), Reading Acquisition (pp. 107–143). Hillsdale, N.J.: Lawrence Erlbaum Associates.

Ehri, L. C., Nunes, S. R., Willows, D. M., Schuster, B. V., Yaghoub-Zadeh, Z. & Shanahan, T. (2001). Phonemic Awareness Instruction Helps Children Learn to Read: Evidence from the National Reading Panel's Meta-Analysis. Reading Research Quarterly, 36, 250–287.

Einsiedler, W. (1999). Das Spiel der Kinder. Zur Pädagogik und Psychologie des Kinderspiels. Bad Heilbrunn: Klinkhardt.

Einsiedler, W. (2000). Von Erziehungs- und Unterrichtsstilen zur Unterrichtsqualität. In M. K.W. Schweer (Hrsg.), Lehrer-Schüler-Interaktion. Reihe Schule und Gesellschaft, vol 24 (S. 109–128). Wiesbaden: Springer VS.

Ellger-Rüttgardt, S. L. (2016). Historischer Überblick. In I. Hedderich et al. (Hrsg.), Handbuch Inklusion und Sonderpädagogik (S. 17–26). Bad Heilbrunn: Klinkhardt.

Ellinger, S. & Stein, R. (2012). Effekte inklusiver Beschulung: Forschungsstand im Förderschwerpunkt emotionale und soziale Entwicklung. Empirische Sonderpädagogik, 2, 85–109.

Endlich, D., Berger, N., Küspert, P., Lenhard, W., Marx, P., Weber, J., & Schneider, W. (2016). Würzburger Vorschultest (WVT). Göttingen: Hogrefe.

Ennemoser, M., Marx, P., Weber, J. & Schneider, W. (2012). Spezifische Vorläuferfertigkeiten der Lesegeschwindigkeit, des Leseverständnisses und des Rechtschreibens. Evidenz aus zwei Längsschnittstudien vom Kindergarten bis zur 4. Klasse. Zeitschrift für Entwicklungspsychologie und Pädagogische Psychologie, 44, 53–67.

Ennemoser, M., Krajewski, K. & Sinner, D. (2017). Test mathematischer Basiskompetenzen ab Schuleintritt (MBK 1+). Göttingen: Hogrefe.

Eunicke, N. & Betz, T. (2019). Schüler(innen) in der Gestaltung des Verhältnisses von Grundschule und Familie mitdenken?! Potentiale der Kindheitsforschung für die Elternarbeit an Grundschule. In C. Donie et al. (Hrsg.), Grundschulpädagogik zwischen Wissenschaft und Transfer. Jahrbuch Grundschulforschung, 23 (S. 251–256). Wiesbaden: VS Springer.

European Agency for Development in Special Needs Education (2011). Inklusionsorientierte Lehrerbildung in Europa. Chancen und Herausforderungen. Odense, Denmark.

European Agency for Development in Special Needs Education (2012). Profile of Inclusive Teachers. Odense, Denmark.

Europäische Kommission (2019). Europäischer Rahmen für die digitale Kompetenz Lehrender. DigCompEdu. Redecker, C. (Autorin) & Punie, Y. (Hrsg.), Übersetzung Goethe-Institut e. V. digcompedu_german_final.pdf (europa.eu) [05.01.2022]

Eurostat (2019). Almost 14 pupils per teacher in EU primary schools.

Eurydice (2019). The Organisation of School Time in Europe. Primary and General Secondary Education – 2019/20.

Evangelou, M., Taggart, B., Sylva, K., Melhuish, E., Sammons, P. & Siraj-Blatchford, I. (2008). What makes a successful transition from primary to secondary school? London: Institute of Education, University of London.

Evertson, C. M. & Weinstein, C. S. (Eds., 2006). Handbook of classroom management: Research, practice, and contemporary issues. Mahwah, NJ: Lawrence Erlbaum.

Faulstich-Wieland, H., Niehaus, I. & Scholand, B. (2010). Lehramt Grundschule: »niedrigste Stufe dieses Lehrerberufs« versus »ich liebe Kinder«. Oder: Was SchülerInnen vom Lehramt abhält und Studierende daran reizt. Erziehungswissenschaft, 21(41), 27–42.

Faust, G. (2006). Zum Stand der Einschulung und der neuen Schuleingangsstufe in Deutschland. Zeitschrift für Erziehungswissenschaft, 9, 328–347.

Faust, G., Wehner, F. & Kratzmann, J. (2011). Zum Stand der Kooperation von Kindergarten und Grundschule. Maßnahmen und Einstellungen der Beteiligten. Journal for Educational Research Online, 3(2), 38–61.

Fauth, B. & Leuders, T. (2018). Kognitive Aktivierung im Unterricht. Reihe Wirksamer Unterricht, Band 2. Stuttgart: Landesinstitut für Schulentwicklung.

Fend, H. (2006). Geschichte des Bildungswesens. Der Sonderweg im europäischen Kulturraum. Wiesbaden: Springer VS.

Fend, H. (2009). Neue Theorie der Schule. Einführung in das Verstehen von Bildungssystemen. Bildungssysteme als Ganzes begreifen. Wiesbaden: Springer VS.

Fend, H. (2019). Erklärungen von Unterrichtserträgen im Rahmen von Angebot-Nutzungs-Modellen. In U. Steffens & R. Messner (Hrsg.), Unterrichtsqualität. Konzepte und Bilanzen gelingenden Lehrens und Lernens. Grundlagen der Qualität von Schule (S. 91–104). Göttingen: Waxmann.

Fefer, S. & Vierbuchen, M.-C. (2019). Lob als effektives Classroom Management in der Sekundarstufe – wissenschaftliche Befunde und praktische Hinweise. In M.-C. Vierbuchen & F. Bartels (Hrsg.), Feedback in der Unterrichtspraxis. Schülerinnen und Schüler beim Lernen wirksam unterstützen (S. 59–77). Stuttgart: Kohlhammer.

Feuchtenberger, S., Martschinke, S., Munser-Kiefer, M. & Hartinger, A. (2019). »Mehr Zeit für einzelne Kinder« oder »mehr Stress« – Eine Interviewstudie zu Chancen und Risiken jahrgangsgemischten Lernens in der dritten und vierten Jahrgangsstufe aus der Perspektive von Lehrkräften. In C. Donie et al. (Hrsg.), Grundschulpädagogik zwischen Wissenschaft und Transfer, Jahrbuch Grundschulforschung, 23 (S. 263–269). Wiesbaden: Springer VS.

Festinger, L. (1954). A theory of social comparison processes. Human Relations, 7, 177–140.

Filipp, S.-H. (1995). Ein allgemeines Modell für die Analyse kritischer Lebensereignisse. In S.-H. Filipp (Hg.), Kritische Lebensereignisse (3. Aufl., S. 3–52). Weinheim: Beltz.

Fischbach, A., Schuchardt, K., Brandenburg, J., Klesczewski, J., Balke-Melcher, C., Schmidt, C., Büttner, G., Grube, D., Mähler, C. & Hasselhorn, M. (2013). Prävalenz von Lernschwächen und Lernstörungen: Zur Bedeutung der Diagnosekriterien. Lernen und Lernstörungen, 2(2), 65–76.

Fischer, U. & Gasteiger-Klicpera, B. (2013). Der Frühe-Lesefähigkeiten-Test (FLT I und FLT II): Ein Einzeltest für die differenzierte Diagnose der frühen Lesefähigkeiten. Universitätsverlag Rhein-Ruhr.

Fischer, E., Heimlich, U., Kahlert, J. & Lelgemann, R. (2013). Profilbildung inklusive Schule – ein Leitfaden für die Praxis (2. Aufl.). München: Bayerisches Staatsministerium für Unterricht und Kultus.

Fish, W. (2006). Perceptions of parents of students with autism towards the IEP meeting: A case study of one family support group chapter. Education, 127(1), 56–68.

Fivush, R., Gray Fayne, J. T. & Fromhoff, A. (1987). Two-year-old talk about the past. Cognitive Development, 2(4), 393–409.

Flick, U. (2016). Qualitative Sozialforschung. Eine Einführung (7. Aufl.). Hamburg: Rowohlt.

Floress, M. T., Berlinghof, J. R., Rader, R. A. & Riedesel, E. A. (2017). Preschool Teachers' Use Of Praise in General, AT-Risk, and Special Education Classrooms. Psychology in the Schools, 54(5), 519–531.

Fontaine, R. G. (2010). New developments in developmental research on social information processing and antisocial behavior. Journal of Abnormal Child Psychology, 38(5), 569–573.

Frank A., Martschinke S., Munser-Kiefer M. & Kopp B. (2010). »Starke Kinder haben einen starken Anfang« – eine Interventionsstudie zur Stärkung emotionaler, personaler und sozialer Kompetenzen für den Übergang vom Kindergarten in die Grundschule. In K. H. Arnold et al. (Hrsg.), Zwischen Fachdidaktik und Stufendidaktik, Grundschulforschung, 24 (S. 47–50). Wiesbaden: Springer VS.

Frey, K. (2002). Die Projektmethode. Der Weg zum bildenden Tun. Weinheim: Beltz.

Friebertshäuser, B. & Richter, S. (2019). Schulpädagogik im Spiegel qualitativer Forschung – Perspektiven und Desiderate. In M. Harring, C. Rohlfs & M. Gläser-Zikuda (Hrsg.), Handbuch Schulpädagogik (S. 777–788). Stuttgart: Waxmann.

Fried, L. (2008). Pädagogische Sprachdiagnostik für Vorschulkinder – Dynamik, Stand und Ausblick. In H. G. Roßbach & H. P. Blossfeld (Hrsg.), Frühpädagogische Förderung in Institutionen. Zeitschrift für Erziehungswissenschaft, 10(11), 63–78.

Friedeburg, L. von (1992/1989). Bildungsreform in Deutschland. Geschichte und gesellschaftlicher Widerspruch. Frankfurt: Suhrkamp.

Frith, U. (1985). Beneath the surface of developmental dyslexia. Are comparisons between developmental and acquired disorder meaningful? In K. E. Patterson, J. C. Marshall & M. Coltheart (Eds.), Surface Dyslexia. Neuropsychological and Cognitive Studies of Phonological Reading (pp. 301–330). Hillsdale, J.J.: Lawrence Erlbaum Associates.

Fritz, A., Ehlert, A., Ricken, G. & Balzer, L. (2017). Mathematik- und Rechenkonzepte bei Kindern der erste Klassenstufe – Diagnose (MARKO-D1). Göttingen: Hogrefe.
Fröhlich, L. P., Metz, D. & Petermann, F. (2010). Förderung der phonologischen Bewusstheit und sprachlicher Kompetenzen. Das Lobo-Kindergartenprogramm. Göttingen: Hogrefe.
Fröhlich-Gildhoff, K., Becker, J. & Fischer, S. (2012). Prävention und Resilienzförderung in Grundschulen PRiGS – Ein Förderprogramm. München: Reinhardt.
Fölling-Albers, M. & Heinzel, F. (2007). Familie und Grundschule. In J. Ecarius (Hrsg.), Handbuch Familie (S. 300–320). Wiesbaden: Springer VS.
Fölling-Albers, M. (2019). Grundschule 1919 – Grundschule 2019. Eine andere Grundschule? Zeitschrift für Grundschulforschung, 12, 475–491.
Forster, M. & Martschinke, S. (2019). Leichter lesen und schreiben lernen mit der Hexe Susi (12. Aufl.). Augsburg: Auer.
Fthenakis, W. E. (2008). Frühkindliche Bildung und Konsistenz im Bildungsverlauf. In V. Kauder & O. von Beust (Hrsg.). Chancen für alle – die Perspektive der Aufstiegsgesellschaft (S. 85–111). Freiburg: Herder.
Führer, A., Wienke, A., Wiermann, S., Gröger, C. & Tiller, D. (2019). Risk-based approach to school entry examinations in Germany – a validation study. BMC Pediatrics, 19(1), 448.
Fürstenau, S. & Hawighorst, B. (2008). Gute Schulen durch Zusammenarbeit mit Eltern? Empirische Befunde zur Zusammenarbeit zwischen Schule und Eltern. In W. Lohfeld (Hrsg.), Gute Schulen in schlechter Gesellschaft (S. 170–185). Wiesbaden: Springer VS.
Fussangel, K. & Gräsel, C. (2012). Lehrerkooperation aus der Sicht der Bildungsforschung. In E. Baum, T.-S. Idel & H. Ullrich (Hrsg.), Kollegialität und Kooperation in der Schule (S. 29–40). Wiesbaden: Springer VS.
Fyfe, E. R. & Rittle-Johnson, B. (2017). Mathematics practice without feedback: A desirable difficulty in a classroom setting. Instructional Science, 45(2), 177–194.
Fyfe, E. R., Rittle-Johnson, B. & DeCaro, M. S. (2012). The effects of feedback during exploratory mathematics problem solving: Prior knowledge matters. Journal of Educational Psychology, 104(4), 1094–1108.
Gage, N. L. (1978). The scientific basis of the art of teaching. Teachers Coll Press.
Gagné, R. M. (1965). The conditions of learning. New York: Holt, Rinehart & Winston.
Gasteiger, H. (2017). Frühe mathematische Bildung – sachgerecht, kindgemäß, anschlussfähig. In S. Schuler, C. Streit & G. Wittmann G. (Hrsg.), Perspektiven mathematischer Bildung im Übergang vom Kindergarten zur Grundschule. Wiesbaden: Springer Spektrum.
Gasteiger-Klicpera, B., Klicpera, C. & Schabmann, A. (2006). Der Zusammenhang zwischen Lese-, Rechtschreib- und Verhaltensschwierigkeiten. Entwicklung vom Kindergarten bis zur vierten Grundschulklasse. Kindheit und Entwicklung, 15, 55–67.
Gasteiger-Klicpera, B. & Klein, G. (2016). Das Friedensstifter-Training Grundschulprogramm zur Gewaltprävention. München: Reinhardt.
Geißler, G. (2013). Schulgeschichte in Deutschland (2. Aufl.). Frankfurt a. M.: Peter Lang.
Geißler, G. (2019). Zur Konstituierung der »Unterstufe« in der Pflichtschule der SBZ /DDR. Eine schulgeschichtliche Darstellung mit historisch und international vergleichenden Bezügen. Zeitschrift für Grundschulforschung, 12, 343–356.
Gersten, R., Chard, D. J., Jayanthi, M., Baker, S. K., Morphy, P. & Floja, J. (2009). Mathematics Instruction for Students with Learning Disabilities: A Meta-Analysis of Instructional Components. Review of Educational Research, 79(3), 1202–1242.
Gerlach, M., Fritz, A. & Leutner, D. (2013). MARKO-T. Göttingen: Hogrefe.
Giesecke, H. (2013). Zur Schulpolitik der Sozialdemokraten in Preußen und im Reich 1918/19. Vierteljahreshefte für Zeitgeschichte, 2, 163–177.
Glöckel, H. (1988). Was ist Grundlegende Bildung? In G. Schorch (Hrsg.), Grundlegende Bildung. Erziehung und Unterricht in der Grundschule (S. 11–33). Bad Heilbrunn: Klinkhardt.
Glumpler, E. (2000). Interkulturell-vergleichende Grundschulforschung. Zeitschrift für Pädagogik, 46(4), 571–583.

Goodman, R. (1997). The Strengths and Difficulties Questionnaire: A Research Note. Journal of Child Psychology and Psychiatry, 38, 581–586.
Gölitz, D., Roick, T. & Hasselhorn, M. (2006). Deutscher Mathematiktest für vierte Klassen (DEMAT 4). Göttingen: Hogrefe.
Goodman, R. (1997). The Strengths and Difficulties Questionnaire: A Research Note. Journal of Child Psychology and Psychiatry, 38, 581–586.
Götz, M. (2000). Entwicklung und Status der universitären Grundschulpädagogik und -didaktik. Zeitschrift für Pädagogik, 46, 525–539.
Götz, M. (2016). Neues Schulwissen durch neue Lehrpläne? In M. Götz & M. Vogt (Hrsg.), Schulwissen für und über Kinder. Beiträge zur historischen Primarschulforschung (S. 229–254). Bad Heilbrunn: Klinkhardt.
Götz, M. (2018). Grundschulpädagogik als Wissenschaft – Versuch einer Bilanzierung für die Zukunft. In S. Miller S. et al. (eds), Profession und Disziplin. Jahrbuch Grundschulforschung, vol. 22 (S. 22–38). Wiesbaden: Springer VS.
Götz, M. (2019). 100 Jahre Grundschule – eine Erfolgsgeschichte? Grundschule aktuell, Zeitschrift des Grundschulverbandes, 146, 7–11.
Götz, M. & Krening, K. (2011). Jahrgangsmischung in der Grundschule. In W. Einsiedler et al. (Hrsg.), Handbuch Grundschulpädagogik und Grundschuldidaktik (S. 92–96). Bad Heilbrunn: Klinkhardt.
Götz, L., Lingel, K. & Schneider, W. (2013a). Deutscher Mathematiktest für fünfte Klassen (DEMAT 5+). Göttingen: Hogrefe.
Götz, L., Lingel, K. & Schneider, W. (2013b). Deutscher Mathematiktest für sechste Klassen (DEMAT 6+). Göttingen: Hogrefe.
Götz, M. & Sandfuchs U. (2014). Geschichte der Grundschule. In W. Einsiedler et al. (Hrsg.), Handbuch Grundschulpädagogik und Grundschuldidaktik (3. Aufl., S. 32–45). Bad Heilbrunn: Klinkhardt.
Götz, M., Miller, S. Einsiedler, W. & Vogt, M. (2019). Diskussionspapier zum Selbstverständnis der Grundschulpädagogik als wissenschaftliche Disziplin. Donie et al. (Hrsg.), Grundschulpädagogik zwischen Wissenschaft und Transfer, Jahrbuch Grundschulforschung, 23 (S. 1–21). Wiesbaden: Springer VS.
Gough, P. B. & Tunmer, W. E. (1986). Decoding, reading and reading disability. Remedial and Special Education, 7, 6–10.
Graßhoff, G. (2012). Eltern beim Übergang von der Kindertagesstätte in die Grundschule – Parental Involvement im Fokus der Migrationsforschung. Zeitschrift für Migration und Soziale Arbeit, 34(1), 55–61.
Gräsel, C., Fußangel, K., & Pröbstel, C. (2006). Lehrkräfte zur Kooperation anregen – eine Aufgabe für Sisyphos? Zeitschrift für Pädagogik, 52(2), 205–219.
Greiten, S., Franz, E.-K. & Biederbeck, I. (2016). Wodurch konturiert sich die sonderpädagogische Perspektive und wie gelangt sie in den inklusiven Unterricht an Regelschulen? Befunde aus Gruppendiskussionen zu Erfahrungen aus der Netzwerkarbeit von Sonderpädagoginnen, Sonderpädagogen und Regelschullehrkräften. In A. Kreis, J. Wick & K. C. Labhart (Hrsg.). Kooperation im Kontext schulischer Heterogenität (S. 143–158). Münster: Waxmann.
Griebel, W. & Niesel, R. (2004). Transitionen. Fähigkeiten von Kindern in Tageseinrichtungen fördern, Veränderungen erfolgreich zu bewältigen. Weinheim: Beltz.
Grimm, H., Aktas, M. & Kießing, U. (2003). SSV. Sprachscreening für das Vorschulalter. Kurzform des SETK 3-5. Göttingen: Hogrefe.
Grimm, H., Aktas, M. & Frevert, S. (2010). SETK 3-5. Sprachentwicklungstest für drei- bis fünfjährige Kinder. Diagnose von Sprachverarbeitungsfähigkeiten und auditiven Gedächtnisleistungen. Göttingen: Hogrefe.
Gröhlich, C., Scharenberg, K. & Bos, W. (2009). Wirkt sich Leistungsheterogenität in Schulklassen auf den individuellen Lernerfolg in der Sekundarstufe aus? Journal for educational research online 1, 86–105.
Grünke, M. (2006). Zur Effektivität von Fördermethoden bei Kindern und Jugendlichen mit Lernstörungen – Eine Synopse vorliegender Metaanalysen. Kindheit und Entwicklung, 15(4), 239–254.

Grube, D. (2005). Entwicklung des Rechnens im Grundschulalter. In M. Hasselhorn, H. Marx & W. Schneider (Hrsg.), Diagnostik von Mathematikleistungen (S. 105–124). Göttingen: Hogrefe.
Grube, D., Weberschock, U., Blum, M. & Hasselhorn, M. (2010). Diagnostisches Inventar zu Rechenfertigkeiten im Grundschulalter (DIRG). Göttingen: Hogrefe.
Grundschulverband (2003). Leitkonzept zeitgemäßer Grundschularbeit. Grundschule aktuell, 80, 5–8.
Gruschka, A. (2007). »Was ist guter Unterricht?« Über neue Allgemein-Modellierungen aus dem Geiste der empirischen Unterrichtsforschung. Pädagogische Korrespondenz, 36, 10–43.
Grütter, J., Meyer, B. & Glenz, A. (2015). Sozialer Ausschluss in Integrationsklassen: Ansichtssache? Psychologie in Erziehung und Unterricht, 62(1), 65–82.
Gudjons, H. (2014). Handlungsorientiert lehren und lernen. Schüleraktivierung – Selbsttätigkeit – Projektarbeit (8. Aufl.). Bad Heilbrunn: Klinkhardt.
Günther, K.-B. (1986). Ein Stufenmodell der Entwicklung kindlicher Lese- und Schreibstrategien. In H. Brügelmann (Hrsg.), ABC und Schriftsprache: Rätsel für Kinder, Lehrer und Forscher (S. 32–54). Konstanz: Faude.
Gutman, L. M. & McLoyd, V. C. (2000). Parents' Management of Their Children's Education Within the Home, at School, and in the Community: An Examination of African-American Families Living in Poverty. The Urban Review, 32, 1–24.
Hacker, H. (2011). Anfangsunterricht. In W. Einsiedler et al. (Hrsg.), Handbuch Grundschulpädagogik und Grundschuldidaktik (3. Aufl.) (S. 415–418). Bad Heilbrunn: Klinkhardt.
Haffner, J., Baro, K., Parzer, P. & Resch, F. (2005). Heidelberger Rechentest (HRT 1-4). Göttingen: Hogrefe.
Hagen, T., Vierbuchen, M.-C. & Hillenbrand, C. (2014). Voneinander Lernen! Reciprocal Teaching als wirksamer Ansatz peergestützter Förderung. In K. Popp & A. Methner (Hrsg.), Schülerinnen und Schüler mit herausforderndem Verhalten: Hilfen für die schulische Praxis (S. 267–275). Stuttgart: Kohlhammer.
Hall, T. E., Meyer, A. & Rose, D. H. (2012). Universal Design for Learning in the Classroom. Practical Applications. New York: The Guilford Press.
Hanke, P. (2007). Jahrgangsübergreifender Unterricht in der Grundschule. Konzepte, Befunde und Forschungsperspektiven. In H. de Boer, K. Burk & F. Heinzel (Hrsg.), Lehren und Lernen in jahrgangsgemischten Klassen (S. 309–324). Frankfurt a. M.: Grundschulverband e. V.
Hanke, P., Backhaus, J. & Bogatz, A. (2013). Den Übergang gemeinsam gestalten. Kooperation und Bildungsdokumentation im Übergang von der Kindertageseinrichtung in die Grundschule. Münster: Waxmann.
Hanly, M., Edwards, B., Goldfeld, S., Craven, R. G., Mooney, J., Jorm, L. & Falster, K. (2019). School starting age and development in a state-wide, population-level cohort of children in their first year of school in New South Wales, Australia. Early Childhood Research Quarterly, 48(3), 325–340.
Hänsel, D. (2018). Ansprüche der inklusiven Sonderpädagogik an die Grundschule. In S. Miller et al. (Hrsg.), Profession und Disziplin. Jahrbuch Grundschulforschung, 22 (S. 39–54). Wiesbaden: Springer VS.
Hardwig, T. & Mußmann, F. (2018). Zeiterfassungsstudien zur Arbeitszeit von Lehrkräften in Deutschland Konzepte, Methoden und Ergebnisse von Studien zu Arbeitszeiten und Arbeitsverteilung im historischen Vergleich. Expertise im Auftrag der Max-Träger-Stiftung. Göttingen: Kooperationsstelle Hochschulen und Gewerkschaften.
Harris, A. & Goodall, J. (2008). Do parents know they matter? Engaging all parents in learning. Educational Research, 50(3), 277–289.
Hartmann, B. & & Methner, A. (2022). Leipziger Kompetenz-Screening für die Schule (LKS): Diagnostik und Förderplanung: soziale und emotionale Fähigkeiten, Lern- und Arbeitsverhalten. München: Reinhardt.
Hartke, B. (2010). Lernen fördern. In B. Hartke, K. Koch & K. Diehl (Hrsg.), Förderung in der schulischen Eingangsstufe (S. 19–54). Stuttgart: Kohlhammer.

Hartke, B. & Vrban, R. (2019). Schwierige Schüler: 49 Handlungsmöglichkeiten bei Verhaltensauffälligkeiten. Buxtehude: Persen.
Hasselhorn, M. & Gold, A. (2009). Pädagogische Psychologie. Erfolgreiches Lernen und Lehren. Stuttgart: Kohlhammer.
Hasselhorn, M. & Gold, A. (2017). Pädagogische Psychologie. Erfolgreiches Lernen und Lehren (4. Aufl.). Stuttgart: Kohlhammer.
Hattie, J. A. C. (2009). Visible learning. A synthesis of over 800 meta-analyses relating to achievement. Reprinted. London: Routledge.
Hattie, J. A. C. (2011). Visible Learning for Teachers: Maximizing Impact on Learning. London: Routledge.
Hattie, J. A. C. (2013). Lernen sichtbar machen. Überarb. deutschspr. Ausgabe von »Visible learning« besorgt von W. Beywl & K. Zierer. Baltmannsweiler: Schneider.
Hattie, J. A. C. & Timperley, H. (2007). The power of feedback. Review of Educational Research, 77(1), 81–112.
Hattie, J. A. C. & Timperley, H. (2016). Die Wirkung von Feedback. In K. Zierer (Hrsg.), Jahrbuch für Allgemeine Didaktik 2016: Thementeil: Allgemeine Didaktik und Hochschule (S. 204–239). Baltmannsweiler: Schneider.
Häußler, A. (2005). Der TEACCH Ansatz zur Förderung von Menschen mit Autismus. Einführung in Theorie und Praxis. Dortmund: Verlag modernes lernen.
Heimann, P. (1962). Didaktik als Theorie und Lehre. DDS, 54, 142–167.
Heimann, P., Otto, G. & Schulz, W. (1965). Unterricht – Analyse und Planung. Hannover: Schrödel.
Heimlich, U. (2020). Förderschwerpunkt Lernen. In U. Heimlich & E. Kiel (Hrsg.). Studienbuch Inklusion (S. 73–83). Regensburg: Klinkhardt.
Heimlich, U., Wilfert, K., Ostertag, C. & Gebhardt, M. (2018). Qualitätsskala zur inklusiven Schulentwicklung (QU!S®) – eine Arbeitshilfe auf dem Weg zur inklusiven Schule. München: Klinkhardt.
Heinzel, F. (2019a). Zur Doppelfunktion der Grundschule, dem Kind und der Gesellschaft verpflichtet zu sein – die generationenvermittelnde Grundschule als Konzept. Zeitschrift für Grundschulforschung, 12, 275–287.
Heinzel, F. (2019b). »Hineinwachsen« von Kindern in komplexere soziale Bezüge – Kindheit, Grundschule und Grundschulunterricht. In A. Holzinger et al. (Hrsg.), Fokus Grundschule Band 1. Forschungsperspektiven und Entwicklungslinien (S. 21–32). Münster: Waxmann.
Heinzel, F., Vogt, M., Martschinke, S., Kopp, B. & Arnold, K.-H. (2017). Theorieentwicklung in der Grundschulpädagogik – Grundlage und Ziel empirischer Forschung. In F. Heinzel & K. Koch (Hrsg.), Individualisierung im Grundschulunterricht. Anspruch, Realisierung und Risiken. Jahrbuch Grundschulforschung, 21 (S. 204–.). Wiesbaden: Springer VS.
Helmke, A. (1991). Die Entwicklung des Fähigkeitsselbstbildes vom Kindergarten bis zur 3. Klasse. In R. Pekrun & H. Fend (Hrsg.), Schule und Persönlichkeitsentwicklung. Ein Resümee der Längsschnittforschung. Stuttgart: Enke.
Helmke, A. (1998). Die Entwicklung des Fähigkeitsselbstkonzeptes. In F. E. Weinert (Hrsg.), Entwicklung im Kindesalter (S. 117–132). Weinheim: Beltz.
Helmke, A., Helmke, T., Heyne, N., Hosenfeld, A., Kleinbub, I., Schrader, F. & Wagner, W. (2007). Erfassung, Bewertung und Verbesserung des Grundschulunterrichts: Forschungsstand, Probleme und Perspektiven. In K. Möller et al. (Hrsg.), Qualität von Grundschulunterricht entwickeln, erfassen und bewerten, Jahrbuch Grundschulforschung, 11 (S. 17–34). Wiesbaden: Springer VS.
Helsper, W. (1996). Antinomien des Lehrerhandelns in modernisierten pädagogischen Kulturen: Paradoxe Verwendungsweisen von Autonomie und Selbstverantwortlichkeit. In A. Combe & W. Helsper (Hrsg.), Pädagogische Professionalität (S. 521–570). Frankfurt a. M.: Suhrkamp.
Hempel, C. G. & Oppenheim, P. (1948). Studies in the Logic of Explanation. Philosophy of Science, 15(2), 135–175.

Hennemann, T. & Hillenbrand, C. (2010). Klassenführung – Classroom Management. In B. Hartke, K. Koch & K. Diehl (Hrsg.), Förderung in der schulischen Eingangsstufe (S. 255–279). Stuttgart: Kohlhammer.

Henkel, J. & Neuß, N. (2015). Die Verankerung der Transitionsthematik Kita-Grundschule in Studium und Ausbildung – empirische Ergebnisse einer deutschlandweiten Onlineumfrage angehender pädagogischer Fachkräfte des Elementar- und Primarbereichs. Frühe Bildung, 4(1), 25–32.

Henz, U. (1997). Der Beitrag von Schulformwechseln zur Offenheit des allgemeinbildenden Schulsystems. Zeitschrift für Soziologie, 26(2), 53–69.

Herrlitz, H.-G., Hopf, W., Titze, H. & Cloer, E. (2005). Deutsche Schulgeschichte von 1800 bis zur Gegenwart. Eine Einführung (4. Aufl.). Weinheim: Beltz Juventa.

Hertel, S., Jude, N. & Naumann, J. (2010). Leseförderung im Elternhaus. Münster: Waxmann.

Hertel, S., Hartenstein, A., Sälzer, C., Jude, N. (2019). Eltern. In M. Harring, C. Rohlfs & M. Gläser-Zikuda (Hrsg.), Handbuch Schulpädagogik (S. 358–368). Münster: Waxmann.

Hierdeis, H. (2009). Privatschulen: Geschichte und Gegenwart. PÄD-Forum: unterrichten erziehen, 37/28(4), 154–157.

Hildebrandt, E., Peschel, M. & Weißhaupt, M. (Hrsg., 2014). Lernen zwischen freiem und instruiertem Tätigsein. Bad Heilbrunn: Klinkhardt.

Hill, N. E., Castellino, D. R., Lansford, J. E., Nowlin, P., Dodge, K. A., Bates, J. E. & Pettit, G. S. (2004). Parent academic involvement as related to school behavior, achievement, and aspirations: Demographic variations across adolescence. Child Development, 75, 1491–1509.

Hillenbrand, C. (1999). Einführung in die Verhaltensgestörtenpädagogik. München: Reinhardt.

Hillenbrand, C. & Hennemann, T. (2006). Präventive Erziehungshilfe in der Grundschule. Zeitschrift für Heilpädagogik, 2, 42–51.

Hillenbrand, C., Vierbuchen, M.-C. & Voges, J. (2014). Die niedersächsische Schulleiterqualifizierung für Inklusion. Schulverwaltung – Zeitschrift für Schulentwicklung und Schulmanagement, 9(25), 228–231.

Hillenbrand, C. & Melzer, C. (2018). Zwischen Inklusion und Exklusion – Empirische Aspekte der schulischen Inklusion im Förderschwerpunkt Lernen. In R. Benkmann & U. Heimlich (Hrsg.), Inklusion im Förderschwerpunkt Lernen (S. 66–132). Stuttgart: Kohlhammer.

Hillenbrand, C., Melzer, C. & Hagen, T. (2013). Bildung schulischer Fachkräfte für inklusive Bildung. In H. Döbert & H. Weißhaupt (Hrsg.), Inklusive Lehrerbildung professionell gestalten. Situationsanalyse und Handlungsempfehlungen (S. 33–68). Münster: Waxmann.

Hillenbrand, C., Hennemann, T., Hens, S. & Hövel, D. (2015). Lubo aus dem All! – 1. und 2. Klasse. München: Reinhardt.

Hillenbrand, C. & Pütz, K. (2008). KlasseKinderSpiel. Spielerisch Verhaltensregeln lernen. Hamburg: Edition Körber Stiftung.

Hines, J. M. (2017). An Overview of Head Start Program Studies. Journal of Instructional Pedagogies, 18, 1–10.

Hintz, A. M., Krull, J. & Paal, M. (2016). Individualisierte Förderung sozial-emotionaler Kompetenzen im Übergangssystem durch den Einsatz von »Check in, Check out« als pädagogische Maßnahme der sekundären Prävention. Die Berufsbildende Schule, 68(4), 128–139.

Hinz, R. & Sommerfeld, D. (2004), Jahrgangsübergreifende Klassen. In R. Christiani (Hrsg.), Schuleingangsphase neu gestalten (S. 165–186). Berlin: Cornelsen Scriptor.

Hirschfeld, C. & Lassek, B. (2008). Mit Mirola durch den Zauberwald. Beobachtungsverfahren für den Schulanfang. Oberursel: Finken Verlag.

Hörner, W., Drinck, B. & Jobst, S. (2010). Bildung, Erziehung, Sozialisation: Grundbegriffe der Erziehungswissenschaft (2. Aufl.). Stuttgart: UTB Barbara Budrich.

Hoffmann, H. (2013). Professionalisierung der frühkindlichen Bildung in Deutschland. In M. Stamm & D. Edelmann (Hrsg.), Handbuch frühkindliche Bildungsforschung (S. 311–323). Wiesbaden: Springer.

Hohberg, I. (2015). Arbeitszufriedenheit und Beanspruchung von Grundschulleitungen – Eine empirische Studie in NRW. Wiesbaden: Springer.
Holling, H. et al. (2015). Begabte Kinder finden und fördern: Ein Wegweise für Eltern, Erzieherinnen und Erzieher, Lehrerinnen und Lehrer. Bundesministerium für Bildung und Forschung. o. V.
Holodynski, M., Seeger, D. & Souvignier, E. (2018). BIKO-3-6. Ein Screening zur Entwicklung von Basiskompetenzen für 3- bis 6-jährige. In W. Schneider & M. Hasselhorn (Hrsg.). Schuleingangsdiagnostik (S. 141–158). Göttingen: Hogrefe.
Holzer, N., Lenart, F. & Schaupp, H. (2017). Eggenberger Rechentest für Jugendliche und Erwachsene (ERT JE). Bern: Hogrefe.
Holzer, N., Schaupp, H. & Lenart, F. (2010). Eggenberger Rechentest 3+ (ERT 3+). Göttingen: Hogrefe.
Hornby, G. & Blackwell, I. (2018). Barriers to parental involvement in education: an update. Educational Review, 70, 109–119.
Horner, R. H., Sugai, G., & Anderson, C. M. (2010). Examining the evidence base for school-wide positive behavior support. Focus on exceptional children, 42(8).
Hollenbach-Biele, N. & Klemm, K. (2020). Inklusive Bildung zwischen Licht und Schatten. Eine Bilanz nach zehn Jahren inklusiven Unterrichts. Bertelsmann Stiftung.
Holtappels, H.G., Klieme, E., Rauschenbach, T. & Stecher, L. (Hrsg.) (2007). Ganztagsschule in Deutschland. Ergebnisse der Ausgangserhebung der »Studie zur Entwicklung von Ganztagsschulen« (StEG). Weinheim: Juventa.
Honig, M.-S. (2009). Das Kind der Kindheitsforschung. Gegenstandskonstitution in den childhood studies. In M. S. Honig (Hrsg.), Ordnungen der Kindheit. Problemstellungen und Perspektiven der Kindheitsforschung (S. 25–51). Weinheim: Juventa.
Hoover-Dempsey, K. V., Walker, J. M. T., Sanlder, M, Whetsel, D., Green, C. C., Wilkins, A. S. & Closson, K. (2005). Why do parents become involved? Research Findings and Implications. The Elementary School Journal, 106(2), 105–130.
Horsley, T. A., de Castro, B. O. & Van der Schoot, M. (2010). In the eye of the beholder: eye-tracking assessment of social information processing in aggressive behavior. Journal of Abnormal Child Psychology, 38(5), 587–599.
Hoskyn, M. & Swanson, H. L. (2000). Cognitive processing of low achievers and children with reading disabilities: A selective meta-analytic review of the published literature. School Psychology Review, 29, 102–119.
Huber, C. & Wilbert, J. (2012). Soziale Ausgrenzung von Schülern mit sonderpädagogischem Förderbedarf und niedrigen Schulleistungen im gemeinsamen Unterricht. Empirische Sonderpädagogik, 4(2), 147–165.
Huber, C. (2019). Lehrkraftfeedback und soziale Integration: ein Dreiebenenmodell zum integrationswirksamen Lehrkraftfeedback in Schule und Unterricht. In M.-C. Vierbuchen & F. Bartels (Hrsg.), Feedback in der Unterrichtspraxis. Schülerinnen und Schüler beim Lernen wirksam unterstützen (S. 79–94). Stuttgart: Kohlhammer.
Huber, E. R. (1992). Dokumente zur deutschen Verfassungsgeschichte. Band 4: Deutsche Verfassungsdokumente 1919–1933 (3. Aufl.). Stuttgart: Kohlhammer.
Hüsken, K., Lippert, K. & Kuger, S. (2021). Der Betreuungsbedarf bei Grundschulkindern. DJI Kinderbetreuungsreport 2020. Studie 2 von 8. München. München: DJI.
Hußmann, A., Wendt, H., Bos, W., Bremerich-Vos, A., Kasper, D., Lankes, E.-M., McElvany, N., Stubbe, T. C., Valtin, R. (2017). IGLU 2016 – Lesekompetenzen von Grundschulkindern in Deutschland im internationalen Vergleich. Münster: Waxmann.
Institut für Bildungsmonitoring und Qualitätsentwicklung Hamburg (o.J.). Erläuterungen zum Vorstellungsverfahren für Viereinhalbjährige.
Institut für Schulqualität der Länder Berlin und Brandenburg e.V. (o. J.). LauBe. Lernausgangslage Berlin. o. V.
Issing, L. J. (2002). Instruktions-Design für Multimedia. In L. J. Issing & Klimsa, P. (Hrsg.), Information und Lernen mit Multimedia und Internet (S. 151–178). Weinheim: Beltz.
James, W. (1890/1950). The Consciousness of Self. In James W. (Eds.), The Principles of Psychology (pp. 291–401). New York: Dover Publications.

Jansen, H., Mannhaupt, G., Marx, H. & Skowronek, H. (2002). Bielefelder Screening zur Früherkennung von Lese-Rechtschreibschwierigkeiten (BISC) (2. Aufl.). Göttingen: Hogrefe.

Jansen, H., Kondziolka, A. & Mayer, A. (2010). Phonologische Informationsverarbeitung und Schrifterwerb – eine empirische Untersuchung. Sprachheilarbeit, 4, 170–181.

Jerusalem, M. (1984). Selbstbezogene Kognitionen in schulischen Bezugsgruppen: Eine Längsschnittstudie. Band I. Berlin: Freie Universität Berlin.

JMK/KMK (2004). Gemeinsamer Rahmen der Länder für die frühkindliche Bildung in Kindertagesstätten. Beschluss der Jugendministerkonferenz vom 13./14.05.2004/Beschluss der Kultusministerkonferenz vom 03./04.06.2004.

JMK/KMK (2009). Den Übergang von der Tageseinrichtung für Kinder in die Grundschule sinnvoll und wirksam gestalten – Das Zusammenwirken von Elementarbereich und Primarstufe optimieren. Beschluss der Jugend- und Familienministerkonferenz vom 05.06.2009/Beschluss der Kultusministerkonferenz vom 18.06.2009).

Johnson, D. W. & Johnson R. T. (1998). Learning together and alone: Cooperative, competitive, and individualistic learning (5th ed.). Boston: Allyn and Bacon.

Johnson, D. W., Johnson, R. T. & Stanne, M. B. (2000). Cooperative learning methods: A meta-analysis. Minneapolis: University of Minnesota.

Julius, H. (2010). Bindungsgeleitete schulische Interventionen. In B. Hartke, K. Koch & K. Diehl (Hrsg.), Förderung in der schulischen Eingangsstufe (S. 280–294). Stuttgart: Kohlhammer.

Jürgens, E. (2018). Offener Unterricht. In H. Barz (Hrsg.), Handbuch Bildungsreform und Reformpädagogik (S. 471–478). Wiesbaden: Springer VS.

Kaasa Health (2013). Meister Cody – Talasia. Düsseldorf: Kaasa health.

Kamin, A.-M. & Hester, T. (2015). Medien – Behinderung – Inklusion. Ein Plädoyer für eine Inklusive Medienbildung. In R. Arnold (Hrsg.), Grundlagen der Berufs- und Erwachsenenbildung. Band 82: Lehrer. Bildung. Medien. Herausforderungen für die Entwicklung und Gestaltung von Schule (S. 185–194). Baldmannsweiler: Schneider.

Kammermeyer, G. & Martschinke, S. (2004). KILIA- Selbstkonzept- und Leistungsentwicklung im Anfangsunterricht. In F. Faust et al. (Hrsg.), Anschlussfähige Bildungsprozesse im Elementar- und Primarbereich (S. 204–217). Bad Heilbrunn: Klinkhardt.

Kammermeyer, G. & Martschinke, S. (2006). Selbstkonzept- und Leistungsentwicklung in der Grundschule. Ergebnisse aus der KILIA-Studie. Empirische Pädagogik, 20, 245–259.

Kammermeyer G., Martschinke, S. & Drechsler K. (2006). Zur Entwicklung von Risiko- und Sorgenkindern in der Grundschule. In A. Schründer-Lenzen (eds), Risikofaktoren kindlicher Entwicklung (S. 140–155). Wiesbaden: Springer VS.

Kamp-Becker, I. (2016). Schülerinnen und Schüler mit Autismus-Spektrum-Störung. In Ministerium für Schule und Weiterbildung des Landes Nordrhein-Westfalen (Hrsg.), Sonderpädagogische Förderschwerpunkte in NRW. Ein Blick aus der Wissenschaft in die Praxis. Düsseldorf: Düsseldruck.

Kannengieser, S. (2015). Sprachentwicklungsstörungen. München: Elsevier.

Kanning, U. P. (2002). Soziale Kompetenz – Definition, Strukturen und Prozesse. Zeitschrift für Psychologie, 210, 154–163.

Kastner-Koller, U. & Deimann, P. (2018). Überblick über klassische Verfahren der Schuleingangsdiagnose. In W. Schneider & M. Hasselhorn (Hrsg.), Schuleingangsdiagnostik (S. 19–34). Göttingen: Hogrefe.

Kasüschke, D. (2016). Kinderstärkende Pädagogik und Didaktik in der KiTa. Stuttgart: Kohlhammer.

Kaufmann, L., Nuerk, H. C., Graf, M., Krinzinger, H., Delazer, M., & Willmes, K. (2009). Test zur Erfassung numerisch-rechnerischer Fertigkeiten vom Kindergarten bis zur 3. Klasse (TEDI-MATH). Bern: Hogrefe.

Kaul, T. & Leonhardt, A. (2016). Förderschwerpunkt Hören und Kommunikation. In Ministerium für Schule und Weiterbildung des Landes Nordrhein-Westfalen (Hrsg.), Sonderpädagogische Förderschwerpunkte in NRW. Ein Blick aus der Wissenschaft in die Praxis. Düsseldorf: Düsseldruck.

Kelle, H. (2013). Theorie-Empirie-Verhältnis und methodische Standards in der qualitativen Forschung. In W. Einsiedler et al. (Hrsg.), Standards und Forschungsstrategien in der empirischen Grundschulforschung: Eine Handreichung (S. 59–92). Münster: Waxmann.

Keller-Schneider, M. & Hericks, U. (2011). Beanspruchung, Professionalisierung und Entwicklungsaufgaben im Berufseinstieg von LehrerInnen. Journal für LehrerInnenbildung, 11(2), 20–31.

Keller-Schneider, M., Weiß, S. & Kiel, E. (2018). Warum Lehrer/in werden? Idealismus, Sicherheit oder »da wusste ich nichts Besseres«? Ein Vergleich von Berufswahlmotiven zwischen deutschen und schweizerischen Lehramtsstudierenden und die Bedeutung von länderspezifischen Bedingungen. Schweizerische Zeitschrift für Bildungswissenschaften 40(1), 217–242.

Kemmler, L. & Heckhausen, H. (1962). Ist die sogenannte »Schulreife« ein Reifungsproblem? In K. Ingenkamp (Hrsg.), Praktische Erfahrungen mit Schulreifetests (S. 52–89). Basel: Karger.

Kern, A. (1951). Sitzenbleiberelend und Schulreife. Ein psychologisch-pädagogischer Beitrag zu einer inneren Reform der Grundschule. Freiburg: Herder.

Kielhorn, H. (1887). Schule für Schwachbefähigte Kinder. Verhandlungen der 27. Allgemeinen Deutschen Lehrerversammlung zu Gotha. Allgemeine Deutsche Lehrerzeitung, 32, 307–313.

Killus, D. & Tillmann, K.-J. (2017). Eltern beurteilen Schule – Entwicklungen und Herausforderungen. Ein Trendbericht zu Schule und Bildungspolitik in Deutschland. Die 4. JAKO-O Bildungsstudie. Münster: Waxmann.

Kintsch, W. (1998). Comprehension: A paradigm for cognition. Cambridge: Cambridge University Press.

Klafki, W (1959). Das pädagogische Problem des Elementaren und die Theorie der kategorialen Bildung. Weinheim: Beltz.

Klafki, W. (1963). Didaktische Analyse als Kern der Unterrichtsvorbereitung. In Studien zur Bildungstheorie und Didaktik (orig. 1963; 10. Aufl.). Weinheim: Beltz.

Klafki, W. (1964). Studien zur Bildungstheorie und Didaktik (3./4. Aufl.). Weinheim: Beltz.

Klafki, W. (2007). Neue Studien zur Bildungstheorie und Didaktik. Zeitgemäße Allgemeinbildung und kritisch-konstruktive Didaktik (6. Aufl.). Weinheim: Beltz.

Klafki, W. & Stöcker, H. (1996). Innere Differenzierung des Unterrichts. In W. Klafki (Hrsg.), Neue Studien zur Bildungstheorie und Didaktik: zeitgemäße Allgemeinbildung und kritisch-konstruktive Didaktik (S. 173–208). Weinheim: Beltz.

Klauer, K. J. & Lauth, G. W. (1997). Lernbehinderungen und Leistungsschwierigkeiten bei Schülern. In F. E. Weinert (Hrsg.), Psychologie des Unterrichts und der Schule (S. 701–738). Göttingen: Hogrefe.

Klemm, K. (2010). Gemeinsam lernen. Inklusion Leben. Status Quo und Herausforderungen inklusiver Bildung in Deutschland. Gütersloh: Bertelsmann.

Kleickmann, T., Steffensky, M. & Praetorius, A.-K. (2020). Quality of teaching in science education: more than three basic dimensions? Zeitschrift für Pädagogik, 66(1/20), 37–55.

Kleinknecht, M. (2019). Aufgaben und Aufgabenkultur. Zeitschrift für Grundschulforschung, 2(1), 1–14.

Klicpera, C. & Gasteiger-Klicpera, B. (2003). Soziale Erfahrungen von Grundschülern mit sonderpädagogischem Förderbedarf in Integrationsklassen – betrachtet im Kontext der Maßnahmen zur Förderung sozialer Integration. Heilpädagogische Forschung, 29, 61–71.

Klicpera, C., Schabmann, A. & Gasteiger-Klicpera, B. (2013). Legasthenie – LRS (4. Aufl.). München: Reinhardt.

Klieme, E., Lipowsky, F., Rakoczy, K., & Ratzka, N. (2006). Qualitätsdimensionen und Wirksamkeit von Mathematikunterricht. Theoretische Grundlagen und ausgewählte Ergebnisse des Projekts »Pythagoras«. In M. Prenzel & L. Allolio-Näcke (Hrsg.), Untersuchungen zur Bildungsqualität von Schule: Abschlussbericht des DFG-Schwerpunktprogramms (S. 127–146). Münster: Waxmann.

Klieme, E., Schümer, G. & Knoll, S. (2001). Mathematikunterricht in der Sekundarstufe I. »Aufgabenkultur« und Unterrichtsgestaltung. In E. Klieme & J. Baumert (Hrsg.), TIMSS-Impulse für Schule und Unterricht. Forschungsbefunde, Reforminitiativen,

Praxisberichte und Video-Dokumente (S. 43–57). Bonn: Bundesministerium für Bildung und Forschung.

Klippert, H. (2010). Heterogenität im Klassenzimmer: Wie Lehrkräfte effektiv und zeitsparend damit umgehen können. Weinheim: Beltz.

Kluczniok K. & Roßbach H.G. (2008). Übergang Kindergarten – Primarschule. In T. Coelen T. & H. U. Otto (Hrsg.), Grundbegriffe Ganztagsbildung (S. 321–330). Wiesbaden: Springer VS.

Kluczniok, K. & Roßbach, H.G. (2014). Conceptions of educational quality for kindergartens. Zeitschrift für Erziehungswissenschaft, 17, 145–158.

Kluge (1984). Entwicklung eines Kriterienkatalogs für spielzentriertes Erzieherverhalten. In E. Meyer (Hrsg.), Spiel und Medien in Familie, Kindergarten und Schule (S. 109–136). Heinsberg: Agentur Dieck.

Klusmann, U., Kunter, M., Voss, T. & Baumert, J. (2012). Berufliche Beanspruchung angehender Lehrkräfte: Die Effekte von Persönlichkeit, pädagogischer Vorerfahrung und professioneller Kompetenz. Zeitschrift für Pädagogische Psychologie, 26(4), 275–290.

KMK (1964). Beschluss zur Weiterentwicklung des Schulwesens in Deutschland zwischen den Ländern der Bundesrepublik zur Vereinheitlichung auf dem Gebiete des Schulwesens vom 28.10.1964.

KMK (1970/2015). Empfehlungen zur Arbeit in der Grundschule. Berlin.

KMK (1996). Empfehlungen zum Förderschwerpunkt Hören. Berlin.

KMK (1997). Empfehlungen zum Schulanfang. Beschluss der Kultusministerkonferenz vom 24.10.1997.

KMK (1998a). Empfehlungen zum Förderschwerpunkt körperliche und motorische Entwicklung. Berlin.

KMK (1998b). Empfehlungen zum Förderschwerpunkt Sehen. Berlin.

KMK (1998c). Empfehlungen zum Förderschwerpunkt Sprache. Berlin.

KMK (2000a). Gemeinsame Erklärung des Präsidenten der Kultusministerkonferenz und der Vorsitzenden der Bildungs- und Lehrergewerkschaften sowie ihrer Spitzenorganisationen Deutscher Gewerkschaftsbund DGB und DBB – Beamtenbund und Tarifunion.

KMK (2000b). Empfehlungen zu Erziehung und Unterricht von Kindern und Jugendlichen mit autistischem Verhalten. Berlin.

KMK (2000c). Empfehlungen zum Förderschwerpunkt emotionale und soziale Entwicklung. Berlin.

KMK (2002). PISA 2000 – Zentrale Handlungsfelder: Zusammenfassende Darstellung der laufenden und geplanten Maßnahmen in den Ländern. Berlin.

KMK (2004). Bildungsstandards der Kultusministerkonferenz. Erläuterungen zur Konzeption und Entwicklung. Berlin.

KMK (2004/2019). Standards für die Lehrerbildung: Bildungswissenschaften. Berlin.

KMK (2011). Inklusive Bildung von Kindern und Jugendlichen mit Behinderungen in Schulen. Berlin.

KMK (2015). Ganztagsschulen in Deutschland. Berlin.

KMK (2016). Bildung in der digitalen Welt. Strategie der Kultusministerkonferenz. Berlin.

KMK (2019). Empfehlungen zur schulischen Bildung, Beratung und Unterstützung von Kindern und Jugendlichen im sonderpädagogischen Schwerpunkt LERNEN. Berlin.

KMK (2021a). Übersicht über die Pflichtstunden der Lehrkräfte an allgemeinbildenden und beruflichen Schulen Ermäßigungen für bestimmte Altersgruppen der Voll- bzw. Teilzeitlehrkräfte Besondere Arbeitszeitmodelle Schuljahr 2021/2022.

KMK (2021b). Sonderpädagogische Förderung in allgemeinen Schulen (ohne Förderschulen). Berlin.

KMK (2021c). Sonderpädagogische Förderung in Förderschulen. Berlin.

KMK (2021d). Empfehlungen zur schulischen Bildung, Beratung und Unterstützung von Kindern und Jugendlichen im sonderpädagogischen Schwerpunkt Geistige Entwicklung. Berlin.

Knebel, U. von (2014). »Sprache kompetent fördern«: Was macht sprachbehindertenpädagogische Kompetenz aus? In S. Sallat et al. (Hrsg.), Sprache professionell fördern (S. 182–188). Idstein: Schulz-Kirchner.

Kocaj, A., Kuhl, P, Kroth, A. J., Pant, H. A. & Stanat, P. (2014). Wo lernen Kinder mit sonderpädagogischem Förderbedarf besser? Ein Vergleich schulischer Kompetenzen zwischen Regel-und Förderschulen in der Primarstufe. Kölner Zeitschrift für Soziologie und Sozialpsychologie, 66, 165–191.

Koch, K. (2006). Der Übergang von der Grundschule in die weiterführende Schule als biographische und pädagogische Herausforderung. In A. Ittel et al. (Hrsg.), Jahrbuch Jugendforschung (S. 69–89). Wiesbaden: Springer VS.

Koch, I. & Stahl, C. (2017). Lernen – Assoziationsbildung, Konditionierung und implizites Lernen. In J. Müsseler & M. Rieger (Hrsg.), Allgemeine Psychologie (S. 319–355). Berlin: Springer.

Kochanek, B. (2014). Organisatorische, prozedurale und finanzielle Herausforderungen beim Aufbau eines inklusiven Schulsystems. In S. Kroworsch (Hrsg.), Inklusion im deutschen Schulsystem. Barrieren und Lösungswege (S. 72–87). Berlin: Verlag des Deutschen Vereins für öffentliche und private Fürsorge e. V.

Köller, O. & Möller, J. (2012). Was wirklich wirkt: John Hattie resümiert die Forschungsergebnisse zu schulischem Lernen. Schulmanagement-online.de, 4, 34–37.

Korhonen, T. (1995). The persistence of rapid naming problems in children with reading disabilities: A nine-year follow-up. Journal of Learning Disabilities, 28, 232–239.

Kornmesser, S. & Büttemeyer, W. (2020). Wissenschaftstheorie. Eine Einführung. Berlin: Springer.

Kounin, J. S. (1976/2006): Techniken der Klassenführung. Stuttgart: Klett.

Kowalski, M. J. & Froiland, J. M. (2020). Parent perceptions of elementary classroom management systems and their children's motivational and emotional responses. Social Psychology of Education, 23, 433–448.

Krajewski, K. (2007). Entwicklung und Förderung der vorschulischen Mengen-Zahlen-Kompetenz und ihre Bedeutung für die mathematischen Schulleistungen. In: G. Schulte-Körne (Hrsg.), Legasthenie und Dyskalkulie: Aktuelle Entwicklungen in Wissenschaft, Schule und Gesellschaft (S. 325–332). Bochum: Winkler.

Krajewski, K. (2018). Test mathematischer Basiskompetenzen im Kindergartenalter (MBK 0). Göttingen: Hogrefe.

Krajewski, K. & Ennemoser, M. (2010). Entwicklung mathematischer Basiskompetenzen in der Sekundarstufe. Empirische Pädagogik, 24(4), 353–370.

Krajewski, K. & Ennemoser, M. (2018). Diagnostik mathematischer Basiskompetenzen in Vorschule und zu Schulbeginn. In W. Schneider & M. Hasselhorn (Hrsg.), Schuleingangsdiagnostik (S. 159–168). Göttingen: Hogrefe.

Krajewski, K., Küspert, P. & Schneider, W. (2002). Deutscher Mathematiktest für erste Klassen (DEMAT 1+). Göttingen: Hogrefe.

Krajewski, K., Liehm, S. & Schneider, W. (2004). Deutscher Mathematiktest für zweite Klassen (DEMAT 2+). Göttingen: Hogrefe.

Krajewski, K., Nieding, G. & Schneider, W. (2013). Mengen, zählen, Zahlen. Göttingen: Hogrefe.

Krajewski, K. & Schneider, W. (2006). Mathematische Vorläuferfertigkeiten im Vorschulalter und ihre Vorhersagekraft für die Mathematikleistungen bis zum Ende der Grundschulzeit. Psychologie in Erziehung und Unterricht, 53, 246–262.

Krüsken, J. (2008). Schülerleistungen in FLEX-Klassen bei den Vergleichsarbeiten Jahrgangsstufe 2 in Brandenburg in den Jahren 2004 bis 2006. In K. Liebers, A. Prengel, A. & G. Bieber (Hrsg.), Die flexible Schuleingangsphase. Evaluationen zur Neugestaltung des Anfangsunterrichts (S. 30–56). Weinheim: Beltz.

Kuger, S. & Kluczniok, K. (2009). Prozessqualität im Kindergarten – Konzept, Umsetzung und Befunde. In H. G. Roßbach & H. P. Blossfeld (Hrsg.), Frühpädagogische Förderung in Institutionen (S. 159–178). Wiesbaden: Springer VS.

Kuhl, P., Felbrich, A., Richter, D., Stanat, P. & Pant, H. A. (2013). Die Jahrgangsmischung auf dem Prüfstand: Effekte jahrgangsübergreifenden Lernens auf Kompetenzen und sozioemotionales Wohlbefinden von Grundschülerinnen und Grundschülern. In R. Becker & A. Schulze (Hrsg.), Bildungskontexte. Strukturelle Voraussetzungen und Ursachen ungleicher Bildungschancen (S. 299–324). Wiesbaden: Springer VS.

Kuhn, T. S. (2012). The Structure of Scientific Revolutions (4th ed.). University of Chicago Press.
Kuhn, H. W., Massing, P. & Skuhr, W. (1993). Politische Bildung in Deutschland. Wiesbaden: Springer VS.
Kuhn, J.-T., Schwenk, C., Raddatz, J., Dobel, C. & Holling, H. (2017). CODY-Mathetest: Mathematiktest für die 2.-4. Klasse (CODY-M 2-4). Düsseldorf: Kaasa health.
Küspert, P. & Schneider, W. (2018). Hören, lauschen, lernen. Sprachspiele für Kinder im Vorschulalter. Würzburger Trainingsprogramm zur Vorbereitung auf den Erwerb der Schriftsprache (7. Aufl.). Göttingen: Hogrefe.
Lagies, J. (2020). Fachfremdheit zwischen Profession und Organisation. Orientierungsrahmen Mathematik fachfremd unterrichtender Grundschullehrkräfte. Eine erziehungswissenschaftliche Studie. Wiesbaden: Springer VS.
Landerl, K. & Wimmer, H. (2008). Development of word reading fluency and spelling in a consistent orthography: An 8-year follow-up. Journal of Educational Psychology, 100, 150–161.
Landmann, M., Perels, F., Otto, B., Schnick-Vollmer, K. & Schmitz, B. (2015). Selbstregulation und selbstreguliertes Lernen. In E. Wild & J. Möller (Hrsg.), Pädagogische Psychologie (S. 45–65). Berlin: Springer.
Lauer-Schmaltz, M., Rosebrock, C. & Gold, A. (2014). Lautlesetandems in der Grundschule. Bedingungen und Grenzen ihrer Wirksamkeit. Didaktik Deutsch: Halbjahresschrift für die Didaktik der deutschen Sprache und Literatur, 19(37), 45–61.
Lauth, G., Grünke, M. & Brunstein, J. C. (2014). Interventionen bei Lernstörungen – Förderung, Training und Therapie in der Praxis. Göttingen: Hogrefe.
Lazarus, R. S. & Folkman, S. (1984). Stress, Appraisal, and Coping. New York: Springer.
Lederer, B. (2011). Der Bildungsbegriff und seine Bedeutungen. Der Versuch einer Kompilation. In B. Lederer (Hrsg.), »Bildung«. Was sie war, ist, sein sollte. Zur Bestimmung eines strittigen Begriffs (S. 11–44). Baltmannsweiler: Schneider.
Lehmann, M. & Hasselhorn, M. (2009). Entwicklung von Lernstrategien im Grundschulalter. In F. Hellmich & S. Wernke (Hrsg.), Lernstrategien im Grundschulalter. Konzepte, Befunde und praktische Implikationen (S. 25–44). Stuttgart: Kohlhammer.
Lelgemann, R. (2016). Körperliche und motorische Entwicklung – Strukturelle und didaktische Hinweise. In Ministerium für Schule und Weiterbildung des Landes Nordrhein-Westfalen (Hrsg.), Sonderpädagogische Förderschwerpunkte in NRW. Ein Blick aus der Wissenschaft in die Praxis (S. 60–64). Düsseldorf: Düsseldruck.
Lemerise, E. A. & Arsenio, W. F. (2000). An integrated model of emotion processes and cognition in social information processing. Child Development, 71, 107–118.
Lenart, F., Holzer, N. & Schaupp, H. (2003). Eggenberger Rechentest 2+ (ERT 2+). Göttingen: Hogrefe.
Lenart, F., Schaupp, H. & Holzer, N. (2014). Eggenberger Rechentest 0+ (ERT 0+). Göttingen: Hogrefe.
Lenhard, W. & Lenhard, A. (2009). Rechenspiele mit Elfe und Mathis I. Göttingen: Hogrefe.
Lenhard, W. & Lenhard, A. (2020). Improvement of Norm Score Quality via Regression-Based Continuous Norming. Educational and psychological measurement. Online first, 1–33.
Lenhard, A., Lenhard, W. & Küspert, P. (2018). Lesespiele mit Elfe und Mathis. Computerbasierte Leseförderung für die erste bis vierte Klasse (2. Aufl.). Göttingen: Hogrefe.
Lenhard, W., Lenhard, A. & Schneider, W. (2020). ELFE II – Ein Leseverständnistest für Erst- bis Siebtklässler – Version II. Göttingen: Hogrefe.
Lenkungsgruppe TransKiGs in Zusammenarbeit mit der Koordinierungsstelle TransKiGs & Hofmann, J. (2009). Übergang Kita – Schule zwischen Kontinuität und Herausforderung. Materialien, Instrumente und Ergebnisse des TransKiGs-Verbundprojekts. Weimar: das netz.
Leseman, P. P. M., Scheele, A. F., Mayo, A. Y. & Messer, M. (2007). Home literacy as a special language environment to prepare children for school. Zeitschrift für Erziehungswissenschaft, 10, 334–355.

Lewis, M. & Brooks-Gunn, J. (1979). Social-Cognition and the Acquisition of Self. Boston, MA: Springer.
Leyendecker, C. (2005). Motorische Behinderungen. Grundlagen, Zusammenhänge und Förderungsmöglichkeiten. Stuttgart: Kohlhammer.
Lichtenstein-Rother, I. & Röbe, E. (2005). Grundschule: Der pädagogische Raum für Grundlegung der Bildung. Weinheim: Beltz.
Liebel, M. (2018). In the children's best interests? Kinderinteressen und Kinderrechte. In A. Kleeberg-Niepage & S. Rademacher (2018). Kindheits- und Jugendforschung in der Kritik. (Inter-)Disziplinäre Perspektiven auf zentrale Begriffe und Konzepte (S. 195–226). Wiesbaden: Springer VS.
Liebers, K. (2008). Die flexible Eingangsphase als ein Beitrag zur Förderung schneller und langsamer lernender Kinder am Schulanfang. In J. Ramseger & M. Wagener M. (Hrsg.), Chancenungleichheit in der Grundschule (S. 167–170). Wiesbaden: Springer VS.
Liebers, K. & Götz, M. (2019). Schuleignungsdiagnostik im Ost-West-Vergleich in Deutschland 1949 bis 1990. Zeitschrift für Grundschulforschung, 12(2), 305–326.
Lindmeier, B. (2005). Von der Integration in die Gemeinde zur inklusiven Gemeinde – Begriffswechsel oder Neuformulierung der Zielsetzung? Sonderpädagogische Förderung, 48, 348–364.
Lindmeier, C. & Lütje-Klose, B. (2019). Inklusion. In M. Harring, C. Rohlfs & M. Gläser-Zikuda (Hrsg.), Handbuch Schulpädagogik (S. 43–53). Münster: Waxmann.
Lindsay, G. (2007). Educational psychology and the effectiveness of inclusive education/mainstreaming. British Journal of Educational Psychology, 77, 1–24.
Lindström, E. A. & Lindahl, E. (2011). The Effect of Mixed-Age Classes in Sweden. Scandinavian Journal of Educational Research, 55(2), 121–144.
Lipowsky, F. (2004). Dauerbrenner Hausaufgaben. Befunde der Forschung und Konsequenzen für den Unterricht. Pädagogik, 56(12), 40–44.
Lipowsky, F. (2007). Hausaufgaben: Auf die Qualität kommt es an! Ein Überblick über den Forschungsstand. Lernende Schule, 10(39), 7–9.
Lipowsky, F. & Lotz, M. (2015). Ist Individualisierung der Königsweg zum erfolgreichen Lernen? Eine Auseinandersetzung mit Theorien, Konzepten und empirischen Befunden. o. V.
Lohaus, A. & Vierhaus, M. (2013). Entwicklungspsychologie des Kindes- und Jugendalters. Berlin: Springer.
Lorenz, R. & Endberg, M. (2019). Welche professionellen Handlungskompetenzen benötigen Lehrpersonen im Kontext der Digitalisierung in der Schule? Theoretische Diskussion unter Berücksichtigung der Perspektive Lehramtsstudierender. MedienPädagogik, Zeitschrift für Theorie und Praxis der Medienbilldung, 61–81.
Lösel, F. & Bender, D. (2003). Resilience and protective factors. In D. P. Farrington & J. W. Coid (Hrsg.), Early prevention of adult antisocial behaviour (pp. 130–204). Cambridge, UK: Cambridge University Press.
Luder, R. (2003). Neue Medien im heil- und sonderpädagogischen Unterricht. Ein didaktisches Rahmenkonzept zum Einsatz digitaler Informations- und Kommunikationstechnologien. Freiburg: Haupt.
Ludwig, H. (2008). Geschichte der modernen Ganztagsschule. In T. Coelen & H. U. Otto (Hrsg.), Grundbegriffe Ganztagsbildung (S. 517–526). Wiesbaden: Springer VS.
Lütje-Klose, B., Neumann, P., Gorges, J. & Wild, E. (2018). Die Bielefelder Längsschnittstudie zum Lernen in inklusiven und exklusiven Förderarrangements (BiLieF) – Zentrale Befunde. DDS, 102(2), 109–123.
Macha, T. & Petermann, F. (2015). Grenzsteine der Entwicklung. Pädiatrie: Kinder- und Jugendmedizin hautnah, 27, 43–45.
Mähler, C. (2020). Diagnostik von Lernstörungen: Zeit zum Umdenken. Zeitschrift für Pädagogische Psychologie, 35(4), 217–227.
Makrinus, L. (2013). Mehr Qualität durch mehr Praxis? Stellenwert von Praxisphasen in der Lehrerbildung. Empirischer Zugang zu schulpraktischen Erfahrungen? Wiesbaden: Springer.

Mannhaupt, G. (2006). Münsteraner Screening zur Früherkennung von Lese- und Rechtschreibschwierigkeiten (MÜSC). Berlin: Cornelsen.
Manzon, M. (2011). Comparative Education. The Construction of a Field. Dordrecht: Springer.
Markussen, E. (2014). Special Education: Does it help? A Study of Inclusive Education in Norwegian upper Secondary Schools. European Journal of Special Education, 19, 33–48.
Marks, H. M. & Printy, S. M. (2003). Principal Leadership and School Performance: An Integration of Transformational and Instructional Leadership. Educational Administration Quarterly, 39(3), 370–397.
Martenstein, R. & Hillenbrand, C. (2013). Classroom Management: Unterrichtsstörungen präventiv begegnen. Sonderpädagogik in Niedersachsen, 2, 36–42.
Martschinke, S. & Kammermeyer, G. (2003). Jedes Kind ist anders. Jede Klasse ist anders. Ergebnisse aus dem KILIA-Projekt zur Heterogenität im Anfangsunterricht. Zeitschrift für Erziehungswissenschaft, 6, 257–275.
Martschinke, S., Kirschhock, E.-M. & Frank, A. (2018). Der Rundgang durch Hörhausen Diagnose und Förderung im Schriftspracherwerb. Erhebungsverfahren zur phonologischen Bewusstheit (10. Aufl.). Augsburg: Auer.
Martschinke, S. & Frank, A. (2015). Eine starke Reise mit der Klasse. »Starke Kinder« in der Grundschule – ein Programm zur Persönlichkeitsförderung. Donauwörth: Auer.
Martschinke, S. & Kammermeyer, G. (2018). Neuere Ansätze der Schuleingangskonzeption in ausgewählten Bundesländern. In W. Schneider & M. Hasselhorn (Hrsg.). Schuleingangsdiagnostik (S. 35–62). Göttingen: Hogrefe.
Marsh, H. W. (1987). The big-fish-little-pond effect on academic self-concept. Journal of Educational Psychology, 79, 280–295.
Marsh, H. W. (2014). Academic self-concept: Theory, measurement, and research. In J. Suls (Hg.), Psychological Perspectives on the Self (Vol. 4, pp. 71–110). Psychology Press.
Massumi, M., von Dewitz, N., Grießbach, J., Terhart, H., Wagner, K., Hippmann, K. & Altinay, L. (2015). Neu zugewanderte Kinder und Jugendliche im deutschen Schulsystem. Bestandsaufnahme und Empfehlungen. Mercator-Institut für Sprachförderung und Deutsch als Zweitsprache und Zentrum für LehrerInnenbildung der Universität zu Köln.
Matthes, G. (2009). Individuelle Lernförderung bei Lernstörungen. Stuttgart: Kohlhammer.
May, P. & Bennöhr, J. (2013). Kompetenzerfassung in Kindergarten und Schule (KEKS). Berlin: Cornelsen.
May, P., Malitzky, V. & Vieluf, U. (2018). HSP 1-10 – Hamburger Schreib-Probe. Stuttgart: Klett.
Mayer, A. (2020). Förderschwerpunkt Sprache. In U. Heimlich & E. Kiel (Hrsg.). Studienbuch Inklusion (S. 97–106). Bad Heilbrunn: Klinkhardt.
Mayer, A. & Motsch, H.-J. (2016). Förderschwerpunkt Sprache. In Ministerium für Schule und Weiterbildung des Landes Nordrhein-Westfalen (Hrsg.), Sonderpädagogische Förderschwerpunkte in NRW. Ein Blick aus der Wissenschaft in die Praxis (S. 28–32). Düsseldorf: Düsseldruck.
Mayring, P. (2002). Einführung in die qualitative Sozialforschung. Eine Anleitung zu qualitativem Denken. Weinheim: Beltz.
McClellan, D. E. & Kinsey, S. (1997). Children's Social Behavior in Relationship to Participation in Mixed-Age or Same-Age Classrooms. Paper presented at the Biennial Meeting of the Society for Research in Child Development. Washington, DC.
McGee, C., Ward, R., Gibbons, J. & Harlow, A. (2004). Transition to secondary school: A literature review. Hamilton: University of Waikato.
Mead, G. H. (1934). Mind, self, and society. Chicago, IL: University of Chicago Press.
Mecheril, P. (2002). Natio-kulturelle Mitgliedschaft – ein Begriff und die Methode seiner Generierung. Tertium comparationis, 8(2), 104–115.
Meece, J. L., Anderman, E. M. & Anderman, L. H. (2006). Classroom Goal Structure, Student Motivation and Achievement. Annual Review of Psychology, 57, 487–503.
Menheere, A. & Hooge, E. (2010). Parental involvement in children's education: A review study about the effect of parental involvement on children's school education with a fo-

cus on the position of illiterate parents. Journal of the European Teacher Education Network JETEN, 6, 144–157.
Merdian, G., Merdian, F. & Schardt, K. (2015). Bamberger Dyskalkuliediagnostik 1-4+ (R) (BADYS 1-4+). Bamberg: PaePsy.
Mett, B. & Schmidt, H. J. (2002). Kleine Grundschule – Reformprojekt oder Notbehelf? Ergebnisse einer wissenschaftlichen Begleitung. In F. Heinzel & A. Prengel A. (Hrsg.), Heterogenität, Integration und Differenzierung in der Primarstufe. Jahrbuch Grundschulforschung, 6 (S. 148–156). Wiesbaden: Springer VS.
Meyer, S. (2018). Soziale Differenz in Bildungsplänen für die Kindertagesbetreuung. Wiesbaden: Springer VS.
Michaelis, R., Berger, U., Nennstiel-Ratzel, U. & Krägeloh-Mann, I. (2013). Validierte und teilvalidierte Grenzsteine der Entwicklung. Ein Entwicklungsscreening für die ersten 6 Lebensjahre. Monatsschrift Kinderheilkunde, 161(10).
Mikhail, T. & Rekus, J. (2008). Ganztagsschulkonzepte. In E. Jürgens & J. Standop (Hrsg.), Taschenbuch Grundschule 1. Grundschule als Institution (S. 184–194). Baltmannsweiler: Schneider.
Miller, S. (2019). Primarstufe. In M. Harring, C. Rohlfs & M. Gläser-Zikuda (Hrsg.), Handbuch Schulpädagogik (S. 116–126). Münster: Waxmann.
Miller, S. & Schroeder, R. (2019). Das begrenzte Bildungsverständnis der Hilfsschule. Zeitschrift für Grundschulforschung, 12(2), 327–342.
Miller, S. et al. (2019). Diskussion des Selbstverständnisses der Grundschulpädagogik als Disziplin. In C. Donie et al. (Hrsg.), Grundschulpädagogik zwischen Wissenschaft und Transfer. Jahrbuch Grundschulforschung, 23 (S. 22–33). Wiesbaden: Springer VS.
Ministerium des Inneren des Landes Nordrhein-Westfalen (2005). Verordnung über die sonderpädagogische Förderung, den Hausunterricht und die Schule für Kranke (Ausbildungsordnung sonderpädagogische Förderung – AO-SF). Düsseldorf: Düsseldruck.
Ministerium für Schule und Weiterbildung des Landes Nordrhein-Westfalen (Hrsg., 2016). Sonderpädagogische Förderschwerpunkte in NRW. Ein Blick aus der Wissenschaft in die Praxis. Düsseldorf: Düsseldruck.
Ministerium für Volksbildung (1964). Gesetz zur Demokratisierung der deutschen Schule. o. V.
Ministerium für Volksbildung (1969). Gemeinsame Empfehlungen zur Verbesserung der Einschulungspraxis: 2/69 vom 25. März 1969. Bibliothek für Bildungsgeschichtliche Forschung des Deutschen Instituts für Internationale Pädagogische Forschung, 2012.
Ministerium für Wissenschaft, Kunst und Volksbildung (1921). Richtlinien zur Aufstellung von Lehrplänen für die Grundschule. Zentralblatt für die gesamte Unterrichts-Verwaltung in Preußen, 63(9).
Mitchell, D. (2015). Education that fits. Review of International Trends in Education for Students with Special Educational Needs (2. Ed.). University of Canterbury.
Miyake, A., Friedman, N. P., Emerson, M. J., Witzki, A. H., Howerter, A. & Wager, T. (2000). The Unity and Diversity of Executive Functions and Their Contrications to Complex »Frontal Lobe« Tasks: A Latent Variable Analysis. Cognitive Psychology, 41, 39–100.
Möbus, B. & Vierbuchen, M.-C. (2019). Die Kritik an Diagnostik im inklusiven Schulsystem – Ein Plädoyer für (sonder-)pädagogische Diagnostik im Spiegel des RTI-Modells. In B. Baumert & M. Willen (Hrsg.), Zwischen Persönlichkeitsbildung und Leistungsentwicklung. Fachspezifische Zugänge zu inklusivem Unterricht im interdisziplinären Diskurs (S. 87–96). Bad Heilbrunn: Klinkhardt.
Möller, K. (2010). Lernen von Naturwissenschaft heisst Konzepte verändern. In P. Labudde (Hrsg.), Fachdidaktik Naturwissenschaft, 1.-9. Schuljahr (S. 57–72). Stuttgart: Hauptverlag.
Moog, W. & Schulz, A. (2005). Zahlen begreifen: Diagnose und Förderung bei Kindern mit Rechenschwäche. Weinheim: Beltz.
Morrison, F. J., Kim, M. H., Connor, C. M. & Grammer, J. K. (2019). The Causal Impact of Schooling on Children's Development: Lessons for Developmental Science. Current Directions in Psychological Science, 28(5), 441–449.

Moser, V. (2016). Professionelle Kooperation in inklusiven Schulen aus sonderpädagogischer Perspektive. In A. Kreis, J. Wick & C. Kosorok Labhart (Hrsg.), Kooperation im Kontext schulischer Heterogenität (S. 159–169). Münster: Waxmann.

Moser Opitz, E., Maag Merki, K., Pfaffhauser, R., Stöckli, M. & Garrote, A. (2021). Die Wirkung von unterschiedlichen Formen von Co-Teaching auf die von den Schülerinnen und Schülern wahrgenommene Unterrichtsqualität in inklusiven Klassen. Unterrichtswissenschaft, 49, 443–466.

Munser-Kiefer, M. (2009). Leseprofi im Leseteam – ein Trainingsprogram zur Förderung von Lesestrategien im Grundschulalter. In F. Hellmich & S. Wernke (Hrsg.), Lernstrategien im Grundschulalter. Konzepte, Befunde und praktische Implikationen (S. 210–226). Stuttgart: Kohlhammer.

Munser-Kiefer, M., Martschinke, S. & Hartinger, A. (2017). Adaptive Unterrichtsgestaltung und Überzeugungen von Lehrpersonen in jahrgangsgemischten und jahrgangshomogenen Klassen. Zeitschrift für Grundschulforschung, 10(1), 147–161.

Murawski, W. W. & Swanson, H. L. (2001). A Meta-Analysis of Co-Teaching Research: Where Are the Data? Remedial and special Education, 22(5), 258–267.

Mußmann, F., Riethmüller, M. & Hardwig, T. (2016). Niedersächsische Arbeitszeitstudie Lehrkräfte an öffentlichen Schulen 2015/2016. Göttingen.

Myschker, N. (2009). Verhaltensstörungen bei Kindern und Jugendlichen, Erscheinungsformen, Ursachen, Hilfreiche Maßnahmen. Stuttgart: Kohlhammer.

Neuenschwander, R., Röthlisberger, M., Cimeli, P. & Roebers, C. M. (2012). How Do Different Aspects of Self-regulation Predict Successful Adaption to School? Journal of Experimental Psychology, 113, 353–371.

NICHD – National Institute of Child Health and Human Development (2000). Report of the National Reading Panel: Teaching children to read – An evidence-based assessment of the scientific research literature on reading and its implications for instruction. Bethesda, MD: National Institutes of Health.

NICHD Early Child Care Research Network (2003). Does quality of child care affect child outcomes at age 4 1/2? Developmental Psychology, 39, 451–469.

Nickel, H. (1990). Das Problem der Einschulung aus ökologisch-systemischer Perspektive. Psychologie in Erziehung und Unterricht, 37(3), 217–227.

Nickel, H. & Schmidt-Denter, U. (1991). Vom Kleinkind zum Schulkind. München: Reinhardt.

Niggli, A., Trautwein, U. & Schnyder, I. (2010). Die Rolle der Lehrpersonen bei den Hausaufgaben. Empirische Pädagogik, 24(1), 42–54.

Nikolai, R. & Helbig, M. (2019). Der (alte) Streit um die Grundschulzeit: Von Kontinuitäten und Brüchen der Kaiserzeit bis heute. Zeitschrift für Grundschulforschung, 12, 289–303.

Nührenbörger, M. & Pust, S. (2005). Integrierende Lernumgebungen. In R. Christiani (Hrsg.), Jahrgangsübergreifend unterrichten (S. 137–142). Berlin: Cornelsen Scriptor.

OECD (2001). Starting Strong. Early Childhood Education and Care. OECD Publishing: Paris.

OECD (2012). Starting Strong III: A Quality Toolbox for Early Childhood Education and Care. OECD Publishing: Paris.

OECD (2016). School Leadership for Learning: Insights from TALIS 2013, TALIS. OECD Publishing: Paris.

Oelkers, J. (2020). Chancengleichheit im deutschen Bildungswesen. In P. Bollweg, J. Buchna, T. Coelen & H.-W. Otto (Hrsg.), Handbuch Ganztagsbildung (2. Aufl.; S. 1659–1672). Wiesbaden: Springer VS.

Oevermann, U. (1996). Theoretische Skizze einer revidierten Theorie professionalisierten Handelns. In A. Combe & W. Helsper (Hrsg.), Pädagogische Professionalität (S. 70–183). Frankfurt a. M.: Suhrkamp.

Oh-Young, C. & Filler, J. (2015). A meta-analysis of the effects of placement on academic and social skill outcome measures of students with disabilities. Research in Developmental Disabilities, 47, 80–92.

Oldenhage, M., Daseking, M. & Petermann, F. (2009). Erhebung des Entwicklungsstandes im Rahmen der ärztlichen Schuleingangsuntersuchung. Gesundheitswesen, 71, 638–647.
Oostdam, R. & Hooge, E. (2013). Making the difference with active parenting; forming educational partnerships between parents and schools. European Journal of Psychology of Education, 28, 337–351.
Ophuysen, S. van & Hazard, B. (2011). Der Übergang von der Grundschule zur weiterführenden Schule – Begleitung, Beratung, Diagnostik. Publikation des SINUS-Programms: Kiel.
Oser, F. & Baerswyl, F. J. (2001). Choreographies of teaching: bridging instruction and learning. In V. Richardson (ed.), Handbook of research on teaching (p. 1031–1065). Washington: American Educational Research Association.
Patall, E. A., Cooper, H. & Robinson, J. C. (2008). Parent Involvement in Homework: A Research Synthesis. Review of Educational Research, 78(4), 1039–1101.
Penning, K. (1927). Vom »Intelligenzalter« zum »Entwicklungsalter«. Zeitschrift für pädagogische Psychologie und Jugendkunde, 28(1), 36–42.
Pekrun, R., Murayama, K., Marsh, H. W., Goetz, T. & Frenzel, A. C. (2019). Happy Fish in Little Ponds: Testing a Reference Group Model of Achievement and Emotion. Journal of Personality and Social Psychology, 117, 166–185.
Perels, F. (2007). Training für Schüler der Sekundarstufe I: Förderung selbstregulierten Lernens. In M. Landmann & B. Schmitz (Hrsg.), Selbstregulation erfolgreich fördern. Praxisnahe Trainingsprogramme für effektives Lernen (S. 33–52). Stuttgart: Kohlhammer.
Peschel, F. (2002). Qualitätsmaßstäbe – Hilfen zur Beurteilung der Offenheit von Unterricht – In U. Drews & W. Wallrabenstein (Hrsg.), Freiarbeit in der Grundschule. Offener Unterricht in Theorie, Forschung und Praxis (S. 160–171). Frankfurt a. M.: Grundschulverband – Arbeitskreis Grundschule e. V.
Petermann, U. & Petermann, F. (2013). LSL: Lehrereinschätzliste für Sozial- und Lernverhalten. Göttingen: Hogrefe.
Petermann, F., Natzke, H., Gerken, N. & Walter, H.-J. (2016). Verhaltenstraining für Schulanfänger: Ein Programm zur Förderung sozialer und emotionaler Kompetenzen. Göttingen: Hogrefe.
Peterßen, W. H. (2000). Handbuch Unterrichtsplanung. Grundfragen, Modelle, Stufen, Dimensionen (9. Aufl.). München: Oldenbourg.
Peterßen, W. H. (2001). Lehrbuch Allgemeine Didaktik (6. Aufl.). München: Oldenbourg.
Petillon, H. & Valtin, R. (1999). Spielen in der Grundschule: Grundlagen – Anregungen – Beispiele. Frankfurt a. M.: Grundschulverband – Arbeitskreis Grundschule e. V.
Pianta, R. C. & Hamre, B. K. (2009). Conceptualization, Measurement, and Improvement of Classroom Processes: Standardized Observation Can Leverage Capacity. Educational Researcher, 38(2), 109–119.
Pianta, R. C., Howes, C., Burchinal, M., Bryant, D., Clifford, D., Early, D. & Barbarin, O. (2005). Features of pre-kindergarten programs, classrooms, and teachers: Do they predict observed classroom quality and child-teacher interactions? Applied Developmental Science, 9, 144–159.
Piezunka, A., Schaffus, T. & Grosche, M. (2017). Vier Definitionen von schulischer Inklusion und ihr konsensueller Kern. Unterrichtswissenschaft, 45(4), 207–222.
Pinquart, M., Schwarzer, G. & Zimmermann, P. (2011). Entwicklungspsychologie – Kindes- und Jugendalter. Göttingen: Hogrefe.
Plume, E. & Schneider, W. (2004). Hören, lauschen, lernen 2. Spiele mit Buchstaben und Lauten für Kinder im Vorschulalter. Würzburger Buchstaben-Laut-Training. Göttingen: Vandenhoeck & Ruprecht.
Pohlmann, S., Kluczniok, K. & Kratzmann, J. (2009). Zum Prozess der Entscheidungsfindung zwischen vorzeitiger und fristgerechter Einschulung. Journal for educational research online, 1(1), 135–153.
Popp, K., Melzer, C. & Methner, A. (2017). Förderpläne entwickeln und umsetzen. München: Reinhardt.

Poser, H. (2012). Wissenschaftstheorie. Eine philosophische Einführung (2. Aufl.). Stuttgart: Reclam.
Powell, D. R. (2000). The Head Start program. In J. L. Roopnarine & J. E. Johnson (Eds.), Approaches to early childhood education (3rd ed., pp. 55–75). Columbus: Merrill.
Praetorius, A. K., Rogh, W. & Kleickmann, T. (2020). Blinde Flecken des Modells der drei Basisdimensionen von Unterrichtsqualität? Das Modell im Spiegel einer internationalen Synthese von Merkmalen der Unterrichtsqualität. Unterrichtswissenschaft, 48, 303–318.
Prengel, A. (2013). Inklusive Bildung in der Primarstufe. Eine wissenschaftliche Expertise des Grundschulverbandes. Frankfurt a. M.: Grundschulverband e. V.
Prengel, A. (2019). Inklusive Schule – inklusiver Unterricht: Elementare Bausteine. In A. Holzinger et al. (Hrsg.), Fokus Grundschule Band 1. Forschungsperspektiven und Entwicklungslinien (S. 223–234). Münster: Waxmann.
Prenzel, M., Schütte, K., Rönnebeck, S., Senkbeil, M., Schöps, K. & Carstensen, C. (2008). Der Blick in die Länder. In M. Prenzel et al. (Hrsg.), PISA 2006 in Deutschland – Die Kompetenzen der Jugendlichen im dritten Ländervergleich (S. 149–263). Münster: Waxmann.
Prout, A. & James, A. (1990). A New Paradigm for the Sociology of Childhood? Provenance, Promise and Problems. In A. James & A. Prout (eds.), Constructing and Reconstructing Childhood. Contemporary Issues in the Sociological Study of Childhood (pp. 7–34). London: Routledge.
Puentedura, R. (2006). Transformation, technology, and education [Blog post]. http://hippasus.com/resources/tte/
Puhani, P. A. & Weber, A. M. (2006). Fängt der frühe Vogel den Wurm? Eine empirische Analyse des kausalen Effekts des Einschulungsalters auf den schulischen Erfolg in Deutschland. Diskussionsbeitrag, No. 336. Universität Hannover.
Purkey, S. C. & Smith, M. S. (1983). Effective Schools. The Elementary School Journal, 83 (4), 427–452.
QUA-Lis NRW (2018). Kurz-Informationen zum Förderschwerpunkt Hören und Kommunikation. Fachtag: Mitwirken. Teilhaben. Gestalten. – Gemeinsam Lernen mit digitalen Medien und Technologien.
Quante, S., Evers, W. F., Otto, M., Hille, K. & Walk, L. M. (2016). EMIL – ein Kindergarten-Konzept zur Stärkung der Selbstregulation durch Förderung der exekutiven Funktionen. Diskurs Kindheits- und Jugendforschung. Journal of Childhood and Adolescence Research, 11(4), 417–433.
Racherbäumer, K., Funke, C., van Ackeren, I. & Clausen, M. (2013). Schuleffektivitätsforschung und die Frage nach guten Schulen in schwierigen Kontexten. In R. Becker & A. Schulze (Hrsg.), Bildungskontexte. Wiesbaden: Springer VS.
Raggl, A. (2020). Chancen und Herausforderungen für die Schul- und Unterrichtsentwicklung in kleinen Grundschulen im ländlichen Raum in Österreich. Zeitschrift für Grundschulforschung, 13, 261–275.
Ramseger, J. (2004). Grundschulforschung und Grundschulpädagogik: historische und zeitnahe Betrachtungen: Grundschulforschung – Schmuddelkind oder eigentlicher Kern der Erziehungswissenschaft? In U. Carle & A. Unckel (Hrsg.), Entwicklungszeiten. Forschungsperspektiven für die Grundschule, Jahrbuch Grundschulforschung (S. 15–24). Wiesbaden: VS.
Ramseger, J. & Hoffsommer, J. (2008). ponte. Kindergärten und Grundschulen auf neuen Wegen. Erfahrungen und Ergebnisse aus einem Entwicklungsprogramm. Weimar: das netz.
Rauer, W. & Schuck, K. D. (2004). Fragebogen zur Erfassung emotionaler und sozialer Schulerfahrungen von Grundschulkindern erster und zweiter Klassen. Weinheim: Beltz.
Reh, S. (2005). Warum fällt es Lehrerinnen und Lehrern so schwer, mit Heterogenität umzugehen? Historische und empirische Deutungen. DDS, 97, 76–86.
Reichen, J. (1988). Lesen durch Schreiben. Wie Kinder selbstgesteuert lesen lernen. Zürich: Sabe.
Reinmann-Rothmeier, G. & Mandl, H. (1999). Unterrichten und Lernumgebungen gestalten. Forschungsbericht 60, Ludwig-Maximilians-Universität München. Ausschnitte aus dem Kapitel 3 «Die Praxis: Eine integrierte Position zum Lehren und Lernen».

Reiske, J. & Bode-Kirchhoff, N. (2020). Lautlesetandems: Patentrezept für die Leseförderung? o. V.

Reschley, D. & Bergstrom, M. K. (2009). Response to intervention. In T. B. Gutkin & C. R. Reynolds (Eds.), The handbook of school psychology (4th ed., pp. 434–460). Hoboken N.J.: Wiley.

Retelsdorf, J. & Möller, J. (2012). Grundschule oder Gymnasium? Zur Motivation ein Lehramt zu studieren. Zeitschrift für Pädagogische Psychologie, 26(1), 5–17.

Reuter-Liehr, C. (2008). Lautgetreue Lese-Rechtschreibförderung. Eine Einführung in das Training der phonemischen Strategie auf der Basis des rhythmischen Syllabierens mit einer Darstellung des Übergangs zur morphemischen Strategie. Bochum: Winkler.

RGBI – Reichsgesetzblatt (1920), Gesetz, betreffend die Grundschulen und Aufhebung der Vorschulen, Gesetz Nr. 7490, S. 851–852.

Rheinberg, F. & Vollmeyer, R. (2012). Motivation (8. Aufl.). Stuttgart: Kohlhammer.

Ricken, G., Fritz, A. & Balzer, L. (2013). Mathematik- und Rechenkonzepte im Vorschulalter – Diagnose (MARKO-D). Göttingen: Hogrefe.

Rodehüser, F. (1987). Epochen der Grundschulgeschichte: Darstellung und Analyse der historischen Entwicklung einer Schulstufe unter Berücksichtigung ihrer Entstehungszusammenhänge und möglicher Perspektiven für die Zukunft. Bochum: Winkler.

Roebers, M. & Hasselhorn, C. M. (2018). Schulbereitschaft – Zur theoretischen und empirischen Fundierung des Konzepts. In W. Schneider & M. Hasselhorn (Hrsg.), Schuleingangsdiagnostik (S. 1–18). Göttingen: Hogrefe.

Roebers, C. M., Röthlisberger, M., Neuenschwander, R. & Cimeli, P. (2020). Nele und Noa im Regenwald. Berner Material zur Förderung exekutiver Funktionen – Manual. München: Reinhardt.

Roick, T., Gölitz, D. & Hasselhorn, M. (2004). Deutscher Mathematiktest für dritte Klassen (DEMAT 3+). Göttingen: Hogrefe.

Rosebrock, C., Rieckmann, C., Nix, D. & Gold, A. (2010). Förderung der Leseflüssigkeit bei leseschwachen Zwölfjährigen. Didaktik Deutsch: Halbjahresschrift für die Didaktik der deutschen Sprache und Literatur, 15(28), S. 33–58.

Rosebrock, C., Nix, D., Rieckmann, C. & Gold, A. (2011). »Leseflüssigkeit fördern. Lautleseverfahren für die Primar- und Sekundarstufe. Seelze: Klett Kallmeyer.

Rosenfeld, H. & Valtin, R. (1997). Zur Entwicklung schulbezogener Persönlichkeitsmerkmale bei Kindern im Grundschulalter. Erste Ergebnisse aus dem Projekt NOVARA. Unterrichtswissenschaft, 25(4), 316–330.

Rost, D. H. (2006). Underachievement aus psychologischer und pädagogischer Sicht – Wie viele Hochbegabte und Underachiever gibt es tatsächlich? Özbf-Kongress.

Rost, D. H. (2008). Hochbegabung: Fiktion und Fakten. In H. Ullrich & S. Strunck (Hrsg.). Begabtenförderung an Gymnasien: Entwicklungen, Befunde, Perspektiven (S. 60–77). Wiesbaden: Springer VS.

Rost, D. H. (2009, Hrsg.). Hochbegabte und hochleistende Jugendliche. Befunde aus dem Marburger Hochbegabtenprojekt (2. Auflage). Münster: Waxmann.

Roth, H. (1969). Begabung und Lernen. (Deutscher Bildungsrat. Gutachten und Studien der Bildungskommission, Bd. 4). Stuttgart: Klett.

Rucker, T. (2019). Erziehender Unterricht, Bildung und das Problem der Rechtfertigung. Zeitschrift Erziehungswissenschaft, 22(3), 647–663.

Ruijs, N. M. & Peetsma, T. T. D. (2009). Effects of inclusion on students with and without special educational needs reviewed. Educational Research Review, 4, 6–79.

Sammons, P., Sylva, K., Melhuish, E., Siraj-Blatchford, I., Taggart, B., Hunt, S. & Jelicic, H. (2008). Effective Pre-school and Primary Education 3–11 Project (EPPE 3–11). Influences on children's cognitive and social development in Year 6. Nottingham: DCSF Publications.

Sandfuchs, U. & Wendt, P. (2013). Die Verschiedenheit der Naturen. Differenzierung als Kennzeichen einer zeitgemäßen Schule. Grundschule, 45(3), 6–8.

Saxon, T. F., Colombo, J., Robinson, E. L. & Frick, J. E. (2000). Dyadic Interaction Profiles in Infancy and Preschool Intelligence. Journal of School Psychology, 38(1), 9–25.

Schaupp, U. (2014). Identitätsprozesse im Zusammenhang schulischer Übergänge. In J. Hagedorn (Hrsg.), Jugend, Schule und Identität. Wiesbaden: Springer VS.
Schaupp, H., Holzer, N. & Lenart, F. (2003). Eggenberger Rechentest 1+ (ERT 1+). Göttingen: Hogrefe.
Schaupp, H., Lenart, F. & Holzer, N. (2010). Eggenberger Rechentest 4+ (ERT 4+). Göttingen: Hogrefe.
Schechter, C. & Feldmann, N. (2013). The professional learning community in special education schools: The Principals Role. Global Science Research Journals, 1(1), 1–7.
Scheer, D. (2019a). Schulleitung und Inklusion – Empirische Untersuchung zur Schulleitungsrolle im Kontext schulischer Inklusion. Wiesbaden: Springer VS.
Scheer, D. (2019b). Integriertes Modell der Rolle von Schulleitungen im Kontext (inklusiver) Schulentwicklung. Zeitschrift für Heilpädagogik, 70, 416–429.
Scheerens, J. & Bosker, R. J. (1997). The foundations of educational effectiveness. Oxford: Pergamon.
Scheuerl, H. (1987). Zur Gründungsgeschichte der Deutschen Gesellschaft für Erziehungswissenschaft. Vorgeschichte, Konstituierung, Anfangsjahre. Zeitschrift für Pädagogik, 33 (2), 267–287.
Schipper, W., Wartha, S. & Schroeders, N. V. (2011). Bielefelder Rechentest für das zweite Schuljahr (BIRTE 2). Braunschweig: Schroedel.
Schleicher, A. (2015). Schools for 21st-Century Learners: Strong Leaders, Confident Teachers, Innovative Approaches, international Summit on the teaching profession. OECD-Publishing.
Schlotmann, A. (2007). Warum Kinder an Mathe scheitern. Hirschberg a.d.B.: Supperverlag.
Schmidt-Thieme, B. & Weigand, H. G. (2015). Medien. In R. Bruder et al. (Hrsg.), Handbuch der Mathematikdidaktik (S. 461–491). Berlin: Springer.
Schneider, W. & Berger, N. (2014) Gedächtnisentwicklung im Kindes- und Jugendalter. In L. Ahnert (Hrsg.), Theorien in der Entwicklungspsychologie. Berlin: Springer.
Schneider, W., Blanke, I., Faust, V. & Küspert, P. (2011). WLLP-R Würzburger Leise Leseprobe – Revision. Ein Gruppentest für die Grundschule. Göttingen: Hogrefe.
Schniedewind, N. & Davidson, E. (2000). Differentiating cooperative learning. Educational Leadership, 58(1), 24–27.
Schöler, H. (2011). Prognose schriftsprachlicher Leistungen und Risiken im Vorschulalter am Beispiel des Heidelberger Auditiven Screenings in der Einschulungsuntersuchung (HASE). In M. Hasselhorn & W. Schneider (Hrsg.), Frühprognose schulischer Kompetenzen (S. 13–31). Göttingen: Hogrefe.
Schöler, H. & Brunner, M. (2008). Heidelberger Auditives Screening in der Einschulungsuntersuchung (2. Aufl.). Binswangen: Westra.
Schöne, C., Dickhäuser, O., Spinath, B. & Stiensmeier-Pelster, J. (2012). Skalen zur Erfassung des schulischen Selbstkonzepts (2. Aufl.). Göttingen: Hogrefe.
Schorch, G. (2007). Studienbuch Grundschulpädagogik (3. Aufl.). Bad Heilbrunn: Klinkhardt.
Schrader, F. W. (2006). Diagnostische Kompetenz von Eltern und Lehrern. In D. H. Rost (Hrsg.), Handwörterbuch Pädagogische Psychologie (3. Aufl.) (S. 95–100). Weinheim: PVU.
Schratz, M. (2005). Klasse leiten braucht Führungskompetenz. Lernende Schule, 30/31, 10–13.
Schriewer, J. (2013). Vergleichende Erziehungswissenschaft als Forschungsfeld. In M. Hummrich & S. Rademacher (Hrsg.), Kulturvergleich in der qualitativen Forschung. Erziehungswissenschaftliche Perspektiven und Analysen (S. 15–41). Wiesbaden: Springer VS.
Schroeder, N. L. & Cenkci, A. T. (2020). Do measures of cognitive load explain the spatial split-attention principle in multimedia learning environments? A systematic review. Journal of Educational Psychology, 112(2), 254–270.
Schuchart, C. (2019). Zugang zu bildungslaufbahnbezogener Unterstützung in der Schule durch SchülerInnen mit und ohne Migrationshintergrund. Zeitschrift für Bildungsforschung, 10, 61–80.

Schuler, S., Bönig, D., Thöne, B., Wenzel-Langer, D. & Wittkowski, A. (2016). Anschlussfähigkeit von Kindergarten und Grundschule. In G. Wittmann, A. Levin & D. Bönig (Hrsg.). AnschlussM. Anschlussfähigkeit der mathematikdidaktischen Überzeugungen und Praktiken von ErzieherInnen und GrundschullehrerInnen (S. 19–39). Münster: Waxmann.

Schulte-Körne, G., Huemer, S. & Moll, K. (2016). Meister Cody – Namagi.

Schulz, L. (2018). Digitale Medien und Inklusion. In B. Lütje-Klose, T. Riecke-Baulecke & R. Werning (Hrsg.), Basiswissen Lehrerbildung. Inklusion in Schule und Unterricht. Grundlagen in der Sonderpädagogik (S. 344–367). Seelze: Friedrich.

Schuster, N. (2006). Ein guter Tag ist ein Tag mit Wirsing. Berlin: Weidler.

Schwartz, E. (1969). Funktion und Reform der Grundschule. Verfügbar unter: https://grundschulverband.de/wpcontent/uploads/2019/08/T000_GSV_1969_Schwartz_Funktion_und_Reform_der_Grundschule-1.pdf

Schwippert, K., Kasper, D., Köller, O., McElvany, N., Selter, C., Steffensky, M. & Wendt, H. (Hrsg., 2020). TIMSS 2019 – Mathematische und naturwissenschaftliche Kompetenzen von Grundschulkindern in Deutschland im internationalen Vergleich. Münster: Waxmann.

Scruggs, T. E., Mastropieri, M. A. & McDuffie, K. (2007). Co-teaching in inclusive classrooms: A meta-synthesis of qualitative research. Exceptional Children, 73(4), 392–416.

Seaton, M., Parker, P., Marsh, H. W., Craven, R. G. & Seeshing Yeung, A. (2014). The reciprocal relations between self-concept, motivation and achievement: juxtaposing academic self-concept and achievement goal orientations for mathematics success. Educational Psychology, 34(1), 49–72.

Seeger, D., Holodynski, M. & Souvignier, E. (2014). BIKO-Screening zur Entwicklung von Basiskompetenzen für 3- bis 6-Jährige. Göttingen: Hogrefe.

Seidel, T. (2014). Angebots-Nutzungs-Modelle in der Unterrichtspsychologie. Integration von Struktur- und Prozessparadigma. Zeitschrift für Pädagogik, 60(6), 850–866.

Seidel, T., Prenzel, M. & Krapp, A. (2014). Grundlagen der Pädagogischen Psychologie. In T. Seidel & A. Krapp (Hrsg.), Pädagogische Psychologie (S. 21–36). Weinheim: Beltz.

Seidel, T., Prenzel, M., Rimmele, R., Dalehefte, I. M., Herweg, C., Kobarg, M., Schwindt, K., Siller, H. S. & Hascher, T. (2012). Lern- und Kooperationsprozesse im jahrgangsgemischten Unterricht in der Grundschule. Eine Analyse mittels Lerntagebüchern. Empirische Pädagogik, 26, 200–224.

Selter, C., Walter, D., Walther, G. & Wend, H. (2016). Mathematische Kompetenzen im internationalen Vergleich: Testkonzeption und Ergebnisse. In H. Wendt et al. (Hrsg.), TIMSS 2015 – Mathematische und naturwissenschaftliche Kompetenzen von Grundschulkindern in Deutschland im internationalen Vergleich (S. 79–136). Münster: Waxmann.

Selter, C., Walter, D., Heinze, A., Brandt, J. & Jentsch, A. (2020). Mathematische Kompetenzen im internationalen Vergleich: Testkonzeption und Ergebnisse. In K. Schwippert et al. (Hrsg.), TIMSS 2019 – Mathematische und naturwissenschaftliche Kompetenzen von Grundschulkindern in Deutschland im internationalen Vergleich (S. 57–113). Münster: Waxmann.

Senatsverwaltung für Bildung, Jugend und Wissenschaft Berlin (o. J.). Erläuterungen zur »Qualifizierten Statuserhebung vierjähriger Kinder in Kitas und Kindertagespflege.« o. V.

SGB IX (2001). Sozialgesetzbuch Neuntes Buch – Rehabilitation und Teilhabe von Menschen mit Behinderungen. Bundesministerium der Justiz und für Verbraucherschutz.

SGB VIII (1990). Sozialgesetzbuch Acht. Kinder- und Jugendhilfe. Bundesministerium der Justiz und für Verbraucherschutz.

Shavelson, R. J., Hubner, J. J. & Stanton, G. C. (1976). Validation of construct interpretations. Review of Educational Research, 46, 407–441.

Shulman, L. S. (1987). Knowledge and teaching: Foundations of the new reform. Harvard Educational Review, 57(1), 1–22.

Skowronek, H. & Marx, H. (1989). Die Bielefelder Längsschnittstudie zur Früherkennung von Risiken der Lese- und Rechtschreibschwäche: Theoretischer Hintergrund und erste Befunde. Heilpädagogische Forschung, 15, 38–49.

Smit, F., Driessen, G., Sluiter, R. & Sleegers, P. (2007). Types of parents and school strategies aimed at the creation of effective partnerships. International Journal of Parents in Education, 1, 45–52.

Snow, R. E. & Swanson, J. (1992). Instructional Psychology: aptitude, adaption, and assessment. Annual Review of Psychology, 43, 583–626.

Sodian, B. & Thoermer, C. (2006). Theory of mind. In W. Schneider & B. Sodian (Hrsg.), Enzyklopädie der Psychologie. Serie Entwicklungspsychologie: Band 2. Kognitive Entwicklung (S. 495–608). Göttingen: Hogrefe.

Speck, K. (2020). Multiprofessionelle Kooperation in der Ganztagsbildung. In P. Bollweg et al. (Hrsg.), Handbuch Ganztagsbildung (S. 1453–1465). Schweiz: Springer Nature.

Speck, K., Olk, T. & Stimpel, T. (2011). Auf dem Weg zur multiprofessionellen Organisation? Die Kooperation von Sozialpädagogen und Lehrkräften im schulischen Ganztag. In W. Helsper & R. Tippelt (Hrsg.), Zeitschrift für Pädagogik. Pädagogische Professionalität (57. Beiheft) (S. 184–201). Weinheim: Beltz.

Spies, A. (2018). Professionelle Aufgabenprofile im Wandel – Konsequenzen der kooperativen Ganztagsgrundschule für das professionelle Selbstverständnis von Lehrer_innen. In S. Miller et al. (Hrsg.), Profession und Disziplin. Jahrbuch Grundschulforschung, 22 (S. 121–126) Wiesbaden: Springer VS.

Spinath, B. (2009). Zielorientierungen. In V. Brandstätter & J. H. Otto (Hrsg.), Handbuch der Allgemeinen Psychologie – Motivation und Emotion (S. 64–71). Göttingen: Hogrefe.

Spinath, B., Stiensmeier-Pelster, J., Schöne, C. & Dickhäuser, O. (2012). SELLMO-Skalen zur Erfassung der Lern- und Leistungsmotivation (2. Aufl.). Göttingen: Hogrefe.

Spörer, N. & Brunstein, J. C. (2006). Erfassung selbstregulierten Lernens mit Selbstberichtsverfahren – Ein Überblick zum Stand der Forschung. Zeitschrift für Pädagogische Psychologie, 20, 147–160.

Spychiger, M., Mahler, F., Hascher, T. & Oser, F. (1998). Fehlerkultur aus Sicht von Schülerinnen und Schülern: Der Fragebogen S-UFS: Entwicklung und erste Ergebnisse. Friebourg: Pädagogisches Institut der Universität Fribourg.

Stanat, P., Schipolowski, S., Rjosk, C., Weirich, S. & Haag, N. (Hrsg., 2017). IQB-Bildungstrend 2016 – Kompetenzen in den Fächern Deutsch und Mathematik am Ende der 4. Jahrgangsstufe im zweiten Ländervergleich. Münster: Waxmann.

Stange, W. (2012). Erziehungs- und Bildungspartnerschaften – Grundlagen, Strukturen, Begründungen. In R. Krüger, A. Henschel & C. Schmitt (Hrsg.), Erziehungs- und Bildungspartnerschaften (S. 12–39). Wiesbaden: Springer VS.

Standop, J. (2013). Hausaufgaben in der Schule. Theorie, Forschung, didaktische Konsequenzen. Bad Heilbrunn: Klinkhardt.

Statistisches Bundesamt (2018). Schulen auf einen Blick.

Statistisches Bundesamt (2019). Pressemitteilung Nr. 435 vom 13. November 2019.

Steffensky, M., Kleickmann, T., Kasper, D. & Köller, O. (2016). Naturwissenschaftliche Kompetenzen im internationalen Vergleich: Testkonzeption und Ergebnisse. In H. Wendt et al. (Hrsg.), TIMSS 2015 – Mathematische und naturwissenschaftliche Kompetenzen von Grundschulkindern in Deutschland im internationalen Vergleich (S. 137–188). Münster: Waxmann.

Steffensky, M., Scholz, L. A., Kasper, D. & Köller, O. (2020). Naturwissenschaftliche Kompetenzen im internationalen Vergleich: Testkonzeption und Ergebnisse. In K. Schwippert et al. (Hrsg.), TIMSS 2019 – Mathematische und naturwissenschaftliche Kompetenzen von Grundschulkindern in Deutschland im internationalen Vergleich (S. 115–168). Münster: Waxmann.

StEG- Konsortium der Studie zur Entwicklung von Ganztagsschulen (2019a). Ganztagsschule 2017/2018. Deskriptive Befunde einer bundesweiten Befragung. Studie zur Entwicklung von Ganztagsschulen, StEG. Frankfurt a. M.: DIPF.

StEG (2019b). Individuelle Förderung: Potenziale der Ganztagsschule. Frankfurt am Main.

Stegmann, K., Wecker, C., Mandl, H. & Fischer, F. (2018). Lehren und Lernen mit digitalen Medien. Ansätze und Befunde der empirischen Bildungsforschung. In R. Tippelt & B. Schmidt-Hertha (Hrsg.), Handbuch Bildungsforschung (S. 967–988). Wiesbaden: Springer VS.

Steinert, B., Klieme, E., Maag Merki, K., Döbrich, P., Halbheer, U., Kunz, A. (2006). Lehrerkooperation in der Schule: Konzeption, Erfassung, Ergebnisse. Zeitschrift für Pädagogik, 52(2), 185–204.
Stein, R. & Müller, T. (2014). Was wird aus den Förderschulen? Inklusive Beschulung und bestehende Sonderbedarfe. In S. Kroworsch (Hrsg.), Inklusion im deutschen Schulsystem. Barrieren und Lösungswege (S. 103–116). Berlin: Verlag des Deutschen Vereins für öffentliche und private Fürsorge e. V.
Steuer, G. & Dresel, M. (2019). Umgang mit Fehlern im Unterricht: zur Rolle von Feedback in einem konstruktiven Fehlerklima. In M.-C. Vierbuchen & F. Bartels (Hrsg.), Feedback in der Unterrichtspraxis. Schülerinnen und Schüler beim Lernen wirksam unterstützen (S. 111–124). Stuttgart: Kohlhammer.
Stichweh, R. (2017). Interdisziplinarität und wissenschaftliche Bildung. In H. Kauhaus & N. Krause (Hrsg.), Fundiert forschen (S. 181–190). Wiesbaden: Springer VS.
Stokes, D. E. (1997). Pasteurs Quadrant: Basic Science and Technological Innovation. Washington, DC: Brookings Institution Press.
STOLLE – Stolperwörter-Lesetest (STOLLE, o.J.). Anforderung der Test-Unterlagen unter: https://www.uni-potsdam.de/de/gsp-deutsch/forschung/stolle.html
Stöppler, R. (2014). Einführung in die Pädagogik bei geistiger Behinderung. München: Reinhardt.
Stötzner, H.-E. (1864). Schulen für schwachbefähigte Kinder. 1. Entwurf zur Begründung derselben. Heidelberg: Wintersche.
Stuebing, K. K., Fletcher, J. M., Le Doux, J. M., Lyon, G. R., Shaywitz, S. E. & Shaywitz, B. A. (2002). Validity of IQ discrepancy classifications of reading disabilities: A meta-analysis. American Educational Research Journal, 39, 469–518.
Stumpf, H., Kruhöffer, B. & Wirries, M. (2012). Die wichtigsten Pädagogen. Wiesbaden: Marix.
Sugai, G. & Horner, R. H. (2009). Responsiveness-to-intervention and school-wide positive behavior supports. Integration of multi-tiered system approaches. Exceptionality, 17(4), 223–237.
Sugai, G. & Simonsen, B. (2014). Supporting general classroom management: Tier 2/3 practices and systems. In E. Emmer & E. J. Sabornie (eds), Handbook of classroom management (pp. 70–85). New York: Routledge.
Szumski, G. & Karwowski, M. (2015). Emotional and Social Integration and the big-fish-little-pond-effect among Students with and without Disabilities. Learning and Individual Differences, 43, 63–74.
Tenorth, H.-E. (2000). Die Historie der Grundschule im Spiegel ihrer Geschichtsschreibung. Zeitschrift für Pädagogik, 46(4), 541–554.
Tenorth H.-E. (2016). Historische Bildungsforschung. In R. Tippelt & B. Schmidt-Hertha (Hrsg), Handbuch Bildungsforschung (S. 1–31). Wiesbaden: Springer VS.
Terhart, E. (2002). Fremde Schwestern. Zum Verhältnis von Allgemeiner Didaktik und empirischer Lehr-Lernforschung. Zeitschrift für Pädagogische Psychologie, 16(2), 77–86.
Terhart, E. (2008). Allgemeine Didaktik: Traditionen, Neuanfänge, Herausforderungen. In M. A. Meyer (Hg.), Zeitschrift für Erziehungswissenschaft, Sonderheft: Bd. 9. Perspektiven der Didaktik (S. 13–34). Wiesbaden: Springer VS.
Terhart, E. (2019). Didaktik. Eine Einführung. Stuttgart: Reclam.
Terhart, E., Czerwenka, K., Ehrich, K., Jordan, F. & Schmidt, H. J. (1994). Berufsbiographien von Lehrern und Lehrerinnen. Frankfurt a. M.: Lang.
Theunissen, G. (2021). Autismus und herausforderndes Verhalten. Praxisleitfaden Positive Verhaltensunterstützung. Freiburg im Breisgau: Lambertus.
Thompson, R. A. (2008). Early attachment and later development: Familiar questions, new answers. In J. Cassidy & P. R. Shaver (Eds.), Handbook of attachment: Theory, research, and clinical applications (pp. 348–365). New York: Guilford Press.
Thoren, K., Hannover, B. & Brunner, M. (2019). Jahrgangsübergreifendes Lernen (JÜL): Auswirkungen auf die Leistungsentwicklung in Deutsch und Mathematik in ethnisch heterogenen Schulen. In D. Fickermann & H. Weishaupt (Hrsg.), Bildungsforschung mit Daten der amtlichen Statistik (S. 140–155). Münster: Waxmann.

Tietze, W., Becker-Stoll, F., Bensel, J., Eckhardt, A. G., Haug-Schnabel, G., Kalicki, B., Keller, H. & Leyendecker, B. (2012). NUBBEK – Nationale Untersuchung zur Bildung, Betreuung und Erziehung in der frühen Kindheit. Fragestellungen und Ergebnisse im Überblick. Weimar: das netz.

Tietze, W., Rossbach, H.-G. & Grenner, K. (2005). Kinder von 4 bis 8 Jahren. Zur Qualität der Erziehungs- und Bildungsinstitution Kindergarten, Grundschule und Familie. Weinheim: Beltz.

Tillmann, K. J. (2004). Schulpädagogik und Ganztagsschule. In HU. Otto & T. Coelen (Hrsg.), Grundbegriffe der Ganztagsbildung (S. 193–198). Wiesbaden: Springer VS.

Todd, E. S. & Higgins, S. (1998). Powerless in professional and parent partnerships. British Journal of Sociology of Education, 19(2), 227–236.

Tomasevski, K. (2001). Human rights obligations: Making education available, accessible, acceptable and adaptable. Right to Education Primers. Sweden: Novum Grafiska AB.

Torgesen, J. K., Alexander, A. W., Wagner, R. K., Rashotte, C. A., Voeler, K. K. & Conway, T. (2001). Intensive remedial instruction for children with severe reading disabilities. Immediate and longterm outcomes from two instructional approaches. Journal of Learning Disabilities, 34(1), 33–58.

Toste, J. R., Didion, L., Peng, P., Filderman, M. J. & McClelland, A. M. (2020). A Meta-Analytic Review of the Relations Between Motivation and Reading Achievement for K–12 Students. Review of Educational Research, 90(3), 420–456.

Tröster, H., Flender, J., Reineke, D. & Wolf, S. M. (2016). Dortmunder Entwicklungsscreening für den Kindergarten – Revision. Göttingen: Hogrefe.

Tucker, V. & Schwartz, I. (2013). Parents' Perspectives of Collaboration with School Professionals: Barriers and Facilitators to Successful Partnerships in Planning for Students with ASD. School Mental Health, 5, 3–14.

Tulodziecki, G. (2011). Medien und Lernmittel im Grundschulunterricht. In W. Einsiedler et al. (Hrsg.), Handbuch Grundschulpädagogik und Grundschuldidaktik (S. 402–408). Bad Heilbrunn: Klinkhardt.

Undeutsch, U. (1968). Zum Problem der begabungsgerechten Auslese beim Eintritt in die höhere Schule und während der Schulzeit. In H. Roth (Hrsg.), Begabung und Lernen (S. 377–405). Stuttgart: Klett.

Ulich, M. & Mayr, T. (2003). Sismik. Sprachverhalten und Interesse an Sprache bei Migrantenkindern in Kindertageseinrichtungen (Beobachtungsbogen und Begleitheft). Freiburg: Herder.

UNESCO (1994). Die Salamanca Erklärung und der Aktionsrahmen zur Pädagogik für besondere Bedürfnisse angenommen von der Weltkonferenz »Pädagogik für besondere Bedürfnisse: Zugang und Qualität«. Salamanca, Spanien.

UNESCO (2004). EFA Global Monitoring Report 2005. Paris: UNESCO Press.

UNESCO (2005). Guidelines for Inclusion: Ensuring Access to Education for All. Paris: UNESCO Press.

UNESCO (2017a). Education for Sustainable Development Goals. Learning Objectives. Paris: UNESCO Press.

UNESCO (2017b). A guide for ensuring inclusion and equity in education. Education 2030. United Nations Educational, Scientific and Cultural Organization. Paris: UNESCO Press.

United Nations (1989). UN-Kinderrechtskonvention. Übereinkommen über die Rechte des Kindes.

United Nations (2006). Convention on the Rights of Persons with Disabilities.

Urban, M. & Lütje-Klose, B. (2014). Professionelle Kooperation als wesentliche Bedingung inklusiver Schul- und Unterrichtsentwicklung. Teil 2: Forschungsergebnisse zu intra- und interprofessioneller Kooperation. Vierteljahrsschrift für Heilpädagogik und ihre Nachbargebiete, 83, 283–294.

Urton, K., Wilbert, J., & Hennemann, T. (2014). Der Zusammenhang zwischen der Einstellung zur Integration und der Selbstwirksamkeit von Schulleitungen und deren Kollegien. Empirische Sonderpädagogik, 1, 3–16.

Valtin, R. (2006). Grundschule – die Schule der Nation. Überlegungen zum Bildungsauftrag der Grundschule. Lehren und Lernen, 32, 4–11.
Valtin, R. (2012). Noten oder verbale Beurteilungen: Was ist ein gutes Zeugnis? In S. Fürstenau & M. Gomolla (Hrsg.), Migration und schulischer Wandel: Leistungsbeurteilung (S. 98–106). Wiesbaden: Springer VS.
Valtin, R., Wagner, C. & Schwippert, K. (2005). Schülerinnen und Schüler am Ende der vierten Klasse – schulische Leistungen, lernbezogene Einstellungen und außerschulische Lernbedingungen. In W. Bos et al. (Hrsg.). IGLU. Vertiefende Analysen zu Leseverständnis, Rahmenbedingungen und Zusatzstudien (S. 187–230). Münster: Waxmann.
van Ackeren, I. & Klemm, K. (2019). 100 Jahre Grundschule – Soziale Chancenungleichheit und kein Ende. Zeitschrift für Grundschulforschung, 12, 399–414.
van Aken, M., Helmke, A. & Schneider, W. (1997). Selbstkonzept und Leistung: Dynamik ihres Zusammenspiels. In F. E. Weinert & A. Helmke (Hrsg.), Entwicklung im Grundschulalter (S. 341–350). Weinheim: Psychologie Verlags Union.
Veenman, S. (1995). Cognitive and non-cognitive effects of multigrade and multi-age classes: A best-evidence synthesis. Review of Educational Research, 65, 319–381.
Venetz, M., Zurbriggen, C. L. A., Eckhart, M., Schwab, S. & Hessels, M. G. P. (2015). The Perceptions of Inclusion Questionnaire (PIQ). Deutsche Version.
Vieluf, S., Praetorius, A.-K., Rakoczy, K., Kleinknecht, M. & Pietsch, M. (2020). Angebots-Nutzungsmodelle der Wirkweise des Unterrichts: eine kritische Auseinandersetzung mit ihrer theoretischen Konzeption. Zeitschrift für Pädagogik, Beiheft, 66, 63–80.
Vierbuchen, M.-C. (2015). Förderung sozial-kognitiver Informationsverarbeitung im Jugendalter – Konzeption und Evaluation eines Förderprogramms unter besonderer Berücksichtigung spezifischer Risikofaktoren für schulischen Dropout. Universität Oldenburg.
Vierbuchen, M.-C. & Hagen, T. (2013). Gemeinsam lesen, zusammen lernen – Reciprocal Teaching. Auf dem Weg zur inklusiven Schule – Lehrkräfte, Ausg. 8 (Teil II, C.12), 1–22.
Vierbuchen, M.-C. (2014). Gelingendes Classroom Management mit dem KlasseKinder-Spiel. Grundschule aktuell, 125, 19–22.
Vierbuchen, M.-C. (2022). Effektives Classroom Management – Strategien für positive unterrichtliche Entwicklungsbedingungen im Kontext von Lern- und Verhaltensschwierigkeiten. In M. Börnert-Ringleb et al. (Hrsg.), Lern- und Verhaltensschwierigkeiten in der Schule – Erscheinungsformen, Erklärungsmodelle und Implikationen für die Praxis. Stuttgart: Kohlhammer.
Vierbuchen, M.-C. & Bartels, F. (2019). Feedback in der Unterrichtspraxis. Schülerinnen und Schüler beim Lernen wirksam unterstützen (S. 19–39). Stuttgart: Kohlhammer.
Vierbuchen, M.-C. & Bartels, F. (2021). Die inklusive Schule. In H. Ricking et al. (Hrsg.), Prävention und Intervention bei Verhaltensstörungen – Gestufte Hilfen in der schulischen Inklusion (S. 49–58). Stuttgart: Kohlhammer.
Vogt, M. (2019a). Grundlegende Bildung als Zielvorgabe einer Schule für alle – Deutungsvarianten in der Geschichte der Grundschule in Deutschland. Zeitschrift für Grundschulforschung, 12(2), 241–258.
Vogt, M. (2019b). Professionalisierung von Grundschullehrkräften. In B. Dühlmeier & U. Sandfuchs (Hrsg.), 100 Jahre Grundschule. Geschichte – aktuelle Entwicklungen – Perspektiven (S. 270–284). Bad Heilbrunn: Klinkhardt.
Vogt, F., Hauser, B., Stebler, R., Rechsteiner, K. & Urech, C. (2018). Learning through play – pedagogy and learning outcomes in early childhood mathematics. European Early Childhood Education Research Journal, 26(4), 589–603.
Voss, T., Kunter, M., Seiz, J., Hoehne, V. & Baumert, J. (2014). Die Bedeutung des pädagogisch-psychologischen Wissens von angehenden Lehrkräften für die Unterrichtsqualität. Zeitschrift für Pädagogik, 60(2), 184–201.
Voß, S., Hauer, A., Blumenthal, Y., Mahlau, K. Sikora, S. & Hartke, B. (2017). Zum Leistungs- und Entwicklungsstand inklusiv beschulter Schülerinnen und Schüler mit (sonder-)pädagogischen Förderbedarfen auf der Insel Rügen nach sechs Schulbesuchsjahren. Rostock: Universität Rostock.

Voß, S., Daum, M., Furchner, R., Bauer, T., Hofmeister, J., Blumenthal, Y. Mahlau, K. & Hartke, B. (2019). Zum Leistungs- und Entwicklungsstand inklusive beschulter Schülerinnen und Schüler mit (sonder-)pädagogischen Förderbedarfen auf der Insel Rügen nach acht Schulbesuchsjahren. Rostock: Universität Rostock.
Vygotsky, L. S. (1963). Learning and Mental Development at School Age. Educational Psychology in the USSR, 1, 21–34.
Vygotski, L. S. (1987). Arbeiten zur psychischen Entwicklung der Persönlichkeit. Ausgewählte Schriften (Band 2). Köln: Pahl-Rugenstein.
Wagener, M. (2014). Gegenseitiges Helfen. Soziales Lernen im jahrgangsgemischten Unterricht. Wiesbaden: Springer VS.
Wagner, C. & Valtin, R. (2003). Noten oder Verbalbeurteilungen? Die Wirkung unterschiedlicher Bewertungformen auf die schulische Entwicklung von Grundschulkindern. Zeitschrift für Entwicklungspsychologie und Pädagogische Psychologie, 35(1), 27–36.
Wallrabenstein, W. (1994). Offene Schule – Offener Unterricht. Reinbek: rororo.
Walter, G. (1993). Spiel und Praxis in der Grundschule. Reihe Innovation und Konzeption (Hrsg., J. Petersen & G.-B. Reinert). Donauwörth: Auer.
Walter, J. (2006). Multimediales Rechtschreibpaket auf Morphembasis (REMO-2). Göttingen: Hogrefe.
Walthes, R. (2003). Einführung in die Blinden- und Sehbehindertenpädagogik. München: Reinhardt.
Wang, C., La Salle, T. P., Do, K. A., Wu, C. & Sullivan, K. E. (2019). Does parental involvement matter for students' mental health in middle school? School Psychology, 34(2), 222–232.
Watt, H. M. G. & Richardson, P. W. (2008). Motivations, perceptions, and aspirations concerning teaching as a career for different types of beginning teachers. Learning and Instructions, 18, 408–428.
Weber, S. & Huber, C. (2020). Förderung sozialer Integration durch Kooperatives Lernen. Ein systematisches Review. Empirische Sonderpädagogik, 12(4), 257–278.
Weigl, F. (1921). Die Schulreife des Kindes. Pharus. Katholische Monatsschrift für Orientierung in der gesamten Pädagogik, ¾.
Weimer, H. & Jacobi, J. (1992). Geschichte der Pädagogik. Göschen: DeGruyter.
Weidinger, A. F., Steinmayr, R. & Spinath, B. (2019). Ability self-concept formation in elementary school: no dimensional comparison effects across time. Developmental Psychology, 55, 1005–1018.
Weinert, F. E. (2002). Vergleichende Leistungsmessung in Schulen – eine umstrittene Selbstverständlichkeit. In F. E. Weinert (Hg.), Leistungsmessungen in Schulen (S.17–31). Weinheim: Beltz.
Weiss, M. P. (2004). Co-Teaching as Science in the Schoolhouse: More Questions Than Answers. Journal of Learning Disabilities, 37(3), 218–223.
Weiss, M. P. & Brigham, F. J. (2000). Co-teaching and the model of shared responsibility: What does the research support? In T. E. Scruggs & M. A. Mastropieri (eds.), Advances in learning and behavioral disabilities: Educational interventions (pp. 217–246). Stamford, CT: JAI Press.
Weiß, C., Wick, S. & Knaus, T. (2015). Digitale Tafeln im Unterricht – Fragen an Schülerinnen und Schüler. In T. Knaus & O. Engel (Hrsg.), fraMediale (S. 157–171). München: kopaed.
Wellenreuther, M. (2014). Direkte Instruktion – Was ist das und wie geht das? Pädagogik, 1, 8–11.
Wember, F. B. (2007). Direkter Unterricht. In J. Walter & F. B. Wember (Hrsg.), Sonderpädagogik des Lernens (S. 437–451). Hogrefe: Göttingen.
Wendt, P. (2008). Länger gemeinsam lernen – Die sechsjährige Grundschule und weiterführende Konzepte. In E. Jürgens & J. Standop (Hrsg.), Taschenbuch Grundschule – Grundschule als Institution (S. 63–74). Baltmannsweiler: Schneider.
Wendt, H., Bos, W., Selter, C., Köller, O., Schwippert, K., Kasper, D. (Hrsg., 2016). TIMSS 2015 – Mathematische und naturwissenschaftliche Kompetenzen von Grundschulkindern in Deutschland im internationalen Vergleich. Münster: Waxmann.

Werner, E. E. (1999). Entwicklung zwischen Risiko und Resilienz. In M. Fingerle, A. Freytag & G. Opp (Hrsg.), Was Kinder stärkt. Erziehung zwischen Risiko und Resilienz (S. 25–36). München: Reinhardt.
Werner, B. (2020). Offener Unterricht. In U. Heimlich & F. Wember (Hrsg.), Didaktik des Unterrichts bei Lernschwierigkeiten. Ein Handbuch für Studium und Praxis (4. Aufl.) (S. 124–139). Stuttgart: Kohlhammer.
Werning, R. & Baumert, J. (2013). Inklusion entwickeln: Leitideen für Schulentwicklung und Lehrerbildung. Forschungsergebnisse und Perspektiven. In J. Baumert et al. (Hrsg.), Schulmanagement-Handbuch 146 (S. 39–55). München: Oldenbourg.
Weßling, A. (2000). Die Schuleingangsuntersuchung: Perspektiven für eine Gesundheitsberichterstattung zur Gesundheitsförderung in Schule und Gemeinde. Gesundheitswesen, 62(7), 383–390.
WHO (2001). International Classification of Functioning, Disability and Health (ICF).
WHO/World Bank (2011). World Report on Disability. Malta.
Wigfield, A. & Eccles, J. S. (2000). Expectancy-Value Theory of Achievement Motivation. Contemporary Educational Psychology, 25, 68–81.
Wilbert, J. & Gerdes, H. (2009). Bezugsnormwahl bei der Bewertung schulischer Leistungen durch angehende Lehrkräfte des Förderschwerpunkts Lernen. Heilpädagogische Forschung, 35, 122–132.
Wild, E., Schwinger, M. & Lütje-Klose, B. (2015). Inklusive und exklusive Förderung von Schülerinnen und Schüler mit sonderpädagogischem Förderbedarf. Unterrichtswissenschaft, 43(1).
Wildgruber, A., Griebel, W., Schuster, A., Held, J. & Nagel, B. (2015). Auch Eltern kommen in die Schule – Unterstützung und Beteiligung unter dem Blickwinkel der Heterogenität von Eltern. In E. Reichert-Garschhammer et al. (Hrsg.), Inklusion und Partizipation – Vielfalt als Chance und Anspruch (S. 157–165). Göttingen: Vandenhoeck & Ruprecht.
Wilhelm, T. (1967). Theorie der Schule. Hauptschule und Gymnasium im Zeitalter der Wissenschaften (2. Aufl.). Stuttgart: J.B. Metzler.
Willmann, M. (2018). Vermessung des Verhaltens, Normierung zur Inklusion? RTI als evidenzbasierte Pädagogik – eine Kritik. Zeitschrift für Grundschulforschung, 11, 101–114.
Winands, G. (2018). Der Schulversuch in Geschichte und Gegenwart. Königsweg der Schulreform? In H. Barz (Hrsg.), Handbuch Bildungsreform und Reformpädagogik (S. 143–154). Wiesbaden: Springer VS.
Wrase, M. (2016). Auflösung der Förderschulen: Die UN-Behindertenkonvention verlangt die Inklusion von Kindern mit Behinderung an Regelschulen, WZBrief Bildung, No. 33. Berlin: Wissenschaftszentrum Berlin für Sozialforschung (WZB).
Zabel, N. (2019). Die Neugestaltung der Unterstufe in der DDR – »Entwicklung des Menschen als wichtigste Produktivkraft«. Zeitschrift für Grundschulforschung, 12, 357–382.
Zelli, A., Dodge, K. A., Lochman, J. E., Laird, R. D. & Group, C. P. P. R. (1999). The distinction between beliefs legitimazing aggression and deviant processing of social cues: Testing measurements validity and the hypothesis that biased processing mediates the effects of beliefs on aggression. Journal of Personality and Social Psychology, 77, 150–166.
Zymek, B. (2011). Geschichte der Grundschule in der Bundesrepublik Deutschland 1945–1990. In J. Jung et al. (Hrsg.), Die zweigeteilte Geschichte der Grundschule 1945–1990 (S. 21–52). Münster: Lit.
Zymek, B. (2012). Der Stellenwert des Grundschulgesetzes von 1920 in der deutschen Schulgeschichte des 20. Jahrhunderts oder Warum ist die Grundschule kein deutscher Erinnerungsort? In W. Einsiedler et al. (Hrsg.), Grundschule im historischen Prozess. Zur Entwicklung von Bildungsprogramm, Institution und Disziplin in Deutschland (S. 55–72). Bad Heilbrunn: Klinkhardt.